N
W
O
S
CHINA
200 km
BET
Latok
surphu
Lhasa
Lhasa-Gonggar-Airport
hur
HUTAN
ng
INDIEN
MYANMAR
LADESCH

CLEMENS KUBY

Gelebte Reinkarnation

Für Seine Eminenz Jamgon Kongtrul Rinpoche

CLEMENS KUBY

Gelebte Reinkarnation

Meine
unglaublichen
Erfahrungen

Kösel

MIX
Papier aus verantwortungsvollen Quellen
FSC® C014496

Verlagsgruppe Random House FSC® N001967

Neumarkter Straße 28, 81673 München
Lektorat: Ulrike Reverey, München
Umschlag: Weiss Werkstatt, München
Autorenfoto: Susanne Krauss/www.susanne-krauss.com
Geographische Karte der Handlungsorte:
© Wolfgang Pfau/www.pfau-design.de
Satz: Leingärtner, Nabburg
Druck und Bindung: GGP Media GmbH, Pößneck
Printed in Germany
ISBN 978-3-466-34704-9

www.koesel.de

Jamgon fährt am 25. April 1992, nachdem er bei seiner Mutter übernachtet hat, mit seinen Begleitern nach Siliguri, um dort im Hotel Sinclairs *in der Nähe des Flughafens die Nacht vor dem Morgenflug zu verbringen. Als er und seine Mannschaft wie gewohnt um fünf Uhr aufstehen und gemeinsam frühstücken, sagt Jamgon: »Kommt, wir fahren – es ist noch Zeit für eine kleine Testfahrt mit dem neuen Auto.« Nicht weit vom Hotel verläuft der National Highway Nr. 31C ca. 10 km schnurgerade durch den Mohal-Dschungel nach Norden bis zum Aufstieg des Himalajas, wo es geradeaus hoch nach Sikkim und rechts ab nach Bhutan geht. Ein ideales Stück asphaltierte breite Straße für eine Testfahrt.*

Die Sonne geht gerade auf, das goldene Licht scheint durch das satte Grün des Dschungels rechts und links, eine seidenweiche, wohltemperierte herrliche Morgenluft strömt ihnen entgegen. Sie erfreuen sich an den elektrischen Fensterhebern, die es bisher noch in keinem indischen Auto gibt, auch das elektrische Schiebedach ist ein Spaß bei der flotten Fahrt auf diesem noch völlig verkehrsarmen Highway. Am meisten Freude bereitet in diesem neuen Auto die Hi-Fi-Stereo-Musikanlage. Jamgon spielt seine geliebte Popmusik. Er sagt zu seinem Fahrer: »Don't kill the pigions!« – töte nicht die Tauben (die auf der Straße sitzen).

Dann ein Kreischen der Reifen, ein entsetzlicher Knall, dumpf und schrill … zersplitternde Zeit … Stille …

Inhalt

Warum dieses Buch? – Einleitung

Die Geschichte spielt in Asien, hauptsächlich mit Tibetern, die größtenteils nicht mehr in Tibet leben, weil Tibet okkupiert ist. Die zentrale Person der Geschichte ist ***Seine Eminenz Jamgon Kongtrul Rinpoche*** in mehreren Leben, insbesondere beim Übergang von seinem 3. ins 4. Leben mit demselben Namen Jamgon Kongtrul. (Rinpoche ist ein Titel und heißt so viel wie »Ehrwürdiger«, den man sehr häufig als Ansprechname benutzt.) Anhand Jamgons Geschichte versuche ich das Reinkarnationskonzept nachvollziehbar zu machen, vor allem für uns Westler. Weil es ja in unserer Kultur nahezu unbekannt ist oder befremdlich wirkt, oft als »Eso-Kram« belächelt oder anderweitig verächtlich abgetan wird. Asiaten haben da sehr viel weniger Probleme. Da wir aber auf demselben Planeten leben, wäre es sehr bereichernd, wenn wir voneinander lernen könnten.

Asien profitiert sehr stark vom Westen in allem, was Technologie anbelangt. Es hat so aufmerksam gelernt, dass die kopierte Fernost-Technologie inzwischen verbessert in den Westen zurückkommt. Dieser Ping-Pong-Effekt kann auch mit dem fernöstlichen (spirituellen) Wissen geschehen, wenn es in den Westen gelangt, denn der Osten verliert mehr und mehr seine traditionelle Weisheit. Lernt der Westen von dieser Weisheit und erhöht sie durch seinen pragmatischen Gebrauch, wird sie auch die Kulturen in Fernost befruchten, indem sie von ihnen re-importiert wird. Zum Teil geschieht dies jetzt schon mit dem, was das allgemeine Frauenbild in den asiatischen Ländern und die Ökumene betrifft. Für die Menschheit ist das ein Segen, weil ihr Austausch nun nicht nur bei Handel und Technik stattfindet, sondern auch in geistiger und emanzipatorischer Hinsicht.

Die Auffassung, was Leben ist, unterscheidet sich auf der tiefsten Ebene darin, ob man es als ein singuläres Phänomen mit einem Anfang und einem Ende betrachtet oder als ein Kontinuum ohne Anfang und ohne Ende. Um diesen Unterschied geht es in diesem Buch. Die Herausforderung besteht darin, sein Bewusstsein zu öffnen. Diesem Zweck dienen mein Film, die Musik, die Website, die Seminare und dieses Buch *Gelebte Reinkarnation*, die das Reinkarnationskonzept lebendig machen.

Ich selbst bin für diese fünf Ebenen ein Werkzeug oder nenne mich den »Kanal« oder was auch immer. Jedenfalls kann ich nicht behaupten, dass das, was entstanden ist, auf meinem Mist gewachsen wäre. Es ist vielmehr so, dass ich im Akt des Schreibens das Geschriebene vorfinde. Deshalb bin ich nicht in der Lage, Spielfilme zu produzieren, obwohl man mit ihnen eine Message sehr viel klarer transportieren kann als auf dokumentarische Weise. Der Unterschied, ob etwas gespielt oder tatsächlich passiert ist, ist aber gerade beim Thema Reinkarnation entscheidend. Das macht sich am deutlichsten an der Produktionszeit des Films bemerkbar. Über 30 Jahre hinweg verfolgten und drehten wir den vorliegenden Reinkarnationsfall. Als Spielfilm wäre das in einem Jahr über die Bühne gegangen.

Dokumentarisch begann dieses Projekt mit der vorne beschriebenen Szene und griff von dort ausgehend auf etliche frühere Aufnahmen von Jamgon zurück, die in seinem Leben als weltweit anerkannter und weit gereister Lama bereits existierten. Hauptsächlich stammen diese Aufnahmen von Valerio Albisetti, einem guten Freund von mir, der mit dem 3. Jamgon als dessen Kameramann über drei Jahre (1987 bis 1990) auf vier Kontinenten gereist ist. Seine Arbeit beförderte ganz entscheidend meinen Entschluss, diesen Film und somit auch dieses Buch zu machen. Der Entschluss selbst war in dem Moment gefallen, als Jamgon Rinpoche am 26.4.1992 starb. Nicht nur, weil sein Tod für viele ein Mysterium war und wohl immer noch ist, sondern auch, weil bei Jamgon die Hoffnung, dass seine Wiedergeburt gefunden wird, sehr hoch war. Doch das lief – wie wir noch sehen werden – nicht ohne großes Drama und mit vielen Zweifeln ab.

1
Große Aufregung

In Sikkim, auf der Westseite des großen Tals unterhalb einiger Achttausender des Himalajas, liegt das Kloster *Rumtek*, genau gegenüber der sikkimesischen Hauptstadt Gangtok. Dort, in diesem Kloster lebte der 3. Jamgon seit seinem 6. Lebensjahr, denn es war der Hauptsitz seines großen Meisters, Lehrers, Freundes und Oberhauptes: *Seiner Heiligkeit, des 16. Gyalwa Karmapa,* im Exil. S. H. Karmapa war seit fast elf Jahren (seit 1981) abwesend – gestorben. Und alle seine Anhänger, an erster Stelle seine vier sogenannten »Linienhalter«, zu denen auch Jamgon gehörte, warteten sehnlichst darauf, dass sich die Wiedergeburt ihres Meisters ankündigte.

Gerade jetzt, 1992, tauchte durch *Situ Rinpoche,* einer der vier Linienhalter, ein Brief von S. H. Karmapa auf, in dem er die Adresse seiner Wiedergeburt nennt. Der Ort liegt in dem völlig unzugänglichen Osten Tibets, in einem Nomaden-Gebiet ohne jegliche Zivilisation. Der sogenannte Zufall wollte es, dass Jamgon in diesem Moment von China ein Visum für ganz Tibet gewährt bekam, das er vor einem halben Jahr für ein soziales Hilfsprojekt beantragt hatte. Deshalb beschlossen die vier Linienhalter *Jamgon, Situ, Gyaltsap und Shamar,* dass Jamgon auf seiner bereits terminierten Tibet-Reise gemäß der gefundenen Adresse nach der Wiedergeburt ihres Oberhauptes in Ost-Tibet schaute. Laut dem gefundenen Brief musste Karmapa inzwischen fast 7 Jahre alt sein.

Ich verabschiedete mich in Rumtek am Abend des 22. April von Jamgon, mit dem ich noch in letzter Minute ein Interview zu seiner bevorstehenden Reise gedreht hatte. Und ich bedauerte, dass ich nicht mit ihm mitreisen konnte, um die Suche nach Karmapas Reinkarnation für meinen Film *Living Buddha* weiterzudokumentieren, da ich für mich und meine Crew auf keinen Fall so schnell ein Visum aus Peking erhalten konnte (schon gar nicht mit einer Dreherlaubnis). Ich verabredete mich stattdessen für drei Wochen später mit Jamgon, wenn er, wie er es vorhatte, wieder zurück sein würde, damit er mir (meiner Kamera) erzählen konnte, was sich in Tibet ereignet hatte.

Auf dem Weg

Jamgon fährt am 23.4.1992 in dem nagelneuen BMW mit seinen drei Begleitern, seinem jungen Assistenten Tenzin, seinem Zeremonienmeister Kunga und seinem Chauffeur Norbu von Sikkim hinunter nach Kalimpong in West-Bengalen. Sie brechen um fünf Uhr früh im Kloster Rumtek auf, um zunächst noch Jamgons Mutter *Pema Yudron* in Kalimpong zu besuchen. Pema wird es eine Freude sein, zu sehen, welch großherziges Geschenk der eine ihrer zwei großen Söhne dem anderen gemacht hat. Kalimpong liegt am südlichen Ausläufer des Himalajas. Dort vorbeizufahren ist kein großer Umweg, um von Rumtek in Sikkim zum Flughafen Bagdogra zu kommen, der zu der großen nordindischen Stadt Siliguri gehört.[1]

Jamgon und sein Team sind auf den Flug nach Tibet am 26.4. um 9 Uhr früh gebucht. Obwohl es nur ein Katzensprung von Gangtok nach Lhasa in Tibet wäre und auch eine uralte Handelsstraße an dieser Stelle den Himalaja überquert, geht die Reise über Delhi und Kathmandu – und zwar aufgrund der restriktiven chinesischen Kontrollen aller Besucher, die in das von ihnen besetzte Tibet einreisen wollen.

Alle vier sind auf der Fahrt vorschriftsmäßig angeschnallt – und plötzlich, von einer Sekunde auf die andere, sind drei tot.

Was ist passiert?

Bei Mutter Pema klingelt um 6.15 Uhr das Telefon.

Eine Frau sagt: *Ein Unfall ist passiert.*

Pema fragt: *Gibt es Verletzte?*

Die Frau antwortet: *Nein.*

Aber Pema hört, dass ihre Stimme zittert.

Pema: *Bitte sagen Sie mir die Wahrheit.*

Da hängt die Frau auf.

---

1 Siehe geographische Karte der Handlungsorte vorn im Buch.

Pema verständigt sofort ihren Sohn Topga[2] in Nepal. Ihn überkommen augenblicklich die schlimmsten Schuldgefühle.

Topga: *Kurz vor dem Unfall war er hier bei mir in Nepal und fragte mich, ob ich mit ihm nach Kalimpong komme, unsere Mutter zu besuchen. Aber ich hatte zu tun und sagte, ich kann nicht, ein andermal gerne. Das bereue ich zutiefst.*

Topga quält die Frage: Wie konnte das passieren? Er kannte den Fahrer als sehr zuverlässig. Das Auto war nagelneu, die Straße völlig gerade und ungefährlich.[3] Was ist da passiert? Es erreichen ihn die wildesten Gerüchte. Da es große Spannungen in Jamgons Kloster wegen der Reinkarnation Karmapas gibt, könnte sein Tod vielleicht damit etwas zu tun haben? Kann es sein, dass an dem neuen Auto eine technische Manipulation vorgenommen wurde? War es ein Attentat?

In dem letzten Gespräch, das ich mit Jamgon in Rumtek am späten Abend vor seiner Abreise hatte, lag in der Tat eine spürbare Spannung in der Luft. Sie ist in der Aufnahme unseres Gesprächs auch deutlich zu sehen.[4] Aber dass der 38-jährige, gesunde Jamgon in weniger als 80 Stunden später tot sein wird, so weit hat natürlich niemand gedacht.

Schuldgefühle

Rinpoches jäher Tod mit 38 Jahren belastet seinen sechs Jahre jüngeren Bruder Topga extrem. Topga führt in Nepal ein weltliches Leben als Inhaber einer großen Teppichfabrik mit vielen tibetischen Teppichknüpferinnen, womit er den Geflüchteten seines Volkes Arbeit gibt. Der Kontakt zu seinem ganz der spirituellen Arbeit gewidmeten Bruder war schon von seiner Geburt an sehr gering, denn von da an lebte Jamgon im Kloster, und Topga wuchs quasi allein zu Hause auf.

Dennoch hatten sie ein sehr brüderliches Verhältnis. Topga wusste z. B.,

---

2 Im Tibetischen wird Topga wie *Top-gjal* ausgesprochen.

3 Auf *Google Earth* kann man sich diese Straße ansehen. Siehe auch geographische Karte der Handlungsorte vorn im Buch.

4 Siehe Film *Reincarnation – Looking for a Sign*/QR-Code im Anhang unter »So geht's weiter«.

dass Schnellfahren für seinen Bruder ein geiles Erlebnis ist. Jamgon war kein Raser, er saß ja nie selbst am Steuer, besaß auch keinen Führerschein. Aber wenn es möglich war und ein Fahrer mal so richtig auf die Tube drückte, dann gefiel ihm das außerordentlich. Da konnte er aufjauchzen und seinen Spaß daran haben. Selbstverständlich gab es nie einen Unfall. Dennoch nannte man ihn den »James Dean des Buddhismus«, der – wie bekannt – ebenfalls mit hoher Geschwindigkeit sein Leben ließ.

Topga: *Rinpoche liebte Autos, und BMW war ein gutes Auto, also schenkte ich ihm einen.*[5]

Das war 1992. Selbstverständlich konnte Jamgon sich selbst kein derartiges Fahrzeug anschaffen. Nicht nur, weil er als Lama eines Klosters kein persönliches Geld beanspruchte, sondern auch aus Image-Gründen. Wie sähe es denn aus, wenn Jamgon z. B. in einem Ferrari bei seinen Teachings vorfahren würde? Es war außerhalb jeglicher Spekulation, dass Jamgon sich irgendein extravagantes Auto zulegen würde. Dadurch sah Topga sich in der Lage, seinem geliebten Bruder einmal etwas Besonderes zu schenken.

Topga: *Ich besorgte ihm ein Auto – ein gutes Auto.* Mercedes *und* Rolls-Royce *kamen nicht infrage, denn die sind auch in der indischen Region als Statussymbole sehr bekannt. Aber BMWs kennt hier kaum jemand, deshalb entschied ich mich für einen* BMW 525i. *Das Auto sollte für meinen Bruder eine Überraschung werden.*

Also bestellte Topga bei dem einzigen für ihn erreichbaren BMW-Händler in Neu Delhi den Wagen, der Jamgon kurz vor seinem Tod in Sikkim/Nord-Indien vom Lieferanten ausgehändigt wurde.

Kehrtwende

Mich erreicht diese Nachricht, als ich mit meiner Film-Crew bereits am Tag vorher von Bagdogra viereinhalb Stunden nach Bombay (Mumbai) geflogen war. Ich denke, da ich in ca. drei Wochen wieder in Sikkim sein möchte, wenn Jamgon aus Tibet zurück ist, nutze ich mit meinem Team die Zwischenzeit, um in Süd-Indien an meinem anderen Film *Am Rande des Para-*

[5] Siehe Film *Reincarnation – Looking for a Sign*/QR-Code im Anhang unter »So geht's weiter«.

dieses mit dem Urstamm der *Todas* weiterzudrehen. Wir haben in Bombay bis zum Weiterflug am 27.4. einen Tag Pause. Ich nutze die Gelegenheit eines gut funktionierenden Telefons, um meine Lieben in Deutschland anzurufen.

Meine Frau sagt sofort: *Jamgon ist tot.*

Ich: *Unmöglich, ich habe ja gerade noch mit ihm gedreht.*

Sie: *Doch, einen Autounfall soll er gehabt haben.*

In Sikkim nachfragen zu wollen, ist bei den miserablen indischen Telefonverbindungen 1992 zwecklos. Ich disponiere sofort um, und wir fliegen die viereinhalb Stunden wieder zurück. Schon am Flughafen Bagdogra sehe ich eine Zeitung mit der Unfallnachricht auf der ersten Seite. Ich fahre sofort zur Unfallstelle. Das Wrack ist bereits weggebracht worden. Ich finde es in einer Garage in Siliguri und bin entsetzt, wie es aussieht. Es sind die wildesten Gerüchte im Umlauf, dass es bei diesem Unfall wohl nicht mit rechten Dingen zugegangen sei.

Topga sagt: *Einige Leute glauben, es war eine Verschwörung oder eine Bombe oder irgend so etwas.*

Ich will, dass ein professioneller Sachverständiger das Unfallauto untersucht und telefoniere von Siliguri aus mit dem deutschen TÜV (Technischer Überwachungsverein). Dabei scheine ich Glück zu haben, weil ein TÜV-Beamter soeben einen Untersuchungsauftrag in Malaysia abwickelt. Ich versuche über etliche Telefonate und Faxe um die halbe Welt zu organisieren, dass dieser Herr hierher nach Ost-Indien kommt, um das Auto zu inspizieren. Dann fahren wir in acht Stunden hoch nach Sikkim ins Kloster Rumtek. Dort treffe ich Tenzin an, Jamgons Assistenten, der den Unfall überlebt hat. Noch kaum wieder gefasst, erzählt er den Hergang:

Tenzin: *Auf der Straße befinden sich plötzlich ein paar Tauben. Rinpoche sagt zum Fahrer: »Überfahre sie nicht.« Der versucht auszuweichen. Wir sind aber so schnell, dass wir ins Schleudern geraten. Dann weiß ich nichts mehr.*

Wie hat Tenzin überlebt? Mutter Pema war nach dem Telefonat sofort die zwei Stunden von Kalimpong zur Unfallstelle gefahren:

Pema: *Sieht man das Auto, denkt man, da hat niemand überlebt.*

Tenzin weiß nur: *Als ich wieder zu Bewusstsein kam, war ich nicht mehr im Auto.*

Ich schaute sofort nach Rinpoche. Er war auch aus dem Auto geschleudert worden. Er hatte eine kleine Wunde. Ich nahm ihn in meine Arme. Da machte er seinen letzten Atemzug. Auch der Fahrer und Kunga, beide sind tot.

Vom deutschen TÜV bekomme ich eine Absage. Ich probiere eine zweite Möglichkeit über den Lieferanten des Autos, den BMW-Händler in Delhi. Dieser schickt tatsächlich seinen Sohn. Der kommt zu dem Schluss, das Auto sei völlig in Ordnung gewesen. Ich bleibe skeptisch, denn es könnten auch Eigeninteressen sein, die ihn zu diesem Ergebnis bringen.

Topgas quälende Frage nach dem Warum

Ohne die Ursache des Todes genau zu kennen, ist es für Topga ein schreckliches Gefühl, seinem Bruder einen Traum erfüllt zu haben, der unmittelbar in den Tod führte. Topga plagt die Frage, warum der Tod ausgerechnet in seinem von ihm geschenkten Auto hat stattfinden müssen? Er befürchtet, dass dieses Schuldgefühl ihn lange im Griff behalten wird – sehr lange.

Topga: *Wäre ich mit nach Kalimpong gekommen, wäre ich der Fahrer gewesen und hätte ganz bestimmt keinen Unfall gebaut.*

Sicherlich will er damit die Schuld am Tod seines Bruders nicht Norbu, dem Fahrer geben. Doch in seinen schlaflosen Nächten gehen ihm tausend Variationen durch den Kopf: Was wäre gewesen wenn? Aber kein Gedanke bringt ihm eine Lösung oder auch nur eine kleine Erleichterung seines Schicksals.

Norbu fuhr in seinem Chauffeur-Leben nur indische Autos mit einer Höchstgeschwindigkeit von 80 max. 90 km/h, wobei diese Autos dann schon so zu zittern beginnen, dass man auf eine höhere Geschwindigkeit gerne verzichtet. Mit dem BMW 525i haben sie in dem Moment, als Norbu den Tauben ausweicht, eine Geschwindigkeit von 120 mph auf dem Tacho, das sind 190 km/h, ohne diese wirklich zu spüren.

Das kleine Ausweichmanöver um die Tauben herum versetzt den Wagen jedoch ins Schleudern. Er prallt seitwärts an seiner rechten Vordertür, wo Norbu sitzt – denn es handelt sich ja um ein rechtsgesteuertes, für den Linksverkehr gebautes Modell – am linken Straßenrand gegen einen mächtigen Baum mit einem Stammdurchmesser von ca. 60 cm, sodass das Auto davon bis zur Mittelkonsole eingedrückt ist. Das verzerrt im selben Moment den gesamten Rahmen des Autos, wodurch die gegenüberliegenden linken Türen aufspringen und das Heckfenster komplett herausgesprengt wird. Jamgon, der links vorne auf dem Beifahrersitz gesessen hat, liegt im Gras. Kunga und Norbu verbleiben im Wageninneren angeschnallt sitzen und sind tot – oder zumindest ohne Bewusstsein. (Später heißt es, dass sie erst auf dem Transport ins Krankenhaus gestorben seien.)

Ein großes Wunder bei diesem Unfall ist, dass Tenzin überlebt: Durch den immensen Aufprall schießt sein Körper rückwärts aus dem Gurt heraus, durch das vom Glas befreite Rückfenster und überschlägt sich in der Luft. In diesem Geschehen ist er offenbar ohne Bewusstsein. Als er dann hinter dem Auto unverletzt im Gras auf beiden Beinen landet, kommt er schlagartig wieder zu sich.

In den nächsten Minuten halten Passanten auf der Straße. Zwei fahren sofort weiter, um Hilfe zu alarmieren. (Handys gab es damals noch nicht.) Bevor die Polizei und Krankenwagen eintreffen, transportiert Tenzin mit einem gerade vorbeikommenden Tuk-Tuk (die kleinen dreirädrigen Motor-Rikschas in Indien) den Körper von Jamgon in den nur fünf Kilometer entfernten buddhistischen Tempel *Salugara*.

Das geht nur, indem Tenzin und der Passant, der das Tuk-Tuk mit dem Fahrer als Taxi gemietet hat, sich Jamgons Körper quer über die Knie legen, wobei die Beine seitlich herausragen. Mit diesem Transport bewahrt Tenzin Jamgon vor dem üblichen Umgang mit Leichen, wenn die Rettung eintrifft und den Körper mitnimmt, so wie es dann mit Kunga und Norbu geschieht. Sie werden eine halbe Stunde nach dem Unfall in das städtische Krankenhaus von Siliguri gebracht.

Jamgon hingegen wird im Tempel Salugara aufgebahrt, und sechs Mönche beginnen für ihn unmittelbar mit den Sterbegebeten. Der tibetische Buddhismus kennt wunderbare Gebete für das Sterben. Er ist auf diesem Gebiet die höchstentwickelte Religion, kann man sagen. Schließlich war und ist das berühmte *Tibetische Totenbuch* das älteste Lehrbuch darüber, was mit der Seele geschieht, wenn der Körper aufgehört hat zu leben.

Jamgon wird in den Tempel gebracht

Pema erfährt am Unfallort, dass ihr Sohn in den Tempel Salugara gebracht wurde. »Tot oder lebend?« Niemand kann ihr etwas Bestimmtes sagen. Sie fährt weiter und sieht schon von Weitem eine große Menschenmenge vor dem Tempel: »Was soll der Aufruhr?« Die Polizei hat erfahren, dass Jamgon sich im Tempel befindet und verlangt seine Herausgabe für eine Untersuchung oder Obduktion, das sei Vorschrift. Erfolgreich schaffen es die wenigen dort lebenden Mönche, den Zugriff der Polizei hinauszuzögern, bis sie droht, sich mit Gewalt Zutritt zum Tempel zu verschaffen und dafür bereits Verstärkung anfordert. Das empört die hinduistische Nachbarschaft des buddhistischen Tempels so sehr, dass im Nu eine Menge von ca. 300 Menschen zusammenläuft und für die Polizei den Zugang zum Tempel erfolgreich blockiert.

Mutter Pema wird von der Menschenmenge und den Mönchen eingelassen und findet im Tempel ihren Sohn aufgebahrt. Gestern hatte sie ihn zu Hause noch bekocht. Das kann doch nicht sein … Zum Glück ist er nicht verletzt. Ein Wunder, wenn man an das Auto denkt. Er sieht sogar schön und entspannt aus. Pema kniet nieder und betet mit den Mönchen. Sie kennt das Zimmer und das Bett, auf dem er liegt. Es ist das Bett von *Kalu Rinpoche*. Kalu Rinpoche war Jamgon ein väterlicher Freund, der noch kurz vor seinem Tod im Alter von über 90 Jahren diesen Tempel bauen ließ und hier in diesem Zimmer wohnte.

Die offizielle Einweihung des Tempels ist erst ein paar Wochen her. Ohne diesen Zufluchtsort in so unmittelbarer Nähe seiner Sterbestelle wäre es für Jamgon womöglich unangenehm geworden. So hat sich im Rahmen der Tragödie alles noch gefügt.

Die Großstadt Siliguri mit ca. 1 Million und ganz West-Bengalen mit ca. 90 Millionen Einwohnern ist eine rein hinduistische Gegend. Salugara, ein winziges buddhistisches Kleinod, aber in diesem Moment spontan beschützt von Hunderten von Hindus. Man kann dies als ein Zeichen für die friedliebende Bevölkerung und Jamgons Weltoffenheit betrachten.

Über Tenzins Überleben ist Pema fast ebenso bewegt wie über den Tod ihres Sohnes.

Unter Tränen sagt sie: *Lediglich am Hinterkopf hat er einen kleinen Schnitt, und sein Rücken ist etwas gezerrt, ansonsten ist er okay. Es ist nicht zu fassen, dass Tenzin überlebt hat, wenn man das Auto sieht, oder was davon übrig geblieben ist. Es ist nicht zu fassen …*

Schmetterlinge

Als ich mir noch mal das Auto-Wrack auf einem Schrottplatz in Siliguri anschaue, ca. 15 km entfernt von der Unfallstelle, kommt mir eine Idee. Ich besorge beim Militär einen starken LKW-Kran, der am nächsten Tag das Wrack zurück zur Unfallstelle bringen soll, sodass ich filmisch zeigen kann, was passiert ist. Mit meiner großen indischen Film-Crew übernachten wir im selben Hotel, in dem Jamgon die Nacht vor seinem Tod verbrachte. Abfahrt für uns ist fünf Uhr morgens, damit wir das gleiche herrliche, sanfte Morgenlicht einfangen, das auch Rinpoche in seinen Tod begleitete.

Mein Produktionsleiter Naveen kümmert sich am Morgen zur gleichen Zeit um den Wrack-Transport, während ich mit dem Crew-Bus vom Hotel auf den Highway hinausfahre. Dabei passiert etwas Schreckliches: Wir überfahren eine Taube! Genau das, was Jamgon vermieden hat und dafür mit seinem noch nicht 50-jährigen Fahrer Norbu und dem 60 Jahre alten Meister Kunga starb.

Kurz nachdem wir beim Unfall-Baum ankommen, trifft auch der Militär-Kran mit dem aufgeladenen BMW-Wrack ein. Naveen springt aus dem Führerhaus. Ich erzähle ihm sofort, was uns Schreckliches passiert ist, und bin geschockt, als er sagt: »Wir haben auch eine Taube überfahren.«

»Was bedeutet das?«, frage ich.

Valerio, der die Video-Kamera bedient, ist erzürnt über diese Frage: »Da fragst du noch? Niemand erlaubt sich, einen solch schrecklichen Tod nachzustellen. Genügend Stimmen haben dich gewarnt, das zu tun, aber dich kann man ja nicht stoppen. So was kommt dabei raus.«

Oh, das saß! Ich gehe noch mal in mich, um zu überprüfen, ob ich in meinem Tun noch richtig liege. JA, heißt die Antwort. – Ich dirigiere den Kran-LKW nahe an den Baum heran, sodass er das BMW-Wrack originalgetreu an den Baum anlegen kann. Als der Kran das Auto heranschweben lässt und sich damit das ausladende Gewicht auf die Seite verlagert, gerät der riesige Militär-LKW auf seiner rechten Längsseite ins Kippen und rutscht von der Straße die leichte Abschüssigkeit zum Baum seitwärts hinunter. Und dieses vor Kraft strotzende, jetzt schräg stehende Fahrzeug wird von dem dicken, hohen Baum mit seinem mächtigen Stamm genau zwischen Führerhaus und Kran-Aufbau komplett blockiert. Jetzt gibt es weder ein Vor noch Zurück. Der Baum setzt das Ungetüm schachmatt. Die Szene mit dem Unfallauto am Baum ist nicht mehr zu drehen. Der LKW-Kran beherrscht das ganze Bild.

Den Blick von Valerio vergesse ich nie. Mein indischer Kameramann aber ist noch bereit, weiterzuarbeiten. Doch plötzlich ziehen ungewöhnlich dunkle Wolken auf an diesem doch so lieblich begonnenen herrlichen Sommertag. Was bleibt mir zu tun? Etwa 30 involvierte Team-Mitglieder stehen auf dem Highway, den die Polizei für uns zur Hälfte gesperrt hat und den Verkehr langsam an uns vorbeidirigiert. Alle schauen mich fragend an. Ich sage: »Wir brauchen jetzt auf jeden Fall einen zweiten Kran, der den ersten Kran vom Baum seitwärts wieder herauszieht.« Alle Zuständigen bemühen sich, diese Vorgabe umzusetzen.

Und tatsächlich: Gegen elf Uhr kommt ein zweites, ebenso gewaltiges militärisches Ungetüm die Straße entlang. Ich bin erleichtert, denn allmählich findet die indische Polizei dieses Spektakel auch nicht mehr lustig und will den Highway wieder freigeben. Jetzt aber beginnen schwere, große Regentropfen aus einem inzwischen verdunkelten bis schwarzen Himmel zu fallen. Mit der enormen Kraft des sich auf seine vier Ausleger fest auf die Straße stützenden zweiten Krans wird der erste LKW-Kran seitwärts vom Baum über die kleine Böschung vorsichtig hochgezogen, bis er mit seinen zehn einen Meter hohen Rädern wieder auf der Straße steht.

So, nun können wir die Szene endlich drehen, wofür alle um vier Uhr früh aufgestanden sind. Valerio ist mit seiner zweiten Kamera in einem unserer Fahrzeuge verschwunden. Ich diskutiere mit dem indischen Kameramann, wie wir die Szene drehen, wenn nun gütigerweise auch noch die beiden Monster aus dem Bild verschwinden. Eigentlich liegt das Auto-Wrack noch nicht richtig. Jetzt es noch mal mit dem Kran anfassen, hochheben und richtig positionieren …?

In dem Moment, in dem ich noch mit mir ringe, was nötig ist für das, was ich mir vorstelle, gibt es einen durch Mark und Bein fahrenden Donnerschlag mit einem unmittelbaren Blitz danach und ihm folgt – wie nur in Indien möglich – ein Platzregen, der nicht wie aus Kübeln, sondern wie aus einer zusammengebrochenen Staumauer auf uns herunterprasselt. Alle flüchten augenblicklich in sämtliche Fahrzeuge. Dann bricht ein Gewitter-Hagelsturm auf uns nieder, der die Autoscheiben blind werden und sogar die Angst aufkommen lässt, ob sie diesem Inferno überhaupt standhalten. Ich sitze ebenfalls patschnass, eng gedrängt zwischen meinen Leuten. Keiner sagt etwas, jeder bangt vor dem nächsten Blitz und Donnerschlag. Einige halten sich die Ohren zu und kneifen die Augen zusammen. Etwa zwölf Minuten dauert das Toben, dann wird es plötzlich wieder leiser. Alle heben die Köpfe. Ich schaue auch auf und sage: »I give up.«

Eine Welle der Erleichterung geht durch das Team. Valerio schaut mich zum ersten Mal wieder an und nickt. Das Gewitter verzieht sich. Wir kommen schweißnass aus den Autos heraus. Naveen gibt allseits Anweisung zum Drehschluss. Es entsteht wieder viel Geschäftigkeit, aber diesmal ohne laute Stimmen – alles verläuft ziemlich gedrückt. Bei der einen Hälfte der Crew sehe ich in den Gesichtern Erleichterung, bei der anderen Hälfte Bedauern.

Ich stehe untätig mitten auf dem dampfenden Straßenasphalt, da taucht eine etwa ein Kubikmeter dicke dunkle Wolke ungefähr 10 bis 15 Meter vor mir auf und fliegt in 3 bis 4 Metern Höhe über der Straße direkt auf mich zu. »Was ist das?« Ich bin zutiefst erstaunt und berührt, während sich alle Blicke der Crew-Mitglieder, der Polizei und der schaulustigen Passanten auf dem inzwischen komplett gesperrten Highway auf mich richten.

Sie werden Zeugen eines Wunders. So jedenfalls empfinde ich das. Es handelt sich nämlich nicht um eine gewöhnliche Wolke, sondern um die lebendige Kugel eines Schmetterling-Schwarms. Und zwar keine »normalen« Schmetterlinge, wie wir sie in Europa kennen, sondern es sind dunkel-schillernde Riesenschmetterlinge. Jeder mit einer Flügelspannbreite von vielleicht 8 bis 13 cm und gelben Augen auf den Flügeln, deren Unterseiten von einem changierenden, dunklen Purpurrot gezeichnet sind.

Dieser ganze Schmetterlings-Schwarm lässt sich nun auf mir nieder: Nicht nur mein bloßer Kopf, Schultern, Arme, Brust, sondern auch mein Gesicht wird von diesen magischen Tieren besetzt. Alle erstarren vor Erstaunen, wie auch ich, obwohl mich im selben Moment unsagbare Freude erfasst. Denn diese Schmetterlinge verzaubern mein Gemüt und tippeln mir mit ihren winzigen Füßchen über alle Poren meiner Haut, über mein Gesicht und alle anderen freien Stellen, ohne einen Laut außer dem kosmischen Flügelschlag von sich zu geben. Alle sind so fasziniert, dass niemand daran denkt, ein Foto zu machen. Außerdem waren wir noch nicht im Handy-Zeitalter.

Vor dem Hintergrund all dieser Geschehnisse wage ich es erst 26 Jahre später, die einzig gemachten Standbilder des zerschmetterten BMWs für meinen Film *Reincarnation – Looking for a Sign* zu verwenden. Diese Zeit, mit allem, was zwischenseitlich noch passiert ist, war nötig, um erst jetzt darüber berichten zu können. Du, liebe Leserin, lieber Leser, wirst das am Ende dieses Buches sicherlich nachvollziehen können. Sogar Valerio ist heute, ein Vierteljahrhundert später, im Frieden mit der Veröffentlichung.

2
Aufgeben, um zu leben

Wenn wir uns die Vergänglichkeit des Seins in all seinen Facetten tiefer bewusst machen wollen, ist es in einem solchen Moment wert, sich das buddhistische Ritual eines *Sand-Mandalas* zu vergegenwärtigen. Dafür arbeiten fünf bis sechs Mönche 12 bis 18 Stunden täglich zwei Wochen lang, bis sie aus purem, feinstem farbigem Sand die Versinnbildlichung des Universums dreidimensional erschaffen haben. Die Präzision der Darstellung solch höchster Weisheiten ist atemberaubend und in den prachtvollen Farben und in dieser Größe von 4 x 4 Metern auf einer hochgelegten Holzplatte wunderschön.

Sobald das Sand-Mandala fertig ist, wird es den darin verkörperten Weisheitslehrern und ihren geistigen Aspekten geopfert und dafür sogleich wieder zusammengefegt. Für die meisten ist dies ein unsäglich schmerzhafter Vorgang nach einer solch vollendeten Meisterleistung. Übrig bleibt ein kleiner, grau zusammengemischter Sandhaufen, den man in eine kleine Urne abfüllt und hinaus aufs Wasser bringt. Dort wird er in einem weiteren Ritual für die Bewusstmachung der Vergänglichkeit allem Gewordenen übergeben und löst sich im Wasser auf.

Dieses Ritual hilft sterben. Es ist von großer Wirksamkeit für ein angstfreies Leben. Jeder Mensch spürt, mit welcher Inbrunst er geneigt ist, die Schönheit des Mandalas bewahren zu wollen, so wie wir auch Tiere und Menschen bewahren wollen. Der Mensch selbst ist ein solch wunderbares Mandala, dem man so oft es geht ein möglichst langes Leben wünscht. Sand-Mandalas lässt man auf solches Bitten und Betteln hin maximal drei Tage in ihrer Vollkommenheit bestaunen. Aber dann erfüllt sich ihr eigentlicher Sinn und Zweck in diesem aufwendigen Ritual: die Zerstörung. So wird auch deine, meine, jede Form eines Tages wieder zerstört und hinweggefegt zu einem kleinen Häufchen Asche.

Möge dieses Gesetz uns zu Lebzeiten immer wieder bewusst werden, sodass wir nicht an vergänglicher Materie haften. Denn das ist es, was Leid verursacht und schmerzt. Viele können wegen dieses Schmerzes nicht in

Freude sterben. Die Vergänglichkeit wird durch die bezaubernde Schönheit und Tiefsinnigkeit des Sand-Mandalas besonders spürbar, indem man es so gerne festhalten würde. Heute lässt sich dieses Training in Nichtanhaftung mit den allzeit bereiten Foto- und Filmkameras unterlaufen: Man kann es sich kaum verkneifen, dieses perfekte Kunstwerk zu fotografieren – und raubt dem Ritual damit seine Wirkung. In früheren Zeiten musste man das Liebgewordene komplett loslassen. Weg hieß wirklich weg. – Eine besonders eindringliche Sterbe-Übung.

Wir sterben oft, bevor wir sterben

Wir sterben schon, wenn uns unsere Liebe verlässt; wir sterben schon, wenn eine erfüllende Zeit zu Ende ist; wir sterben, wenn wir eine Absage erhalten; wir sterben, wenn unsere Erwartungen nicht erfüllt werden; ja, selbst die Zellen unseres Körpers sterben täglich millionenfach! Wir können Sterben das ganze Leben lang lernen. Stell dir das Schöne, Glückliche als wunderschöne, große bunt schillernde Seifenblase vor, wie sie vor deinen Augen durch die Luft schwebt. Du könntest sie umarmen, halten, küssen, aber noch bevor du irgendetwas tust, platzt sie von allein.

Wie geht es dir jetzt? »Uhhhhhhhhh«, macht das Gefühl der Vergänglichkeit, und Trauer überschattet es. – Deine Seele kennt noch eine andere Reaktion: »Ahhhhhhhhh«, sagt sie und erfreut sich an dem Platzen, und ein echtes Lachen kann ihm folgen. Beobachte Kinder, es gibt immer beide Reaktionen. Du hast die Wahl: Freude oder Trauer über die Vergänglichkeit? Das kosmische Prinzip heißt: Alles, was wird, vergeht. Es macht keinen Sinn, sich gegen den Kosmos zu stellen. Es macht nur das Sterben schwer, wo immer wir ihm begegnen. Das Schöne an dem »Ahhhhhhhhh« ist, dass wir es beliebig oft in stets neuer Form wiederholen können: in das Leben blasen, deinen Atem hineingeben und sich an dem Platzen der Blasen immer wieder erfreuen. Am Ende ist das Platzen genauso schön wie die Blasen selbst. Meine Interpretation macht mir mein Gefühl.

Werden und Vergehen

Um das Bewusstsein des Prinzips von Werden und Vergehen, von Nichtanhaftung und Vergänglichkeit zu verbreiten, reiste Jamgon der 3. mit seinem Team sein ganzes Leben lang von einer Belehrung zur nächsten, auf alle Kontinente in ungezählte Länder.

Immer dabei: Tenzin. Tenzin war erst vier Jahre alt, als seine Mutter starb. Der Vater hatte sechs Kinder zu versorgen und war froh, dass Jamgon ihm Tenzin abnahm und im Kloster für ihn sorgte, als wäre es sein eigener Sohn. Jamgon nahm ihn, sobald er mit der Grundausbildung fertig war, ab seinem 16. Lebensjahr mit auf alle Reisen rund um den Globus.

Jeder Vortrag, jedes Ritual, jeder Besuch war ein Samenkorn für das Bewusstsein der Vergänglichkeit. Dafür bildete Jamgon sich von Leben zu Leben weiter aus, dafür inkarnierte er als Mensch. Sein großes Charisma half ihm, von Menschen unterschiedlichster Kulturen und Glaubenskonzepte angenommen zu werden. Denn er verkörperte das buddhistische Menschenbild von Mitgefühl und Weisheit.

In seiner Lebensweise als tibetischer Mönch pflegte er jahrhundertealte Rituale aus der tibetischen, indischen und buddhistischen Tradition. Das Sand-Mandala nahm dabei einen wichtigen Platz ein. Es vermittelt mehr über das Sterben als tausend Worte.

3
Den Tod begreifen

Jamgons Bruder Topga hatte als Geschäftsmann weniger Gelegenheiten, sich in dieser Weise schon früh mit dem Tod auseinanderzusetzen. Ihn trifft Jamgons plötzlicher Weggang am härtesten:

Topga: *Für mich war er ein Bruder, der ältere Bruder, ein sehr spezieller Bruder.*

Und er kann die Tränen nicht zurückhalten. Seine Mutter pflegt eine tägliche buddhistische Praxis, und das hilft ihr in dieser schweren Zeit. Sie denkt zugleich über sich hinaus, sie spürt:

Pema: *Er ist nicht nur ein Verlust für mich. Er ist ein großer Verlust für jeden.*

Und derer gibt es viele. Das Entsetzen über Jamgons plötzlichen Tod verbreitet sich unter den Buddhisten in Windeseile rund um den ganzen Globus. Während der 49-tägigen Trauerfeierlichkeiten reisen aus allen Erdteilen seine Anhänger zu Tausenden in das Kloster Rumtek – in das schwer zugängliche, ehemalige Königreich Sikkim im Norden Indiens.

Natürlich nimmt Jamgons ganze Familie auch an diesem großen Sterbe-Ritual teil. Und selbstverständlich nimmt auch Topga sich jetzt dafür die Zeit und ist mit seiner Familie aus Nepal angereist. Niemals hätte er damit gerechnet, dass für seinen Bruder Tausende aus der ganzen Welt kommen.

Topga: *Ich wusste, dass er Anhänger hat, ich wusste auch, dass er Leute hat, die ihn unterstützen* (er meint Sponsoren), *aber ich wusste nicht, in welch unglaublichem Ausmaß das geschieht. Das ist so beeindruckend. Ich bin völlig überwältigt.*

In Jamgons Fall fällt sogleich die Entscheidung, dass sein Körper nicht beerdigt, nicht verbrannt, sondern mumifiziert wird, denn dafür ist er so jung und unverletzt schön. Damit wird aus einem Menschen eine Reliquie, die es den Gläubigen leichter macht, sich mit dem Bewusstsein (mit dem Geist) dessen zu verbinden, was die Reliquie symbolisiert. Im Fall von Jamgon ist es auf Tibetisch *Manjushri,* der Weisheitsaspekt eines realisierten oder geläuterten Menschen.

Die Mumie kommt in der meditativen Vajra-Position[6] in eine Box, genannt

---

[6] Es ist die Meditationshaltung mit überkreuzen Beinen, auch *Vajra-Position* genannt.

Kudung. Damit ist die Mumie zwar nicht mehr sichtbar, aber transportfähig. Zunächst wird sie für das 49-tägige Sterbe-Ritual in dem großen Gebetstempel des Kloster Rumtek aufgestellt. Ein Foto von Jamgon und viele kleine und größere Ritual-Gegenstände mit unendlich vielen brennenden Kerzen werden rundum platziert, wovor jeder sich verneigt oder gar in tibetischer Tradition niederwirft. Das bedeutet: Man legt sich der Länge nach hin, senkt die Stirn auf den Boden und wiederholt dies drei Mal hintereinander. Jeder Besucher übergibt dem Kudung einen *Katak*, den weißen Seidenschal zum Gruße, und zündet ein Räucherstäbchen an. Das machen Pema und Topga und deren ganze Familie ebenso. Aber ehrlich und offen, wie Topga ist, sagt er gleichzeitig auch:

Topga: *Ich bin Buddhist von Geburt aus und glaube auch an diese Religion, aber tiefergehende Fragen könnte ich nicht beantworten. Ich mache auch keine Niederwerfungen.*

Das heißt, er weiß nicht, weshalb man jetzt 7 x 7 Tage und Nächte diese und jene Mantren, Texte und Gebete zu welchem Zeitpunkt spricht und wie oft man sie wiederholt und was sie genau bewirken sollen. Ein solches Sterbe-Ritual ist in der tibetischen Kultur, die das erste Buch der Menschheit über die Phase zwischen Tod und Wiedergeburt hervorgebracht hat, eine durch und durch präzise, ausgeklügelte Orientierungshilfe für die sich auf die Suche nach einer neuen Form aufmachenden Seelen – nachzulesen im besagten *Tibetischen Totenbuch*.

Aber Vorsicht! Allein im Deutschen gibt es mehrere Übersetzungen aus dem Tibetischen, und keine ist in der Lage, den Inhalt adäquat weiterzugeben. Allein schon deshalb, weil die tibetische Sprache 20 unterschiedliche Ebenen von Bewusstsein verfügt. Was haben wir auf Deutsch? Umgangssprachlich: Bewusstsein, Wachbewusstsein, Unterbewusstsein, Selbstbewusstsein, vielleicht noch kollektives Bewusstsein, aber da wird es schon schwammig. Da wir kein Bewusstsein darüber haben, was unsere Seelen durchmachen, wenn sie ihre Form wechseln, haben wir auch kein Vokabular dafür. Oder umgekehrt: Weil wir kein Vokabular dafür haben, haben wir auch kein Bewusstsein darüber. Das ist eine sich gegenseitig weiterführende Angelegenheit, so wie sich die Computerfähigkeiten zwischen Soft- und Hardware gegenseitig stetig vorwärtstreiben.

Bewusstsein hat sehr viele Stufen

Im Tibetischen kann man die Bewusstseinsebene, auf der man kommuniziert, durch einen einzigen Buchstaben zwischen zwei Worten ausdrücken, ähnlich wie wir in unseren westlichen Sprachen durch das Vertauschen von ganz wenigen Buchstaben unserem Gegenüber kundtun können, auf welche Zeit sich unsere Aussage bezieht: Zukunft, Gegenwart oder Vergangenheit, und das noch in mehreren Abstufungen (z. B. *tu, tat, tun*).

So ähnlich kann man sich vorstellen, wie ein hochgebildeter Tibeter in der Lage ist, auf 20 unterschiedlichen Bewusstseinsstufen zu sprechen, wobei sich etliche davon auf eine Ebene ohne Körper/ohne Form beziehen. Ich habe allerdings auch erlebt, dass mir mein Übersetzer sagte, das z. B. von einem Lama Gehörte könne er mir nicht übersetzen, weil ihm für diese Ebene das Bewusstsein fehle. Er verstehe zwar die einzelnen Worte, aber es erschlösse sich ihm nicht der Sinn, der sei für ihn »zu hoch«.

Deshalb liest sich das *Tibetische Totenbuch* so schwerfällig. Man bekommt den Eindruck, der Inhalt wiederhole sich von Kapitel zu Kapitel einfach nur. Das liegt aber daran, dass uns für die Übersetzung aus dem Original die Begriffe fehlen, um einen Sachverhalt auf unterschiedlichen Bewusstseinsebenen wahrzunehmen.

Das ist im Tibetischen ähnlich mit Begriffen für technische Angelegenheiten. Ich war für meine Filme sechs Mal in Tibet und heuerte dort tibetische Hilfskräfte für mein Team an. Sie hatten großes Vergnügen an unserer von ihnen nie zuvor gesehenen Technik. Wenn wir ihnen unsere *Nagra* vorführten (ein professionelles, großes Tonaufnahme-Gerät, wie man es im letzten Jahrhundert noch verwendete), in dem sie sich über Kopfhörer selbst hören konnten, nahm die Freude kein Ende. Ihr Begriff für das Gerät war »moto«. Als sie durch die Kamera sehen durften, war das fast ein genauso großes Erlebnis und der Begriff für die Kamera ebenfalls »moto«. Ich wollte Klarheit schaffen und versuchte, ihnen den Unterschied zwischen Rekorder und Kamera (damals noch für Zelluloid-Film) zu erklären. Als ich dann aber mitbekam, dass auf Tibetisch unser Auto ebenfalls »moto« genannt wird, resignierte ich.

Ich kann mir jetzt aber sehr gut erklären, weshalb ich große Mühe habe, das *Tibetische Totenbuch* zu lesen, wenn sich 20 Bewusstseinsstufen in unserer Sprache auf einen Begriff reduzieren müssen. Das kann nur langweilig erscheinen. Ebenso kann man sich vorstellen, wie sich auf Tibetisch eine technische Gebrauchsanleitung lesen würde: »Man nehme moto mit moto und verbinde es mit moto.« So groß sind auch die Unterschiede in dem, was man über das Sterben verstehen kann und was nicht. Wohl genauso groß wie das, was man technisch verstehen kann oder nicht, wenn es dafür keine Sprache gibt oder man die Sprache nicht versteht.

Wie viel Jamgon über Leben und Tod wusste und in welcher Weise er dies für seinen eigenen, so plötzlichen Tod einsetzte, das wird seiner Mutter jetzt, während dieses 49-tägigen Rituals immer klarer: »Ich merke erst jetzt, wie groß er war«, sagt Pema.

Jamgon hat sich entschieden

Durch die vielen Anhänger aus aller Welt kursieren in Rumtek immer mehr Geschichten und Gerüchte, die diesen mysteriösen Tod von Jamgon irgendwie erhellen wollen. Topga hört viele Dinge, die ihn zu einem bestimmten Schluss kommen lassen:

Topga: *Jamgon wusste wohl, was passieren wird, und war darauf vorbereitet. Zum Beispiel,* so erzählte er mir, *hat Jamgon einer seiner Schülerinnen einige Wochen vor seinem Tod die Erlaubnis gegeben, von ihm eine Statue anzufertigen. So etwas gibt es in der tibetischen Tradition nicht. Niemand macht eine Statue von einem Lama, der noch lebt. Ein absolutes No-Go. Jamgons Mitarbeiter redeten in höchster Dringlichkeit auf die Künstlerin ein, die Statue nicht zu machen, aber sie berief sich auf Rinpoche, der sie sogar darin bestärkte.*

Dann gibt es da noch eine andere Sache, fährt Topga fort, *die ebenfalls darauf hinweist, dass er schon Wochen vorher wusste, dass er sterben wird: In dem Mantra, das man nach dem Tod eines Lamas für ihn spricht, tauschte er den Namen seines Vorlebens gegen seinen jetzigen aus.*

Tenzin zeigt mir diesen Text des Sterbe-Mantras für den 2. Jamgon Kongtrul – mit der Korrektur, die der 3. Jamgon eigenhändig vorgenommen hat und darin seinen Namen gegen den in seinem Vorleben austauschte. Für Tenzin ist das ebenfalls sehr ungewöhnlich. Er hatte diesen Eintrag erst nach dem Tod seines Meisters entdeckt.

»Es gibt viele solche Geschichten, die mich glauben lassen«, sagt auch Mutter Pema, »dass er wusste, dass er gehen wird. Es war seine Entscheidung, jetzt zu gehen. Davon bin ich überzeugt.« – Und Jamgons Sekretärin Michele Martin aus den USA, die in Rumtek sein Büro führte, sagt:

Michele: *Bevor Rinpoche hier vom Kloster Rumtek am 23. April abreiste, war er unglaublich aktiv. Ich meine, er ist immer aktiv, aber in seinen letzten Tagen schlief er nur noch ganz wenige Stunden und traf noch mehr Leute als sonst. Die sagten mir anschließend, er habe ihnen Arbeit aufgetragen – buddhistische Praxis, für drei, vier Jahre – insbesondere seinen älteren Schülern. Und in der Nacht, bevor er sich auf den Weg nach Tibet machte, träumte ich, dass er nicht mehr zurückkommt. Dabei war die Reise doch nur für drei Wochen geplant. Ich wunderte mich sehr über diesen Traum. Andere seiner Schüler träumten ähnliche Dinge.*

Mutter Pema erzählt mir, dass Jamgon an diesem Tag des 23. April, als er vom Kloster Rumtek zu ihr nach Kalimpong herunterkam, sehr gestresst aussah.

Pema: *Ich sagte zu ihm, du brauchst eine Pause. Clemens, du kennst ihn ja, er macht ja nie eine Pause. Diesmal aber legte er sich nieder. Das kam mir sehr merkwürdig vor. Das hat er noch nie gemacht. Er kam normalerweise nur zum Essen vorbei und verschwand danach gleich wieder. Selten hat er hier oben in seinem Zimmer tatsächlich auch mal übernachtet. Diesmal war es anders – ganz anders. Er ging am 23. früh zu Bett und schlief fast den ganzen 24. April durch. Das war sehr ungewöhnlich – sehr ungewöhnlich!*

Am nächsten Tag fuhr Jamgon dann, wie schon erwähnt, nach Siliguri ins Hotel *Sinclairs*, wo er schon oft vor einer Flugreise übernachtet hat. Das Hotel besitzt für die Verhältnisse in dieser Gegend einen recht guten Standard.

Tenzin: *Als Rinpoche am letzten Morgen aufwachte, rief er mich in sein Zimmer. Er nannte mich bei meinem Kosenamen, den er immer nur dann verwendet hat, wenn er sehr, sehr vertraulich wurde. Er sagte: »Weißt du, dass ich immer dafür bete, damit es dir gutgeht«, und dann segnete er mich. Ich verstand nicht, weshalb er das jetzt in der Früh machte, ich dachte nur, dass er mich halt segnet, nicht mehr.*

Auch der Pförtner des Hotels erinnert sich:

Pförtner: *Als Rinpoche in der Früh hier herauskam und zu seinem Wagen ging, in dem schon sein Fahrer und seine Begleiter saßen, grüßte er mich und sagte gut gelaunt: »In dieser Form sehen wir uns nie wieder.«*

Das war genau 20 Minuten vor seinem Tod.

Meine Freundin Rosy Findeisen, die sehr eng mit Jamgon zusammenarbeitete, hielt sich schon zwei Monate vor Jamgons Tod und noch zwei Monate danach in Rumtek/Sikkim auf. Sie, eine Hamburger Architektin, war von Jamgon mit der baulichen Sanierung des Klosters beauftragt worden. Dafür musste sie sich als Frau gegenüber den indischen Baufirmen behaupten und mit einem großen Kontingent Bauarbeiter zurechtkommen. Schon in Deutschland stellt das in diesem Gewerbe eine echte Herausforderung für eine Frau dar, aber in der Dritten Welt umso mehr. Doch mit ihrem buddhistisch geschulten Charakter managte sie diese Aufgabe mit Bravour, und das Ganze mit eigenem Geld. – Geld, das sie und ihr Mann, Rüdiger Findeisen, ebenfalls ein Vollblut-Architekt und Buddhist, auf diese Weise für den Orden Karmapas spendeten. Rosy hat sich vollkommen in den Dienst von Jamgon Rinpoches Leben gestellt. Sie war für eine Amtsperiode auch Präsidentin der *Europäischen Buddhistischen Union.*

Rosy: *Der Tod des 3. Jamgon Kongtrul Rinpoche war der traurigste Tag in meinem Leben. Und obwohl der Tag in Sikkim so wunderschön sonnig und warm angefangen hatte, hat sich der Himmel verdunkelt, und gegen Mittag kamen ganz dicke Hagelkörner, ein ganz furchtbarer Sturm auf.*[7] *Es war so, so bedrückend, so erschreckend, und die Menschen liefen alle völlig kopflos umher. Nur die älteren Lamas, die gingen ganz ruhig und besonnen sofort an die Arbeit.*

Sie meint damit, dass die Lamas und Rinpoches sofort mit der 49-Tage-Bardo-Zeremonie für Jamgon begannen.

---

[7] Dieses für die Jahreszeit und Gegend sehr ungewöhnliche Unwetter wiederholte sich dann in ähnlicher Form ca. acht Tage später, als ich den Unfall nachstellen wollte.

Ich frage Topga

CK: *Wie geht es dir dabei, wenn dich langsam der Gedanke beschleicht, Jamgon könnte seinen Tod gewollt oder gar geplant oder gewusst oder auch nur gefühlt haben?*

T: *Wie soll es mir damit gehen? Ich bekomme den ganzen Tag die unterschiedlichsten Erklärungen dafür erzählt.*

CK: *Welcher Art sind die »Erklärungen«, die du bekommst?*

T: *Das sind Belehrungen und Ratschläge, vor allem, wie ich mein Schicksal tragen soll.*

CK: *Und wie?*

T: *Ich soll mir keine Vorwürfe machen, Jamgon hätte selbst entschieden zu sterben.*

CK: *Normalerweise denkt man da an Selbstmord, wenn sich jemand für seinen Tod entscheidet, vor allem ein so junger und gesunder Mensch.*

T: *Unsinn. Jamgon war ja nicht mal am Steuer – Jamgon und Selbstmord, das passt nicht. Das hat nichts miteinander zu tun.*

CK: *Aber wie stirbt man dann, wenn man sich für den Tod entscheidet – ohne Hand an sich selbst anzulegen?*

T: *Er war bei seinem Tod in bester Stimmung.*

CK: *Woher weißt du das?*

T: *Das hat Tenzin nach dem Unfall erzählt. Rinpoche war bester Laune. – Niemand hat mit einer solchen Katastrophe gerechnet. Es war eben ein Unfall.*

CK: *Topga, du hast mir doch selbst erzählt, dass er wusste, dass er sterben wird. Warum soll er dann nicht bei bester Stimmung sterben, wenn er das selbst will?*

T: *Weil es grausig ist, so früh zu sterben, wenn man noch das ganze Leben vor sich hat. Ich weiß nicht …*

CK: *Wenn er es wollte, dann kann man doch nicht von einem Unfall sprechen.*

T: *Es kann doch sein, dass er wusste, dass er sterben wird, aber es nicht wollte?*

CK: *Dann wäre er nicht so fröhlich gewesen und hätte 20 Minuten vorher dem Pförtner quasi seinen Tod angekündigt.*

T: *Konnte er wissen, dass ihm die Tauben über den Weg laufen und Norbu die Gewalt über den Wagen verliert? Das kann er doch nicht gewusst haben.*

CK: *Ich glaube, wenn du mit unserem Universum, das ein Universum der Liebe ist, synchron lebst, denkst und handelst, dann macht das Universum alles für dich. Es muss nur wissen, was du wirklich willst und ob es dem Wohle aller dient. Zögerliche Entscheidungen können keine klare Unterstützung des Universums erhalten.*

T: *Demnach müsste sein Tod dem Wohle aller dienen. Das sehe ich nicht.*

CK: *Aber kannst du dir vorstellen, dass er eine hundertprozentige Entscheidung für seinen Tod getroffen hatte?*

T: *Ja, aber nicht zum Wohle aller.*

CK: *Zu wessen Wohle dann?*

T: *Keine Ahnung, jedenfalls nicht zu meinem Wohle.*

CK: *Aber zum Wohle Karmapas?*

T: *Inwiefern kann sein Tod Karmapa dienen?*

CK: *Das fragt Tenzin sich auch. Worin liegt der Sinn dieses Todes?*

T: *Wenn wir das wüssten …*

Der Tod ist todsicher – aber auch selbstbestimmt?

Mit der Sinnhaftigkeit des Todes kämpft jeder Mensch, auch Tenzin. Tenzin ganz besonders, denn für ihn stellt sich nicht nur die Frage, was für seinen Meister der Sinn des Todes ist, sondern zugleich auch, worin der Sinn liegen könnte, dass er, Tenzin, unverletzt überlebt hat?

Tenzin: *Ich besuchte viele hohe Würdenträger, auch die der anderen tibetischen Orden. Ich fragte sie, welche Bedeutung sie in dem Tod Rinpoches sehen. Einige sagten, es gäbe ein großes Hindernis für die Anerkennung unseres wiedergeborenen Oberhauptes Karmapa. Dieses Hindernis sei nun dank Rinpoches Tod beseitigt worden. Das wäre seine Absicht gewesen. Für andere war es ein tragischer Unfall. Aber alle glauben, dass dieser Unfall einen höheren Sinn hat, auch wenn ich ihn nicht sehe.*

Solange für uns der Tod keinen Sinn macht, wünscht man sich, er würde nicht stattfinden. Genauso, wenn man in der Meditation keinen Sinn sieht, weil sie für einen lediglich bedeutet, herumzusitzen und nichts zu tun – dann meditiert man auch nicht. Es muss Sinn machen. Oder man erklärt es sich so wie der dänische Pilger, der zur 49-Tage-Bardo-Zeremonie nach Rumtek in Sikkim gekommen war:

Pilger: *Jamgon war ein Lama des 21. Jahrhunderts, und so starb er. Das ist alles. Normalerweise, wenn die Lamas sterben, sitzen sie in der Vajra-Position und stoßen ihren letzten Atem aus. Aber wir haben das 21. Jahrhundert, und er starb in einem BMW. Das ist alles.*

Wie hätte Jamgon sonst sterben können? Selbstmord, sagten wir schon, kommt nicht infrage, deshalb saß er auch nicht selbst am Steuer. Er muss einen sehr wichtigen, absolut eindeutigen Grund gehabt haben, weshalb er so und nicht anders starb.

Wie ist es möglich, den eigenenTod in dieser Weise durchzuführen? Lässt sich das erlernen, so wie Meditieren? Meditieren kann man nicht theoretisch erlernen, nur praktisch, indem man es übt. Den Tod zu üben erscheint unmöglich. Bei der Meditation habe ich eine Wahlmöglichkeit: Entweder möchte ich es erlernen oder nicht. Beim Tod gibt es keine Wahlmöglichkeit, den muss jeder erleben, der kommt todsicher. Also ist es ratsam, ihn beizeiten zu erlernen.

Wie erlernt man den Tod? Bevor ich etwas lerne, schaue ich mir an, was ich bereits kann. Stelle ich fest, dass ich noch keinerlei Vorstellung davon habe, wie ich ohne Selbstmord meinen Tod planen kann, dann lege ich mir Rechenschaft darüber ab, welche Todesursachen für mich überhaupt denkbar sind. Damit stoßen die meisten Menschen schon auf die erste unangenehme Erwartung, weil sie der Auffassung sind, dass mann/frau an irgendetwas sterben muss. Und wenn es kein Unfall ist, dann muss es eine Krankheit sein. Gesund sterben, wie soll das gehen? Gesunde Menschen sterben doch nicht. Ist das ein Gerücht, oder ist das wirklich so?

Zur Beantwortung dieser Frage könnte man sich ja einmal tausend Obduktionsbefunde ansehen oder wenigstens einige Totenscheine, die von Ärzten ausgestellt werden. Man findet nirgends den Eintrag: »Gesund gestorben«. Im besten Fall steht geschrieben: »Herzversagen«. »Versagen« aber hat bereits den Beigeschmack einer Krankheit, obwohl es das in keinster Weise heißen muss. »Herzstillstand« würde denselben Tatbestand beschreiben, aber dem Glauben widersprechen, dass der Mensch nicht von alleine sterben kann. Er muss dazu eine Schwäche ausgebildet haben. Irgendetwas, was ihn dahinrafft.

Bei Jamgon könnte eine solche Schwäche damit umschrieben werden, dass man sagt: »Dumm gelaufen.« Oder: »Schlechter Zufall« oder, wie sein Bruder Topga meint: »Hätte ich am Steuer gesessen, würde er noch leben.« Jede dieser Interpretationen entmündigt Jamgon. Weshalb will man ihm absprechen, dass er selbst entschieden hat, an diesem Tag zu dieser Stunde zu sterben? Weil man meint, niemand könne planen oder selbst bestimmen, dass bei 190 Stundenkilometern auf einer menschenleeren, breiten, geraden Asphaltstraße in genau dem Moment, bei Kilometerstein 13, Tauben auf der Straße sitzen und – um sie nicht zu töten – selbst in den Tod zu gehen? Das ist auf einer bestimmten Bewusstseinsstufe nicht denkbar. Aber es gibt ja verschiedene Bewusstseinsstufen (bei den Tibetern, wie wir schon gehört haben, sogar in der Sprache verankert), so wie es auch verschiedene Lebensbetrachtungen gibt. Den Wechsel der Stufen, Ebenen oder Betrachtungen, den kann man lernen und üben – und zwar nicht erst im Tod, sondern noch zu Lebzeiten.

Der Wechsel von einer Bewusstseinsstufe zu einer anderen besteht z. B. darin, das Leben als eine singuläre Erscheinung oder als Kontinuum zu interpretieren. Ist man sich sicher, dass man bisher immer der Meinung war, dass mit dem Tod das Leben zu Ende ist, weil man dabei Trauer, zum Teil große und sogar sehr große Trauer erfahren hat, dann weiß man zumindest, dass man sich mit diesem Gefühl auf der Bewusstseinsstufe befindet, auf der man sich primär mit dem Körper identifiziert.

Es lohnt sich, bevor weitere Überlegungen für diese Denkweise und Empfindungen angestellt werden, dafür eine Bestandsaufnahme zu machen. Überprüfe bitte: Wie viel deiner bisherigen Lebensenergie hast du für dein körperliches Sein aufgebracht? Hier lässt sich unendlich vieles aufzählen, wofür man seine Lebensenergie eingesetzt hat. Das beginnt beim Habenwollen über Besitzdenken, den Eigentumsfragen oder Versicherungen aller Art bis hin zum Wunsch, ein möglichst langes Leben haben zu wollen.

Steht man mit dieser mächtigen Konditionierung dann plötzlich vor dem körperlichen Aus, ist es nicht verwunderlich, dass es einem Angst macht, das alles, was man bis in die tiefsten Verästelungen seines Bewusstseins an liebgewonnenem Bestand bisher zusammengetragen hat, loslassen zu müssen. Eine grauenhafte Herausforderung für viele, weil sie sie meist völlig unvorbereitet trifft.

STOPP! Soll das jetzt heißen, ich wünsche mir kein langes Leben mehr? Es geht nicht darum, ob ich ein langes oder ein kurzes oder ein längeres Leben lebe. Es geht darum, mir das Bewusstsein bewusst zu machen, mit dem ich den Tod interpretiere. Wenn ich das Leben nicht als singuläre Erscheinung, sondern als Kontinuum betrachte, vollziehe ich ganz bewusst einen Bewusstseinswandel von einer Stufe auf eine neue. Ein Leben, das auf die unendliche Kontinuität ausgerichtet ist, ist sowieso ein langes Leben, und zwar unendlich lang, das heißt ewig. Bei einem entsprechenden Bewusstseinswandel brauche ich mir ein langes Leben also erst gar nicht zu wünschen, es ist mir ohnehin gegeben.

Auf dieser Bewusstseinsebene ist die Ewigkeit das Prinzip des Lebens. Dieses Prinzip kann ich sogar als Materialist annehmen. Dafür muss ich nicht zum Esoteriker oder zu einem sonstwie spirituell ausgerichteten Menschen werden. Im Gegenteil: Der Materialist erfreut sich bei der Philosophie oder auf der Bewusstseinsstufe eines ewigen Lebens daran, dass er sich nicht vorstellen muss, er schwirre nach dem Tod irgendwie dort als Geist herum, sondern er würde wieder körperlich, zum handfesten Materialisten aus Fleisch und Blut, mit zwei Beinen fest auf der Erde stehend. *Das ist die Interpretation des Lebens als Kontinuum – und nicht als singuläre Erscheinung.*

Wiedergeburt statt Wiederauferstehung?

Gegenfrage: *Wie könnte sich der Materialist von seiner Todesangst befreien?* Vielleicht hat deshalb die christliche Lehre das Konzept der Reinkarnation fallen gelassen und stattdessen das Konzept der Wiederauferstehung eingeführt. Bei der Wiederauferstehung behält Jesus den Körper, mit dem er ans Kreuz geschlagen wurde. Er trägt danach (quasi als Beweis) die Nagelwunden noch an Händen und Füßen. Er musste also seine angestammte Materie (seinen Körper) nicht loslassen/aufgeben. Denn davor haben Materialisten die größte Angst. Beim Konzept der Wiederauferstehung lässt sich somit diese Angst umgehen, seinen geliebten Körper aufzugeben, auch wenn es nur für einen Moment oder nur für eine Phase ist. Es besteht also für Materialisten eine gewisse Kontinuität desselben Körpers trotz Tod und Sterben.

Wenn einem dieser Glaube an die Wiederauferstehung nicht zusagt, weil sie offenbar für den gewöhnlichen Menschen erstens nicht infrage kommt, also von ihm auch nicht zu leisten ist, und zweitens, weil dieses Konzept von der Wiederauferstehung einem als sehr unwahrscheinlich anmutet, dann muss man weitersuchen, um den Tod zu erlernen. Denn so, wie bei den meisten Menschen der Tod nach wie vor aufgestellt ist, verbreitet er Angst und Schrecken.

Bleiben wir also beim Konzept der Kontinuität, bei dem der Tod eine todsichere Angelegenheit bleibt – so wie auf der Bewusstseinsstufe, das Leben sei eine singuläre Erscheinung. Den Unterschied zwischen der kontinuierlichen und der singulären Erscheinung findet man, indem man fragt:

Frage: *Was stirbt im Tod?*

Antwort: *Der Körper.*

Diese Antwort gilt für jedes Bewusstsein, solange man nicht an die christliche Wiederauferstehung im selben Körper glaubt. Aber stirbt denn damit auch die Seele? Oder der Geist? Welches Bewusstsein braucht man, um darauf eine eindeutige Antwort geben zu können?

Dafür reicht doch ein ganz materialistisches Bewusstsein, das z. B. einem Physiker zu eigen ist. Der Physiker (aber auch der Biologe) kann eindeutig feststellen, dass im Tod der Körper in seine physikalischen Elemente zerfällt. Das dauert je nach Bestattungsart unterschiedlich lange. Wenn man verbrannt wird, gelangen etliche Elemente mit viel Energie (Feuer) in die Gasphase. Wenn man beerdigt wird auch, aber wesentlich langsamer. Zurückbleibt vom Menschen alles, was ihn einst als lebendiges Wesen ausgemacht hat. Nichts geht verloren oder verschwindet aus dem Universum, lediglich die physikalischen Elemente ändern entweder ihren Aggregatzustand oder trennen sich aus bestimmten molekularen Zusammensetzungen und gehen neue Verbindungen ein. Damit löst sich die Form auf, die wir »Mensch« nennen. Das ist der Akt des Todes.

Kann dieser Akt auch mit dem Geist oder dem anderen Begriff »Seele« passieren? Der Physiker und der Biologe antworten mit einem klaren Nein. Für sie ist es eine Wahrheit, dass Geist und Seele nicht aus physikalischen Elementen bestehen. Man kann den Körper noch so genau untersuchen: Man findet in ihm weder Geist noch Seele. Man findet wohl ein Gehirn, das aus physikalischen Elementen besteht. Man findet auch Energie, die den Stoffwechsel zwischen diesen Elementen bewerkstelligt, insofern kann man sogar messen, wie viele Atome dafür ihren Ort wechseln. Im Gehirn nennt man diesen Ortswechsel, *Verschaltungen* oder *Synapsenbildung*. Aber den Inhalt dessen, was diese Atome transportieren (verschalten), kann man (noch) nicht messen, nur vermuten: und zwar dahingehend, dass diese Atome, die sich in einem lebendigen Körper von einem Gehirnareal zu einem anderen hin bewegen, eine Information beinhalten. Was deren Inhalt ist, lässt sich jedoch lediglich als Schwingung/Frequenz erkennen, aber nicht mit dem Sinn darin. Diese Schwingung ist das physikalische Abbild unserer Gedanken, also das, was unser Geist oder unsere Seele tut/produziert.

Genau da befindet sich der Unterschied von dem, was wir Materie und dem, was wir Geist nennen. Die Materialisten wollen jetzt behaupten, dass der Geist eines physikalischen Trägers bedarf, um zu existieren. In ihrer Vorstellung braucht beispielsweise Gott aber keinen physikalischen Träger, um zu existieren. Wenn für die Materialisten kein Gott existiert, weil er ein nicht materialistisch nachprüfbares Phänomen darstellt, dann könnte für die Materialisten auch der Geist nicht existent sein, weil er ebenfalls kein physikalisch nachprüfbares Phänomen ist. Jeder Materialist denkt aber und besitzt selbst Geist. Wenn er nun sagt, er erkennt jeden Geist an, der einen physikalischen Träger braucht, dann kann er auch Gott anerkennen. Denn der Gedanke »Gott« besitzt in seinem Verständnis, wie der Geist allgemein, einen physikalischen Träger, nämlich das Gehirn.

Logisch ist dann, dass Gott mit dem Tod des Körpers augenblicklich seine Existenz verliert, das heißt: Nach dem Tod gibt es keinen Gott, gibt es keinen Geist, gibt es nichts. Die Materie zerfällt, und somit auch alles Geistige. Viele nennen diesen Zustand das »schwarze Loch«. Das ist natürlich keine wissenschaftliche Beschreibung dessen, was der Tod bedeutet, aber mit dem Tod haben die Wissenschaft und alle materialistisch denkenden Menschen ihre Bewusstseinsgrenze erreicht. Für alles, was danach kommen könnte, besitzen sie kein Erklärungsmodell und deshalb auch keine Sprache.

PAUSE.[8]

Erklärungsmodelle

Wie stirbt es sich mit einem Lebensmodell, das am Ende lediglich ein schwarzes Loch oder das Nichts zur Verfügung hat? Worum geht es in einem solchen Leben? Geht es um die Schlüssigkeit eines Erklärungsmodells wie das Atommodell oder das analoge Modell oder das digitale Modell, oder geht es darum, gesund und glücklich zu sein – und das bis zum letzten Atemzug? Kein Erklärungsmodell kann das Leben erklären. Es handelt sich immer um eine Struktur oder ein Raster, das man auf das Leben projiziert, um gewisse Zusammenhänge zu erkennen, die sich für neue Daseinsformen nutzen lassen.

Ein Erklärungsmodell, das sich aus theoretischen Annahmen ableitet, ist nutzlos und führt, wenn es mit Macht ausgestattet ist, nur zu Leid und Dogmatismus. Dogmatismus wiederum ist die Vorstufe zu Fanatismus, und dieser führt direkt zu Krieg.

Nehmen wir beispielsweise das Erklärungsmodell: *Ich bin der Herr, dein Gott, du sollst keine anderen Götter haben neben mir.* Um dieses Erklärungsmodell als Wahrheit durchzusetzen, mussten Hunderttausende unter schlimmsten Qualen ihr Leben lassen, weil es allein auf dem Machtinteresse weniger beruht und an keiner Stelle mit dem Leben übereinstimmt. Es ist ein rein theoretisches Konstrukt, genauso wie das Urknallmodell oder das Zinsmo-

---

[8] Der Vorteil eines gedruckten Buches oder eines E-Books ist es, dass man Denkpausen leichter einlegen kann als mit der Pausentaste beim Hörbuch oder Film. Solche Denkpausen sind für den Genuss des Inhalts so wichtig wie Pausen beim Essen und auch zwischen den Essenszeiten. (Der Film läuft in fast zwei Stunden ab. Dieses Buch kann Tage und Wochen oder noch mehr in Anspruch nehmen.)

dell. Es gibt unendliche viele Lebensmodelle, die wenig bis nichts mit dem Leben zu tun haben, ihm oft diametral entgegenstehen und daher großes Leid verursachen. Ein Erklärungsmodell muss immer aus beobachtbaren Phänomenen des Lebens entstehen und sich an ihnen messen lassen.

Bei jedem der oben genannten Erklärungsmodelle, die sich im Leben nachvollziehen lassen, lauern aber nicht nur Gefahren, sondern es lassen sich auch wunderbare Dinge und Lebensweisen erschaffen, weil sie dem Leben abgeschaut wurden. Doch kein einziges Erklärungsmodell ist in der Lage, das Leben als Ganzes abzubilden. Es ist demnach immer nur ein bestimmter Betrachtungswinkel auf das Leben, aus dem ein Erklärungsmodell entsteht.

Also kann es nicht um die Frage gehen, welches Erklärungsmodell, das von einem bestimmten Aspekt des Lebens abgeschaut wurde, wahrer ist als das andere. Es geht nur um die Frage: Wozu dient das eine und das andere Erklärungsmodell?

Diese Frage wird wohl jeder Mensch eindeutig beantworten: Das Erklärungsmodell, das ich für meine Wahrheit nehme (also wahrnehme), soll mir dazu dienen, mein Vorhaben zu realisieren. Ist mein Vorhaben z. B., keine Gewalt über andere Menschen oder die Natur oder Tiere auszuüben, also ethisch sauber, dann versuche ich es nutzbringend anzuwenden. Für jeden Menschen gibt es das Vorhaben, gesund und glücklich bis zum Schluss seines körperlichen Daseins zu sein. Macht man sich dieses Vorhaben zu eigen, dann kann man entscheiden, welches Erklärungsmodell man für wahr nehmen will: das, mit dem mir ein ewiges Leben beschert wird, oder das, mit dem mir ein einmaliges Leben beschert wird? Mit welchem, glaube ich, werde ich eher gesund und glücklich sterben?

4
Die Kontinuität des Lebens

Schaust du dir einen frischgeborenen Menschen an, hast du nicht den Eindruck, dass es sich um einen seelenlosen Fleischklops handelt. Oft ist es sogar so, dass du, wenn du dem oder der Neugeborenen in die Augen siehst, einen weisen alten Menschen entdeckst, auf keinen Fall ein unbeschriebenes Blatt. Wenn man richtig hinspürt, handelt es sich um eine volle Persönlichkeit. Diese Persönlichkeit hat sich nicht von null in neun Monaten gebildet. Sie ist auch nicht das Produkt der Gene von Vater und Mutter. Gene sind biologische Bausteine physischer Art, aber nicht der Charakter eines Menschen. Es ist bei genauer Betrachtung ein ganz eigener Charakter, der mit nichts zu vergleichen ist. Manchmal oder auch öfter, wenn man der Gewohnheiten des Menschen gewahr wird, sagt man z. B.: »Ganz wie die Oma« oder »Ganz wie der Opa«, Onkel, Tante etc. Eine solche Ähnlichkeit fällt einem auf, weil einem die Vergleichspersonen gut bekannt waren/sind.[9] Im Vergleich mit Personen des weiteren Umfelds erkennt man solche Parallelen schwerer.

Nach dem Erklärungsmodell der Kontinuität des Lebens bewertet man eine Übereinstimmung nicht als »wie« die Oma oder »wie« der Opa, sondern das *ist* die Oma oder das *ist* der Opa. Man kann diese Parallelität sogar spüren, wenn die betreffende Person bei ihrer Reinkarnation das Geschlecht gewechselt hat. Es kommt also immer darauf an, durch welche Brille ich das Leben betrachte – und schon sehe ich das, was mir mein Erklärungsmodell erlaubt zu sehen.

Wer analog denkt, kann niemals ein Smartphone verstehen. Dafür muss er die digitale Brille aufsetzen, erst dann erschließt sich, was das Smartphone ausmacht.

Schau ich auf ein Neugeborenes als eine leere Festplatte, in das ein Erziehungsprogramm hineingeschrieben wird, werde ich Mühe haben, die

---

[9] Hierzu findest du hilfreiche Anregungen in »Persönlicher Masterplan zur Reinkarnation« (siehe Anhang).

mitgebrachten Fähigkeiten dieses Wesens zu erkennen und zu fördern. Und so wird das Kind mit dem vollgestopft, von dem seine Eltern denken, es könne gut für die Kleine/den Kleinen sein, und sogleich tun sich jede Menge Erziehungsprobleme auf. Das heißt, ich muss dieses Kind nun irgendwo hinziehen, was aber nicht der Kontinuität seiner Entwicklung von einem Leben zum nächsten entspricht. Dafür darf ich nicht (er-)ziehen, sondern nur unterstützen, fördern, was das Kind möchte. Solange ich noch nicht sehe, was es mitgebracht hat, verhalte ich mich ruhig und abwartend, denn wenn es die Freiheit hat, mir sein Mitgebrachtes zu zeigen, dann zeigt es mir das auch.

Neue Erfahrungen

Betrachtet man den Anfang eines Lebens unter dem Aspekt der Reinkarnation, fällt es einem nicht schwer, auch das Ende eines Lebens unter diesem Aspekt zu sehen. Beim Ende waren wir ja bereits an dem Punkt, uns bewusst zu machen, dass im Tod der Körper stirbt. Weil er aus physikalischen Elementen besteht, denen die Energie schwindet, ihren Zusammenhalt aufrechtzuerhalten. Da die Seele aber nicht aus physikalischen Elementen besteht, kann sie auch nicht in diese zerfallen. Und bei der Geburt stellen wir dann fest, dass die Seele lebt, wenn sie sich in einer neuen Form als Mädchen oder Junge zeigt. Sie ist daher auch nicht wiedergeboren, denn dafür hätte sie sterben müssen. Sie hat sich lediglich ein neues Werkzeug erschaffen, mit dem sie wieder neue Erfahrungen machen kann. Und genau darum geht es im Erklärungsmodell der Reinkarnation: neue Erfahrungen machen, damit wir uns weiter und weiter entwickeln können. Das ist der Sinn des Lebens.

Wir würden uns kaum weiterentwickeln, wenn unser Körper unsterblich wäre. Da wir Menschen Gewohnheitstiere sind, fällt es uns furchtbar schwer, unsere eigenen Muster zu verändern. Erst recht, wenn wir ewig im selben Körper bleiben würden. Damit würde unser Erfahrungsspielraum sehr eng sein, und entsprechend gering auch die Bewusstseinsentwicklung, die wir in einem Körper machen könnten. Genau das würde die Existenz der Menschheit noch mehr gefährden als das derzeitige Tempo unserer Bewusstseinsentwicklung. Denn wir sehen ja, dass uns das Bewusstsein fehlt, den Planeten anständig über die Runden zu bringen.

Es geht also darum, sein Bewusstsein so schnell wie möglich zu erweitern, damit die Menschheit hier auf dieser Erde eine Chance hat, Liebe in größerem Umfang zu erleben: Liebe nicht nur unter den Menschen, sondern Liebe zu allen Kreaturen und der gesamten Natur – damit wir ein Leben mit und nicht gegen die Natur entfalten können. Dafür braucht es unbedingt neue Erfahrungsmöglichkeiten, die über das hinausgehen, was wir in *einem* Leben mit *einem* Körper und *einer* Identität erfahren können.

Würde ich als erwachsener Mensch plötzlich in eine völlig neue Situation gestellt werden, vielleicht sogar in eine andere, für mich neue Kultur, mit einer neuen Sprache und einem neuen Pass, dann wäre das eine große Herausforderung für meine Bewusstseinsentwicklung. Einige Menschen, vor allem Flüchtlinge, gehen diese Erfahrung bewusst, oft auch zwangsweise ein. Dennoch ist im Verhältnis zu dem, was die Menschheit braucht, eine solche Bewusstseinserweiterung zu gering.

Einen größeren Sprung kann ich mit einem neuen Körper und einer neuen Identität machen, auch dann, wenn ich davon auszugehen habe, dass ich an dem im letzten Leben erworbenen Bewusstseinsstand im neuen Leben nahtlos anschließen muss. Ein neuer Körper bedeutet ja auch neue Eltern und ein neues soziales Umfeld. Das ist eine Herausforderung, wie ich sie mit einer körperlichen Kontinuität, also mit einem sehr, sehr langen Leben niemals erfahren könnte (ein ewiges Leben im selben Körper ist ja sowieso nicht möglich).

Und weil dieser Sprung für uns Gewohnheitswesen so krass ist, ist es absolut notwendig und stressfrei, wenn ich in das neue Leben nicht als Erwachsener gelange wie bei der Wiederauferstehung, sondern als Baby reinkarniere. Als neugeborenes Wesen wachse ich sanft in die neuen Bedingungen mit meinem neuen Werkzeug – genannt *Körper* – hinein. Nur mit diesem Hineinwachsen, sozusagen von klein auf, kann man überhaupt die neuen Bedingungen akzeptieren, unabhängig davon, wie vorteilhaft oder weniger vorteilhaft sie auch sein mögen. Als Erwachsener könnte man sich niemals an neue Bedingungen so anpassen wie als Neugeborener.

Zum Glück entwickelt man sein (ausgeprägtes) Ego erst in der Pubertät und hat sich bis dahin mit den neuen Lebensbedingungen schon abgefunden. Würde man gleich mit seinem Ego aus dem Vorleben in das neue Leben starten, könnte man sich nicht so umstellen, dass man wirklich etwas komplett Neues beginnt und Neues erlebt. Diese neuen Erfahrungen sind notwendig, um das Bewusstsein aus dem Vorleben zu erweitern. Man muss immer erst einmal Baby sein, das sich einfügt. So lernt man das Neue, das auf einen wartet, zu ertragen und ggf. effektiv zu nutzen.

Wir leben in einer Zeit, in der die Ereignisdichte rasant zunimmt (ich komme später noch einmal darauf zurück). Wenn das Tempo der Geschehnisse steigt, kann aber auch davon ausgegangen werden, dass die Bewusstseinsentwicklung ebenfalls stark zunimmt. Wir leben zwar länger, fast doppelt so lange wie noch vor 500 Jahren, aber wir inkarnieren auch wesentlich schneller als vor 500 Jahren. Das bedeutet, unser Erfahrungsspielraum für Bewusstseinsentwicklung nimmt zu, weil wir wesentlich kürzer im Bardo (im Zustand ohne menschliche Form) verweilen.

Das ist auch dringend notwendig, denn wenn jetzt, nach christlicher Zeitrechnung am Anfang des dritten Jahrtausend und bereits zur Mitte des dritten Jahrtausends nach buddhistischer Zeitrechnung, die Bewusstseinsentwicklung nicht rasant zunimmt, fahren wir den Planeten an die Wand. Wir vernichten täglich eine Lebensart, nur um unsere Lebensart in der herrschenden Form weiter auf die ganze Erde auszubreiten. Dafür müssen die anderen Wesen verschwinden. Wahrlich eine nicht zum Guten führende Einstellung.

Und es sind nicht nur andere Lebensarten, die wir Menschen vernichten, es ist die Natur als Ganzes. Solange wir glauben, wir leben nur einmal, können wir uns in unserem Egoismus absolut verantwortungslos benehmen, nach dem Motto »Nach mir die Sintflut«. Würden wir uns zu dem Bewusstsein der kontinuierlichen Weiterentwicklung durchringen, könnten wir von unseren Fehlern im Vorleben lernen und uns bewusst werden, dass wir selbst die Suppe auslöffeln müssen, die wir uns in einem (Vor-) Leben eingebrockt haben. Ein solches Bewusstsein würde die Bewusstseinsentwicklung der Menschheit insgesamt enorm beschleunigen, und wir hätten vielleicht die Chance, noch rechtzeitig bessere Menschen zu werden.

Formwechsel

Für diejenigen, die üben, ihr Bewusstsein auf die Kontinuität des Lebens auszurichten, ist der Tod kein Ende, sondern ein Formwechsel. Also nichts, was einen erschrecken kann oder gar Angst bereitet. Einen Formwechsel gibt es oft im Leben: Man zieht um, nicht nur mit dem Wohnort, man wechselt die Kleidung, man wechselt den Job, man wechselt den Partner. In keinem dieser Fälle, die sich anfühlen wie Sterben, stirbt man. Viele kennen den Trennungsschmerz, insbesondere wenn es um eine Liebesbeziehung geht. Doch die Beziehung zum eigenen Körper ist die stärkste Liebesbeziehung, die es für uns Menschen in dieser materialistischen, alles auf das Wohl des Körpers ausgerichteten Evolutionsepoche gibt.

Sich von ihm zu trennen, fällt daher den meisten noch schwerer, als sich von einer langjährigen Liebesbeziehung zu verabschieden. Das gilt sowohl für den Gehenden als auch für den Zurückgelassenen. Wie oft kommt es bei einer Trennung oder Scheidung vor, dass man sich eingestehen muss: Die Beziehung war eigentlich schon viel länger am Ende, als sie schließlich tatsächlich beendet wurde. Beide hätten sich viel Leid erspart, wenn sie sich getrennt hätten, bevor es eine Quälerei wurde.

Dasselbe gilt auch fürs Sterben. Auch da kann man sich viel Leid ersparen mit dem rechtzeitigen Eingeständnis: Die schöne Zeit des Lebens (der freudvollen Beziehung zum eigenen Körper) ist eigentlich vorbei, und jetzt könnte ich mich noch freuen über ein gesundes (oder wenigstens halbwegs gesundes) Ende. Sicherlich spielt für diese Freude das Erklärungsmodell, dem man anhängt, die wesentliche Rolle. Es hängt davon ab, ob wir uns auf ein geistiges oder materielles Glaubenskonzept beziehen.

Dem Begriff *Geist* können wir die geistigen Aspekte unseres Seins wie Seele, Bewusstsein, Unterbewusstsein, Fühlen, Psyche, Denken, Ich, Identität, Vernunft, Zurechnungsfähigkeit etc. zuordnen. Den Begriff *Materie* verbinden wir mit dem Körper, der körperlichen Bewegung, mit den Organen, dem Hören, Sehen, Tasten, Schmecken, Riechen, mit dem Alter, den Symptomen, Lauten, der Sprache und dem Tod. Vergleichen wir beides, können wir feststellen, dass bei Beerdigungen oder Urnen-Beisetzungen nichts vom Geistigen beerdigt oder verbrannt wird, sondern immer nur das Materielle.

Ich darf also davon ausgehen, dass dem Geist der Tod nichts anhaben kann. Alles, was mit physischem Tod zu tun hat, hat nichts mit dem Geist zu tun, sondern ausschließlich mit der Materie.

Wünscht man sich ein langes Leben, dann wünscht man sich, dass die Materie möglichst lange halten möge. Materie hält aber nun mal nicht ewig. Darüber können wir heilfroh sein. Es wäre ja schrecklich, wenn die Materie nicht vergehen würde. Ein entsetzlicher Berg von Leibern und Vegetation, die alles ersticken würden, wäre die Folge. Ein aberwitziger Gedanke oder auch ein aberwitziger Wunsch, denn was am liebsten nie vergehen möge, weil man es so liebt, könnte erst gar nicht geboren sein. Werden und Vergehen sind nun mal ein und dieselbe Medaillie. Nur Werden ohne Vergehen, das gibt es im Universum nicht. (So wie es auch kein Hoch ohne ein Tief gibt.) Also wünscht man sich liebevollerweise kein ewiges, körperliches Leben – doch die bestehende Praxis sieht meist ganz anders aus.

Mit dem Bewusstsein von einem singulären Leben muss man selbstverständlich bemüht sein, dieses so lange wie möglich auszukosten. Meist endet dieser Wunsch aber in einer sehr unerfreulichen Siechenzeit. Da man sich kein weiteres Leben vorstellen mag, ist auch eine Siechenzeit besser als das besagte schwarze Loch. Dafür nimmt man auch gerne sehr viele Nachteile in Kauf und sogar langes Leiden. »Nach langer schwerer Krankheit verstarb heute der/die…« Wie oft hört oder liest man eine solche Nachricht? Grausam, was sich dahinter abgespielt hat.

Was wäre denn dann ein guter Wunsch? Wenn das Leben bis zum letzten Atemzug aus Freude am Leben bestehen soll, dann wünscht man sich doch den Formwechsel (denn mehr ist der Tod ja nicht), solange Lebensfreude noch gelebt werden kann. Und wann ist die Lebensfreude am größten? Wenn es täglich Neues zu entdecken gibt. Wer neugierig auf jeden neuen Tag ist, entwickelt sich immer weiter. Wer dies vermag, der wird in diesem aktuellen Körper zwar alt, doch das Altwerden ist dabei nicht das Wichtige, sondern die täglich neue Lebensfreude.

Manche sterben deshalb sehr früh. Sie ahnen, dass es unter den gegebenen Umständen nicht mehr besser werden kann. Also suchen sie nach neuen, ganz neuen Umständen. Und die finden sie mit ihrem Tod nur dann, wenn in ihnen bereits das Vertrauen, die Vision und die Zuversicht auf das neue Leben unter besseren Bedingungen angelegt sind. Wenn es dafür im Glaubenskonzept des Betroffenen keine Absicht gibt, gibt es dafür auch keine Energie. Der Sterbeprozess kann sich dann schwierig gestalten, findet oft in Depression und in einem verzweifelten Todeskampf statt.

Für die Hinterbliebenen, mit dem Bewusstsein von einem singulären Leben, ist die Vorstellung befremdlich oder sogar unmöglich, dass ein Mensch in Lebensfreude seinen Körper verlässt und damit seine Lebensumstände wechselt. Dabei spreche ich nicht von Selbstmord, so wenig wie im Fall von Jamgon Kongtrul Rinpoche von Selbstmord auch nur zu denken ist. Ich spreche von dem angstfreien, bewussten Sterben, wenn der eigenen Seele klar ist, dass eine wirklich weiterführende Entwicklung in dieser Form nicht mehr möglich ist.

Der beste Zeitpunkt fürs Sterben

Ziehen wir doch mal eine ganz profane Parallele zu der Frage: Welches ist der beste Zeitpunkt zum Sterben? Diese Frage stellt sich auch vielen Autobesitzern. Stößt er das Auto ab, sobald sich die Reparaturen häufen, oder wenn es noch gut intakt ist, oder fährt er es, bis es komplett zusammenbricht? So etwas wird unterschiedlich beantwortet. Was soll ich dem Autobesitzer wünschen? Am besten mische ich mich doch gar nicht in seine Überlegungen ein, außer er fragt mich explizit. Aber auch dann kann ich ihm nur sagen, wie *ich* es im eigenen Fall machen würde. Das heißt noch lange nicht, dass er es mit seinem Auto (in dieser Analogie also mit seinem Körper) auch so machen soll, wie ich es für sinnvoll halte.

Es geht nämlich nur um den Sinn des Abstoßens. Wann macht es Sinn, seinen Körper zu verlassen? Statt »Ich wünsche dir ein langes Leben« lautet der gut gemeinte Wunsch: »Ich wünsche dir einen sinnvollen Tod.« Das ist eigentlich der einzige liebevolle Wunsch, den wir äußern können. Über diesen Sinn muss man mit seinen Vertrauenspersonen reden (können). Zumindest sollte man mit sich selbst darüber ein Einvernehmen erzielen: *Wann macht mein Tod Sinn?* – Die Aufgabe ist dieselbe wie beim Auto oder allen anderen materiellen Gütern, von denen ich mich irgendwann trennen muss, weil kein Ding ewig hält: Wenn ich am Besitz nicht klammere, stoße ich ihn ab, wenn es am sinnvollsten ist. Damit beschäftigt sich täglich auch jeder Aktiendealer.

Schau dir die Kurve deines Lebens an. Was hat Sinn gemacht und was nicht? Sinnvoll war und ist jeder Tag und jeder Monat und jedes Jahr, in dem du dein Bewusstsein weiterentwickelt hast. Das kann niemals verkehrt sein. Das heißt, solange der Aktienkurs steigt, ist es sinnvoll, die Aktie oder das Auto oder den Körper zu behalten. Einfacher ausgedrückt: Sinnvoll ist es, etwas zu lernen, und zwar etwas, das gesund und glücklich macht. Etwas zu lernen, was krank und unglücklich macht, gibt es zwar en masse, aber das ist sicherlich nicht sinnvoll.

Wenn die Einschränkungen des Körpers plötzlich zunehmen oder das Auto reparaturanfällig wird oder die Aktie ihren Wert verliert, hoffen viele nach dem Motto »Das wird schon wieder«. Stell dir vor, das sagt dir jemand, wenn dein Auto schon 200 000 km runter hat und ernsthafte Probleme bereitet: »Das wird schon wieder.« Oder wenn die Aktie gerade einen Höhenflug hinter sich hat und einer behauptet: »Behalte sie, das wird noch mal besser.«

Fühle einmal ganz genau hin, was dich daran reizt, einen solchen Ratschlag anzunehmen? Welche Emotion ist es? Die des Egos oder die deiner Seele? Kannst du sagen: Ich bedanke mich und lasse los? Warum soll ich jetzt nicht sterben? Warum hänge ich am Leben, an dem Auto, an den Aktien und so weiter? Ich habe den Höhepunkt bereits überschritten, und ob das »wieder wird«, ist kein Reiz für mich, denn sinnvolle Lebensfreude ist das einzige Kriterium für mich. Ich folge nicht dem Impuls, aus dieser Materie noch mehr Profit herauszuschlagen, noch das Letzte aus dem Körper herauszupressen. Dieser mein Körper hat mir so lange so wunderbare Dienste erwiesen – ich kann Danke sagen und loslassen, dann stirbt es sich würdig.

Diesen letzten Bewusstseinszustand erarbeitest du dir in deinem Leben und kannst ihn z. B. durch *Seelenschreiben*®[10] entscheidend erweitern, wofür

---

[10] Wenn du mit dem *Seelenschreiben*® praktisch arbeiten möchtest, findest du in »Persönlicher Masterplan zur Reinkarnation« dafür konkrete Hinweise (siehe Anhang).

du ganz stark nach innen horchst. Mach deinen Bewusstseinszustand beim Thema »Sterben« nicht an dem fest, was du von außen hörst. Das ist im Normalfall ein Bewusstsein, welches deiner Weiterentwicklung nicht förderlich ist. (Es gibt natürlich Ausnahmen – Gott sei Dank.) Die meisten jedoch reden angesichts des Todes nur hilfloses Zeug, oft auch auf der »offiziellen Ebene«, wie z. B. bei den Grabreden. Noch viel zu selten wird dabei von Reinkarnation gesprochen, weil sie aus unserer abendländischen, christlichen Weltanschauung verbannt wurde. So geschehen auf dem Konzil von Konstantinopel im Jahre 499 n. Chr., als der Papst im Auftrag des Kaisers dieses Thema aus der Liturgie der Kirche entfernte. Erst 1500 Jahre später hat sich das geändert!

Ist es nicht anmaßend, selbst zu entscheiden, ob ich leben oder sterben will?

Wer soll es sonst entscheiden? Gott?! – Wer ist Gott, wenn nicht du?

Ich weiß, dieser Gedanke ist für die meisten unter uns sehr heikel. Für diesen Gedanken sind in der Geschichte schon manche von ihren Mitmenschen geköpft worden, und zwar millionenfach, weil das Durchsetzungsprogramm lautet: »Ich bin der Herr, dein Gott. Du sollst keine anderen Götter haben neben mir.«

Ich erinnere mich gut, wie stark dieser geschichtliche Aspekt im Altertums-Unterricht betont wurde. Die Griechen waren eine der letzten Europäer, die der Vielgötterei huldigten, wo doch die Römer schon dem christlichen Eingott folgten. Im gleichen Zuge wurde natürlich auch die Monogamie mehr und mehr eingeführt. Sie gehört untrennbar zur Eingott-Idee dazu.

Eine Reinkarnationsfrage: »Wie oft muss man geköpft werden, bis man sich der Eingott-Doktrin unterwirft? – Oft!

Auch wenn wir uns bewusst werden, dass unsere Bewusstseinsentwicklung von Leben zu Leben weitergeht, so ist das kein Grund, das Entwicklungspotenzial in jedem Leben nicht voll auszuschöpfen. Sicher gibt es Bedingungen, die so ungünstig sind, dass du vielleicht wieder umkehrst, noch bevor du überhaupt eine Form erlangt hast, mit der du lebensfähig wärest. Bis es soweit ist, braucht unsere Spezies in der Regel neun Monate, in denen viel passieren kann und eine Menge Erkenntnisse gewonnen werden können. Diese Phase lässt sich auch als »Probierphase« betrachten, wie ein Test: Können mir das Mutterwesen und/oder die anderen beteiligten Wesen wie Vater, Geschwister, Oma, Opa oder wer auch immer in dem Beziehungsgeflecht, in das ich hineingeboren werden würde, mir die Gegebenheiten bieten, die ich mir wünsche? Das hängt ja nicht nur von der Mutter ab. Dazu gehört das gesamte Umfeld, in dem du aufwachsen würdest, um deine volle Form zu entwickeln, die der Mensch (statistisch gesehen) mit dem 22./23. Lebensjahr erreicht.

Es gibt auch Wesen, bei denen es gar nicht mal um die Gegebenheiten geht, die sie vorfinden. Es geht vielmehr um ihre eigene Konstitution, die sie erst nach ihrer begonnenen Fleischwerdung (Inkarnierung) feststellen und merken, dass ihre Konstitution momentan gar nicht in der Lage wäre, eine intakte Form zu entwickeln. Deshalb kehren sie um, zurück in die körperlose Phase. Daran ist nichts Verwerfliches. Das eine Wesen sieht eine solche Entwicklung früher als das andere, das ist normal – so ist Leben. Damit einhergehen auch der Schmerz und die Trauer derer im Irdischen.

Da mag der Gedanke tröstlich sein, wenn wir in die Natur schauen, zu der auch wir Menschen gehören: Wie viele Samen gehen auf und wie viele gehen gar nicht auf und wie viele gehen nur ein wenig auf? Das Verhältnis der Wesen, die sich zu ihrer vollen Form in einer Fleischwerdung entwickeln, und denen, die diese Entwicklung schon im Frühstadium wieder abbrechen, ist 1:1 Milliarde, sagen die Biologen, wenn sie jede befruchtete Eizelle mitzählen. Wie viel Samen verspritzt der Mann, der nicht aufgeht ... Dieses Verhältnis ist nicht besser als bei der Frau. Schon bei einer Periode können eine Menge befruchtete Eizellen ausgeschieden werden, die sich in unterschiedlichen Altersstadien befinden. Auffällig wird es erst, wenn der Fötus schon einige Wochen alt ist.

Aber auch das ist in der Natur völlig normal. Denn bei aller Traurigkeit heißt das ja in keiner Weise, krank oder unfruchtbar oder ein schlechter Mensch zu sein. Es bedeutet letztlich nur, dass ein Wesen, das einen Inkarnationsversuch startete, diesen nicht fortgeführt hat.[11]

---

[11] Auch zu diesem Thema kannst du ein *Seelenschreiben* machen, wozu es in »Persönlicher Masterplan zur Reinkarnation« konkrete Anleitungen gibt (siehe Anhang).

Optimal neu inkarnieren

Die Ereignisdichte steigt – wie schon erwähnt – seit dem Industriezeitalter exponentiell spürbar an, weshalb wir immer schneller inkarnieren. Das hat natürlich zur Folge, dass immer mehr Menschen gleichzeitig auf diesem Planeten in ihrer/einer Form sind. Die davor abgelaufenen Zeitalter wie das Handwerk, der Ackerbau und das Sammeln & Jagen dauerten ungleich länger als das jeweils nachfolgende Zeitalter. Das Industriezeitalter wurde bereits um 1982 vom Kommunikationszeitalter abgelöst. Seit Verbreitung des Internets können wir vom Informationszeitalter sprechen, das bald übergeht in das Bewusstseinszeitalter. Ein Zeitalter bedingt immer das nächste. Keine Phase kann übersprungen werden, doch wie gesagt:

Die Phasen werden kürzer. Denn die Bewusstseinsentwicklung, die die Menschheit durch das jeweils vorausgegangene Zeitalter macht und dem daraus resultierenden Bewusstsein, trägt zu einem immer schneller vonstattengehenden Bewusstwerdungsprozess bei.

Das Bewusstsein der Menschheit insgesamt entwickelt sich jedoch maßgeblich nur dann, wenn dies jeder Einzelne für sich tut. Hier gibt es einen sich selbst befruchtenden Prozess, da die individuelle Bewusstseinsentwicklung von der allgemeinen befördert wird. Es ergreift natürlich jeder auch die neuen Kommunikationsmöglichkeiten der jeweils neuen Verhältnisse und Bedingungen, um damit seine eigene Bewusstseinsentwicklung vorwärtszutreiben. Bildlich gesprochen: Dieser globale Bewusstseinsprozess ist ein sich vorwärtsbewegendes Rad aus individuellem und kollektivem Bestreben. Der Motor dafür ist das Individuum selbst, das den kollektiven Prozess bewirkt und gleichzeitig von ihm profitiert.

Der ganze Sinn im Fleischwerden besteht darin, Erfahrungen machen zu können, die das eigene Bewusstsein anheben und dadurch zur Entwicklung des Menschheitsbewusstseins insgesamt beitragen. Man kann sich also nicht beschweren, dass das allgemeine Bewusstsein so niedrig ist, ohne sich selbst an der Nase zu packen und ohne seinen eigenen Bewusstwerdungsprozess zu beschleunigen.

Mach dir immer wieder klar: Nicht die Menschheit inkarniert, sondern nur du als Einzelwesen. Du kannst zwar vom allgemeinen Bewusstsein persönlich profitieren, aber das allgemeine Bewusstsein entwickelt sich letztlich nur so schnell, wie du dich selbst entwickelst. Im Industriezeitalter war das noch schwieriger und vollzog sich dadurch langsamer. Mit dem Kommunikationszeitalter, seit die Mehrheit des BSP (Bruttosozialprodukts) durch Kommunikationsmittel (Telefon, Medien, Computer etc.) erwirtschaftet wird, ist es für die große Mehrheit der Menschen möglich, an jene Inhalte heranzukommen, die für die Beschleunigung einer jeden individuellen Bewusstseinsentwicklung nötig sind.

In den 1980er-Jahren machte im Westen z. B. das Angebot an sogenannter esoterischer Literatur in einer Buchhandlung lediglich ein Regal aus. Inzwischen finden wir in Großbuchhandlungen dazu ganze Abteilungen. Und der Internet-Buchhandel boomt bzgl. solcher Themen sowieso. Das Wort »Esoterik« verliert nach und nach seine Bedeutung als Schimpfwort. Vielerorts wird es abgelöst durch Begriffe wie »Bewusster leben«, »Modernes Leben« oder »Lebenshilfe«. Hin und wieder jedoch bekommen Esoterik-Titel das Etikett »sektenverdächtig« verpasst. Aber auch das wird immer weniger ernst genommen und gerät mehr und mehr ins Lächerliche.

Allerdings erzählte mir unlängst meine 17-jährige Tochter, dass 2016 das staatliche Prüfungsthema »Sekte« hieß. Das Herrschaftssystem wollte wissen, wie die neue Generation über Sekten denkt. Denn daraus könnte ja – so die Angst – eine Gefahr für seine Macht erwachsen. Meine Tochter wählte die Sekte »12 Stämme«, die schon mehrfach in die Schlagzeilen geriet. Die Lehrerin hatte aber ausdrücklich erlaubt, dass man auch die katholische Kirche unter dem Thema »Sekte« abhandeln dürfe, denn sie weist sämtliche Merkmale auf, die einer Gruppe von Menschen zu eigen sein müssen, damit man sie als Sekte einstufen kann.

Besonderes Augenmerk liegt dabei auf ihrem Sexualverhalten, und diesbezüglich existiert insbesondere bei der katholischen Kirche ein unsagbares Elend. Da geht es nicht mehr um einen »Verdacht«, da geht es um massenhafte Verbrechen. Diese aufzudecken und publik zu machen, ist eine Frucht des Kommunikationszeitalters: Der sexuelle Missbrauch war in der katholischen Kirche sicherlich zu allen Zeiten genauso hoch wie jetzt, aber in den vorausgegangenen Zeitaltern ließ sich das schwer öffentlich machen. Dank des Internets und der Handys mit Fotofunktion sind die Voraussetzungen für eine stark beschleunigte Bewusstseinsentwicklung auf diesem Planeten gegeben – und dagegen ist kein Kraut gewachsen, das ist kosmisch bedingt.

Im Zeitalter der Jäger & Sammler waren die Mittel, um seine Bewusstseinsentwicklung vorwärtszutreiben, sehr gering. Und man hatte wenig versäumt, wenn man längere Zeit nicht mehr als Mensch auf der Erde war. Für die eigene Bewusstseinsentwicklung konnte man gut und gerne 100 Jahre und mehr Pause machen. Würde man jetzt Jahrzehnte oder gar ein ganzes Jahrhundert wegbleiben, hätte man Probleme, im Leben wieder zurechtzukommen. Man würde als weltfremd an den Rand der Gesellschaft gedrückt werden. Wenn man jetzt stirbt, tut man also gut daran, möglichst schnell wieder zu inkarnieren, will man mit dem Entwicklungspotenzial des sich beschleunigenden Zeitalters mithalten.

Ende des letzten Jahrhunderts konnte man entspannt drei Wochen auf die Antwort eines Briefes warten. Wenn heute nach drei Stunden die Antwort auf eine Mail nicht da ist, wird man nervös. Die elektronische Entwicklung ist so rasant, dass fast jede Tätigkeit auf der Erde davon betroffen ist. Deshalb stellen wir fest, dass die Ereignisdichte stark zugenommen hat. Wer zu lange im Bardo (die Zeit zwischen Tod und Zeugung) bleibt, blickt schon nach wenigen Jahren nicht mehr durch. Das heißt, man kann die Werkzeuge für seine Bewusstseinsentwicklung schlechter handhaben. Wollen wir also zeitnah inkarnieren, heißt es, seine Gedanken kontrollieren zu lernen. Denn sie sind das Vehikel, mit dem man auf die nächste Inkarnation zusteuert.

Gedankenkontrolle

Wie lernt man, so zu inkarnieren, dass man den größten Nutzen davon hat? Wir dürfen davon ausgehen, dass unsere Gedanken mit dem Tod nicht aufhören. Sie setzen sich fort, daher ist es logisch, ratsam und sinnvoll, beizeiten Gedankenkontrolle zu erlernen. Was heißt Gedankenkontrolle? Wie kann ich kontrollieren, was ich denke? Dafür müsste ich in der Lage sein, mich *vor* meinem Gehirn zu positionieren und nur die Gedanken hineinzulassen, die ich kontrolliert und für denkbar halte, und die anderen nicht. Das geht nicht, denn um diese Kontrolle auszuüben, habe ich bereits das, was ich womöglich nicht denken will, schon gedacht. So gesehen, wäre Gedankenkontrolle eine negative Tautologie: Ich denke, was ich nicht denken möchte (z. B. »Denke *nicht* an den rosaroten Elefanten …«).

Was also soll man unter Gedankenkontrolle verstehen? Es ist richtig und entspricht der Erfahrung aller Menschen, dass der Gedankenstrom nie abreißt – auch dann nicht, wenn wir schlafen. Die Gedanken werden uns zwar ab und an bewusst in Form von Träumen, an die wir uns teilweise erinnern können. Aber niemand kann davon ausgehen, dass man aufgehört habe zu denken, nur weil man sich nicht an seine Gedanken erinnert. So ist es auch mit den Gedanken, die durch einen hindurchgehen, wenn man im Koma liegt oder ein Baby ist oder sogar noch vorher, ein Embryo. Wenn wir es genau nehmen, dann gab es auch Gedanken bei der Zeugung und davor.

Das Wenigste unserer Gedanken ist uns bewusst. Doch wir können jeden Gedanken aktiv wieder ins Bewusstsein holen. Was aber mache ich mit den Gedanken, die von alleine auftauchen und mir überhaupt nicht guttun? Wie kontrolliere ich sie?

Die einfachste Art ist ein energisches *Stopp!* oder *Cut!* – und zwar in dem Moment, in dem ein Gedanke sich anbahnt, der für mein Befinden nicht förderlich ist. Dieses energische *Stopp* oder *Cut* kann darin bestehen, dass ich dieses Wort so schnell und so oft wiederhole – wenn möglich laut –, bis der störende Gedanke übertönt und verschwunden ist. Ich nehme dem Gedanken sozusagen die Luft, indem ich sie dem *Cut* zukommen lasse, und zwar so lange, wie mein Ausatmen reicht: *cut, cut, cut, cut, cut, cut, cut, cut, cut, cut, cut, cut* … bis zum letzten Tropfen meines Atems, dann ist Ruhe. Fast jeder Gedanke ist auf diese Weise aufgelöst.

Selbstverständlich schließt sich diesem *Cut* sofort wieder ein neuer Gedanke an. Es ist aber schon viel gewonnen, wenn ich es durch das *Cut* (oder *Stopp*) schaffe, diesen unangenehmen oder wenig hilfreichen Gedanken nicht weiterzudenken, ihm also nicht mehr anhaften zu müssen. Danach kann man sich durch die Frage: »Was werde ich wohl als Nächstes denken?« für zumindest eine Nanosekunde erholen und Abstand zu den eigenen

Gedanken gewinnen. Damit habe ich es dann zumindest so weit gebracht, dass ich nicht wieder in negatives Denken hineinrutsche, das mir nicht guttut.

Eine ausführliche Anleitung zur Gedankenkontrolle findest du auch in »Persönlicher Masterplan zur Reinkarnation« im Anhang. Mit meiner Technik kannst du erfolgreich experimentieren. Es lohnt sich!

Die Übung der Gedankenkontrolle zeigt dir, dass Nicht-Anhaftung an deine Gedanken heißt, diese zunächst voll und ganz wahrzunehmen, um sie dann loslassen zu können. Hört sich zunächst widersprüchlich an: Ich soll meine Gedanken loslassen, ich soll sie also nicht interpretieren, damit ich sie voll und ganz wahrnehme? Das wird noch unverständlicher, wenn ich mir bewusst werde, dass jeder Gedanke ohnehin eine Interpretation ist. Spüre mal dieses Gedankenkarussell in dir: Du sollst genau das nicht tun, was ohnehin passiert – und zwar eine Interpretation vornehmen. Das heißt, wir denken etwas, aber wir sollen diesen Gedanken nicht (weiter) interpretieren, weil wir damit zu intensiv mit dem Gedanken beschäftigt wären, sodass wir den nächsten Gedanken gar nicht wahrnehmen können.

Wer sagt uns aber, ob der nächste Gedanke nicht genau die Interpretation des aktuellen Gedankens ist, den wir gerade nicht weiter interpretieren wollen? Antwort: *Das sagt die Frische des Gedankens.* Wenn sich der nächste Gedanke nicht frisch anfühlt, muss es sich um eine Interpretation, also um eine Rechtfertigung des letzten, aktuellen Gedankens (Interpretation) handeln. Das heißt: Du befindest dich in einem Hamsterrad und denkst die ganze Zeit mehr oder weniger immer dasselbe. Frischer ist es, möglichst keine Rechtfertigung/Bewertung anzustellen, also keine Gedanken auf den Gedanken zu verschwenden. Frischer ist es, dir den nächstfolgenden Gedanken anzuschauen und den nächstfolgenden Gedanken anzuschauen und den nächstfolgenden Gedanken anzuschauen und den nächstfolgenden Gedanken anzuschauen … – aus dieser Nicht-Anhaftung heraus entsteht ein Bilderfluss, der das Hier und Jetzt bedeutet.

Wenn du die Schnitte zwischen den einzelnen Bildern (Gedanken) in deinem Gehirn nicht mehr siehst, dann befindest du dich in Meditation. Dafür brauchst du keinen Extraplatz, keine besondere Einstimmung. Du kannst

z. B. auch über den Hauptbahnhof in Meditation gehen. Deine Gedanken bestehen eigentlich nur noch aus Wahrnehmungen, die du nicht zu interpretieren versuchst. Dieser Film, der da ohne dein Zutun abläuft, ist im gesamten Universum einzigartig, ausschließlich nur *dein* Film, kein anderes Wesen kennt ihn. Er repräsentiert deine Einzigartigkeit. Du allein trägst die Verantwortung dafür.

Geht es um Beziehung und kommt Liebe ins Spiel, dann versuchen die Partner oft, einen gemeinsamen Film zu imaginieren. Das heißt, beide denken für eine Weile parallel. Manchmal nur Sekunden, manchmal wird es zum Zwang, und meistens ist es eine Illusion. Langjährig verbundene Paare denken oft nur noch das, was der Partner denkt – denken sie zumindest. Darauf haben viele keine Lust. Bleiben neue, anregende Eindrücke und Erfahrungen aus, z. B. nach dem Berufsleben, das einen gezwungen hatte, aktiv kreativ zu sein, verödet die geistige Tätigkeit. Viele sterben dann sehr schnell und verzichten darauf, ihre Rente zu leben, für die sie ihr Leben lang geschuftet haben.

Je unglücklicher die Menschen über das sind, was sie denken, desto früher sterben sie. Dem Staat kann es nur recht sein, wenn die Menschen nicht alt und immer älter werden, damit macht er Kasse. Denken wir nur mal an das öffentliche Geschrei um die gefürchtete »Alterspyramide«, die in ihrer Pauschalierung eine Diskriminierung und Abwertung der Fähigkeiten des Menschen bedeutet. Unter solch traurigen Umständen macht der Tod sicherlich mehr Sinn, als zu bleiben. Aber gute Startbedingungen für das nächste Leben sind das wahrlich nicht.

Einen guten Lebensfilm erschaffen

Wir sollten rechtzeitig dafür sorgen, unseren idealen Wunschfilm im Jetzt sowie für Morgen zu kreieren. Dieser Film wird mit den eigenen Gedanken erschaffen und am bestem im Detail aufgeschrieben. (Der »Persönliche Masterplan zur Reinkarnation« im Anhang gibt dir dazu gute Starthilfen.) Frage dich z. B.: Was wäre das Allerschönste für mich? Womit werde ich richtig glücklich? Womit bleibe oder werde ich gesund? Was tut mir gut zum Wohle aller?

Diesen Film, den du mit deinen Gedanken projizierst und aufschreibst, nimmst du für wahr, er wird zu deiner eigenen, ganz persönlich subjektiven Wahrheit: *Der Betrachter verändert durch sein Betrachten das Betrachtete.*

So banal dieser Satz klingt, aber dafür bekam Prof. Werner Heisenberg mit 31 Jahren den Nobelpreis in Physik. Von 1942 bis 1945 leitete er das *Kaiser-Wilhelm-Institut für Physik* in Berlin. Nach der Naziherrschaft wurde es zum *Max-Planck-Institut* umbenannt, dessen Direktor er bis 1970 blieb und das heute nach ihm benannt ist.

Franz Josef Strauß machte ihn zum Protagonisten für die Atomenergie. Strauß hatte immer Atomraketen im Kopf. Das konnte Werner Heisenberg ihm zum Glück ausreden. Dagegen stand auch der gültige Atomwaffensperrvertrag, den Strauß und Adenauer gerne gekippt hätten. Dennoch hielt Strauß an der Atomtechnologie fest und berief dafür Heisenberg in die *Deutsche Atomkommission,* wo er der »Friedlichen Nutzung der Atomenergie« seinen wissenschaftlichen Segen gab. Die Firma *Siemens* trug mit ihrer Tochter KWU den größten Nutzen davon, denn sie baute die meisten deutschen Atomkraftwerke.

Auch mein Vater Erich Kuby unterstützte mit großen Vorträgen die friedliche Nutzung der Atomenergie, schließlich war Werner Heisenberg ja auch sein Schwager. Sie betrachteten sich damit als besonders fortschrittlich, denn in ihrer Mission war das Wort »Frieden« enthalten. Trotz des wissenschaftlichen Know-hows baute man in Garching bei München später einen Atomreaktor, aus dessen Abfall man – schlimmer noch als Atomwaffen – Plutonium-Waffen bauen kann; ein Abfall, der die Menschheit über Millionen Jahre verseucht.

Onkel Werner starb an Zungenkrebs, was ich als Ausdruck seines ungelösten Konflikts interpretiere, etwas angeschoben zu haben, was er am Ende gerne widerrufen hätte, es aber nicht wagte, seinen Ruf aufs Spiel zu setzen. Wie will man einen solchen Tod bezeichnen? Auch als eine Form von Selbstmord? Meine Mutter (Heisenbergs Schwägerin, die älteste von fünf Kindern des Hermann Schumacher, Rektor der *Friedrich-Wilhelm-Universität* in Berlin) unterstützte mich bei der Idee, Onkel Werner vor der Kamera seine letzte Überzeugung dokumentieren zu lassen, auch wenn er nicht mehr flüssig sprechen konnte. Aber Tante Liesl, seine Frau, war damit nicht einverstanden.

Meine Mutter hätte es sofort gemacht, wenn es ihr Mann gewesen wäre. Es war ja kein plötzlicher Tod – der Prozess zog sich über längere Zeit hin. Onkel Werner war enttäuscht vom Leben, das wurde klar in seinem letzten Satz gegenüber meiner Mutter (als seine Frau gerade nicht im Zimmer war): »Am Ende geht doch alles immer wieder schief« – dann tat er seinen letzten Atemzug. Er konnte nicht mehr kundtun, dass er einen Fehler machte, als er sich vor den Wagen der Atomlobby hatte spannen lassen. Tragisch für alle.

Mein Vater hatte da sehr viel weniger zu verlieren, als er seine Meinung dank meiner Mutter schließlich änderte und spät, aber doch nicht zu spät, die Atomkraftwerke infrage stellte. Er war nur ein Journalist, Heisenberg ein Wissenschaftler. Beide jeweils in der obersten Liga, aber gesellschaftlich wiegt ein Wissenschaftler wesentlich mehr als ein Journalist. Entsprechend schwer fällt es, seine Meinung öffentlich zu ändern.

Dennoch bin ich stolz auf meinen Onkel Werner, denn die *Heisenbergsche Unschärfen-Relation* hilft mir heute, die *KUBYmethode®* zu verstehen. Zu verstehen, weshalb sie als Selbstheilungsmethode bei allen unterschiedlichen Problemen, die man mit der Ratio nicht lösen kann, so verblüffend gut funktioniert.

Durch die Unschärfen-Relation wird festgestellt, dass es im strengen Sinne keine Objektivität geben kann. Das ist ungeheuer beruhigend. Denn somit wird die subjektive Wahrheit zum alles entscheidenden Kriterium für das eigene Dasein. Dir stehen also alle Möglichkeiten für deinen Lebensfilm offen! Du kreierst dir deine eigene, persönliche Wahrheit.

5
Der Kosmos schwingt

Auch Jamgon hat selbstverständlich seinen eigenen Film kreiert. Wenn dieser Film dem Wohle aller dient, dann verhält er sich synchron zum Kosmos, denn dann ist es Liebe und Harmonie inklusive Tod. Wie war das nun konkret bei Jamgon? Welche Gedanken sind ihm durch den Kopf gegangen, um zu sterben, so gesund und so jung, wie er war? Auch Jamgon lebte diesen seinen eigenen, von ihm kreierten Film so wie du und ich, wie jeder von uns. Sogar Topga sagt: »Jamgon muss aus wichtigem Grund gegangen sein.« Wie kann man aus wichtigem Grund entscheiden zu sterben, aber dann weder einem Selbstmord noch einem möglichen Attentat oder anderen Angriffen von außen zum Opfer fallen? Es sieht sogar so aus, als wäre Jamgon den Tauben zum Opfer gefallen, denen er auswich. Wie synchronisiert sich so etwas, sogar auf die Sekunde genau?

An dieser Stelle merkt man, dass man mit den Begriffen Zufall, Gott, Schicksal etc. nicht mehr weiterkommt. Man braucht unbedingt eine andere Bewusstseinsebene. Mein Eindruck ist, dass heutzutage viel von dem, was da in den »Esoterik«-Regalen steht, oft nur eine neue Form des Mystizismus darstellt, die letztlich die Eigenverantwortung des Menschen verhindert. Ich halte mich deshalb lieber an Physiker wie Werner Heisenberg und Hartmut Müller, besser bekannt als der Entdecker des *Global Scaling*.[12] Wenn man mathematisch nachweisen kann, dass Zeit nur ein Konstrukt ist, dass Vergangenheit und Zukunft im selben Moment existieren, dann hat das eigene, lineare Denken seine Grenze erreicht.

Es muss ein Bewusstseinswechsel stattfinden, sonst kann man nur im Mystischen und Irrationalen verharren. Wenn wir annehmen wollten, dass diese mystischen Begriffe die Bausteine des Kosmos seien, wäre er ein undurchdringlicher chaotischer Haufen. Damit lassen sich solche Synchronizitäten, wie sie Jamgon gelungen sind, jedoch nicht erklären. Man kann mit diesen Begriffen auch nicht die Kontinuität des Geistes erklären.

---

[12] Mein Film *Melodie des Universums* (siehe Anhang/Medienshop).

Aber mit Mathematik bzw. Physik, dort, wo man feststellt, dass alles schwingt und der Raum zu 99,99 Prozent leer zu sein scheint, dort tut sich ein Spalt der Erkenntnis auf. Denn dieser Raum ist nicht leer, er schwingt. Und zwar nicht als Reaktion einer auf ihn einwirkenden Frequenz, sondern aus sich selbst heraus, wie jedes Atom. Der Raum ist also nicht tot, leer und vernachlässigungswürdig, sondern er lebt in nicht materialisierter Form. Die Form entsteht erst durch die Kommunikation der Atome miteinander. Unter Atom darf ich mir deshalb nichts Materielles mehr vorstellen, sondern (zumindest) zu 99,99 Prozent Geist. Das, was wir als Materie in diesem Universum registrieren, ist also vom Universum lediglich ein Anteil von 0,01 Prozent.

Von dieser Schwingung des Geistes lebt jeder Einzelne! In jedem von uns schwingt der gesamte Kosmos. Unser Atem ist Kosmos. Jedes Wesen ist Teil dieser sowohl kosmischen als auch atomaren Eigenschwingung. Es kann also gar kein Gefühl der Abgespaltenheit und eines isolierten Daseins aufkommen.

Unser Gehirn hat 10^{84} Schaltungsmöglichkeiten (Synapsen). Das sind mehr Möglichkeiten als das Universum Elementarteilchen besitzt. Obwohl es sich um eine unfassbar große Zahl handelt, ist in jedem beliebigen Moment die Verschaltung von jeder Synapse zu jeder anderen in maximal vier Schritten möglich. Die Suchmaschine von *Google* gibt uns ein Tröpfchen von der Bauweise unseres Gehirns wieder, das einem Ozean an Tröpfchen gleicht. Wir können uns ein solches Gebilde weder linear noch als 2., 3., 4. oder 5. Dimensionen vorstellen. Da hilft nur noch Mathematik.

Global Scaling basiert auf der Mathematik von *Leonard Euler* und vielen anderen, die zwischenzeitlich in diesen Rang aufgestiegen sind. Dabei liegen viele Erkenntnisse brach, die Euler in seiner russischen Zeit hatte, und werden von der angewandten Mathematik, wie z. B. dem Kettenbruch, vernachlässigt. Die Zahl *e*, die eulerische Naturkonstante, kennt jeder. Aber viele ebenso bedeutende Erkenntnisse, die er am russischen Hof hatte, weil man den Schweizer in Deutschland als zu revolutionär im Denken empfand, sind noch immer nicht gehoben bzw. ihre Tragweite verstanden worden. *Global Scaling* tut das.

Nach *Global Scaling* ist energetisch gesehen das Universum eine riesige Kopiermaschine, die jedes Wesen in *realtime* einzeln bedienen kann. Was muss jeder Einzelne dafür tun? Eine gute Schwingung produzieren. Wie produziert man eine gute Schwingung? Durch Gedanken. Durch welche Gedanken? Die dem Wohle aller dienen. Das macht das Universum selbst auch so. Es dient zum Wohle jedes einzelnen Wesens. Denke ich Krieg, kriege ich Krieg, denke ich Liebe, bekomme ich Liebe und so weiter. Anders gesagt: »Wie man in den Wald hineinruft, so schallt es heraus.« Dieses Resonanz-Gesetz ist mathematisch ausdrückbar. Ich selbst kann das nicht, aber ich weiß, dass es geht. Unsere Gedanken sind die stärkste Kraft, sie sind die unmittelbare Vorlage für die »Kopiermaschine«.

Natürlich kopiert die Kopiermaschine nicht jeden »Schmarrn«, wie man in Bayern sagt. Der Egoismus findet insofern automatisch seine Grenzen, indem er an dem Ast sägt, auf dem er sitzt. Unser Wirt ist die Natur, und diese wird durch egoistische Gedanken wie Neid, Gier, Habsucht, Besitzdenken, Eifersucht, Hass und Ignoranz zerstört. Das ist kein mystischer Glaubenssatz, das ist der Lauf der Dinge. Dabei bietet das Universum jedem Wesen Reichtum – jedem! Das glauben die Egoisten bloß nicht. Sie stehen unter der permanenten Angst vor Mangel. Mutter Erde und Vater Sonne, und wen es da noch so alles im Universum gibt, sorgen für uns nonstop.

Sie und der gesamte universale Geist erfüllen uns jeden Wunsch, wenn er Liebe bedeutet. Liebe heißt Harmonie – und Harmonie bedeutet: *energetisch auf niedrigstem Niveau.* Das Universum ist nämlich fast so ein Pfennigfuchser wie die Schwaben und zwar aus ganz logischen Gründen: Liebevolles Handeln erzeugt keine Reibung, da geht alles wie von selbst. Um egoistische Interessen durchzusetzen, braucht man hingegen viel Energie in Form von Macht. Das jedoch ist *selfmade,* das ist nicht das, was das Universum bedient.

Aber natürlich respektiert das Universum den freien Willen – auch den der Egoisten und Materialisten. Wenn dem nicht so wäre, wäre es kein Universum der Liebe und wir hätten tatsächlich Chaos. Wer sich ignorant verhält, darf sich ignorant verhalten, es findet keine Zwangsbeglückung statt. Jeder produziert sich ein eigenes Karma. Und das zeigt sich besonders deutlich darin, wie man stirbt, und ob man weiß wofür. Jamgon wusste offenbar exakt wofür. Und weil dies wohl ein wichtiger, guter Grund zum Wohl der Menschheit war, klappte alles so exakt bis hin zu den Tauben bei Kilometerstein 13.

Wahrheit zum Wohle aller

Von »außen betrachtet«, ist das Universum ohne Sinn. In der Seele, wo du dir dein Universum selbst kreierst, verändert sich das Betrachtete durch den Betrachter. So entsteht das Universum als Resultat aller Projektionen. Ein sich ständig veränderndes, unbegrenztes Etwas. Die einzige gültige Wahrheit, eben die subjektive Wahrheit aller Wesen – das ist das Universum.

Dabei ist jede subjektive Wahrheit ein Glaubensbekenntnis, und insofern besteht das Universum »nur« aus Glaubensbekenntnissen, es gibt nichts anderes. Jeder darf sein Glaubensbekenntnis für wahr halten, ihm also Wahrheit einhauchen und dafür nach Beweisen für seinen Glauben suchen: »Looking for a Sign«: Das macht jeder, um sein Glaubensbekenntnis zu rechtfertigen. Das ist gut so. Das ist das Prinzip, nach dem Leben funktioniert. Deshalb muss man aber nicht gleich Krieg führen, um einem anderen sein Glaubenssystem überzustülpen, für das man glaubt, Zeichen von Wahrheit (subjektiver Wahrheit) gefunden zu haben.

Jede Seele ist selbstverständlich eine subjektive Seele. Wenn es mir nicht gutgeht, geht es niemandem gut. Wenn Mama und Papa mich lieben, dann geht es allen gut. Ob sie es tun oder nicht tun, ist meine Interpretation. Ich fühle mich von Mama Erde und Papa Sonne geliebt und unermesslich reich beschenkt. Sie lieben jeden und alles. Das ist meine Wirklichkeit. Sie macht mich glücklich und gesund zum Wohle aller. Und das nicht in Zukunft, auch nicht in der Vergangenheit, sondern jetzt.

JETZT erlebe ich es so, wie ich es mir erdenke. Ich glaube dabei nur das, was ich vor meinem inneren Auge sehe. Ich schaue ganz genau hin, denn ich will es erleben. Ich bin Akteur und zugleich der Regisseur meiner Wirklichkeit, meiner Szene/n. Wir machen keinen Hokuspokus oder Simsalabim. Wir kreieren uns unsere Wirklichkeit so glaubwürdig wie möglich. Es gibt für alles eine Lösung zum Wohle aller, und genau die erschaffen wir uns. Ich wünsche mir das volle, und nicht das halbe Glück.

Jeder Wunsch ist ein Film. Im Drehbuch-Stil[13] schreiben wir die Szene nieder, die wir erleben wollen. Damit kreieren wir für das Universum eine Blaupause zum Kopieren in die Realität. Das Universum registriert jede Silbe, genauer gesagt, jedes *Gefühl*, das in jeder Silbe liegt. So bekommen wir es 1:1 kopiert und meist sogar noch besser, als wir es uns imaginieren konnten.

Wenn der Film, den ich mir kreiere, gut ist und von mir gelebt wird, wirkt sich dies auch positiv für das Sterben aus. Das kann man bei einem soeben Gestorbenen an seiner Totenmaske ablesen. Die plötzlich faltenlose, glatte schöne Haut eines Toten, der vorher noch seinem Alter gemäß aussah, zeigt, in welcher Geistesverfassung dieser Mensch seinen Körper verlassen hat. Die meisten alten Menschen, die sterben, werden als Tote schön, so schön wie in ihrer Jugend. Sie lächeln, sie wirken entspannt. Sie müssen den Tod positiv erlebt haben, sonst würden sie jetzt nicht so zufrieden aussehen. Wirklich zufrieden bist du, wenn du genauso stirbst wie gedacht.

Was hat Jamgon sich gedacht? Auch er hatte nach diesem Total-Crash mit 190 Std/km beim Tod in Tenzins Armen ein entspanntes, schönes Gesicht und sein Körper war gänzlich unversehrt. Sein Gedanke, für den er den Tod wählte, muss ein mächtiger Gedanke gewesen sein, mit einem starken Fundament, sonst würde man davor in letzter Sekunde vielleicht noch zurückschrecken.

Wofür geht ein Mensch ohne Wenn und Aber in den Tod? Was veranlasst einen Menschen, für den Tod wirklich bereit zu sein? Es gibt nur eine Antwort: Es muss eine Beziehungsangelegenheit sein. Selbst wenn man einen Hungertod stirbt oder im Krieg fällt oder bei einem Flugzeugabsturz umkommt, fühlt sich für den Sterbenden der Tod so an, wie er die Liebe erlebt hat. Und die Liebe ist immer eine Beziehungsangelegenheit.

---

[13] Mehr zum Drehbuch-Stil in »Persönlicher Masterplan zur Reinkarnation« (siehe Anhang).

Viele Sterbende spüren ihre Angst vor dem Tod nicht bei sich. Sie wollen meistens für jemand anderen nicht sterben: für den Partner oder für die Kinder oder die Enkelkinder, für ihr Vaterland oder die an sie gestellte Lebenserwartung – immer für jemanden, von dem sie glauben, dass er/sie dringend braucht und nicht damit einverstanden ist, dass sie jetzt – genau jetzt – den Körper verlassen. Welche Beziehung kann so stark sein, dass der Wunsch entsteht: »Dafür sterbe ich gerne«? Die Beziehung zum Vaterland? Als Märtyrer für ein hohes ethisches Gut? Für die Revolution? Für die Befreiung anderer? Für die Liebe? Zum Schutz für Schutzbefohlene? Alle diese Motivationen beinhalten ein Stück Verzweiflung. Passt davon irgendetwas auf Jamgon? War er verzweifelt?

6
Karmapa und seine Linienhalter

Die stärkste Beziehung in seinem Leben hatte Jamgon nicht wie andere Menschen zu seiner Mutter und/oder zu seinem Vater (der starb, als er mit 6 Jahren ins Kloster ging), sondern zu Karmapa. Noch bevor seine Mutter Pema überhaupt das erste Mal in ihrem Leben schwanger wurde, erhielt sie von Karmapa einen Brief, in dem er ihr ankündigte, dass ihr erstes Kind Jamgon sein wird. Er bot ihr zugleich an, dass er gerne für dieses Kind sorgen würde und sie ihm deshalb Jamgon bedenkenlos vollständig anvertrauen könne. Pema wurde bald darauf schwanger. Und es kam auch ein Kind auf die Welt, das von vielen als ein ganz besonderes Kind empfunden wurde.

Pema erzählt: »Ich war 20, als ich Jamgon 1954 in einem chinesischen Krankenhaus in Lhasa/Tibet geboren habe. Ich habe lange nicht geglaubt, dass mein Sohn der berühmte Jamgon Kongtrul ist, obwohl wir, noch bevor ich überhaupt schwanger wurde, von Karmapa durch seinen Sekretär diesen Brief erhielten, dass unser erster Sohn Jamgon sein wird. Erst als der Dalai Lama sieben Jahre später bestätigte, dass es Jamgon ist, hat meine Familie es tatsächlich auch geglaubt. Das geschah aber erst, als ich schon meinen zweiten Sohn Topga bekommen hatte.

Andere Menschen erkannten Jamgon schon als Kleinkind. Als er 1 Jahr und 5 Monate alt war und ich mit ihm nach dem Morgengebet aus unserem Tempel, dem *Jokang* in Lhasa, herausging, überreichte ein alter Mann mit langen Haaren, der aussah wie ein *Sadhu* (Heiliger Mann in Hinduismus, der extrem asketisch lebt, Anm. d. Red.) Jamgon einen *Katak* mit Tränen in den Augen. Und mein Kind wollte daraufhin nicht mehr weg von ihm. Ich hielt das für eine Verwechslung. Ich war damals nicht religiös, einfach eine normale Buddhistin, wie alle hier bei uns in Tibet. Aus traditionellen Gründen ging ich zum Morgengebet.

Später stellte sich heraus, dass dieser alte Sadhu ein Vertrauter des 2. Jamgon Kongtrul war, der von 1904 bis 1952 lebte.

Ich war völlig verblüfft, dass Karmapa meinen Namen kannte, obwohl ich ihn noch nie getroffen hatte, und er mich darum bat, Jamgon aufziehen zu dürfen. Mein Schwiegervater, der das Oberhaupt unserer großen Familie war, sagte aber, dass das nicht infrage käme.

Wir hatten keine Ahnung, woran es liegen könnte, dass Jamgon ständig krank war. Er hatte sehr oft Fieber. Wir gingen mit ihm von Arzt zu Arzt, von Krankenhaus zu Krankenhaus. Sie behielten ihn oft wochenlang für Untersuchungen in der Klinik, diagnostizierten bei ihm TBC, stopften ihn voll mit Medikamenten. Sie wollten ihm sogar die Lungen operieren. Ich habe das nicht zugelassen und bin mit ihm in die Schweiz, in ein Lungensanatorium gereist.

Karmapa hatte das gehört und wollte mich davon abhalten, aber ich wollte nicht auf ihn hören. Ich fühlte mich verantwortlich für mein Kind. Karmapa sagte mehrmals, dass es seine Aufgabe sei, die Verantwortung für Jamgon zu übernehmen; ich bräuchte mich überhaupt nicht um dieses Kind zu kümmern, das wäre nicht nötig. Aber es war ja mein Kind. Ich gab es nicht aus der Hand. Als Jamgon auch in der Schweiz nicht gesund wurde, flog mein Mann mit ihm nach Malaysia, dort sollte es besonders gute Ärzte geben. Die diagnostizierten, dass er gar keine TB hatte. Wir waren völlig ratlos: Die einen Ärzte sagten: Operieren – sofort; die anderen sagten: Er hat nichts.

Wir sind noch mit ihm nach New York geflogen, um eine dritte Meinung einzuholen. Dort sagte man uns, Jamgon dürfe ab sofort keine Medikamente mehr bekommen, denn seine Leber sei bereits sehr angegriffen. Ich war auf dieser letzten Reise nach NY schon schwanger mit Topga. Zwei Monate, nachdem er auf der Welt war und vom Dalai Lama die Bestätigung kam, dass unser erster Sohn Jamgon ist, gaben wir ihn Karmapa für eine Initiations-Zeremonie frei.

Dabei trank mein 6-jähriger, fiebriger kleiner Sohn eine große Kanne Bier in einem Zug aus. Ich dachte, er stirbt. Aber Karmapa und seine Mönche sagten, das sei ein gutes Zeichen, davon gehe sein Fieber weg. Jamgon blieb von da an bei Karmapa im Kloster mit all den anderen kleinen Mönchen. Wir sahen ihn nur noch selten. Kalimpong (Indien), wo wir schon vor 1959 lebten, ist ca. vier Stunden von Rumtek (Sikkim) entfernt. Wenn ich ihn mal nach Hause holte, wollte er so schnell wie möglich wieder ins Kloster. Jamgon war dort vom ersten Tag an ein kerngesundes Kind. Wir haben das alles nicht verstanden. Ich sah ihn immer als meinen Sohn. Ich habe ihn nicht irgendwie in besonderer Weise respektiert, so wie andere das tun.

Erst jetzt, wo er gestorben ist, habe ich ihn erkannt. Ich habe nie wirklich gewusst, was er für die Menschheit tat. Er hat mehr bewirkt, als eine Person in einem Leben schafft. Während der 49-tägigen Totenfeier mit all diesen vielen, vielen Menschen aus der ganzen Welt, die ihn alle kannten und die so großartige Dinge über ihn erzählten, wurde mir klar, wofür ich ihn geboren hatte.«

CK: *Du und deine Familie, ihr gehört dem Orden der Gelupa an (dem Orden des Dalai Lama), wie hat sich deine Spiritualität dabei entwickelt?*

Pema sagt: »Ja, wir – meine Familie und auch die meines Mannes – gehören beide seit Generationen der Gelupa an. (Wollte man zum Christentum einen Vergleich ziehen, dann entspricht der *Gelupa*-Orden den Protestanten und der *Kagyü*-Orden des Karmapa den Katholiken, Anm. d. Red.). Karmapa sah ich das erste Mal in Lhasa, als ich 21 Jahre alt war. Das war nichts Besonderes für mich. Ich war ja nicht religiös. Erst als wir hier im Exil in Indien lebten und ich durch Jamgon nach Sikkim hoch ins Kloster Rumtek kam, sah ich Karmapa wieder.

Da konnte ich nur weinen, ohne überhaupt zu wissen warum, völlig losgelöst davon, ob ich glücklich oder traurig war. Ich habe mich schließlich sogar sehr gefreut, dass mein Sohn eine stärkere Liebe für Karmapa empfindet als für mich. Wenn er bei mir aufgewachsen und aufs College gegangen wäre, es wäre alles nichts für ihn gewesen.

Die Vorsehung, unser Karma oder nenne es das Schicksal fügte es, dass wir 1957 hier in Kalimpong schon einen Stützpunkt für unser Handelsgeschäft hatten und uns gerade hier aufhielten, als Maos Truppen in Tibet einfielen. Sie hätten uns als reiche Handelsfamilie sofort alle umgebracht. Wir konnten nicht mehr zurück. Meinen Mann, den Vater von Jamgon und Topga, machte das schwer krank. Er wurde irr. Zugleich zerstörten in Tibet die chinesischen Truppen Karmapas Kloster *Tsurphu*. Aber Karmapa war einen Monat vorher mit 110 seiner Mönche hierher nach Rumtek geflohen. Der sikkimesische König hatte ihm diesen Platz gegenüber der Hauptstadt Gangtok schon Jahrzehnte zuvor aus Dankbarkeit geschenkt für den Fall, dass er ihn mal brauchen könnte. Die Initiation Jamgons sollte ja ursprünglich in Tsurphu in Tibet stattfinden, da nun aber wir und Karmapa in derselben Region unseren Exilsitz hatten, begann Jamgons spirituelles Leben mit 6 Jahren hier im Ausland, wo wir heimisch wurden.

Er kam uns sein ganzes Leben nur sehr selten besuchen. Und wenn, dann höchstens für einen Tag oder nur zum Essen, wenn er auf der Durchreise war. Er blieb nie länger, auch wenn ich ihn darum bat. Er schlief hier oben, wo er ein Zimmer hatte, höchstens mal eine Nacht. Er war nicht nur unser Sohn. Er war für alle da. Darin liegen auch seine Gründe zu sterben, die für alle eine Bedeutung haben, nicht nur für uns. Dieser Gedanke hilft mir sehr, nicht zu verzweifeln.

Wenn ich sehe, wie er gegangen ist, jung, gesund und kräftig, dann musste er auf diese Weise gehen, dann ging das nur mit einem solchen Unfall. Wobei ich es nicht für einen Unfall halte. Er arbeitete für den Dharma (die Lehre Buddhas) und für die Armen. Er arbeitete für Karmapa, er war beschützt. Sein Lebensinhalt war das Wohl der anderen. Er dachte nicht an sich, das war immer zu spüren. Er gab seine ganze Zeit für andere. So war er schon als Kind. Sogar als ganz Kleiner wollte er armen Menschen immer etwas geben. Im Alter von 4 und 5 verschenkte er seine Sachen. Einfach so auf der Straße. Er war anders als andere Kinder. Er liebte Tiere. Er ließ sich sogar von Moskitos stechen.«

Ich frage Topga: *Hast du Jamgons Verbindung zu Karmapa auch so stark empfunden wie deine Mutter?*

Er: *Jamgons ganzes Leben war seinem Lehrer gewidmet, alles andere war unwichtig. Wenn er zwischen Familie und Arbeit mit seinem Lehrer hätte wählen müssen, war uns klar: Er entscheidet sich immer für seinen Lehrer.*

In der Tat, wo immer Karmapa in seiner 16. Inkarnation hinreiste – Jamgon reiste mit. Ab 1972 besuchte Karmapa in vier ausgedehnten Reisen zum ersten Mal den Westen.

Er begann in Berlin und endete 1981 in Chicago. Wo immer Karmapa auftrat, sein ganzes Sein war eine Mission für den inneren und äußeren Frieden. Dabei begleitete und unterstützte Jamgon ihn bei jeder Zeremonie und allen Ritualen.

Im Alter von 57 Jahren, als Jamgon 27 war, während einer zweimonatigen USA-Reise, starb der 16. Karmapa am 5. November 1981 in Zion, einem Vorort von Chicago in den USA. Sein Leichnam wurde ins Kloster Rumtek nach Sikkim/Indien gebracht, wo er auf eigenen Wunsch verbrannt wurde.

Diese Zeremonie leitete Jamgon zusammen mit seinen drei anderen Stellvertretern. Der 16. Karmapa hatte vier *Heardsons,* wie er die vier kleinen Mönche *Jamgon, Gyaltsap, Situ und Shamar* liebevoll nannte, die er von Kindesbeinen an zu seinen Stellvertretern ausgebildet hatte, wie schon in mehreren Leben vorher.

Als er 1981 starb, waren diese jungen Lamas zwischen 27 und 30 Jahre alt. Sie hatten die Aufgabe, den Orden Karmapas, genannt *Kagyü,* mit seiner großen, weltweiten Gemeinde im Sinne Karmapas ordentlich zu leiten, bis er in seiner nächsten Inkarnation als 17. Karmapa die Amtsgeschäfte wieder selbst aufnehmen kann. Dafür sollten sie sich alle drei Jahre in der Regentschaft ablösen.

In dem Moment, als der 16. Karmapa tot war, übernahm Shamar, der geringfügig Ältere unter den vieren, jedoch sofort die Regentschaft, ohne sie je wieder abgeben zu wollen.

Tod, Herrschaftsansprüche, Warten auf Wiedergeburt

Da Karmapa 1972 als erster Tibeter, zwei Jahre vor der ersten Reise des Dalai Lama, den tibetischen Buddhismus in den Westen brachte, ergaben sich in den Folgejahren bis heute völlig neue Probleme für die Verbreitung der Lehre Buddhas. Solange sich Karmapas Tätigkeit über die letzten 900 Jahre seit seiner ersten Inkarnation als Karmapa im Jahr 1110 auf Tibet und seine Nachbarländer und auch auf das weitere asiatische Ausland erstreckte, konnte er in diesen Bevölkerungen auf ein buddhistisches Grundverständnis bauen, aus dem heraus sich seine Anhänger rekrutierten.

Im Westen gab es nichts dergleichen. 1972 waren es Hippies und Freaks, die zu Karmapas Veranstaltungen kamen. Man kann sich vorstellen, welche Unsicherheit bestanden hat, buddhistische Zentren in Europa und den USA zu initiieren, die dann im Sinne des tibetischen Buddhismus auch wirklich geführt werden. Woher sollen solche Menschen kommen, die Vorbild an Mitgefühl und Weisheit für diejenigen sind, die sich aus der egoistischen, materialistischen Konsumgesellschaft des Westens herausentwickeln wollen? Ein sehr schwieriges Unterfangen. Nur wenige der noch in Tibet ausgebildeten Lamas verlegten ihr Wirkungsfeld ab 1972 in den Westen. Allein ihr Flüchtlingsstatus verhinderte vielen, ihre gutwilligen Ansätze zu verwirklichen.

Shamar war wegen schwerer Gewaltverbrechen gegen den Dalai Lama im 17. Jahrhundert über fünf Inkarnationen hinweg bis 1962 von jeglicher Machtposition ausgeschlossen worden. Er hatte damals mit Hilfe nepalesischer Truppen versucht, die Macht in Tibet an sich zu reißen. Aber die mongolischen Truppen kamen dem Dalai Lama zur Hilfe und setzten ihn nach 50 Tagen wieder als Regierungschef in Tibet ein. Erst der 16. Karmapa, im sikkimesischen Exil, inthronisierte Shamar nach 250 Jahren Verbannung im Alter von zwölf Jahren zu einem seiner Stellvertreter und Linienhalter seines Ordens.

Das nutzte Shamar nun, nachdem Karmapa gestorben war, für eine Alleinherrschaft über den Kagyü-Orden aus. Die anderen drei Linienhalter nahmen Shamars Herrschaftsanspruch hin und konzentrierten sich auf ihre eigene, neue Klientel außerhalb Tibets. Sie bauten sich ihre eigenen Zentren mit Hauptsitz in Indien auf. Nur Jamgon hatte zu der Zeit, als die Suche nach Karmapas Wiedergeburt losging, noch keinen eigenen neuen Hauptsitz im Ausland gegründet. Er wohnte sozusagen noch zu Hause, am Exilsitz des 16. Karmapa in Rumtek/Sikkim (Nord-Indien). Dort, wo Shamar im Namen Karmapas regierte.

Bei den früheren Inkarnationswechseln des Karmapa war selbiger in seiner neuen Gestalt, meist schon als Baby, ein paar Jahre nach seinem vorausgegangenen Tod identifiziert worden. Und die Interimsregenten wussten sogleich, an wen sie ihre Macht abzugeben hatten. Diesmal gab es nach dem

Tod des 16. Karmapa 1981 keinerlei Hinweise, wann und wo seine nächste Inkarnation zu erwarten sei. Elf Jahre hielt diese Ratlosigkeit an, in denen Shamar seine Macht mehr und mehr festigte und nicht, wie der 16. Karmapa verfügt hatte, sie nach drei Jahren an den nächsten Interimsregenten abgab. Im Gegenteil, er baute sie immer weiter aus. Das führte zu heftigen Spannungen innerhalb seines Ordens. Allein das Spendenaufkommen von Karmapa beträgt in Asien eine zweistellige Millionensumme. Es war nicht für jeden offensichtlich, zu welch immensem Reichtum Shamar als Interimsregent gelangte.

Normalerweise hinterließ Karmapa, wie in vielen seiner früheren Leben, vor seinem Tod einen Brief mit der Adresse und dem Tag, an dem er wieder auf die Welt kommt. Aber diesmal verfügte niemand über einen solchen Brief. Auch Jamgon besaß keine Information, wo und wie die nächste Inkarnation zu finden sei.

Zehn Monate vor seinem Tod im Januar 1981 machte Karmapa jedem seiner vier Herzenssöhne und Linienhaltern ein besonderes Geschenk. Jamgon erhielt ein goldenes Amulett und Situ einen Talisman. Dieser bestand aus einem kleinen, auf 5 x 5 cm fest vernähten Beutel aus Brokatseide, dem man anfühlte, dass sich in ihm ein Papier befindet, was nicht ungewöhnlich ist: Oft schreiben Lamas ein Mantra auf, falten das Papier zusammen und geben es einem als geheime, wirksame Botschaft mit, die man möglichst immer an seinem Körper trägt. Karmapa schenkte Situ diesen Talisman mit den Worten: *Dies wird dir eines Tages helfen.*

Situ trug diesen Beutel jahrelang um seinen Hals, während er weltweit unterwegs war auf der Suche nach einem Hinweis auf Karmapas Wiedergeburt. Auf den vielen Reisen durch heiße Länder wurde ihm der Beutel auf der Brust unangenehm und er verstaute ihn in seinem Gürtel. Dort schaute er dann jahrelang nicht mehr hinein.

Erst als die Suche nach Karmapa nach zehn Jahren noch immer völlig aussichtslos blieb, dachte er sich am 5. November 1991, dem Todestag Karmapas, ob er nicht doch mal nachsehen sollte, was auf dem Papier steht, das er da in dem Beutel spürte … Tradition hin oder her – auch wenn man sagt, ein geöffneter Talisman verliere seine Kraft: Situ nahm eine Schere und trennte den Beutel auf.

Auf einem ordentlich zusammengefalteten und zugeklebten Briefumschlag mit dem aufgedruckten Wappen Seiner Heiligkeit des 16. Gyalwa Karmapa stand: »Zu öffnen im eisernen Pferdejahr« (= 1992). Bis dahin waren es nur noch knapp vier Monate, das konnte Situ gerade noch abwarten. Nicht auszudenken, welcher Druck entstanden wäre, wenn er gleich nach dem Tod des 16. Karmapa den Talisman geöffnet hätte. Wäre der Umschlag tatsächlich zehn Jahre verschlossen geblieben? Nun aber, am tibetischen Neujahrstag Ende Februar 1992, öffnete Situ den Brief und fand darin auf Karmapas Briefpapier ein von ihm mit der Hand geschriebenes Gedicht, in dem alle Daten seiner Reinkarnation eindeutig beschrieben waren: Geburtsort, Geburtsdatum, Namen der Eltern und noch einige weitere Merkmale für seine Identifizierung.

Situ: *Bei nächster Gelegenheit zeigte ich diesen heiligen Brief den anderen drei Linienhaltern im März '92 in Rumtek. Gemeinsam analysierten wir jedes Wort darin, bis wir vier uns einig waren, dass Karmapa inzwischen wohl 6 Jahre alt sein muss und das Kind einer Nomadenfamilie im Tal von Latok in Ost-Tibet ist.*

Wer von ihnen konnte sogleich dorthin reisen, den Kontakt zu Karmapa herstellen und ihn anhand des Briefes identifizieren? Sie betrachteten es als eine glückliche Fügung, dass Jamgon aus anderen Gründen im Januar ein Visum für China beantragt hatte, das genau jetzt genehmigt worden war. Also gab es gar keine andere Wahl, als dass Jamgon nach der Reinkarnation ihres gemeinsamen Meisters, ihrem Guru, Chef, Lehrer und väterlichem Freund schaut.

Gyaltsap betonte noch: *Vom ersten bis zum 16. haben alle Karmapas ihre Wiedergeburt prophezeit. Dieses Mal hinterließ der 16. Karmapa seine Prophezeiung in einem handgeschriebenen Brief auf seinem Briefpapier mit Siegel und seiner Unterschrift. Situ Rinpoche zeigte uns den Brief im März dieses Jahres 1992. Damit ging unser Wunsch in Erfüllung, und wir haben das Juwel der Glückseligkeit wieder. Friede und Glück ist mit uns.*

Shamar, der mit seinen Kollegen den Brief analysiert hatte und sich mit ihnen über das weitere Vorgehen einig gewesen war, machte zur Bedingung, dass der Brief und alles, was weiter unternommen würde, einer strikten

Geheimhaltung zu unterliegen habe. Aus verschiedenen Gründen stimmten seine Kollegen dem zu.

Doch als am 12. April 1992 das Visum für Jamgon eintraf und sein Flug nach Tibet für den 26. eingeplant wurde, zeigte Shamar sein wahres Interesse: Pllötzlich warf er Situ vor, den Prophezeiungsbrief gefälscht zu haben. Er könne einen Jungen, wer immer es sein soll, der gemäß dieses Briefes gefunden werden sollte, in keinem Fall als den nächsten Karmapa akzeptieren, er suche weiter nach dem wahren Karmapa. Den anderen drei Linienhaltern wurde klar: Shamar will einen eigenen, anderen Menschen als Karmapa etablieren, über dessen Existenz er aber noch nichts verlauten ließ.

Für die wenigen Gäste in Rumtek, zu denen Rosy Findeisen mit ihrem Bau-Team und ich mit meinem Film-Team gehörten, war die Spannung, die durch dieses Zerwürfnis plötzlich über dem Kloster lag, trotz der Geheimhaltung sehr stark zu spüren.

7
Meine Spurensuche zur Reinkarnation

In Rumtek war ich mit einem Team quasi nur aus Versehen anwesend. Die Geschichte war nämlich die:

1987 erhielt ich für meinen Kino-Dokumentarfilm *Das Alte Ladakh* den Deutschen Filmpreis. Denn es ist der erste deutsche Dokumentarfilm seit 1945 in Deutschland, der im Kino Erfolg hatte – außer den Tierfilmen, insbesondere dem von Prof. Bernhard Grzimek *Serengeti darf nicht sterben*. Zugleich war mein Film der erste, der dem Buddhismus in Deutschland Türen öffnete. Daraufhin wurde ich gefragt, was ich mit diesem Preisgeld als Nächstes drehen würde? Ich sagte: »Einen Film über Reinkarnation, weil ich wissen möchte, ob es sie gibt, und wenn ja, wie sie funktioniert.«

Nach mehreren Versuchen, einen solchen Fall dokumentarisch zu erwischen, indem jemand stirbt und ich die Anleitung bekomme, wie ich ihn wieder im neuen Leben finden kann, erhielt ich den Tipp, den Fall von Karmapa zu dokumentieren. Von dessen bisherigen Leben, inklusive seines Ablebens, gäbe es genügend Filmmaterial. Wenn ich mich jetzt sofort darauf einließe, könnte ich Glück haben und die Auffindung seiner Wiedergeburt live mitdrehen. »Nicht schlecht«, dachte ich, »aber wer leitet mich an?« »Shamar«, hieß es damals 1987, er ist der Interimsregent von Karmapas Orden *Kagyü-pa*.

Wie mein Schicksal so spielt, traf ich Shamar kurz darauf in Paris, der mir tatsächlich nach zehn Minuten Erstkontakt eine unfassbare Blanko-Drehgenehmigung mit sämtlichen Vollmachten ausstellte, die meiner Dokumentation alle Türen öffnen sollte, die für das glorreiche Gelingen dieses Filmprojekts erforderlich waren. Und so geschah es dann auch. Von unterschiedlichsten Seiten kam eine fantastische Vollfinanzierung dieses abenteuerlichen Projekts in Millionenhöhe zustande. Doch dann stagnierte es mehrere Jahre, weil niemand wusste, wann und wo Karmapa inkarniert hatte.

Es gab einige Fehlalarme, die mir schon damals klarmachten, dass mit den Reinkarnationen auch getrickst wurde, zumindest der Versuch unternommen wird. Denn es verspricht natürlich Macht und Reichtum, wenn man einen Karmapa in der eigenen Familie hat. Ich hing mit dem Projekt also jahrelang in der Luft. Doch dadurch hatte ich Zeit, ein zusätzliches Filmprojekt über vier Jahre mit dem Urstamm der *Todas* in Süd-Indien zu betreiben.

Als ich über ein halbes Jahr hinweg sämtliche politisch-diplomatischen Hebel bedient hatte, um für die *Todas* eine offizielle indische Drehgenehmigung zu bekommen, war Ende März 1992 an einem Sonntag endlich der Abflug von München via Bombay nach Süd-Indien für mich und meine deutsche fünfköpfige Crew gekommen. Als schon alles gepackt war, kam mir in der Nacht auf Freitag die Idee, warum ich eigentlich nicht über Delhi fliegen und versuchen könnte, Shamar zu treffen, um ihn von Angesicht zu Angesicht zu fragen, ob es nicht in Sachen Karmapas Reinkarnation irgendwelche Neuigkeiten gäbe? Gedacht, getan.

Flugmanöver, Machtmanöver

Ich rufe in der Früh als Erstes bei der *Lufthansa* an mit der Frage, ob ich umbuchen und via Delhi 24 Stunden früher und dann inner-indisch weiter nach Bombay fliegen könne. Dort will ich dann am Montagfrüh um zwei Uhr meine regulär fliegende Crew am Gate treffen, um mit ihr weiter nach Bangalore und von dort zu den Todas zu reisen. »Kein Problem«, lautet die knappe Antwort. Ich vermittle meinem Team, dass es ohne mich bis Bombay mit allem Gepäck fliegt, wir aber von dort zusammen weiterreisen wie geplant.

Ich lande Sonntagfrüh gegen drei Uhr in Delhi und habe genug Zeit, um sechs Uhr am Tor des buddhistischen Zentrums im Süden der Stadt zu stehen, wo ich vom Pförtner sehr freundlich begrüßt werde:

Pförtner: *Oh, Kuby, so early?!!*

Ich: *Good Morning. May I ask you, is Shamar Rinpoche in?*

Pförtner: *He is just in his morning meditation, but please go up and meet him, he will be very pleased to see you.*

Die Tür zum Salon steht einen Spalt offen. Ich klopfe.

Shamars Stimme: *Please, come in.*
Er sieht mich: *Oooooh, Kubyyyyyyy – you just in time.*
Ich sage: *Why? – Good morning,* und gebe ihm in westlicher Manier die Hand. Ich verzichte auf eine ganzkörperliche Niederwerfung vor ihm, wie es sich für seine Anhänger gehört.
S: *Situ Rinpoche has found the prediction letter of His Holiness with the address of his reincarnation.*
Ich: *Wonderful!*
S: *Hurry up, go to Rumtek. There, we four Rinpoches will meet the next days and will discuss the further procedure.*

Wie versprochen, hole ich mein Team in Bombay morgens um zwei Uhr am Gate ab, erkläre ihnen, dass wir nicht den Film über die Todas drehen, den wir über ein halbes Jahr lang vorbereitet haben, und auch nicht weiter nach Süden fliegen. Ich verkünde, dass ich für uns bereits Tickets für neun Uhr nach Nord-Indien habe, um in Sikkim meinen anderen Film über die Reinkarnation Karmapas weiterzudrehen, denn der käme jetzt offensichtlich in eine heiße Phase. Sämtliche Achtung, die ich als Produzent und Regisseur normalerweise von meiner Crew erhalte, war wie weggefegt, weil ich die Crew auf den falschen Film eingeschworen hatte. Es dauerte lange, bis sie mir wieder zuteil wurde. Aber diese sogenannten Zufälle sind es, die man erfährt, wenn man versucht, sich in den Dienst der Bewusstseinserweiterung zu stellen.

Kaum nehmen wir in Rumtek unsere Filmarbeit auf, zeigt sich, dass es da einen grundsätzlichen Konflikt zwischen den Linienhaltern gibt. Shamar geht davon aus, dass ich auf seiner Seite stehe und entsprechend filme. Auch wenn er mich in das Projekt hineingeholt hat und mir diese umfassende, exklusive Drehgenehmigung ausstellte, so fühle ich mich dennoch mehr der Reinkarnationsgeschichte von Karmapa verpflichtet als ihm. Wie verhalte ich mich jetzt? Es ist ja nicht meine Aufgabe zu entscheiden, welche Spur nach Karmapas Wiedergeburt zu verfolgen ist und welche nicht. Ich drehe das, was passiert. Lässt auch Situ Rinpoche sich von mir filmen, wenn er weiß, dass ich in Shamars Auftrag arbeite?

Es ist ganz erstaunlich. Situ liest sich Shamars Text meiner Drehgenehmigung durch und sagt spontan: »Perfekt! Hier steht, niemand solle dich in deiner Arbeit behindern, bitte dreh, was du willst.« Später, direkt nach dem Tod von Jamgon, wird Shamar behaupten, in dem Machtkampf, wer der nächste Karmapa sei, stünde es zwei gegen zwei: auf der einen Seite er und Jamgon, auf der anderen Situ und Gyaltsap. Keiner hatte mitbekommen, dass ich mit Jamgon zwei Tage vor seinem Tod noch ein langes Interview in Rumtek gedreht hatte, in dem ich ihn fragte:

CK: *Was hältst du von dem Prophezeiungsbrief, den Situ Rinpoche euch präsentiert hat?*

Jamgon: *Sehr präzise!*

CK: *Glaubst du, mit der Information, die der Brief beinhaltet, kannst du die Reinkarnation Karmapas finden?*

J: *Ja, das kann man sagen. Der Brief ist sehr klar und sehr genau. Und deshalb sind wir uns sicher, Karmapa zu finden.*

Natürlich frage ich auch Shamar, was er von dem Prophezeiungsbrief hält, den Situ Rinpoche präsentiert hat.

Shamar: *Ich habe Situ gesagt, dass ich die Echtheit des Briefes bezweifle.*

Ich interviewe selbstverständlich auch Situ:

Situ sagt: *Wir haben gemeinschaftlich beschlossen, dass Jamgon Rinpoche die Verantwortung für die Suche übernimmt. Der Grund hierfür ist, dass er bereits eine Reise nach Tibet geplant hat.*

Shamar hält noch einmal dagegen:

S: *Ich habe einen Kontakt zu einer Person, die ein sehr enger Schüler des letzten Karmapas war. Er informierte mich, dass er die wichtigen Instruktionen zu seiner neuen Inkarnation besitzt.*

CK: *Die genaue Zeit ist dabei auch genannt? Das Jahr, in dem …*

S: *Ja.*

CK: *Können Sie sagen, wann?*

S: *Ja.*

CK: *Müssen wir darauf lange warten?*

S: *Das mag ich nicht sagen. Nein, ich will jetzt nichts sagen.*

Damit setzt sich Shamar klar von seinen drei Kollegen ab und geht mit seinen Anhängern einen eigenen Weg zur Auffindung der Reinkarnation eines anderen Karmapas. Es scheint ihm bewusst zu sein, dass er einen anderen Menschen braucht als die Wiedergeburt des 16. Karmapa, wenn er seine Herrschaft über den Kagyü-Orden aufrechterhalten will. Es muss einen Grund geben, weshalb der 16. Karmapa nicht ihm, sondern Situ die Adresse seiner Reinkarnation hinterlassen hat. Warum vertraut Shamar nicht darauf, dass er als der amtierende Regent des Kagyü-Ordens den neuen Karmapa so erziehen wird, dass seine Position von dem Heranwachsenden nicht infrage gestellt wird? Statt Situ der Fälschung des Prophezeiungsbriefes zu bezichtigen, hätte er ja auch sagen können: »Gut, holt den Jungen gemäß der Informationen aus diesem Brief ab und übergebt ihn mir. Ich, als der Oberste, werde ihn unter meine Fittiche nehmen.«

Dieses Manöver hat Shamar nicht gewagt, um seine Macht zu erhalten. Denn damit hätte er auch einräumen müssen, dass er sich über die Anordnung Karmapas, sich in der Regentschaft mit den anderen abzuwechseln, hinweggesetzt hat. Er sucht sich lieber eine andere Reinkarnation, die ihm als neuer Karmapa dienen kann, sodass er letztlich an der Macht bleibt. Das heißt: Dieser Weg spaltet die Anhängerschaft Karmapas.

Obwohl dies zunächst alles noch nicht offen kommuniziert wird und der Prophezeiungsbrief offiziell noch nicht bekannt gegeben ist, spürt jeder: Hier findet ein Konflikt historischen Ausmaßes statt. In Rumtek leben ca. 160 Mönche; für die sind die vier Interimsregenten eine einheitliche heilige Führung. Plötzlich ist diese Einheit bedroht. Viele fragen sich, was mit dem gesamten Orden Karmapas passiert, wenn es nun bei seiner 17. Reinkarnation auf einmal zwei Karmapas geben soll? Führt dies tatsächlich zu einer Spaltung des Ordens? Für Situ und Gyaltsap jedenfalls ist klar, dass sie dem Brief des 16. Karmapa weiter folgen.

Was mache ich? Selbstverständlich ist es nicht meine Position zu sagen, welche Seite recht hat. Ich versuche, die neutrale Haltung eines Filmemachers einzunehmen, der beide Seiten dokumentiert. Ich merke aber, wie der Konflikt immer weniger einen Mittelweg zulässt. Sogar die kleinen Mönche von acht oder zwölf Jahren stellen mich zur Rede: »Für oder gegen

Shamar?« Da das Kloster Rumtek seit Anbeginn im Exil das Headquarter des Karmapa-Ordens ist, ist es auch der Regierungssitz für Shamar. Daher gehören auch alle Mönche zu ihm, die hier leben und studieren. Situ und Gyaltsap haben, wie erwähnt, ihre eigenen Klöster in Nord-Indien aufgebaut. Jamgon gehört zwar noch zu Rumtek, aber er reist fast das ganze Jahr. So beginnt nun eine schwere Zeit, auch für die Mönche in Rumtek, denn vor ihren Augen agieren die Hauptprotagonisten dieses Zerwürfnisses.

Jamgon tritt also, wie gebucht, seine schon lange geplante Reise nach Tibet an. Mit dem Prophezeiungsbrief in der Hand ist er sich ganz sicher, die darin genannte Adresse in Ost-Tibet zu finden, wo der neue, nun 6-jährige Karmapa leben soll. Gerne würde ich ihn mit meinem Team begleiten und dieses Auffinden Karmapas dokumentieren, aber auf die Schnelle ist es für meine Crew und mich unmöglich, Visa zu bekommen.

Wehmütig verabschiede ich mich also von Jamgon, mit dem mich schon seit unserer ersten Begegnung vor fünf Jahren und weiteren Treffen eine große Vertrautheit verbindet. Er hatte mir einmal sehr geholfen, für meinen Film *Tibet – Widerstand des Geistes* den richtigen Ton zu finden. Er zeigte mir eine innere Haltung, mit der ich keine Aggression gegen China forciere und dennoch die Wahrheit über ihr Vorgehen in Tibet sagen kann. Das war sehr, sehr lehrreich. Zum Abschied haben wir noch einmal ein kurzes Gespräch: Ich frage ihn ganz direkt: »Warum denkst du, dass Shamar den Prophezeiungsbrief und damit die Suche geheimhalten möchte?«

Jetzt, wo wir wissen, was zwei Tage später passieren wird, offenbart seine Antwort viel mehr, als ich damals wahrgenommen habe. Schauen und hören wir noch einmal genau hin.

Jamgon: *Erstens, weil es sich um etwas ganz Besonderes handelt.*
Ich verstehe, wie er das meint: Die bewusste, geplante Wiedergeburt Karmapas ist das höchste Bewusstsein, von dem je die Menschheit gehört hat. Kein Dalai Lama, kein Jesus, kein Mohammed, kein Buddha – niemand war bisher in der Lage, ganz klar die Umstände und Bedingungen seiner persönlichen zukünftigen Inkarnation schriftlich vorauszusagen. (Ich werde später noch ausführlicher darauf zurückkommen.) Dabei ist Karmapa ein Mensch unserer Zeit, den Unzählige persönlich kennen. Jemand, den man

im Fernsehen, auf *YouTube* und sogar online sehen und hören kann und dem sicherlich auch in seinem neuen Leben wieder unzählige Menschen persönlich begegnen werden. Gerade deshalb sollte doch der Jubel der Begeisterung ausbrechen dürfen, wenn nun endlich sein Prophezeiungsbrief gefunden wurde?

Jamgon: *Ja, schon, aber genau deshalb können … – wie soll ich sagen? …ganz viele … mmmh? … sagen wir … »Hindernisse« auftreten …, und um die zu verhindern, halten wir es geheim. Und zweitens, dass …*

Jamgon schluckt und ringt nach Worten, er überlegt sehr stark. Er wird sehr, sehr ernst, als sehe er innerlich Bilder von dem, was nun in zwei Tagen passiert. Er wird sofort nach diesem Gespräch mit dem nagelneuen BMW zu seiner Mutter nach Kalimpong fahren. Er wird dort übernachten und fast den ganzen Tag im Bett bleiben, abends ins Hotel nach Siliguri gehen und am nächsten Morgen, auf der Fahrt zum Flughafen tödlich verunglücken. Ist es das, was er soeben innerlich sieht oder was er spürt?

Jamgon spricht zögernd weiter (mein Film zeigt viel mehr als alles, was ich hier wiedergeben kann), ringt nach Worten: *… nur um … … der ganze Prozess davon ist wie … … der Weg, er ist wirklich …… alles ist gemacht …… eigentlich …*

Er stottert, man sieht ihm an, dass in ihm ganz viel passiert. Offenbar weist doch alles darauf hin, dass er sich selbst für seinen Tod entschieden hat und dafür das Entsprechende mit großem Einsatz auf den Weg gebracht hat – bis hin zu dem Sterbe-Mantra, das er auf seinen Namen abänderte.

Und so verstehe ich im Nachhinein, weshalb er jetzt – so kurz, bevor passiert, was er für nötig hält – seine Worte sehr genau wählen möchte. Er steht das letzte Mal in in seinem derzeitigen Leben vor der Kamera. Diese Worte werden ihn überleben. Es ist eine gewaltige Tat, bei der er noch zwei seiner Mitarbeiter mitnimmt, die ihm sehr nahestehen: seinen Zeremonienmeister Kunga und den Fahrer Norbu. Was rechtfertigt das? Jamgon hat ein so hohes Verantwortungsgefühl für alles, was er tut. Weshalb müssen beide mit ihm den Weg durch den Tod gehen?

Am seidenen Faden

Von einer sehr hohen Warte, einer Meta-Ebene aus betrachtet, kann das nur bedeuten, dass ihm vollkommen bewusst ist, was im Moment auf dem Spiel steht. Wenn der 6-jährige Karmapa nicht erscheinen kann, versiegt die Hoffnung auf Befreiung für alle Menschen dieser Erde. Die Dimension dieser Hoffnung ist Jamgon wohl bewusst, sonst hätte er nicht die Kraft, mit Hilfe des Universums einen solchen Eingriff in das globale politische Geschehen vorzunehmen. Das Bewusstsein der Menschheit hängt in diesen Stunden am seidenen Faden. Ähnlich wie in den Minuten drei Jahre zuvor, als durch augenscheinliche kommunikative Missverständnisse die Berliner Mauer geöffnet worden war. Meist wird der Menschheit nicht klar, wo die Weichenstellungen ihrer Evolution liegen.

Für einen »normal« denkenden Menschen klingen diese Betrachtungen maßlos übertrieben, weil er davon ausgeht, dass man seinen Tod genauso wenig planen kann wie sein Schicksal – und schon gar nicht, wann und wo seine nächste Geburt bei wem stattfinden soll. Karmapa aber hatte diese Möglichkeit bereits schon 15 Mal erwiesen und ist jetzt gerade dabei, sie zum 16. Mal zu vollziehen. Außerdem hat er nicht nur seine eigene Wiedergeburt jedes Mal exakt und schriftlich voraussagen können, sondern bei unzähligen anderen Menschen auch. Es geht um das Bewusstsein, dass das Leben ein Kontinuum ist. Dieses Bewusstsein wurde auf der Erde bisher nur in Tibet, unbeachtet des Weltgeschehens, über 900 Jahre lang praktiziert und erweitert. Jetzt, 1992, ist der Moment erreicht, an dem dieses Bewusstsein für die ganze Welt offensichtlich werden kann. Aber dieser Bewusstseinssprung ist durch den internen Machtkampf nun hochgradig gefährdet.

Es ist oft in der Evolution so, dass der nächste Bewusstseinssprung von einem einzigen Menschen ausgeht, der jeden Einzelnen weiterbringt: wie z. B. Thomas Edison aus Ohio, der für die Menschheit das Licht anknipste, oder Carl Benz aus Karlsruhe, der die Menschheit vom Pferd ins Auto umsetzte, oder Steve Jobs, der die Menschheit auf eine neue Kommunikationsebene hob, und so weiter.

Bei dieser Reinkarnation jedoch geht es um etwas viel Gravierenderes: Hier handelt es sich um einen Menschen, der zeigt, dass der Tod nicht existiert. Und genau dafür, für diesen evolutionären Bewusstseinssprung, setzt in wenigen Stunden Jamgon seinen Tod ein. Karmapa schafft diesen Schritt nicht ohne Hilfe. Wer könnte ihm besser helfen als der Mensch, mit dem er in der Vergangenheit am engsten zusammengearbeitet und gelebt hat? Wenn Karmapa nicht als Karmapa erkannt und anerkannt wird, kann sich das Bewusstsein von der Kontinuität des Geistes nicht spürbar verbreiten.

Es gibt viele Fälle hoch entwickelter Menschen, die – wenn sie nicht erkannt werden – sterben. Meistens schon als Kind, und zwar sehr schnell. Es sind fehlgeschlagene Inkarnationsversuche. Bei der allgemeinen Bewusstseinslage der Menschheit keine Seltenheit. Sogar in Tibet, wo das Reinkarnationsbewusstsein zum Volksbewusstsein zählt, kam es immer wieder vor, dass nicht erkannt wurde, wer da wiedergeboren ist, und man deshalb diesem Kind nicht die Möglichkeiten gewährte, seine bisher in allen vorangegangenen Leben erworbenen Fähigkeiten zum Ausdruck zu bringen. Solche Kinder sterben oft, um unter anderen Bedingungen neu zu inkarnieren. In der Hoffnung, bei Menschen aufzuwachsen, die ihnen die Chance geben, in ihre wahre Größe zu kommen, oder die zumindest solche Bedingungen besitzen, die die Fortsetzung der eigenen Entwicklung erlauben. Das Nicht-Erkannt-Sein ist ein sehr kräftezehrender Umweg für ein Wesen, das der Menschheit dienen möchte.

Wenn Jamgon in zwei Tagen stirbt, dann sollte zugleich geklärt sein, dass auch seine eigene Wiedergeburt in diesem Sinne klappt. Sicherlich zieht er die Zuversicht dafür aus seinem bisherigen Leben an der Seite Karmapas – insbesondere aus seinem gegenwärtigen als 3. Jamgon mit dem 16. Karmapa bis zu dessen Tod 1981. Er wird deshalb bei seinem geplanten Tod darauf vertrauen können, dass so, wie er jetzt Karmapa helfen möchte, sicher und trotz aller Widrigkeiten zum 17. Mal als Karmapa zu inkarnieren, ihm auch Karmapa hoffentlich hilft, als der nächste Jamgon wiedergeboren und erkannt zu werden. Sicher ist aber nichts.

Jeder Tod ist eine neue Herausforderung. Für jeden, auch für Karmapa. Im Grunde kann jeder, was Karmapa kann. Wir tun es bloß nicht, aber er wagt es. Er lebt das volle Risiko. Der Unterschied liegt ganz allgemein darin, dass der eine sagt. »Ich *bin* Gott«, und der andere sagt: »Ich *glaube* an Gott«. Dabei kann Gott nichts anderes sein als dein eigener Gedanke dazu. Wem wird dies aber bewusst? Wie erkenne ich den Film, in dem ich mich befinde? Ist das, was passiert, *mein* Film? Bin ich der Regisseur und Darsteller zugleich? Oder befinde ich mich in einem Film, in dem ein anderer Regie führt?

Im Krimi ist es immer ein anderer, der dich killen will, oder den du killen willst als der Rächer des Bösen. Wie verändert sich eine Geschichte, in der man nach der Devise »Zum Wohle aller« lebt? Wenn wir diese Dimension »Zum Wohle aller« nicht zum Maßstab unserer Gedanken und Handlungen machen, spalten wir uns vom Kosmos ab. Denn das Universum funktioniert ausschließlich nur »Zum Wohle aller«. (Siehe dazu auch mein Interview »Ich frage Topga« in Kap. 3.) Es ist ein harmonisches Fraktal, wie die moderne Physik erkannt hat. Wir alle sind nun mal kosmische Wesen, ob uns das bewusst ist oder nicht. Wir sind Teil dieses Universums, nichts anderes. Also müssen wir uns darüber klar werden: Welche Hoffnung tragen wir in unseren Herzen? Worin soll die Befreiung bestehen?

Diese Frage ist sehr leicht zu beantworten: Wirklich befreit sein heißt, vom Tod befreit zu sein, nicht weniger als das. Um uns Ungläubigen zu zeigen, dass das geht, taktet Karmapa die Abfolge seiner bewusst durchlebten Tode von 1 bis 21 unter demselben Namen, sodass wir darauf gestoßen werden, worum es hier geht. Nicht um irgendeine diffuse Seelenwanderung. Ganz konkret schreibt er auf, dass er an dem und dem Tag, dort und dort bei dieser Mutter mit diesem Namen und diesem Vater mit jenem Namen wieder als körperliche Erscheinung da sein wird. Und das sind keine leeren Versprechungen, sondern klar geplante und nachzuvollziehende Ankündigungen, die sich exakt zu der angegebenen Zeit bewahrheiten.

Natürlich gab und gibt es auch für die 21 Karmapas ein Davor und ein Danach, weil unsere Seelen ohne Anfang und ohne Ende sind. Wir Materialisten sind aber geprägt von der Erwartung eines Anfangs und eines Endes. Von daher ist es für uns überzeugender, die Kontinuität anhand von

21 Leben unter demselben Namen zu erkennen. Das kommt unserem Denken entgegen.

Das Davor und das Danach sind noch eine Dimension weiter. Nur stufenweise lässt sich das eigene Bewusstsein anheben, wobei jede Stufe subjektiv als Sprung, manchmal sogar als gewaltiger Sprung erlebt wird. Dennoch lässt sich keine Stufe überspringen. Manchmal reicht ein Gedanke oder ein Wort oder ein Bild, dass jemand sieht – und das Bewusstsein macht einen beachtlichen Sprung weiter. Wenn wir z. B. das Leben endlich oder als Kontinuum begreifen, sind dies zwei unterschiedliche Dimensionen, die man aber mit einem Sprung wechseln kann.

Wie schon gesagt: Analog und digital sind ebenfalls zwei unterschiedliche Dimensionen, die von vielen im Sprung von einem analogen Telefon zu einem Smartphone genommen wurden. Der Bewusstseinswechsel von analog zu digital war und ist für Millionen von Menschen ein sprunghaftes Erlebnis, mit dem auch nicht alle zurechtkommen. Mir hat ein Fachmann mal gesagt: Wenn das digitale Zeitalter 100 Entwicklungsschritte umfasst, dann sind wir 2017 bei Schritt 7.

Auch der Ausbau des Internets geschieht nicht mehr nur linear, sondern plötzlich, exponentiell, also »sprunghaft«, wenn z. B. der Staat oder *Facebook* oder *Google* mit einem Mal beschließen, Milliarden ins Internet zu investieren. Außerdem ist das Projekt *G 5* (Generation 5) forschungstechnisch bereits voll im Gange, indem es eine globale Rundum-Vernetzung vorbereitet, die den immer höheren Ansprüchen digitaler Nutzung entspricht. Damit geschehen Evolutionssprünge für die Menschheit, die von einzelnen Personen ausgehen.

Man kann beispielsweise auch durch ein einziges Wort vom materialistischen zum geistig-seelischen Menschenbild switchen, dann im geistig-seelischen Menschenbild bleiben und nur noch zeitweise zum Verständnis weiterhin als materialistisch denkender Mensch zurückschauen. Wie sicher und selbstverständlich sich solch ein neues Bewusstsein etabliert, zeigt sich im täglichen Leben nur zu gut: Diejenigen z. B., die den Sprung zum digitalen Erklärungsmodul ganz praktisch mit ihrem Smartphone vollzogen haben, blicken auf das noch vor Kurzem verbreitete analoge Modell nur noch milde lächelnd zurück.

Jamgon ist sich zwei Tage vor seinem Tod bewusst, dass bei seinem Plan auch etwas schiefgehen kann, man sieht es seinem Gesicht in diesem Interview an. Aber sogleich siegt in seinem Denken wieder die Zuversicht. Die Möglichkeiten, es richtig oder falsch zu machen, betreffen in diesem Moment sogar die gesamte Weltpolitik. Denn es geht auch darum, ob die internationale Staatengemeinschaft es China weiterhin erlaubt, die Wiedergeburten hoch angesehener Tibeter im Babyalter zu töten, wie China dies schon oft getan hat. Obwohl die Chinesen offiziell nicht an Wiedergeburt glauben, lassen sie dennoch Kinder umbringen, von denen es heißt, dass sie eine besonders angesehene Persönlichkeit waren, die hohen Einfluss auf die Bevölkerung hatte.

China hat in seiner bisherigen Besatzungszeit gelernt, dass die Tibeter einer solchen Wiedergeburt sofort wieder ihr Vertrauen schenken. Dadurch kann in Tibet natürlich der buddhistische Geist erneut erstarken, den China ja gerade dabei ist, in ein rein egoistisches, materialistisches Glaubenskonzept zu wandeln. Dafür hat es den Tibetern verboten, ihre eigene Sprache zu sprechen, dafür ist seit mehr als 50 Jahren Chinesisch mit seiner ideologischen Doktrin Pflicht für jedes tibetische Schulkind.

Statt diese hohen Wiedergeburten zu killen, ist China in gewissen, sehr brisanten Fällen, in denen das Töten international einen schlechten Eindruck hinterlassen würde, dazu übergegangen, selbst diese Wiedergeburten zu identifizieren – obwohl sie den Glauben an Wiedergeburt verachten und als Unsinn betrachten. Die Tibeter lassen sich aber davon nicht verunsichern. Sie akzeptieren diese Personen nicht, die ihnen die chinesische Verwaltung als einen ihrer hochwohlgeborenen Rinpoches vor die Nase setzt. Peking hat angekündigt, dass es den nächsten Dalai Lama selber findet.

So etwas könnte mit Karmapa in diesem Moment auch passieren. Er muss allerdings nach seinem eigenen Prophezeiungsbrief jetzt schon 6 Jahre alt sein, ist also nicht mehr so klein wie der Panchen Lama, der zweithöchste Mann im alten Tibet nach dem Dalai Lama, den die Chinesen mit zwei Jahren über Nacht ausgetauscht haben. Wo sich der als Panchen Lama reinkarnierte Mensch heute befindet, der im Jahr 2017 ca. 40 Jahre alt sein müsste, will niemand wissen, der mit den Chinesen unter einer Decke steckt – und allen anderen wird es nicht gesagt.

Jamgons letzte Worte vor der Kamera

Vor diesem Hintergrund bemerkt Jamgon in seinem letzten Interview zur Geheimhaltung Karmapas Wiedergeburt noch Folgendes: *Also, wie du ja weißt, seit der Brief Seiner Heiligkeit Karmapa da ist, gibt es eigentlich kein großes Problem. Aber zugleich wollen wir sichergehen, dass wir in jeder Hinsicht keine Fehler machen und wirklich den wahren Karmapa finden. Deshalb halten wir es geheim.*

Dennoch: Die Adresse, wo Karmapa zu finden ist, kann man nicht länger geheimhalten, seit der Prophezeiungsbrief gefunden wurde. Die undichten Stellen werden stündlich mehr. Es ist tatsächlich nur noch eine Frage von Stunden, in denen China Karmapa noch verschwinden lassen könnte. Wie kann Jamgon die Politik der Weltmacht China diesbezüglich beeinflussen und zwar jetzt – quasi in Nullzeit? Jamgon weiß es. Er ist ganz klar und überblickt die Weltpolitik genauso wie die Kontinuität seines eigenen Lebens. Es ist höchste Konzentration geboten. Wir sehen es seinem Gesicht an.

Neben der chinesischen Politik gibt es noch ein zweites, nicht minder brisantes Problem zu lösen, wenn Karmapas 17. bewusste Reinkarnation gelingen soll: Shamar ist – wie wir schon gesehen haben – entschlossen, Karmapa für seinen Machterhalt zu opfern und einen eigenen, ihm ergebenen Karmapa zu etablieren. Deshalb darf es ihm genauso wenig gelingen wie den Chinesen, Karmapa verschwinden zu lassen. Wenn beide zusammenarbeiten, wird es jetzt sehr eng, dessen ist Jamgon sich bewusst. Was ist zu tun?

Jamgon sagt weiter: *Und außerdem, du kennst ja die Wesenszüge des Menschen. Er hat sehr absonderliche Verhaltensweisen und Ideen und Erwartungen und so weiter.*

Jamgon weiß, wovon er spricht, er lächelt sogar dabei. Er zeigt für die menschlichen Schwächen, die solche gewaltigen Probleme kreieren, noch immer sein Mitgefühl. Er kennt die Eitelkeiten, den Machthunger, die Krankheiten und Begierden der egoistischen Charaktere; den Neid und dic Missgunst, die Menschen antreiben, ihrem Ego und nicht ihrer Seele zu folgen. Auch die Erwartungen an den Buddhismus seiner Anhänger kennt er sehr genau. In diesem Gewirr von Emotionen, Spekulationen und Charakterauswüchsen braucht es jetzt sofort eine Lösung, die über alle diese störenden und nutzlosen Kräfte erhaben ist. Da kommt Jamgons Zuversicht selbsterklärend ohne jeglichen Zweifel zum Tragen. Diese Zuversicht, seinen eigenen Tod für die Lösung mit einzuplanen, ist eine besondere spirituelle Herausforderung.

In diesem Sinne beschließt Jamgon das Gespräch mit dem Satz: *Also es geht darum, diese unnötigen Dinge zu verhindern.*

Danach geht er zu Bett und startet am nächsten Morgen, dem 23. April 1992 sehr früh auf seine letzte Reise in diesem Körper.

Eine Freundschaft kosmischer Natur

Jamgons Motivation, diese weltpolitischen und internen Probleme zu lösen, entstammen seiner Menschenliebe und tiefen Freundschaft zu Karmapa. Er weiß, Karmapa ist jetzt auf Hilfe angewiesen, so hoch sein Bewusstsein auch sein mag. Da Jamgon den engsten Draht zu Karmapa hat, denn kein anderer war sein ganzes Leben Karmapa so nah wie er, will er diese Hilfe ihm jetzt, wo sie nötig ist, aus tiefstem Herzen gewähren, so gut er kann. Schließlich verdankt er sein jetziges Leben dem 16. Karmapa, der ihn mit 6 Jahren ins Kloster holte, wo er sich augenblicklich von seinen lebensgefährlichen Krankheiten befreite.

Man darf sich die Beziehung zwischen Karmapa und Jamgon nicht wie eine Ehe vorstellen – schon gar nicht als homophile. Beide verbindet eine Freundschaft kosmischer Natur, weil sie nicht an Raum und Zeit gebunden ist. Tod ist für diese Beziehung kein Hindernis oder eine Einschränkung. Tod ist allenfalls eine Art Prüfung, man nennt es auch *Initiation.* Vorstellbar wie der Funke einer Zündkerze, die die geballte Energie des Luft-Benzin-Gemischs mit einem Blitz zur Wirkung bringt. Und diese Wirkung muss Sinn machen. Ein sinnloser Tod ist ein schrecklicher Tod. Viele dachten natürlich, bei einem Verkehrsunfall zu sterben mache keinen Sinn, vor allem, wenn man noch mitten in einem sehr erfolgreichen Leben steht und kerngesund ist.

Die Frage, welcher Tod denn Sinn macht, sollte man sich nicht erst stellen, wenn der Körper ausgedient hat (darauf bin ich in Kap. 4 näher eingegangen). Denn dann kann es oft zu spät sein für die vorbereitenden Schritte, die eine sinnvolle Perspektive einleiten, mit der man an sein nächstes Leben denkt. Diese Perspektive darf – soll – muss Freude bereiten. Das ist ja das Geniale am Sterben: Wir bekommen einen Neustart geschenkt. Der will aber gestaltet sein. Dafür braucht es feste Absichten, dann liefert das Universum auch entsprechend. Wer diffus ins nächste Leben geht, erhält diffuse Bedingungen. Wie sagt man auf Englisch? »Make up your mind.« Auf Deutsch können wir es so ausdrücken: *Entscheide dich, wohin deine unendliche Reise bei der nächste Etappe gehen soll.* Du hast vermutlich schon realisiert, wie kurz ein Leben ist. Viel zu kurz, um deine Träume zu realisieren.

Karmapa hat im Jahre 1110 kalkuliert, dass die Realisierung seines Traums 21 Leben beansprucht. Eine der Bedingungen für das Gelingen seines Plans ist, dass der *»Eisenvogel«* fliegt. Das schrieb er ca. 800 Jahre, bevor das Flugzeug erfunden wurde! Man kann eine Gänsehaut bekommen bei der Vorstellung, es falle einem ein Wort ein, mit dem man eine technische Erfindung beschreibt, die erst 800 Jahre später gefunden wird. Welcher Fähigkeit bedarf es z. B. jetzt, etwas zu benennen, was erst im 29. Jahrhundert (n. Chr.) Realität wird? Etwas, dem man dann dem Neuen einen Begriff zuordnen kann, so wie heute dem »Eisenvogel« z. B. eine *747-Boeing*, mit der Karmapa 1972 zum ersten Mal in den Westen nach Deutschland 1972 flog.

Das allein genügte Karmapa aber nicht zur Projektierung seiner Lebensaufgabe. Er grenzte damals, im 12. Jahrhundert, den Zeitpunkt mit einem zweiten Bild weiter ein und schrieb: *Zugleich sind die Tibeter auf der Flucht wie Ameisen, in deren Haufen herumgestochert wird.* Auch dieses Bild kam ihm ca. 800 Jahre vor der Realisierung durch den Einmarsch der Mao-Truppen in Tibet und einer Million Flüchtlingen, zu denen er selbst 1959 in seiner 16. Inkarnation gehörte. Mit diesen Ereignissen war der Zeitpunkt für die Realisierung seines Traums von der Friedensmission, die den »Westen« erreicht, beschrieben.

Selbstverständlich sind 21 Leben für unsereins nicht wirklich projektierbar. Aber wir können uns darum bemühen, wenigstens schon eine Idee für das nächste Leben zu entwickeln, auch wenn wir (noch) nicht an Reinkarnation glauben wollen. Das Leben ist so kurz – zu kurz, um es in einer Disziplin zur Meisterschaft zu bringen. Vielleicht hast du eine Leidenschaft, die du in diesem Leben schon zum zweiten Mal verfolgst, doch mit deiner Performance bist du noch immer nicht zufrieden? Dann wäre dies vermutlich etwas, das du gerne weiterentwickeln möchtest. Dafür brauchst du aber nicht bis zu deinem nächsten Leben zu warten, sondern du könntest schon jetzt dieser Leidenschaft nachgehen und den Menschen (oder Tieren oder Pflanzen) einen spürbaren Beitrag zu ihrem Wohlergehen leisten – etwas, was deinem Traum entspricht.

Hast du dir eine solche Vision erarbeitet, dann wäre der nächste Schritt, darüber nachzudenken: Was wären die besten Bedingungen für dein nächstes Leben, damit du diesen Traum wirklich optimal entwickeln kannst? Welche Kultur? Welche Eltern? Welches Umfeld? Welche Gegebenheiten wären dafür günstig? Alle diese Projektionen bewältigst du nicht auf dem Sterbebett. Eine solche Absicht erhält wesentlich mehr Energie, wenn du sie beizeiten, am besten jetzt sofort beginnst, sie zu entwickeln, und zwar schriftlich. Das wirkt am stärksten. Lass dich durch meinen Film und seine Musik inspirieren. Unterstützung findest du im »Persönlichen Masterplan zur Reinkarnation« und auch in meinen Seminaren (siehe Anhang).

Der Entschluss Jamgons, in der aktuellen Situation besser zu sterben als zu leben, muss also etwas mit Karmapa zu tun haben. Aber was, wenn er doch für den nächsten Tag auf einen Flug gebucht ist, der ihn direkt zu der neuen Inkarnation Karmapas bringen würde und er dafür problemlos in China mit einem gültigen Visum einreisen kann? Diese Frage stellt sich auch Topga vergeblich.

Topga: *Ich kann nicht sehen, wie meines Bruders Tod Karmapa mehr helfen soll als sein Leben?* – Und er nimmt dieses Unverständnis ganz auf sich und sagt: *Das ist nur mein beschränktes Denken.*

Wir wissen inzwischen: Wenn Karmapas Existenz bekannt wird, besteht höchste Gefahr, dass er auf die eine oder andere Art verschwinden könnte. Denn zum jetzigen Zeitpunkt lässt sich auch der Inhalt seines Prophezeiungsbriefes mit der Adresse, wo er lebt, nicht länger unter Verschluss halten. Es ist sogar denkbar, das Kind, welches auf diese Beschreibung passt, auszutauschen. Und es wäre, wie schon erwähnt, nicht das erste Mal, dass Derartiges versucht wird. Man muss sich nur bewusst machen, dass von den 14 Dalai Lamas, die es bisher in Tibet gab, und die vom mongolischen Kahn im 15. Jahrhundert dazu bestimmt wurden, von Inkarnation zu Inkarnation Tibet zu regieren, sechs im Kindes- bzw. Jugendalter umgebracht wurden. Die jeweiligen amtierenden Interimsregenten wollten nach der Überbrückungszeit ihre Macht nicht abgeben müssen.

Gyaltsap ist sich dessen sehr bewusst und sagt deshalb: *Es kann sehr gefährlich werden, wenn wir jetzt, wo Jamgon tot ist, nicht sofort etwas unternehmen. Wir haben deshalb einen Vertrauten in Tibet – Sherab Terching – beauftragt, Karmapa anhand des Briefes sofort aufzusuchen. Seit dem Tod von Jamgon Rinpoche ist jeder Tag und jede Stunde und jede Minute des Wartens zu viel.*

Parallel dazu geht Shamar direkt nach Jamgons Tod auf Weltreise, um sich an den Plätzen, an denen Jamgon über große Anhängerschaft verfügt, als dessen Nachfolger zu präsentieren. Shamar kannte dabei noch nicht Jamgons Aussage vor meiner Kamera zugunsten der Authentizität des Prophezeiungsbriefs des 16. Karmapa. Und so verbreitet er überall die Mär, Jamgon würde, wie er selbst, die Echtheit des Briefes bezweifeln und dadurch seine Bemühungen, einen anderen Karmapa zu finden, unterstützen. Die Anhänger Karmapas glauben ihm zunächst – aber nicht alle.

In einem buddhistischen Zentrum in Frankreich lässt Shamar unter dem begeisterten Jubel von Jamgons Anhängern Luftballons aufsteigen mit der Aufschrift *Karmapa Chenno*. Das ist der traditionelle Ruf nach Karmapa. Er gilt aber nicht dem Karmapa, dessen Adresse Shamar bereits bekannt ist, sondern »seinem« anderen Karmapa, von dem noch niemand etwas weiß. Damit drohen nach rund 900 Jahren der Abbruch der Reinkarnationskette des Karmapa und eine Spaltung seiner Anhänger. Den Konflikt treibt das auf die Spitze.

Nur in dieser Dramatik ist der Unfall zu betrachten und zu verstehen. In dieser spannungsgeladenen Situation spielt das Universum aber offenbar seine ganze Bandbreite an Möglichkleiten aus: Weshalb sitzen z. B. die Tauben, die nicht zu überfahren Jamgon seinen Fahrer Norbu bittet, genau auf dieser langen, geraden, menschenleeren Asphaltstraße – und zwar an der Stelle, an der dadurch der BMW ins Schleudern gerät und auf dem Baum aufschlägt, der am Kilometerstein 13 steht?

Ist das Humor oder ein Tribut an unseren Aberglauben? Wie kann man das bewerten, wenn man nicht an Zufall glaubt? Und selbst wenn man an Zufall glauben möchte: Wie kommt so etwas bei der Häufigkeitsverteilung einer 10 km langen Strecke zustande, die rechts und links von Bäumen gesäumt ist und bei jedem Kilometer einen Markierungsstein hat? Das sind Mysterien, zu denen man am ehesten in Weltbild *Global Scaling*[14] Zugang hat (siehe Kap. 5).

Inzwischen hat Sherab Terching in Tibet von Gyaltsap und Situ Rinpoche per Fax den Auftrag erhalten, sofort nach Karmapa zu suchen, und ist überwältigt.

Sherab: *Es ist mir eine sehr große Ehre, zum Repräsentanten von Situ- und Gyaltsap Rinpoche in Tibet ernannt worden zu sein. Anhand des Prophezeiungsbriefes, den ich heute per Fax von ihnen erhalten habe, ist es eine sehr verantwortungsvolle Aufgabe, Karmapa dort, wo der Brief es sagt, aufzusuchen. Das war Jamgon Rinpoches Aufgabe. Es ist ein großer Verlust und sehr traurig, dass er gestorben ist. Ich versuche, mein Bestes zu geben.*

Also, nun ist es nicht mehr Jamgon, der Karmapa aus seiner unerkannten Lage erlöst, sondern Sherab mit seinem Team. Was ist daran besser? Kommuniziert Jamgon mit Karmapa jetzt auf Seelenebene, und bringt das Karmapa mehr als Jamgons körperliche Anteilnahme und Handlungsmöglichkeiten?

---

[14] Mein Film *Melodie des Universums* (siehe Anhang/Medienshop).

8
Alles Zufall?

Wie können wir uns überhaupt als Nicht-Tote vorstellen, wie die Kommunikation zwischen zwei Seelen verläuft? Normalerweise antworten wir darauf mit Nein, weil wir ja Körper sind und deshalb glauben, dass wir den Körper zur Kommunikation mit einem anderen Wesen brauchen. Stimmt das? Sind wir nicht in der Lage, mit jemandem, vor allem mit einem Menschen, der uns nahe ist, auch ohne Worte zu kommunizieren? Wie oft passiert es, dass wir an jemanden denken, und schon taucht die Person auf oder ruft an?

Gerade gestern wieder hat mir beim Tangotanzen eine zufällige Tanzpartnerin erzählt, dass sie zwei Tage zuvor nach Jahren zu Besuch nach Berlin gekommen war, um eine Freundin zu treffen. Sie überlegte auf der Reise, wen sie noch in Berlin kennt. Da fiel ihr nur ihr Neffe ein, zu dem sie aber keinerlei Kontakt hat und auch seine Adresse nicht kennt. Sie bedauerte das innerlich, machte aber keine größeren Anstalten herauszufinden, wo er wohnen könnte und ob es möglich wäre, ihn doch noch zu treffen. Sie beließ es einfach bei dem Gefühl der gerade nicht lebbaren Zuneigung. Du weißt schon, was jetzt kommt: Am Hauptbahnhof steigt sie aus der U-Bahn – und wem läuft sie in die Arme? Ihrem Neffen … und Berlin ist kein Dorf.

Auf dieser seelischen Ebene macht jeder Mensch in seinem Leben mehr oder weniger häufig Erfahrungen, abhängig davon, ob jemand dafür offen ist. Es ist tatsächlich so: Wer dafür nicht offen ist, erlebt diese seelische Ebene auch nicht oder nur in Momenten, wenn solche Erfahrungen sehr massiv in Erscheinung treten. Und selbst dann werten Menschen unserer Zeitepoche sie ab, indem sie sie für Zufall erklären.

Was hat es mit dem Phänomen *Zufall* auf sich? Gibt es ihn? Wenn ja, bei wem? Nur bei dir oder ist es ein universales Prinzip, so wie die Logik oder das Gesetz von Ursache und Wirkung? Für Menschen, die rational orientiert sind, gilt das Gesetz von Ursache und Wirkung auf der ganzen Erde und darüber hinaus. Auch die Astronomen kennen es und erkennen es in unserem Planetensystem. Sicherlich macht dieses Gesetz am Rande unseres Sonnensystems nicht plötzlich halt. Wir können mit Recht davon sprechen, dass das Gesetz von Ursache und Wirkung ein universales Gesetz ist. Wie verhält es sich zum Zufall? Widerspricht der Zufall dem Kausalgesetz? Eigentlich schon. Zumindest wäre der Zufall eine Ausnahme des Kausalgesetzes. Wie viele Ausnahmen gibt es? Und wann gibt es sie?

Albert Einstein hat gesagt: »Gott würfelt nicht.« Genau deshalb, weil es den Zufall nicht geben kann. *Zufall* ist lediglich ein Wort für Nicht-Wissen. Es gibt noch mehr Worte, die dieses Nicht-Wissen ausdrücken, wie z. B. »Schicksal« oder auch »Gottes Wege sind unergründlich«. Man stelle sich nur mal vor, Zufall wäre ein kosmisches Gesetz wie das Kausalgesetz: Dann könnte es doch passieren, dass durch einen Zufall der Mond von seiner Bahn abkommt und mit der Erde einen Unfall hat, oder dass der Merkur ebenfalls nicht auf seiner Bahn bleibt und die Venus attackiert. Wenn es Zufall gäbe, müsste man das im Universum erkennen. Was man aber erkennt, ist das genaue Gegenteil: Alle Prozesse laufen in einer absolut perfekten Ordnung ab – und das, wie schon erwähnt, sogar auf energetisch niedrigstem Niveau.

Das heißt: Jede Funktion, jede Veränderung im Kosmos läuft so ab, dass dabei keinerlei Energie verschwendet wird. Der Kosmos ist das Intelligenteste, was jede Vorstellungskraft des Menschen um ein Unendliches übersteigt.

Seelische Kontakte können deshalb kein Zufall sein. Auch mein Unfall nicht. Klar – materialistisch betrachtet, waren die Dachziegel etwas glitschig und ich bin ausgerutscht. Wer an Zufall glaubt, würde einfach sagen: *Dumm gelaufen.* Die Wahrheit aber ist, dass ich schon sieben Jahre auf diesen sogenannten Unfall zusteuerte und am 27. Mai 1981 das Maß voll war und platzte. Genau dieses Ereignis, nämlich ein Jahr durch diesen Unfall in einer Klinik zu liegen und dadurch die Gelegenheit zu haben, mein Leben gründlich zu überdenken, war das, was ich für meine weitere Bewusstseinsentwicklung brauchte. Dazu gehörte auch die Erkenntnis, dass ich auf geistigem Weg meinen Körper verändern kann. Diese Erkenntnis kann und darf ich heute weitergeben. Also alles kein Zufall, sondern eine wohldurchdachte Entwicklung.

Ich gebe sofort zu, dass ich diese »wohldurchdachte Entwicklung« nicht gleich kapiert habe, aber ich wusste sofort: Wandlung ist erforderlich. Es wäre natürlich auch eine Wandlung gewesen, wenn ich ab diesem Unfall den Rest meines Lebens im Rollstuhl gesessen hätte. Aber dann hätte ich meine Aufgabe, nämlich ein Lehrer für Bewusstseinserweiterung zu sein, nicht erfüllt. Und diese Aufgabe hatte ich ja auch schon vor meinem Dachsturz ausgeübt, doch zwei Monate zuvor schmerzlich einsehen müssen, dass dies mit für mich untauglichen Mitteln geschah. Ich dachte bis dahin, ich könne meiner Berufung, in diesem Leben für die allgemeine Bewusstseinserweiterung zu arbeiten, politisch nachgehen: Deshalb gründete ich die Partei DIE GRÜNEN und wollte als Partei-Mann oder/und Abgeordneter oder – wie ich schon in meinen allerersten Vorträgen sagte – diese Berufung 1999 in der Bundesregierung sitzend ausüben.

»Pfeifendeckel«, sagt man in Schwaben. Der Neid, die Missgunst, der Konkurrenzkampf – all diese negativen menschlichen Charaktereigenschaften blühten mit dem Wahlerfolg der neuen Partei dermaßen stark auf, dass ich mich davor geekelt hätte, weiterhin an den Sitzungen teilzunehmen. Dafür hätte ich ein bestimmtes charakterliches Rüstzeug mitbringen müssen: Als Politiker hat man sich in jeder Sekunde diplomatisch zu verhalten und erst dann seine Meinung kundzutun, wenn man sicher sein kann, sich damit nicht ins Abseits zu bringen. Am besten hat man als erfolgreicher Politiker keine eigene Meinung, zumindest keine feste, und lässt sich bevorzugt zu einer Entscheidung »hinkneten«, ohne dadurch sein forsches Auftreten zu verlieren

Ich war, musste ich zugeben, dafür nicht geeignet, obwohl ich seit 1973 für die Realisierung dieser neuen Partei gearbeitet hatte. Und so wurden *Die Grünen* zunächst in Baden-Württemberg und ein halbes Jahr später für ganz Deutschland (damals West-Deutschland) und als erste sogenannte ökologische Partei Vorbild für andere Parteien im In- und Ausland. Ich war ab Februar 1981 draußen.

Ohne mir das einzugestehen, hatte ich damit auch meine Lebensperspektive oder Lebensaufgabe verloren. Und wer nichts wird, heißt es im Volksmund, wird Wirt. Mit meinem Abgang bei den *Grünen* eröffnete ich meine Kneipe im eigenen Haus mit 32 Sitzplätzen und zapfte fortan abendlich vielleicht 200 Biere und rauchte zwei Packungen Zigaretten passiv mit. Die Kneipe lief hervorragend. Meine Frau und ich waren voll beschäftigt. Aber meine Seele meinte: »Du spinnst!« Wer nicht hören will, muss fühlen – das ist auch so ein Spruch. Ich hörte zwar meine Seele, unternahm aber nichts, um die Situation zu ändern. Ich habe sogar elf Stunden vor meinem Unfall einem guten Freund gegenüber meinen Verdruss kundgetan, worauf er einfach nur sagte: »Pack einen Koffer und fahr mal weg.« Das war mir nicht möglich. Ich dachte, meine Verantwortung lässt das nicht zu. Und dann passierte es …

Taucht man in ein Geschehen ein, dann versteht man, dass es Zufall nicht gibt, dass Zufall lediglich, wie oben gesagt, nur ein Synonym für Nicht-Wissen ist. Das kann ich zu 100 Prozent akzeptieren. Denn wie oft erkennt man bei den Phänomenen, denen man im Leben ausgeliefert ist, nicht (gleich) die Ursache dafür. Das ist ganz normal, heißt aber nicht, dass es die Ursache nicht gibt. Es bedeutet lediglich, dass sie mir (im Moment) nicht bewusst ist, aber geben muss es sie.

Seelen-Talk

Zurück zu uns als Seelen-Menschen. Es ist wesentlich einfacher, auf Seelenebene zu kommunizieren, als manch einer sich das vorstellt. Der Unterschied, ob wir mit einer Seele kommunizieren, die in einer Form aus Fleisch und Blut vor uns sitzt, oder mit einer Seele, die derzeit ohne Form unterwegs ist, macht keinen Unterschied. Seele ist Seele. Man muss auf sie nur genauso unbekümmert zugehen, als stünde dieser Mensch gerade vor einem.

Die erste Person, mit der ich in einen solchen Seelenkontakt kam, war meine zweieinhalb Jahre jüngere Schwester Bettina. Sie hat sich mit 33 Jahren von ihrem Körper befreit, der ihr sehr lästig geworden war. Zu diesem Zeitpunkt saß sie das elfte Jahr im Rollstuhl, und ich konnte seit einem Jahr wieder laufen. Mir ist erst viel später bewusst geworden, dass mein Laufenkönnen zu ihrem Tod beigetragen haben könnte. Das empfand oder empfinde ich noch immer als sehr tragisch.

Clemens: *Tina, magst du mit mir sprechen?*
Bettina: *Du hast dich schon jahrelang nicht mehr bei mir gemeldet gehabt.*
C. … *ich habe aber viel an dich gedacht. Du begleitest mich sehr viel in Gedanken.*
B: *Ja, das weiß ich, aber richtig gesprochen haben wir schon lange nicht mehr.*
C: *Stimmt. Ich möchte mit dir sprechen, denn da ist auch noch etwas Unausgesprochenes.*
B: *Was?*
C: *Etwas sehr Heikles. Ich fürchte, ich trage an deinem Tod eine Mitschuld.*
B: *Wieso denn das?*
C: *Am 1. April 1982 wurde ich aus derselben Klinik entlassen, in der du warst.*
B: *Ich weiß.*
C: *Ich bin aber auf zwei Beinen hinausgegangen und du elf Jahre vor mir im Rollstuhl.*
B: *Ja und?*
C: *Hat dich das nicht furchtbar getroffen, dass ich mich heilen konnte und du dich nicht?*
B: *Ich war sowieso total sauer auf meine blöde Querschnittslähmung, die ich mir selbst beigebracht habe.*
C: *Ich ja auch.*
B: *Aber du konntest es rückgängig machen. Das hätte ich auch gerne gemacht, aber daran war nicht zu denken.*

C: *Weshalb? Weil die Ärzte das sagten?*
B: *Die sowieso, aber auch ich hatte da keine Perspektive für mich, ich kämpfte mit Depression und Resignation.*
C: *Ab wann?*
B: *Vom ersten Tag an, nachdem ich mich zum ersten Mal umbringen wollte, weil mein Leben nicht das wurde, was ich mir davon erwartet hatte.*
C: *Du hast ein grandioses Abitur hingelegt, konntest unglaublich tanzen und hattest eine enorm starke Ausstrahlung.*
B: *Ich konnte nichts daraus machen. Ich schwankte ständig zwischen ein Star sein und tot sein.*
C: *Ich weiß, der Konflikt unserer Eltern lastete auf dir, und du bekamst null Unterstützung, deine großen Fähigkeiten zu entfalten.*

B: *Ich war zu schwach, um mich selbst in die Höhe zu bringen.*

C: *Mich hat der Konflikt unserer Eltern weniger belastet, denn ich konnte mit 13 ausziehen.*

B: *Ja, darum hatte ich dich beneidet und wollte wie du ins Internat der* Odenwaldschule, *aber das hat nicht funktioniert.*

C: *Weil du dich vermutlich dafür verantwortlich gefühlt hast, dass es der Mutti gutgeht?*

B: *Ja, sie hat mich gebraucht. Sie sagte, wenn ich nicht wäre, hätte sie sich schon umgebracht.*

C: *Das ist belastend.*

B: *Ich kam nie auf die Füße.*

C: *Ja, deshalb der Rollstuhl.*

B: *Der war auch keine Lösung. Ich hätte so gerne eine richtig gute Tänzerin und Schauspielerin werden wollen.*

C: *Dafür hätten unsere Eltern dir eine Ausbildung finanzieren müssen. Das taten sie nicht.*

B: *Die waren nur mit sich selbst oder der Vati mit seinen Freundinnen beschäftigt.*

C: *War es da nicht total deprimierend, als du gesehen hast, ich laufe? Hat dich da dein Schicksal nicht noch mehr geärgert?*

B: *Ja, schon. Ich hatte es ja vor dir schon zwei Mal versucht, mich aus dem Rolli durch Tod herauszuschaffen.*

C: *Ich weiß. Das eine mal auf der Stadtautobahn und das andere Mal mit einem Sturz aus dem sechsten Stock.*

B: *Ja, du weißt das noch?*

C: *Klar. Beide Male hast du dir kaum was getan. Es war nicht zu fassen. Der vierspurige dichte Verkehr mit 100 km/h geriet nur etwas durcheinander, als du in ihn hineingerollt bist, und bei dem Fall aus dem sechsten Stock hast du dir, glaube ich, nur zwei Rippen gebrochen.*

B: *Ich durfte noch nicht meinen Körper verlassen. Ich hatte noch nicht aufgeräumt in mir.*

C: *Ja, beim letzten Mal, als es dann klappte, warst du total aufgeräumt. Du hattest sogar alle Schulden bezahlt; der BfA hattest du deinen Rentenausstieg schriftlich mitgeteilt. Alle deine Konten hattest du gekündigt, die Mietwohnung hattest du beendet. Nur Facebook hattest du vergessen.*

B: *Facebook gab's ja noch gar nicht.*

C: *Ach ja. Sollte ein Witz sein.*

B: *Jetzt in diesem Leben bin ich auf Facebook.*

C: *In Facebook kann man bleiben, von einem Leben zum nächsten.*

B: *Dann muss dir aber wieder dein Passwort einfallen.*

C: *Deshalb sollte man vor dem Körperwechsel alle seine Passwörter gut vererben.*

B: *An wen?*

C: *An die, die dich in deiner neuen Form identifizieren sollen.*

B: *Wie hast du das denn bei mir geschafft?*

C: *Das war ein Geschenk. Das heißt, es war ein starkes Gefühl.*

B: *Da kann man sich doch aber täuschen? Der Wunsch ist der Vater deines Gedankens.*

C: *Es sind deine Augen, deine Art und dann noch die Zeichen.*

B: *Welche Zeichen?*

C: *Du warst aus deinem Körper mit einer Behinderung gegangen und wieder mit einer Behinderung gekommen.*

B: *Ich dachte, indem ich mich umbringe, werde ich die Behinderung los.*

C: *Die Behinderung ist doch nur Ausdruck deines seelischen Zustandes, der sich durch Bewusstseinsentwicklung verbessern lässt. Offenbar hattest du bei deinem Tod noch nicht das volle Bewusstsein dafür, für was deine Behinderung steht.*

B: *Wofür stand oder steht sie denn?*

C: *Für das, was sie zeigt, für eine Behinderung. Wer oder was hat dich behindert, damals und heute?*

B: *Meine Eltern….* (Bettina kommen die Tränen)

C: *Warum weinst du?*

B: *Weil das in diesem Leben wieder so ist.*

C: *Warum?*

B: *Du weißt ja, mein Papa B. war in meinem Vorleben unser Bruder und mein Zwillingsbruder.*

C: *Ja. Leider habe ich keinen Kontakt zu ihm.*

B: *Das wundert mich nicht. Ihr lebt ja beide auf zwei völlig unterschiedlichen Bewusstseinsebenen. Du bist das, was man so Esoteriker nennt, und er ist Handwerker. Er hält sich primär an die Materie, du dich primär an den Geist.*
C: *Ja, das sehe ich auch so. Warum hast du dann bei ihm reinkarniert?*
B: *Weil ich ihn liebe. Ich habe meinen Zwillingsbruder immer geliebt, auch wenn wir beide ebenso auf zwei völlig unterschiedlichen Bewusstseinsebenen zu Hause waren.*
C: *Möchtest du jetzt erreichen, dass ihr euch synchronisiert?*
B: *Ja, aber das ist ein heftiges Ringen. Jetzt noch schwerer als in meinem Vorleben. Da war er mein Bruder, jetzt ist er mein Erziehungsberechtigter, und ich liebe ihn genauso sehr.*

C: *In beiden Leben willst du durch eine Behinderung von deinen Eltern mehr Zuwendung.*
B: (weint und wird wütend) *Ich will nur, dass sie mich verstehen.*
C: *Tun sie das in diesem Leben nicht?*
B: *Die halten das, wie wir uns unterhalten, für kompletten Blödsinn.*
C: *Das war doch im letzten Leben auch schon so, unsere Gespräche konnten wir mit niemandem teilen.*
B: *Stimmt.*
C: *Du willst ihn zwingen, durch deine Unheilbarkeit sein Bewusstsein zu erweitern. Er nimmt deine Krankheit aber als Schicksal. Also schaffst du es nicht auf diese Weise.*
B: *Was soll ich denn tun?*
C: *Dir die Zuwendung selber geben.*
B: *Wie mache ich das?*
C: *Betrachte dich als Kontinuum, und verfolge weiter deinen Traum, den du schon im letzten Leben hattest, aber nicht realisieren konntest. Nimm dein Schicksal in die eigene Hand.*
B: *Mach ich doch schon.*
C: *Willst aber immer noch die Anerkennung deiner Eltern.*
B: *Warum denn nicht?*
C: *Auch diese Anerkennung verschaffst du dir als virtuelles Wesen selbst.*
B: *Wie geht das?*

C: *Durch Seelenschreiben.*

B: *Was ist »Seelenschreiben«?*

C: *Das, was hier gerade passiert. Wir reden auf Seelenebene miteinander und ich schreibe es auf. Das kannst du genauso machen. Du sprichst mit deiner Seele und schreibst auf, was sie dir sagt. Frage sie z. B.: Warum konnte ich mich nach dem Abitur nicht selbst verwirklichen?*

B: *Das weiß ich.*

C: *Das glaube ich nicht, denn die Antwort darf niemals lauten: Ich bringe mich um, wenn ich mich nicht selbst verwirklichen kann.*

B: *Warum nicht?*

C: *Weil du nach dem Abitur im letzten Leben genug Möglichkeiten hattest, dich selbst zu verwirklichen.*

B: *Eben nicht!*

C: *Hast du jetzt mehr Möglichkeiten?*

B: *Ja, meine jetzigen Eltern bezahlen mir immerhin eine Schauspielschule.*

C: *Das ist ja toll. Das stimmt, das haben deine Eltern* (unsere Eltern) *in deinem vorherigen Leben nicht getan.*

B: *Aber ich bringe jetzt nicht die besten Voraussetzungen mit.*

C: *Wieso?*

B: *Ich schiele, kann meine linke Hand nicht richtig bewegen und habe Epilepsie.*

C: *Das hat alles noch mit deinem Vorleben zu tun.*

B: *Meinst du?*

C: *Frage dich doch nur, mit welchem Bewusstsein du aus deinem Körper im letzten Leben ausgestiegen bist? Hat das gereicht, um in diesem Leben deinen Traum zu verwirklichen?*

B: *Ich war eigentlich nur ausgestiegen, weil ich es satthatte, im Rollstuhl zu sitzen.*

C: *Verstehe ich gut. Das reicht aber nicht, um deinen Traum zu verwirklichen. Es gibt noch immer das Problem, dass die Eltern für dein Glück zuständig sind.*

B: *Sind sie auch!*

C: *Sind sie nicht! Das wäre schrecklich, dann könnten wir uns ja nie befreien.*

B: *So ist es ja auch.*

C: *Natürlich kannst du dich befreien. Du erschaffst dir jetzt selbst die Wirklichkeit, die dich gesund und glücklich macht.*

B: *Und wenn meine Eltern nicht mitmachen?*

C: *Die machen in deiner Wirklichkeit mit. Dafür sorgst du. Du bist der Schöpfer. Du schreibst das jetzt so, wie du es brauchst und wie du es für glaubwürdig hältst.*

B: *Damit manipuliere ich andere.*

C: *Zum Wohle aller.*

B: *Geht das?*

C: *Das geht. So funktioniert das Universum. Die beste Lösung für jeden ist die beste Lösung für alle.*

B: *Nur wenn alle mitspielen.*

C: *Das tun sie in deiner Imagination.*

B: *Und danach richten die sich dann auch?*

C: *Ja, weil es auch für sie die beste Lösung ist. Jedes Wesen in diesem Universum will glücklich und gesund sein, und genau das erschafft sich jeder in seiner virtuellen Wirklichkeit.*

B: *So, wie dieses Gespräch.*

C: *Genau.*

B: *Das ist geil.*

C: *Finde ich auch. Lass dich umarmen. Ich spüre es.*

B: *Ich auch.*

C: *Davon reden wir. Mit diesem uns selbst erschaffenen neuen Gefühl setzen wir unser reales Leben fort.*

B: *Das im Fleisch.*

C: *Ja. Alles Gute.*

B: *Lass uns morgen weiterreden.*

C: *Ja, gerne.*

B: *Dann bis dann.*

C: *Tschüss.*

B: *Tschüss.*

9
»Spinnst du – oder siehst du mehr?«

Karmapa und Jamgon brauchen sich nicht fürs nächste Leben zu verabreden, das ist selbstverständlich bei dieser Liebe zwischen ihnen. Ich erinnere mich an das eine Mal 1992, da war Jamgon seit fünf oder sechs Monaten tot. Karmapa, 7-jährig, sitzt während seiner Inthronisation auf seinem hohen Tsurphu-Thron in seinem Tempel voller Menschen und sagt zu Titi, seinem Diener:

Karmapa: *Gib Jamgon doch mal einen Tee!*

Titi: *Seine Heiligkeit, Jamgon ist tot.*

Karmapa: *Da, schau doch. (Karmapa zeigt zwischen die Säulen des Tempels, als verfolge er mit seinem Zeigefinger den Gang Jamgons von rechts nach links.) Er ist durstig. Bring ihm einen Tee.*

Titi schaut selbst noch mal genauer in die Richtung, in die Karmapa deutet, obwohl er weiß, dass Jamgon tot ist; vielleicht sieht er aber doch dasselbe wie Karmapa.

Wie könnte man eine solche Situation als Materialist angehen? Wer ist der Meinung, er könne Jamgon tatsächlich sehen, wenn Karmapa sagt: »Da läuft er«, du aber weißt, dass er vor fünf Monaten mumifiziert wurde? – Oder bist du der Meinung, Karmapa spinnt sowieso, der sieht Sachen, die man gar nicht sehen kann? Zu welcher Fraktion willst du gehören? Vielleicht antwortest du salomonisch: »Weder zu der einen noch zu der anderen.« Was so viel heißt wie: Du verbindest dich mit Jamgon und imaginierst ihn dir. Das wäre auch für Karmapa kein Problem, denn er hat schon viele Geschichten über Jamgon gehört, besonders darüber, welch enge Beziehung in seinem Vorleben zwischen ihm und Jamgon dem 3. bestanden hat.

Das bestätigt er mir, als er 2014 nach Berlin kam und sagte: …ich *habe ein so starkes Gefühl für Jamgon, weil ich so viele Geschichten über unsere enge Beziehung in unseren Vorleben gehört habe.*

Als der 7-jährige Karmapa seinen Diener Titi bittet, Jamgon eine Tasse Tee anzubieten, weil es zu seiner Freundschaft mit ihm gehört, wie soll Titi sich da nun verhalten? Soll er sagen: »OK, Chef, ich laufe und gebe ihm eine Tasse Tee.« Oder soll er sagen: »Richtig! Aber ich gebe ihm keine.« Da würde Karmapa kurz lächeln und gut wäre es. Aber Titi sagt das nicht.

Was würdest du, liebe Leserin, lieber Leser machen? Würdest du versuchen, Jamgon zu sehen? Im Gegensatz zu Karmapa kennt Titi Jamgon in der physikalischen Wirklichkeit. Kannst du dir vorstellen, du machst dir ein inneres Bild von etwas, was deine Ratio nicht fassen kann? Würdest du dir erlauben, ein solches Bild für wahr zu halten? Mein Spruch lautet doch immer: »Wirklichkeit muss nicht wahr sein – Wirklichkeit ist das, was wirkt.« Deshalb ist die Imaginationsfähigkeit genauso wichtig wie die reale Erfahrung, vielleicht sogar noch wichtiger, weil sie dich hellsichtig macht.

Das aber erklärt noch nicht, weshalb der tote Jamgon besser sein soll als der lebende. Es bedeutet im Moment lediglich, dass Jamgon nicht in der Lage ist, nach Karmapa zu suchen und muss dies Sherab überlassen. Welchen Sinn macht das?

Wer suchet, der findet

Sofort reiten Sherab und seine Vertrrauensleute los, um anhand der Adresse Karmapa in Ost-Tibet, in dem völlig unzugänglichen Nomadenland, zu suchen. Hier im Tal von Latok in Ost-Tibet findet Sherab Terching mit seinen Begleitern das Zelt einer Nomaden-Familie, in der Karmapa in seiner 17. Inkarnation wohnen soll – gemäß des Prophezeiungsbriefes, den er in seinem letzten Leben hinterlassen hatte. Und tatsächlich: Da sitzt er. Ein 6-jähriger Nomadenjunge mit seinem Vater, zu dem er vor ein paar Tagen noch sagte: »Ich gehe nach Lhasa.« Der Vater staunte, denn Lhasa ist von hier 1500 km entfernt.

Genau in diesen paar Tagen, während Karmapas geheime Auffindung und Identifizierung vonstatten geht, versammeln sich auf der anderen Seite des Himalajas (Luftlinie ca. 250 km entfernt) Tausende seiner Anhänger zur Bestattung seines Freundes Jamgon Kongtrul Rinpoche. Welch eine perfekte Synchronizität! Diese Massen wären nie gekommen, wenn man ihnen einen Newsletter geschickt hätte mit den Worten: »Wir haben den Prophezeiungsbrief des 16. Karmapa gefunden. Wir werden ihn nun gemäß des Inhaltes suchen.« Ähnliche Nachrichten gab es in den letzten Jahren bereits, als noch keiner einen verlässlichen Hinweis hatte, wo und wann Karmapa wiedergeboren ist – alles nur, um Karmapas Gemeinde zu beschwichtigen.

Seine Interimsregenten, die sogenannten »Linienhalter« – Shamar, Situ, Gyaltsap und Jamgon – waren schon vier Jahre nach Karmapas Tod nervös geworden, weil sie keinerlei Hinweise hatten, wo, wann und wie ihr großer Meister reinkarniert. Sie und die Kagyü-Anhänger befürchteten, die Reinkarnationskette der Karmapas könnte geendet haben, obwohl schon der Gründer des tibetischen Buddhismus *Patmasambava* 300 Jahre vor dem ersten Karmapa prophezeit hatte, dass ein Karmapa kommen werde, der mit 21 Leben als Karmapa der Menschheit als Weisheitslehrer dienen wird.

Aus dieser Sorge heraus produzierten die vier Linienhalter vorsätzlich einen Fake. Sie legten irgendein handgeschriebenes Schriftstück des 16. Karmapa an einen heiligen Ort und verkündeten dann den Kagyü-Buddhisten so etwas in der Art wie: »Wir haben einen Prophezeiungsbrief von ihm gefunden – hurra, aber wir sagen euch noch nicht, was drin steht!« Sie taten das in der Annahme, es könne nicht mehr lange dauern, dann würde Karmapa sich zeigen, und man könne dann ja sagen, dass dies schon in diesem vermeintlichen Schriftstück gestanden habe. Es ging ihnen darum, ihre Anhängerschaft irgendwie im Vertrauen an Karmapas Reinkarnation zu halten. Dennoch: eine unfassbare Geschichte, die vielen Buddhisten suspekt wurde. Jahre danach war der 17. Karmapa noch immer nicht da.

Es gab aber auch den Versuch einer hochherrschaftlichen Familie, die behauptete, eines ihrer 1990 neugeborenen Babys sei Karmapa. Eine Familie, in der Karmapa geboren wurde, ist dadurch automatisch sehr hoch angesehen. Das hat noch eine zweite Familie dazu verleitet, Manipulationen anzustellen, um behaupten zu können, ihr Baby sei Karmapa. Ich musste dafür sogar mit meinem Film-Team ausrücken, um einen solchen Fall zu dokumentieren, weil Shamar mich darum gebeten hatte. Aber das Verhalten des Babys bzw. Kleinkindes und die angeblichen Dokumente, die seine Echtheit belegen sollten, erwiesen sich als peinlich und einem Karmapa völlig unwürdig.

Karmapa gefunden!

Was passiert aber jetzt, im Juni 1992? Sherab und seine Vertrauensleute reiten zurück, bis sie ein chinesisches Postamt erreichen und an Situ und Gyaltsap die wunderbare Nachricht faxen, dass sie anhand des Prophezeiungsbriefes einen 6-jährigen Nomadenjungen als den neuen Karmapa identifizieren konnten.

Zur gleichen Zeit ist Shamar auf Welttournee und erzählt den Kagyü-Anhängern, er sei kurz davor, den wahren Karmapa zu finden, und alle sollten jetzt zu ihm stehen, insbesondere die, die sich zu Jamgon bekannt hatten. Das ist keine Bitte. Das macht er mit der tibetischen Guru-Tradition zum Muss, was jeder damit bezeugt, dass er sich vor Shamar drei Mal niederwirft und dabei mit Stirn und Brust den Boden berührt.

Situ und Gyaltsap verständigen sofort den Dalai Lama vom Auffinden Karmapas. Der Dalai Lama ist anhand aller Dokumente, die ihm vorgelegt werden, davon überzeugt, dass es sich bei dem Nomadenjungen um die wahre Inkarnation Karmapas handelt und gibt seinen offiziellen Segen. – Shamar erklärt von unterwegs, der Dalai Lama sei getäuscht worden. Situs Karmapa sei nicht echt. Er, Shamar, der kraft seines Amtes als Interimsregent dazu berufen sei, würde bald den echten Karmapa präsentieren. Wo überall Shamar sich aufhält, lässt sich von Sikkim aus nicht nachvollziehen.

Situ und Gyaltsap jedenfalls schreiten nun in Rumtek, wo hunderte Anhänger Jamgons und Karmapas zu den 49-tägigen Trauerfeierlichkeiten aus aller Welt versammelt sind, zur Tat und berufen eine Pressekonferenz ein, um der Welt mitzuteilen, dass Karmapa gefunden sei. Sie fühlen sich nicht länger an den Geheimhaltungswunsch Shamars gebunden, da er selbst öffentlich von Karmapas Prophezeiungsbrief gesprochen hatte, indem er sich von ihm distanzierte.

Dadurch, dass inzwischen elf Jahre seit dem Tod des 16. Karmapa vergangen waren und es immer wieder Gerüchte gab, wie die Reinkarnationskette Karmapas wohl weitergeht oder nicht weitergeht, herrschte große Unsicherheit und Verwirrung unter den Anhängern Karmapas. Von dem großen Konflikt, der aktuell hinter den Kulissen durch Shamars Abkehr von dem angesagten Karmapa tobt, weiß bisher kaum jemand etwas Genaues.

In der Pressekonferenz am 12. Juni 1992 kommt alles auf den Tisch. Die anwesenden Gäste sind zwar für die Trauerfeierlichkeiten Jamgons angereist, dass es dabei aber um Karmapa geht, ahnt kaum jemand. Doch die Spannung ist für jeden spürbar. Um 10.00 Uhr treten Situ und Gyaltsap mit ihren Mitarbeitern vor die im Klosterhof von Rumtek versammelte Menschenmenge, unter der sich etliche lokale und überregionale Journalisten befinden, und beginnen damit, die gesamte Reinkarnationsgeschichte vom Tod des 16. Karmapa an bis heute offenzulegen. Dafür spricht in der Hauptsache Situ auf Englisch. Gyaltsap ergänzte ihn auf Tibetisch, was ins Englische übersetzt wird. Es werden auch Fragen gestellt, für die es ausführliche Antworten gibt.

Da Shamars Drehgenehmigung und Exklusivrechte für mich von Situ begrüßt wurden, kann ich auch jetzt, wo der Zwist im Kagyü-Orden voll ausbricht, weiterdrehen. Mit meinem indischen Kameramann und dessen Assistenten stehe ich nun mitten in der Menge, um zu hören, was Situ und Gyaltsap der Öffentlichkeit über die Wiedergeburt Karmapas zu erzählen haben. Mein deutscher Kameramann hat sich mit seinem Assistenten außerhalb der Menge auf dem Dach über dem Hof zum Drehen positioniert.

Situ spricht ehrlich und freimütig auch über die Fake-Aktionen, insbesondere über die, an denen sie selbst beteiligt waren. Diese Selbstkritik wird positiv aufgenommen im Gegensatz dazu, dass bei diesem Event, dem vielleicht wichtigsten für den Weiterbestand des Kagyü-Ordens im 21. Jahrhundert, sein amtierender Regent Shamar ohne jegliche Erklärung fehlt. Er fehlt schon seit Beginn von Jamgons Bardo-Bestattungs-Ritual, und es gibt in Sikkim nur Gerüchte, wo er sich aufhalten könnte.

Die wichtigste Botschaft auf dieser Pressekonferenz ist die offizielle Anerkennung Karmapas als die authentische Wiedergeburt des 16. Karmapa durch das tibetische Regierungsoberhaupt – dem 14. Dalai Lama. Obwohl Seine Heiligkeit Gyalwa Karmapa spirituell die ältere Linie des tibetischen Buddhismus vertritt, liegt doch die Macht beim Dalai Lama, da er eine Doppelfunktion hat: Er ist nicht nur das Oberhaupt des Gelupa-Ordens, der weltweit mehr Mitglieder als der Kagyü-Orden hat, sondern auch das weltliche Oberhaupt aller Tibeter. Von daher wäre es auch Karmapa nicht möglich, seine Funktion auszuüben, ohne dafür von Seiner Heiligkeit, dem Dalai Lama, das offizielle Beglaubigungsschreiben zu haben, welches Situ auf dieser Pressekonferenz präsentiert. Diese Nachricht wird von den anwesenden Journalisten aus vielen Ländern sofort aufgenommen und zur Verbreitung vorbereitet.

Trotz der frohen Botschaft, dass der 17. Karmapa nun in Ost-Tibet gefunden wurde, kommt während der ganzen Versammlung keine wirkliche Freudenstimmung auf. Es liegt eine unheimliche Bedrohung über dem ganzen Ereignis. Viele schreiben diese Stimmung dem tragischen Tod des jungen, gesunden Jamgon Kongtrul Rinpoches zu. Andere spüren eine Spaltung des Kagyü-Ordens, weil Shamar nicht anwesend ist, was sie sehr verunsichert. Niemand hat ja wirklich mitbekommen, welcher Machtkampf hinter den Kulissen abläuft, seit der 16. Karmapa gestorben ist. Nun plötzlich berichtet Situ von einigen Ungereimtheiten und sogar massivem Streit im Kagyü-Orden, das drückt ebenfalls die Stimmung. Außerdem weiß niemand, zu was Shamar fähig ist, wenn er einen eigenen Karmapa durchsetzen will.

Als nach zweieinhalb Stunden Erläuterungen und Beantwortung einiger Fragen gegen 12.30 Uhr die Pressekonferenz zu Ende geht, tauchen plötzlich drei Militär-Lastwagen vor dem Klosterhof auf. Auf den Ladeflächen stehen ca. 100 bewaffnete Soldaten. Sie springen mit ihren Maschinengewehren im Anschlag herunter und umzingeln von drei Seiten die Menschenmenge.

Im selben Moment rast ein weißer Jeep in die unter Geschrei auseinanderstiebende Menge. Am Steuer ein hochdekorierter Offizier mit weißen Handschuhen, einer hohen Schirmmütze und etlichen Orden am Revier. Neben ihm, in dunkelroter Robe – nicht zu fassen – sitzt Shamar wie ein Feldherr. Er steigt aus und bahnt sich unter Armeeschutz den Weg durch die Menge zu dem Tisch unter den Arkaden, an dem Situ und Gyaltsap bis zu dieser Minute ihre Reden gehalten hatten und jetzt aufgestanden sind, um zu sehen, was da Unerhörtes im Klosterhof abläuft.

Shamar erreicht den Tisch und faucht wild gestikulierend Situ an, der sich von ihm abwendet und mit Gyaltsap nach hinten auf die große Tür zugeht, die ins Innere des Klosters führt. Shamar beordert ein paar Soldaten an seine Seite und folgt den beiden. Die 100 Soldaten sind ratlos und wissen nicht, was zu tun ist. Ihr Auftrag war offensichtlich, diese Versammlung aufzulösen, was soeben ohnehin passiert ist.

Ich kann nicht filmen, weil die Soldaten als Erstes meinen indischen Kameramann aus Kalkutta in die Flucht schlagen, als er sie kommen sieht. Mein deutscher Kameramann hingegen dreht gerade Richtung Situ, als die Soldaten vorfahren. Und als er bemerkt, was vor sich geht, dreht er die Kamera wieder in Richtung Soldaten, bekommt aber von dort sofort eine massive Warnung signalisiert, nicht zu drehen, was er auch unmittelbar brav befolgt. Ich versuche, meinen indischen Kameramann bei der Arbeit zu halten. Der aber wehrt sich und sagt: »I know them, they shoot« – und verschwindet in der Menge. Ich reiße die Kamera vom Stativ und suche ebenfalls die Tarnung in der Menge. Beide Kameras sind auf diese Weise gerettet. Aber wir bekamen von diesem haarsträubenden Event keine Aufnahmen.

Nach ca. zehn Minuten kommt Shamar, immer noch in Begleitung einiger Soldaten wieder aus dem Kloster heraus, marschiert zu seinem Jeep und fährt ab. Seine Aktion kam zu spät. Die Information, dass Karmapa gefunden und vom Dalai Lama anerkannt ist, ist raus.

Am nächsten Morgen um sechs Uhr steht hohe Polizei an meinem Bett. »Mitkommen!«

Es ist eine gute Stunde bis Gangtok, der Hauptstadt Sikkims. Einmal runter ins Tal und drüben wieder hoch. Wir reden während der ganzen Fahrt kein einziges Wort. Ich bleibe einfach stumm. Natürlich probieren alle, sogar die, die auf meiner Seite sind, Worte zu machen. Ich schweige, bis die Fragen aufhören. Das ist in Indien ähnlich wie in China. Ich habe solche Verhaftungen schon mehrfach mitgemacht. Am Ende wollen sie von mir eine schriftliche Demutserklärung, die ich sie selbst schreiben lasse. Ich sage, ich bin des englischen Schreibens nicht mächtig. Sie schreiben dann, was sie wollen, und ich unterschreibe.

10

Gutes Timing, schlechtes Timing

Shamar kam mit seinen Soldaten ein paar Minuten zu spät. Es waren Elite-Soldaten, welche die sensible Grenze nach China in Sikkim überwachen. Es handelt sich um das Sikkim, das China als eigenes Territorium noch heute beansprucht. Der Kommandeur rechtfertigte sich mir gegenüber damit, dass – wenn er gewusst hätte, dass er ein Kloster stürmen müsse – er Befehlsverweigerung begangen hätte. (So was sagt sich nachträglich natürlich leicht.) Ich glaubte es ihm, dass ihm dies zum ersten Mal als Hindu passierte. Da er aber zu spät kam, gab es nichts zu kämpfen. Wie will man einigen hundert Zuhörern wegnehmen, was sie bereits gehört haben? Am nächsten Tag streikten die sikkimesischen Beamten, weil sogar der sikkimesische Ministerpräsident nicht eingeweiht war in das, was Shamar veranstaltete. Seine Kontakte reichen höher – direkt nach Delhi und zum Militär.

Nachdem ich in Gangtok stundenlang verhört wurde und eine Demutserklärung unterschreiben musste, in der stand, dass ich nie etwas gegen Indien von mir verlauten lassen werde und ich nicht gesehen haben soll, dass Soldaten ein Kloster stürmen, durfte ich wieder gehen. Drei Tage später bekamen wir alle unsere konfiszierten Sachen zurück. Da ja wirklich nichts Ernsthaftes passiert war und sie mir glaubten, dass ich den Einsatz der Soldaten im Kloster Rumtek nicht gedreht habe, war ich mit meiner Crew frei, um weiterzuarbeiten. Auch wurde die Provinz-Grenze nach Indien wieder geöffnet.

Sikkim ist eben ein Brennpunkt der Weltpolitik. Wenn China tatsächlich, wie es schon oft angedroht hat, Sikkim militärisch Indien entreißen würde, verschöbe dies das asiatische labile Gleichgewicht zwischen den beiden Großmächten China und Indien gewaltig. Denn damit wäre China über den Himalaja herübergekommen. Für Indien und alle anderen angrenzenden Länder eine unerträgliche ständige Bedrohung.

Die vielen Ausländer, die wegen Jamgons Tod zu diesem Zeitpunkt in Sikkim waren, durchkreuzten alle Konzepte, mit denen Karmapas Gegner die Kontrolle behalten wollten. Diese vielen Menschen aus der ganzen Welt mit ihren eigenen Kontakten zur Weltpresse machten es der chinesischen und indischen Politik wie auch Shamar schwer, einen eigenen Kurs zu fahren. Rund 5000 Ausländer waren es insgesamt während der 49-tägigen Todes-Zeremonie. Damals bestand noch spezielle Visumspflicht für Sikkim mit massiven Checkposts, an denen jedes Fahrzeug genauestens kontrolliert wurde. Unsere Kameras machten sich da ganz schlecht, aber dieses internationale Ereignis musste auch zu filmen erlaubt werden. Bei den vielen Fotoapparaten und Hobby-Kameras, die bei diesem Event im Einsatz waren, wäre es geradezu lächerlich gewesen, mir – nur weil ich eine bessere Kamera hatte als andere – zu verbieten, sie mitzubringen.

Ohne Rinpoches Tod wäre diese Menge an Menschen nicht physisch in Sikkim anwesend gewesen, als am Tag der Pressekonferenz die Entdeckung der Wiedergeburt Karmapas bekannt gemacht wurde. Das war der Schutz, den Jamgon gesehen hatte, und dass ihn Karmapa genau in dieser Stunde brauchte.

Situ sagte noch: *Zur selben Zeit nach Rinpoches Tod erhielten wir sehr gute Nachrichten über Karmapas Wiedergeburt.*

Das Timing zwischen Karmapa und Jamgon klappte also auf die Minute in höchster Übereinstimmung. So was bringen nur zwei Seelen zustande, die in selbstloser Liebe miteinander verbunden sind.

Auf ein solches Timing vertrauen die meisten Liebenden nicht. Sie befürchten, sich im nächsten Leben nicht wiederzutreffen, und inkarnieren deshalb auf Nummer sicher in derselben Familie. Dabei vergessen sie, dass sie in der Familienordnung dem Inzestverbot unterliegen und außerdem einen Generationssprung hinnehmen müssen. Das sind schlechte Voraussetzungen für ein Liebespaar. Die Folge ist vielfach sexueller Missbrauch, weil kein Bewusstsein über die Kontinuität der Seele besteht und daher nur dem blinden Trieb gefolgt wird. Dabei missbraucht der Stärkere die Schwächere, und das ist brutale Gewalt.

Diese Gewalt ist aber mit einer unbewussten Liebe verwachsen, weshalb sie nicht als solche gebrandmarkt und augenblicklich als verfehlter Inkarnationsversuch entlarvt wird. Das jedoch wäre die Voraussetzung, damit die gewählte Familienordnung respektiert und gewürdigt wird. So würde die Triebfeder für sexuellen Missbrauch durch Bewusstseinserweiterung neutralisiert werden und die Welt käme in Ordnung.

Bei Karmapa und Jamgon ist das Vertrauen in ihre Intuition so hoch, dass sie sich keine Sorgen zu machen brauchen, ob sie sich eventuell verpassen könnten. Um allerdings die Zeitfenster der kohärenten Schicksalsentfaltung zu nutzen, darf man nicht an seine persönlichen Ego-Interessen gebunden sein, zu denen alles gehört, was die derzeitige körperliche Identität ausmacht. Jamgon war davon frei und konnte dadurch erspüren, was das Gebot der Stunde erfordert, um seinem geliebten Freund und Meister Karmapa aus den Widrigkeiten seiner spirituellen Mission in einer materialistischen Welt herauszuhelfen. In dieser egolosen Freiheit kann dann auch der Tod eine Option sein. In diesem Fall war es allerdings keine Option, denn zur Lösung des Problems gab es keine Alternative. Das hat auch Situ Rinpoche sofort begriffen, als der Unfall passiert war, und stellte fest:

Situ: *Wann immer Jamgon stirbt, gibt es eine Zeremonie, zu der viele seiner Anhänger kommen. Und genau das passiert, egal wann und egal wo.*

Und genau so ist es auch passiert. Da war sich Jamgon sicher. Er konnte seine Popularität exakt einschätzen. Das können viele nicht, die populär sein möchten. Jamgon wollte nie populär sein. Er wollte den Dharma verbreiten, aber nicht als dogmatische Religion, sondern als Lebensstil. Diesen Lebensstil hat er mit seinem exakt platzierten Tod vervollkommnet. Ich bin davon überzeugt, dass er haargenau wusste, was passiert, wenn mit seinem Unfall die Nachricht »Jamgon ist tödlich verunglückt« um die Welt geht.

Keine andere Nachricht hätte Tausende von Menschen weltweit veranlasst, sich augenblicklich dafür zu entscheiden, so viel Geld in die Hand zu nehmen, um ein Kloster in Sikkim genau jetzt aufzusuchen. Wenn Jamgon dieses Ehrerbieten für sich, für sein Ego als Trauerbekundung hätte haben wollen, hieße das, dass er selbst über seinen frühen Tod traurig gewesen wäre. Das jedoch war nicht denkbar, denn dann hätte ein anderes massives Problem vorliegen müssen (solange man nicht an Zufall glaubt). Es gab aber in Jamgons Leben zu dieser Zeit kein anderes so großes Problem, das nur durch Tod zu lösen gewesen wäre.

Also war dieser Tod kein Ereignis, das seinem Leben entsprungen ist, sondern ein Ereignis, das seiner Liebe für Karmapa entsprang. Und dafür war es das Beste (und wohl Einzige), was Karmapa wirklich helfen konnte, um sicher in sein neues Leben zu kommen, trotz der Gegenkräfte seitens China und Shamar.

Jamgon wusste, dass die meisten Menschen Tod mit Trauer gleichsetzen, auch Buddhisten. Darauf konnte er bauen. Er wusste, dass Menschen sich auf seine körperliche Präsenz beziehen und ihn deshalb betrauern wollen. Dieses Bewusstsein orientiert sich an der Endlichkeit menschlichen Seins. Geistig orientierte Menschen aber orientieren sich an der Unendlichkeit des Seins. Es ist daher entscheidend, womit sich jemand identifiziert: mit dem vergänglichen Körper oder mit der unvergänglichen Seele? Wer an die Seele glaubt, empfindet – wie schon gesagt – den Tod als Formwechsel. Ein Formwechsel lässt sich sogar als beglückend empfinden, weil damit wieder neue, spannende Entwicklungspotenziale freigesetzt werden. Eine solche Sicht auf den Tod wandelt Trauer letzlich in Glücksgefühle.

So heldenhaft Jamgons Verhalten interpretiert werden kann, so könnte man dennoch in dem Tod des Zeremonienmeisters Kunga und Norbu, dem Fahrer, einen Wermutstropfen finden. Wobei dieser Begriff dem Ende zweier Leben in keiner Weise gerecht wird. Aber vielleicht waren es nicht mal Wermutstropfen. Man darf sich fragen: Haben sich beide wissentlich oder unwissentlich an diesem Fanal beteiligt?

Da Jamgons Tod auf keinen Fall als Selbstmord zu interpretieren ist, darf er nicht selbst am Steuer gesessen haben und auch nicht vorher zu Kunga sagen: »Bleib mit Tenzin im Hotel, ich transformiere mich mal schnell mit Hilfe unseres Fahrers.« – Nein, da durfte nichts wie geplant aussehen, absolut nichts. Die besten Krimis sind die, bei denen alles total normal läuft, aber gleichzeitig erkannt wird, welch zwingendes Räderwerk im Gange ist. Jamgon hätte auch nicht sagen können: »Bleibt ihr beide, Tenzin und Kunga, noch im Hotel, ich nehme jetzt gleich nur meinen Fahrer mit mir aus dem Leben heraus. Ihr beide sollt deshalb nicht sterben. Sorgt euch nicht, ich bin dann gleich wieder da, um ein neues, gemeinsames Leben mit euch zu leben.«

Jamgons Haltung zum Tod war kein Geheimnis und auch keine plötzliche Eingabe, sondern eine Lebenshaltung, die er auf andere übertragen konnte, nicht nur bei seinen Belehrungen, sondern durchgehend mit seiner unbekümmerten, völlig angstfreien Ausstrahlung. Diese Haltung übertrug sich auf jeden, mit dem Jamgon zu tun hatte. Ich kann das aus eigener Erfahrung bestätigen. Deshalb bin ich mir auch sicher, dass Norbu mit diesem plötzlichen Tod seinen Weg im Guten fortsetzt. Mit diesem Ende geht es ihm in seiner nächsten Inkarnation auf keinen Fall schlechter als in dieser. Vermutlich wird sein nächstes Leben eine echte Verbesserung zum jetzigen. Dafür kann Jamgon sorgen.

Aber auch darüber spricht ein Rinpoche nicht, selbst dann nicht, wenn er sich als geistiges Wesen definiert. Der physische Tod ist noch immer das, was für die Mitmenschen als Ende zählt, auch wenn sie von ihrer Religion her an Wiedergeburt glauben. Die geistige Kontinuität hat für normal lebende Menschen kaum eine psychisch befreiende Bedeutung. Im Abendland noch weniger als in Asien. Die Norm lautet: Mit dem Tod ist das Leben zu Ende.

Darauf konnte Jamgon auch bei seinen Anhängern rechnen. Sein körperlicher Tod löste bei den meisten einen solchen Schock aus, dass sie sich sofort ins Flugzeug setzten und eine sehr mühselige, kostspielige Reise mit vielen bürokratischen Hürden antraten, um am Bestattungsort ihrem Idol den Respekt zu erweisen. Das ist wichtig, auch wenn sie als Buddhisten bereits in der Philosophie der Kontinuität des Geistes geschult sind. Tausende trafen ein, was sie damit jedoch bewirkten, konnte ihnen nicht bewusst sein. Hinsichtlich Jamgons Mission und Hilfsaktion für Karmapa war das auch nicht wichtig. Hauptsache, die Freunde kamen in großer Zahl.

Die Tradition der Reinkarnationskultur ist in Tibet rückläufig, bei uns sich ausbreitend, wobei in absoluten Zahlen viel mehr Tibeter Menschen in zwei Leben kennen, als es bei uns der Fall ist. Wenn das erst mal richtig anfängt, dass bei uns nicht nur Liebende sich auf den ersten Blick (wieder)erkennen, sondern auch Babys auf den ersten Blick als alte Vertraute erkannt werden, dann wird Reinkarnation allmählich zur Selbstverständlichkeit. Oft ist es gar nicht das Gesicht, durch das die Wiedererkennung ausgelöst wird, sondern ein Traum, den der Vater, die Mutter oder sonst jemand aus der Familie zu dem neu aufgetauchten Wesen hat. Oder wenn das Baby, sobald es beginnt zu sprechen, selbst sagt, wer es im alten Leben war. Es gibt so viele Wiedererkennungsmerkmale wie es Menschen gibt. Am überzeugendsten ist ein starkes Gefühl, das einem die Gewissheit gibt, diesen neuen Menschen zu kennen.

Um dieses Gefühl wahrzunehmen und ihm zu vertrauen, bedarf es der Umkehrung unserer geglaubten Hierarchie des Seins. Da steht bei uns noch immer die Ratio an oberster Stelle, und das Gefühl, welches aus der Intuition kommt, ist ihr untergeordnet. Genau das muss sich ändern. Diese Änderung wird immer wieder blockiert durch die vielen Aber, die das Vertrauen zerstören.

Zeitenwende

Wir derzeit Lebenden können nun im dritten Jahrtausend darauf vertrauen, dass sich das gleich zu Beginn dieses Millenniums kosmisch ändert. Dieser kosmische Einfluss ist zwar bereits jetzt schon spürbar (sonst gäbe es auch dieses Buch nicht), aber so richtig massenhaft ändert sich das Bewusstsein der Menschheit wohl erst nach 2047. Warum?

Unser Sonnensystem gelangt zu diesem Zeitpunkt in den neuen kosmischen Einfluss des *Sattva-Zeitalters*. Das Sattva-Zeitalter (empathisch, verbindend, solidarisch, liebevoll) löst nach den vedischen Erkenntnissen das Kali-Zeitalter ab. Ich kann dies schreiben, weil das Sattva-Zeitalter bereits im Kommen ist, auch wenn es so aussieht, als trete die Kali-Energie (egozentriert, abgespalten, gewalttätig) erst jetzt so richtig ihre Weltherrschaft an. Das aber ist nur das übliche Aufbäumen vor dem Zusammenbruch.

So ist es meistens, wenn ein Zeitalter das nächste ablöst. Das passiert nicht über Nacht. Es handelt sich um einen Ablöseprozess mit großem Drama, bei dem die Zahl 2047 nur den Scheitelpunkt benennt, das heißt, ab dann erlangt die Sattva-Energie die Oberhand, so wie das Kali-Zeitalter uns vor ca. 5500 Jahren begonnen hat zu prägen. Dennoch gab es immer Menschen, die weniger Kali ausgerichtet waren als die Masse. Das heißt, jeder

Mensch, der sich schon jetzt auf seine Sattva-Qualitäten ausrichtet, ist Teil der Lösung. Einer so gewaltigen Veränderung, bei der das ganze Sonnensystem an eine mehr östliche Position in unserer Galaxie gelangt, kann sich niemand widersetzen. Zwar ist es möglich, an den alten Werten der hauptsächlich rational, egomanisch ausgerichteten Energie festzuhalten, aber damit wird man zum Problem der Evolution – und das verlangt unweigerlich Opfer.

Wenn wir uns vorstellen, dass wir innerhalb unserer Galaxie-Milchstraße nur ein ganz kleines Sonnensystem mit neun Planeten sind, und dieses System wiederum zu einem viel größeren Sonnensystem gehört, das um eine Sonne kreist, unermesslich vielfach größer zu unserer Sonne –, dann können wir uns vorstellen, dass nichts so bleibt, wie es einmal war. Zumal sich unser Sonnensystem mit einer unglaublichen Geschwindigkeit von zwei Mach in diesem System Milchstraße vorwärtsbewegt.

Wenn du mal an einem wolkenlosen Nachthimmel hochschaust und dir klarmachst, dass jeder helle Punkt ein Sonnensystem darstellt, fast alle um ein Vielfaches größer als wir, sodass ihre Leuchtkraft für uns zu sehen ist, dann weißt du, dass du Demut und Hingabe brauchst, um nicht ins Stocken zu geraten. In dieses Universum fühlst du dich in deiner ganzen Unendlichkeit eingebettet, wenn du nicht an deinem Körper festhältst. Denn das wäre es, was dich ins Stocken bringen würde. Festhalten bereitet Schmerzen.

Da diese Veränderungen exponentiell verlaufen, das heißt, nicht geradlinig kontinuierlich zu- oder abnehmend, sondern dramatisch, das heißt, plötzlich ganz schnell und gewaltig, stellt sich sofort für jeden die Frage: Wie sehr vertraue ich in den Kosmos, der mich und der Menschheit Dinge lehrt, die wir durch eigenes Zutun niemals erfassen würden? Woher nehme ich das Vertrauen, dass dies zu meinem Wohle geschieht?

Die Antwort ist ganz einfach für mich: Ohne dieses Vertrauen geschieht nichts zu meinem Wohle. Es ist eine Entscheidung, keine Frage des Wissens. Die Entscheidung wird getragen von einem Gefühl der Zufriedenheit. Jamgon muss sich bei seinem Tod in dieser Zufriedenheit gefühlt haben. Auf jeden Fall berichtet Tenzin, dass er sich in dem neuen, schnellen Auto sehr wohlgefühlt hat. Mit einem fanalen Akt, bei 190 km/h, sprengt Jamgon alle starren Konzepte und macht damit den Weg frei für Karmapa. Das geht nur, wenn man sich vollständig in den Kosmos eingebettet fühlt – ob lebend oder tot, das heißt, mit und ohne Form, geistig durchgehend voll präsent.

Die Widersacher Karmapas, die aus egoistischen Machtbedürfnissen heraus handeln, können sich nicht darauf verlassen, dass sich die Dinge von alleine fügen, so wie Jamgon im richtigen Moment die Tauben zur Hilfe kommen, um das zu vollziehen, was ihm schon seit Wochen als die wahre Lösung in den Sinn gekommen ist und er alles für den Vollzug dieser Vision geregelt hat.

Das Gerangel um Anerkennung

Als Sherab Terching zu Situ faxte, dass er Karmapa gefunden hat, baten Situ und Gyaltsap Rinpoche bei der sikkimesischen Provinzregierung um die Genehmigung, Karmapa so schnell wie möglich nach Rumtek zu holen. Bevor sich die sikkimesische Regierung dazu äußerte, wollte sie erst einmal sichergehen, dass dies auch der richtige Karmapa ist, dem sie in seinem letzten Leben Asyl in Sikkim gewährte. Dafür sollten zwei hohe Beamte der sikkimesischen Regierung den Dalai Lama persönlich befragen. Das wiederum alarmierte Situ und Gyaltsap, selbst sofort zum Dalai Lama zu reisen, um die Anerkennung Karmapas aus erster Hand zu empfangen.

Als sie kurz darauf in Dharamsala ankommen, zusammen mit den Vertretern der sikkimesischen Regierung, war der Dalai Lama gerade nach Brasilien abgereist. So lief dann das gesamte Anerkennungsverfahren per Fax und Telefon. Der Dalai Lama war aber schon in dem Moment von der Authentizität Karmapas überzeugt, als er die Fotos von dem Tal sah, in dem Karmapa gefunden wurde. Dieses Tal deckte sich exakt mit dem Traum – oder der Vision, die er selbst von dem Platz hatte, an dem Karmapa gefunden wurde. Diese Vision hatte der Dalai Lama mir bereits geschildert, als ich ihn lange vor Jamgons Tod fragte, ob er es gutheiße, wenn ich den Reinkarnationsprozess Karmapas dokumentieren würde (das wurde dann mein Film *Living Buddha*). Als er dann noch durch etliche Dokumente sehen konnte, dass die vorgefundenen Fakten mit dem Prophezeiungsbrief übereinstimmten, sagte er Ja. Wobei sicherlich seine Intuition eine ganz wesentliche Rolle bei einer Anerkennung oder Ablehnung spielt.

Ich weiß nicht, in welcher früheren Inkarnation des Dalai Lama, Karmapa und Situ die folgende Geschichte spielt, aber da ging es auch darum, dass Situ den (damaligen) Dalai Lama bat, die neue Inkarnation Karmapas anzuerkennen. Man stellte ihm sämtliche Fakten zusammen, aber der Dalai Lama unterschrieb nicht. Das löste nicht nur bei Situ, der sich absolut sicher war, dass er die authentische Wiedergeburt Karmapas vor sich hatte, Erstaunen aus. Das verwunderte jeden, der mit der Sache zu tun hatte. Diese Ablehnung zog sich über Jahre hin. Bis die leibliche Mutter des neuen Karmapas zugab, dass sie fremdgegangen war und nicht ihr Ehemann der Vater sei, sondern ein chinesischer General, der auf Besuch in Tibet war. Also strich Situ in seinen Dokumenten den Namen von Karmapas vermeintlichem Papa durch und ersetzte ihn durch den chinesischen, woraufhin der Dalai Lama sofort seine Unterschrift gab. Die Intuition spielt also bei solchen vermeintlich bürokratischen Angelegenheiten unter Tibetern eine entscheidende Rolle.

Jetzt, 1992, im Fall des 17. Karmapas, gab es für den Dalai Lama keinerlei Zweifel, und er schickte aus Brasilien seine schriftliche Anerkennung. Damit war der Weg frei, die ganze Welt über die erfolgreiche Reinkarnation Karmapas auf der Pressekonferenz in Rumtek zu informieren.

Da der Dalai Lama das Oberhaupt aller Tibeter ist, ist seine Anerkennung des 17. Karmapa der entscheidende Schachzug im Kampf um die Führung des Kagyü-Ordens, die Shamar nicht mehr abgeben will. Dafür braucht Shamar aber einen eigenen Karmapa, der ihn regieren lässt. Ohne das »Gütesiegel« des Dalai Lama lässt sich politisch und juristisch nach tibetischem Recht eine Reinkarnationsfolge nicht verbindlich aufstellen. Nur wer sagen kann: »Ich war im Vorleben der und der ...«, bekommt das vom Dalai Lama (der tibetischen Regierungs-Administration im Exil) amtlich mit Urkunde bestätigt und erbt alles, was er im Vorleben besessen hat. Bei Karmapa ist das viel. Allein der weltweite Immobilienbesitz geht in die Milliarden und das Spendenaufkommen, wie schon erwähnt, in die Millionen.

Kein Wunder, dass da auch in spirituellen Traditionen das Ego durchbricht und mit allen Mitteln um seine Vorteile kämpft. Aber man sollte doch meinen, dass jemand in diesem Leben nicht so sehr um Macht und Reichtum kämpft, wenn er durch seinen Reinkarnationsglauben von der Kontinuität seiner geistigen Persönlichkeit überzeugt ist. Fehlt ihm das Vertrauen in das ewige Leben? Es muss eine tiefe Angst sein, die sein Ego anstachelt. Alle Ängste, die einen erfassen und motivieren können, lassen sich zurückführen auf eine Urangst, die Existenzangst. Obwohl bei den Tibetern der Glaube an die Reinkarnation schon 1300 Jahre alt ist und quasi zum Volksbewusstsein gehört, sind Einzelne von dieser Existenzangst dennoch getrieben. In unserer Kultur ohne den Reinkarnationsgedanken umso mehr.

Daher müssen wir uns ansehen, woher diese tiefgründige Existenzangst kommt. Wir haben bereits erkannt, dass dies wesentlich mit der Vorstellung »Was ist der Tod?« zu tun hat. Selbst wenn man materiell vollständig abgesichert ist und weiß, dass man nicht verhungern kann, bleibt die Existenzangst. Sie ist dafür verantwortlich, dass wir kuschen und nichts gegen Unrecht unternehmen. Ein krasses Beispiel für Existenzangst und wie sie aufrechterhalten wird, begegnete mir unlängst auf einer Reise nach Krakau in Polen.

Der Wiederkau-Effekt – ein Schrecken ohne Ende

Krakau, diese ehrwürdige alte Hauptstadt Polens, lebt sehr stark vom Holocaust-Tourismus. Über Krakau läuft der gesamte Besucherstrom für das Auschwitz-KZ. Man fährt zunächst in kleinen elektrischen Golfplatz-Vehikeln zu acht oder zehnt durch die wunderschöne Altstadt. In Anbetracht der alten, ehrwürdigen Gebäude wird man während der langsamen Fahrt über kleine Lautsprecher unter dem Baldachin in der gewünschten Sprache von einer Kassette über die Gräueltaten aufgeklärt, die die Nazis während ihrer relativ kurzen Herrschaft vollbracht haben.

Es ging gleich nach dem Einmarsch der deutschen Armee in Polen im September/Oktober 1939 los. In nur 48 Stunden wurden von den einmarschierten Nazis 7000 Juden aus ihren Wohnungen gezerrt und ins nahe gelegene, neu errichtete Lager nach Auschwitz deportiert und dort systematisch umgebracht. Zu diesem KZ fährt man nach der Sightseeing-Tour mit einem Bus hinaus. Zunächst gibt es aber noch viel Entsetzliches über das, was in der Stadt an Perversität ablief, zu erzählen. Zum Entsetzlichen gehört meines Erachtens auch, dass in dieser Stadt, in der Juden und Christen seit Urzeiten friedlich gemischt zusammengelebt haben, kein Nachbar sich aufgeregt hat, als der Nazi-Mob die Freunde, Kollegen und Bekannten unter Geschrei aus den Wohnungen holte, um sie zu vergasen.

Was sagt das über den Charakter des Menschen aus? Das ist ja kein Einzelfall. Es wiederholt sich im Kleinen und Großen ständig auf diesem Globus. Meiner Meinung nach hat das mit Existenzangst zu tun. Und meiner Meinung nach wird sie mit genau solchen Sightseeing-Touren und Nazi-Gräuel-Gedenk-Tagen und -Orten aufrechterhalten. In der Schule haben wir schon als Zehnjährige von diesen Gräueltaten erzählt bekommen. Bis zum Abitur wusste jeder von uns, dass eine kleine Minderheit an Mächtigen fähig ist, eine große Mehrheit in Angst und Schrecken zu halten. Das ist nicht nur in Deutschland so, sondern in allen Kulturen und Nationen. Egal, wohin man reist, diese grausigen Geschichten über das, was alles dort passiert ist, werden einem sofort erzählt, selbst wenn man sich nur ein wenig für den Ort interessiert. Manchmal gibt es auch Denkmäler für die Massaker und vor allem für den Ersten und Zweiten Weltkrieg. In jedem Kind bleibt das Gefühl zurück, Terror und Schrecken seien allgegenwärtig und können jeden Moment hereinbrechen.

Diesem Gefühl diente auch die Sightseeing-Tour durch das schöne Krakau. Ich wollte nicht glauben, was in dem Golfwägelchen aus dem Lautsprecher kam: »Das Gedenken an die hier stattgefundene Unmenschlichkeit wird wachgehalten, weil es jederzeit wieder passieren kann.« Es ist in der Tat so: Das Wiederkäuen der Unmenschlichkeit produziert Unmenschlichkeit. Diesem psychischen Mechanismus kann sich der Mensch nicht entziehen. Wir wundern uns, dass die Gräueltaten kein Ende nehmen, schüren aber allerorten die Erinnerung an sie und investieren dafür viel Geld. Der Holocaust wird mit einem riesigen Aufwand wiedergekaut, wo immer es geht. Offiziell heißt es: »... damit er nicht noch einmal passiert.«

In Wahrheit aber führt er meiner Meinung nach zu einer tiefen Existenzangst. Wer solche Gedenkstätten des Terrors besucht oder sich mit entsprechender Literatur und Filmen beschäftigt, der reagiert oft sogar mit gefühltem Entsetzen, körperlicher Übelkeit und wird von diesen Eindrücken noch lange verfolgt. Nur wenige können sich innerlich so gut panzern, dass ihnen diese unfassbaren Verbrechen, an die sie sich erinnern sollen, nichts ausmachen. Normalerweise aber hinterlässt dieses Grauen in den Menschen ein depressives Gefühl, Ohnmacht, Bedrohung und Angst.

Dieses Gefühl wird nicht nur von Gedenkstätten produziert, sondern täglich auch von Horrormeldungen und Horrorbildern in den Nachrichten transportiert. Wir drohen bereits abzustumpfen, weshalb der Terror intensiviert werden muss, weil man nur dann Menschen regieren und knechten kann, wenn man sie in Angst hält.

Ich schütze mich davor. Ich besitze deshalb keinen Fernseher. Ich habe ihn schon abgeschafft, als meine Kinder noch sehr klein waren und mir dieser Wiederkau-Effekt bewusst wurde. Selbst so unverdächtige *Tom & Jerry-Serien* verbreiten in den Kinderseelen Angst und Schrecken, überdeckt von Schadenfreude. Ich lese auch keine Zeitung, selbst dann nicht, wenn man sie mir umsonst unter die Nase hält. Im Auto muss ich den Radioknopf oft blitzschnell ausschalten, bevor mir mitgeteilt wird, was soeben wieder Schreckliches irgendwo in der Welt passiert ist. Man kann und darf mich als hoffnungslosen Ignoranten schimpfen, der beim Wiederkauen von Horror nicht mitmacht. Ich bin deshalb dafür, dass man sämtliche Gedenkstätten für Horror abreißt. Ich bin dafür, dass wir uns um eine echte Transformation kümmern. Warum ich dieser Meinung bin, erkläre ich in den folgenden Abschnitten.

Aus meiner beruflichen Heilarbeit weiß ich, dass der friedliche, mutige, liebevolle Charakter eines Menschen erst zum Tragen kommt, wenn er seine Todesangst überwunden hat. Mir ist dabei vollkommen bewusst, weshalb es schwer ist, diese Gedenkstätten und die Horror-Gedenk-Programme verschiedenster Art einzudämmen, weil die Mächtigen größtes Interesse am

Wiederkau-Effekt haben. Deshalb ist er in unserem Bildungssystem und in der Öffentlichkeit mit medienwirksamen Gedenktagen fest verankert. Dabei weiß man durch vielerlei Studien, dass Abschreckung nicht funktioniert, selbst mit Todeshinweis nicht. Der Zigarettenkonsum ist nur durch Verbote rückläufig.

Die Täuschung, der riesige Aufwand zur Erinnerung an Horror, Tod und Vernichtung, diene dazu, dass so etwas nicht wieder stattfindet, hat System. Der psychische Mechanismus funktioniert schon, ohne dass der Horror tatsächlich überall wiederholt werden muss, um die Menschen zu beherrschen, sie auszubeuten und zu verarmen. Allein der Wiederkau-Effekt verursacht eine so große Existenzangst, dass viele nicht aufbegehren, sondern kuschen und die Klappe halten, allein durch die ihnen verabreichte Lebensangst. Dieser Mechanismus funktioniert bei Tier und Mensch gleichermaßen.

Ich habe mich vor diesem Wiederkau-Effekt in der Querschnittsklinik geschützt, indem ich vom Pflegepersonal verlangte, dass sie keinen Besuch zu mir durchlassen, weder meine Frau noch meine Freunde und Verwandte. Denn sie alle waren überzeugt, dass sie es gut mit mir meinen, wenn sie lediglich die Diagnose der Ärzte wiederkauen und von mir verlangen, sie zu akzeptieren. Ich blieb konsequent: Und so haben sich zu den Besuchszeiten oft schlimme Szenen an der Tür unseres Sechsbett-Zimmers abgespielt, wenn der Besuch der anderen Patienten hereingelassen und dem Besuch für mich der Zutritt verwehrte wurde. Später war ich jedoch der Einzige, der auf zwei Beinen das Zimmer verließ.

So elend, wie es mir ging, wehrte ich mich dennoch von Anfang an: »Hör doch mal auf, mir dauernd zu sagen, ich müsse mein Schicksal jetzt akzeptieren und stark sein. – Ich will diesen Horror nicht hören, sonst akzeptiere ich ihn am Schluss noch, und dann ist mein Schicksal tatsächlich besiegelt.« Sie schickten mir den Klinikpsychologen. Er sollte erreichen, dass ich mich darauf freue, es eines Tages genauso super zu schaffen wie mein Bettnachbar, mich selbständig aus dem Bett heraus in den Rollstuhl zu wuchten.

»Scheiße«, sagte ich. »Hör auf!!!«

»Aber Clemens, sei doch vernünftig. Schau dir doch selbst dein Röntgenbild an, der L2 ist zerschmettert und der bleibt auch zerschmettert. Also sei brav und mach jetzt das Training für den Rollstuhl mit.«

»Nein. Raus! Geh weg!«

»Clemens, wenn du nicht mitmachst, wird dir der Versicherungsschutz entzogen – verstehst du?«

»Ist mir doch egal.«

»Clemens, jetzt komm. Komm bitte, lass dir jetzt diesen Gurt anlegen, damit trainierst du …..«

Ich stellte meine Ohren auf Durchzug und verstummte, bis alle aufhörten, mich von meiner Querschnittslähmung zu überzeugen. Damals wusste ich nicht, dass das zu meiner Heilmethode gehörte. Ich tat es instinktiv.

Der Leser wird es kaum verstehen, warum ich meine, all die Horror-Gedenkstätten müssten wegen ihres Wiederkau-Effekts abgerissen werden. Fakt ist doch: Solange wir Horror denken, gibt es Horror. Die Gedenkstätten haben genau diese Funktion. Denn wenn ich Horror denken muss, weil man mich daran erinnert, auch wenn ich ihn selbst gar nicht erlebt habe oder – wie in meinem Fall – ich ihn als lebenslange Querschnittslähmung erleben soll,

Der Knackpunkt bei der Existenzangst ist bei jedem Menschen die Angst vor dem Tod. Deshalb schreibe ich dieses Buch (sinnigerweise ist heute Karfreitag, an dem genau dieser Abschnitt entsteht – ein Tag, an dem der Horror seit über 2000 Jahren wiedergekaut wird.). Deshalb mache ich den Film und gebe Seminare: Um frei zu werden, muss die Todesangst überwunden sein. Solange der Mensch jedoch in seinem materialistischen Denken gefangen bleibt, hält er den Tod für sein Ende. Und genau das verursacht seine Existenzangst, die Urangst schlechthin. Wer von ihr besetzt ist, wird erpressbar und kuscht. Die Befreiung heißt: Reinkarnation – kein Herrschaftssystem kann sie verhindern.

Transformation durch Reue

Wie können wir die junge Generation vor Angst und Schrecken bewahren? Indem das Schulfach »Reinkarnation« oder – weniger provokativ betitelt – »Intuitionsschulung« von der 3. bis zur 13. Klasse als Pflichtfach eingeführt werden würde. Das erste Experiment darin habe ich selbst schon hinter mir (ich komme im nächsten Abschnitt darauf zurück). Wie kann das mit dem Reinkarnationskonzept funktionieren? Der Horror, z. B. die Vergasung der Juden, ist ja nicht von alleine geschehen. Den haben ja Menschen verübt. Diese Menschen, die den Horror ausführen, reinkarnieren genauso wie ihre Opfer. Sie sind also in Massen unter uns.

Wie ich in meiner langjährigen, täglichen Praxis erfahre, dauert mit meiner Fragetechnik die Erinnerung an das Vorleben nur 5 bis 15 Minuten. Wäre die Kontinuität des Geistes ein philosophischer Bestandteil unserer Gesellschaft, würde jeder Mensch in der Lage sein, sich an sein früheres Leben zu erinnern. *Dieses Erinnern an den selbst verübten oder selbst erlittenen Horror ist etwas völlig anderes, als die Erinnerung durch die Gedenkstätten, bei denen die Täter anonym bleiben.* Ein Mensch, der sich seiner persönlichen Verbrechen in einem seiner Vorleben bewusst werden kann, weil er jetzt – durch das neue Leben – den nötigen Abstand dazu hat, kann sich eines besseren Menschseins besinnen. Müsste er im selben Leben, wie nach dem Zweiten Weltkrieg bei den Nürnberger Prozessen oder dem Eichmann-Prozess in Jerusalem, seine Verbrechen bereuen, funktioniert das nicht.

Aus dem neuen Leben heraus jedoch gelingt es, und wirkt so gründlich, dass ein Rückfall ausgeschlossen ist, wie meine Praxis seit 2005 zeigt. Diese Einsicht, diese Reue und tiefe, ernsthafte Bitte um Entschuldigung läutert den Menschen tatsächlich. Und er ändert seinen Charakter, mit dem er solche Unmenschlichkeiten nicht mehr begehen kann. Wie ein solcher Wandlungsprozess, ganz gleich mit welchem Thema, in der Praxis vor sich geht, zeige ich in meinen anderen Werken.

Hier stelle ich klar: Ich bin keiner, der diese Verbrechen leugnet – absolut nicht. Ich will sie auch nicht verdrängen. Ich möchte, dass sie wirkungsvoll transformiert werden, und zwar dort, wo sie entstanden sind: bei den

Tätern, deren Charakter nicht gestorben ist, als sie ihren Körper verließen. Denen will ich in ihrem jetzigen Leben die Chance geben, sich zu wahren, gutherzigen Menschen zu entwickeln. Damit würde sich erreichen lassen, dass sich so etwas nicht wiederholt und dieselben Menschen in ihrem nächsten Leben nicht weiterhin solche Verbrechen begehen und somit die Menschheit ihr selbstzerstörerisches Programm fortsetzt. Wenn ich diesen Horror durch Gedenktage immer wieder aufleben lasse, füttere ich das alte Trauma und versetze die Menschen in Angst und Schrecken. Das darf nicht erlaubt sein.

Irgendwann werden wir es lernen, dass ein Leben in Liebe und Harmonie mehr Spaß macht als in Existenzangst und Unterdrückung. Wie lange wir uns dafür Zeit nehmen, ist unser freier Wille. Mit dem Wiederkau-Effekt jedoch verzögern wir ihn. Stattdessen können wir schon unsere Kinder darin unterstützen, ihre Intuition zu schulen.

Rückerinnerung von Anfang an

Ich hatte die Chance, Rückerinnerung sieben Mal zu je 4 Stunden an einer deutschen Schule für zwanzig 9- bis 12-Jährige und für fünf 17- bis 18-Jährige zu unterrichten. Um aber wirklich nachhaltig etwas zu erreichen, müsste man es so oft wie Deutsch oder Mathe unterrichten: und zwar von der ersten bis zur Abiturklasse durchgehend, um ein hohes Bewusstsein über das herzustellen, was zu transformieren ist, sowie über das, was man im Vorleben schon konnte. Für die eigene Entwicklung ist es gut und wichtig, beide Seiten seiner Vergangenheit zu kennen. Es wäre kontraproduktiv, wollte man sich nur der Vorteile bewusst werden, denn die Nachteile wirken ebenso aus dem Unterbewusstsein.

Wird man sich ihrer bewusst, kann man sie transformieren und damit auflösen. Lässt man die negativen Prägungen im Unbewussten, wiederholen sie sich von Leben zu Leben – so lange, bis wir sie harmonisieren, und wenn es Äonen dauert. Harmonie ist das Gesetz des Universums, dem sich alles angleichen muss. Wir sparen uns unendlich viel Leid, je schneller wir den kosmischen Gesetzen entsprechend leben. Es ist Energieverschwendung und Bewusstseinsverweigerung, wenn man sein Wissen aus dem Vorleben nicht wissentlich nutzt.

Ich stelle doch viel lieber einen Mitarbeiter ein, der schon in seinem Vorleben für meine Firma gearbeitet hat, sofern diese schon seit Längerem existiert. Das ungläubige Grinsen, dass eine solche Personalpolitik realisierbar sei, verrät, wie weit man sich von dieser Bewusstseinsebene entfernt fühlt. Wäre man vom ersten Schultag an in Bewusstseinserweiterung unterrichtet worden, würde man nicken, statt das Ganze ins Lächerliche zu ziehen. Denn Jahr für Jahr gäbe es immer mehr Fälle, in denen diese Kontinuität realisiert worden ist.

Die Tibeter, die das Reinkarnationsbewusstsein seit 1300 Jahren besitzen, planen diese Kontinuität zumindest für die Oberschicht und erreichen dadurch eine hohe Stabilität in ihrem traditionellen buddhistischen Verhalten. Erst jetzt, wo den in Tradition erstarrten Klostergesellschaften die Abschottung dank Internet nicht mehr gelingt, verändert sich das Verhalten innerhalb einer Generation – und zwar so dramatisch, dass die erwartete Anbindung an das Verhalten im Vorleben nicht mehr greift. Das wird sicherlich von vielen bedauert. Aber für die allgemeine Bewusstseinsentwicklung ist es ein Segen, weil spirituell hoch entwickelte Menschen sich nun mehr und mehr den Herausforderungen des allgemeinen Lebens stellen.

Wir brauchen also vor der Erinnerung an das, was im letzten Leben Standard-Verhalten war, keine Angst zu haben, dass es uns zu konservativ (bewahrend) machen könnte. Wir müssen lediglich damit zurechtkommen, dass das Tempo des Wandels exponentiell ansteigt und damit Traditionen eine wesentlich schnellere Verfallszeit bekommen.

Würden Schulsenatoren und Konzerne erkennen, welch unermessliches Potenzial für das Bildungsgut in der Rückerinnerung liegt, würden sie sich für dieses Fach sehr starkmachen, statt jede Generation immer wieder von vorne anfangen zu lassen, alles neu zu lernen. Hat man einmal für sich selbst das Bewusstsein der Kontinuität des Lebens erlangt, versteht man nicht, weshalb man vorher eine solche Ressourcen-Verschwendung hinnehmen konnte. Es kommt einem idiotisch vor, dass wir nicht absolut selbstverständlich von der Kontinuität der Bewusstseinsentwicklung ausgegangen sind.

Am krassesten erleiden wir dieses Manko in dem Unvermögen, mit der Natur richtig umzugehen. Wir scheinen aus der Umweltzerstörung nichts zu lernen. Sie nimmt von Generation zu Generation zu, obwohl man im Laufe seines Lebens merkt, welch hohen Preis an Lebensqualität wir für dieses Unvermögen bezahlen. Würde man sich an seinen Bewusstseinszustand gegenüber der Natur im alten Leben erinnern, könnte man nicht schon wieder so achtlos mit ihr umgehen. Man würde sich schämen, denselben Fehler zu wiederholen. Es wäre uns bewusst, dass wir uns selbst den Ast absägen, auf dem wir sitzen, wenn wir nach dem alten biblischen Glaubenssatz »Du sollst dir die Natur untertan machen« weiterleben würden.

Das Ego ist mit viel Energie dabei, diesen Glaubenssatz umzusetzen und den menschengemachten Menschen zu kreieren. Das kann aber nichts werden, so wenig wie der affengemachte Affe. Agrargroßkonzerne geraten im Zuge der kommerziellen Saatgutherstellung immer wieder in die Schlagzeilen, weil sie oft nur schlechtes, unfruchtbares und auch gentechnisch verändertes Saatgut verwenden, um ihr Monopol auszubauen. Gesunde Pflanzen vermehren sich von alleine. Wird vom Menschen jedoch in die Züchtung eingegriffen, um Kontrolle über die Natur auszuüben, kommen bei solch geduldeten Entwicklungen auch menschengemachte Menschen heraus.

Die Idiotie wird allgegenwärtig. Das merken schon unsere Kinder, sogar die Kleinsten im Kindergarten. Sie bekommen es voll ab. Und manche sagen dann auch ganz unverblümt, dass »die Erwachsenen nicht richtig ticken«. Wir leben gegen die Natur und merken nicht, dass wir selbst Natur sind. Genial daneben …!

Und so fängt man in jedem Leben wieder von vorne an mit seinem Wissen. Das ist so schädlich wie Inzucht und gezüchtete Unfruchtbarkeit bei Pflanzen. »Gezüchtete Unfruchtbarkeit« … Spürst du auch dieses Paradoxum, liebe Leserin, lieber Leser? Von dieser Haltung wird die Erde überschwemmt. Da braucht es eine Gegenkraft.

11
Karmapa setzt seine Mission fort

Zur selben Zeit, zu der Karmapas Entdeckung auf der Südseite des Himalajas von Situ auf der Pressekonferenz verkündet wird, reist auf der Nordseite des Himalaja Karmapa in einem Triumphzug die 1500 km von Latok, seinem Geburtsort, in sein Stammkloster Tsurphu nahe Lhasa. Dort hat er die letzten 16 Inkarnationen bis zu seiner Flucht aus Tibet 1959 seit dem Jahr 1110 gelebt: Das Kloster Tsurphu (das »h« wird nicht gesprochen) war in seiner 900-jährigen Geschichte drei Mal durch Krieg und Erdbeben zerstört worden. Bei der chineschen Okkupation Tibets kam es 1960 zur massivsten Zerstörung, denn das Kloster war damals eine der größten Bildungseinrichtungen Tibets mit Hunderten von Schülern. 2020 wird es wieder so groß sein wie damals. Allerdings stehen alle auszubildenden Mönche unter chinesischer Aufsicht. Tibetisch ist seit dem Jahre 2000 immerhin Nebenfach geworden. Trotz aller Repressionen: Der Reinkarnationsgedanke ist geblieben, auch wenn er verkümmert.

Diese Heimkehr Karmapas 1992 als inzwischen 7-Jähriger ist zugleich die Wiederauferstehung des Reinkarnationskonzepts. Indem Karmapa seine Mission sogar unter chinesischer Herrschaft fortsetzt, spendet er allen Tibetern eine lebenserfüllende Freude. Allen, die Karmapa kennen – ich schätze, es sind 12 Millionen im inneren Kreis, weitere 4 Millionen, die seinen Namen schon mal gehört haben, und rund 100 Millionen Buddhisten, die bereits etwas über den tibetischen Reinkarnationsglauben wissen. Für die Tibeter selbst ist Karmapa einer von ihnen. Deshalb hat er auch nicht im Ausland inkarniert, und schon gar nicht als Nicht-Tibeter. Er hat als einer der sozial gesehen Ärmsten der Armen reinkarniert, die aber die Freiesten der Unfreien in Tibet noch sind.

Die Kolonialisten domestizieren in Tibet die Nomaden mit Gewalt, aber in Karmapas Geburtsgebiet Latok ist das Nomadentum noch eine vollständig praktizierte Lebensform. Natürlich sind auch dort die Chinesen als Aufsichts- und Kontrollwesen anwesend, aber es fehlten ihnen in Karmapas früher Kindheit noch die Macht und die Mittel, die Nomaden-Stämme auf ihre Weltsicht umzumodeln. Karmapa lernte von seinem großen Bruder, wie man auf galoppierende Pferde aufspringt und die Herde treibt, schützt und pflegt. Dieses Leben war für den noch 6-jährigen Nomadenjungen von jetzt auf gleich beendet, als der Suchtrupp mit Sherab sein Zelt betrat.

Karmapa reitet, von einem großen Pferdepulk begleitet, von seinem Nomadenzelt zunächst einige Tage, bis die erste Straße beim Kloster *Kalek* erreicht wird. Von dort geht es die 1500 km in einem Konvoi von mehr als 20 Jeeps, LKWs und sogar Pferdegespannen weiter bis nach *Tsurphu*. An allen wichtigen Orten der buddhistisch-tibetischen Tradition hält er für ein Ritual an, zu dem die Menschen aus der Umgebung zusammenströmen. Alle Fahrzeuge sind mit weißen Glücksschleifen geschmückt. Und wo immer eine große Menschenmenge den Straßenrand säumt, hält Karmapa an und segnet die Menschen, denen vor Glück die Tränen rollen, und die ihm in großer Demut den Weg freimachen. Jede Tibeterin und jeder Tibeter, selbst die Kinder wissen, welch grandioser Siegesakt es ist, dass Karmapa wieder inkarniert ist und vor den Augen der Chinesen schon in diesem jungen Alter seine Mission fortsetzt.

Obwohl es 1992 noch kein Internet und keine mobilen Telefone gibt, verbreitet sich die Nachricht von Karmapas Reinkarnation in wenigen Tagen in fast alle Länder der Welt. Von der *New York Times* bis zum deutschen *stern*-Magazin bringen die Zeitungen, dass dieser 7-jährige Junge die neue 17. Inkarnation des Karmapa, dem *Living Buddha* ist. Mit einem Mal ist der kleine Nomadenjunge weltbekannt. Vor diesem Hintergrund kann kann man Jamgons Intervention per Tod nicht hoch genug einschätzen.

Der Blick des 7-Jährigen, der auf einem kleinen weißen, prachtvoll geschmückten Himalaja-Pferdchen in Tsurphu einreitet, ist vielsagend. Das können Worte nicht. Der Film zeigt alles: Karmapa ist beides, völlig gefasst wie ein Alter und staunend wie ein Sternenkind. Vom ersten Moment an ist er der Chef. Er weiß bereits, welche Macht er hat: Ob er nun rechts oder links sagt, es geschieht. Er lässt zwar auch mit sich machen, aber nur so lange, wie es seinem Gefühl nicht widerspricht. Sein Blick beim Eintritt in sein Stammkloster sagt: *Ich kenne das alles.*

Triumphfahrt nach Tsurphu

Als Situ und Gyaltsap sofort nach der Pressekonferenz nach Tsurphu reisen, bekommen sie dafür im Handumdrehen ein Visum. Ich hänge mich dran. Situ ist kein ängstlicher Mensch. Er lässt mir meine Eigenverantwortung, wenn wir in Lhasa ankommen. Er reist mit über 60 Mönchen, Gyaltsap mit 20 Mönchen, ich mit 6 Team-Mitgliedern. Alle haben wir nur Touristen-Visa. Leider sind unsere Filmgeräte damals noch so groß, dass ich drei Alu-Kisten je 100 x 40 x 40 cm dabeihabe, die für den Zoll und dann für die PBS-Polizei von höchstem Interesse sind.

»Wo ist Ihre Drehgenehmigung?«, fragt der Zöllner.

»Ich habe keine«, antworte ich.

»Dann stellen Sie einen Antrag«.

»Bei Ihnen?«

»An das Informations- und Kulturministerium in Peking.«

»Ich komme, um die Inthronisation Karmapas zu dokumentieren.«

»Das muss genehmigt werden.«

»Gerne. Von wem?«

»Peking.«

»Das ist doch eine Angelegenheit für Tibet?«

»Peking.«

»Peking ist weit. Ich will hier den Verantwortlichen sprechen.«

»Warten Sie.«

Ich warte – 35 Minuten.

Der Zöllner kehrt mit einem Mann in Zivil zurück. Der Mann spricht besser Englisch.

Er fragt: »Sind das Ihre Kisten?«

»Ja.«

»Mit denen fahren Sie ins Ministerium nach Lhasa.«

»OK.«

Die Beamten packen unser Gepäck, mich und mein Team in einen extra kleinen Bus, der uns ins Ministerium bringt. – Ich muss alleine mit der Sorge fertigwerden, ob mein Drehvorhaben gelingen kann. Die PBS hat sich sicherlich gemerkt, wie ich sie das letzte Mal ausgetrickst habe und mit dem herausgebrachten Filmmaterial die Tibet-Solidarität in Deutschland entscheidend fördern konnte. Ich kann Situ gerade noch Bescheid geben, dass wir einen »Sonderweg« gehen müssen. Ich werde auf eigene Faust nach Tsurphu nachkommen. Er möge dort bitte warten mit dem, was zu dokumentieren ist, bis ich da bin.

Letztlich bekomme ich in 24 Stunden alles, was ich brauche. China hat ein vehementes Interesse daran, dass ich Karmapa dokumentiere. China will, dass die Anerkennung Karmapas möglichst breit im Westen gezeigt wird. Damit wollen sie demonstrieren, wie liberal sie sind und dass sie das Ganze deshalb vom einem ihrer Gegner dokumentieren lassen, denn das würde ihre Liberalität umso mehr unterstreichen.

China spekuliert darauf, dass sie den Tibetern ihre Verehrung für den Dalai Lama durch den Karmapa ersetzen können. Dazu gehört auch, dass chinesische Polizisten, stapelweise mit Karmapa-Fotos ausgestattet, über die Touristenmärkte gehen, wo Dalai Lama- Fotos (eigentlich illegal) angeboten werden und diese gegen die Karmapa-Fotos tauschen, ohne die Händler zu bestrafen. China hofft auch, den kleinen Karmapa so erziehen zu können, dass er seinen Gläubigen die chinesische Herrschaft schmackhaft machen wird. (Allerdings hat sich das Regime dabei gründlich verrechnet, weil Karmapa später als 15-Jähriger im tiefsten Winter 1999/2000 aus Tibet zu Fuß über den Himalaja zum Dalai Lama nach Indien flüchtet.)

Die Kameramänner, mit denen ich in Tibet drehe, sind ein Deutscher, ein Inder und ein in Lhasa angeheuerter Chinese. Der Chinese ninmmt jeden Abend die belichteten Beta-Kassetten mit in seinen Schlafraum, wo eine teure Beta-Kopiermaschine von *Sony* steht, und gibt somit mein gesamtes Material nach Peking weiter. Sicherlich gegen Geld, denn es geht ihm recht gut. Ich lasse ihn diesen Verdienst machen.

Mir selbst ist sowieso ein chinesischer Offizier zur Seite gestellt, der mich rund um die Uhr bewacht, bis zum letzten Tag. Das bedeutet, alles, was ich drehe, ist legal. (Es gab nur einmal ein dickes Problem mit ihm, als wir in Ost-Tibet den Geburtsort Karmapas drehten.)

Zunächst aber fahren wir am Tag darauf mit unserer offiziellen Drehgenehmigung hoch nach Tsurphu. Dort warten Situ und Gyaltsap auf mich, um den 7-jährigen Karmapa persönlich, streng traditionell mit mehreren ganzkörperlichen Niederwerfungen zu begrüßen, was ich filmen darf.

Der große Event der Inthronisation Karmapas wird auf sieben Wochen später terminiert. Wir nutzen die Zwischenzeit und fahren und reiten zum Geburtsort Karmapas, Bator in der Region Latok, 1500 km ostwärts.

Wo der 17. Karmapa (wieder-)geboren wurde

Noch bevor Situ den Brief des 16. Karmapa entdeckte und irgendjemand Karmapa als den Karmapa zu Gesicht bekam, hatte der Dalai Lama den erwähnten Traum von dem Tal, in dem er lebt. Als ich sechs Wochen nach Sherab Terching und seinem Suchtrupp mit zwei seiner Vertrauensleute dieselbe Strecke fahre und reite, um Karmapas Reinkarnation möglichst vollständig zu dokumentieren, komme ich mit meinem Trupp über einen fast 5 000 m hohen Pass von oben in das Tal von Latok geritten. Ich erkenne sofort: Das ist das Bild, das der Dalai Lama mir von Karmapas Geburtsort geschildert hat. Unten im Tal sehe ich einige schwarze Punkte – sicherlich Yak-Zelte der Nomaden. In einem von ihnen ist Karmapa aufgewachsen.

Ich halte meinen Trupp an. Dieser Blick muss gefilmt werden. Es dauert eine Weile, bis alle Pferde versammelt sind und wir Stativ, Filmkamera, Materialkiste etc. abladen können und in einer guten Position für dieses Bild aufgebaut haben. Schließlich ist es so weit. Keiner von uns und keines unserer Pferde ist im Bild zu sehen. Alle sind ruhig, der Ton läuft, und ich gebe meinem Kameramann Klaus Moderegger das OK zum Drehen.

In dieser Sekunde brausen von hinten zwei riesige Adler nebeneinander mit jeweils einer Flügelspannbreite von fast zwei Metern im Tiefflug über die Kamera hinweg, steigen danach etwas auf und drehen dabei wie zwei Kunstflieger im Formationsflug nach rechts und links ins Tal ab. Mir stockt der Atem. Ich stehe neben der Kamera und kann nicht fassen, was sich da in diesen Sekunden vor meinem Auge abspielt. Ich darf auch keinen Ton herausbringen, um die Aufnahme nicht zu verderben, ich darf nur hoffen, dass sie etwas geworden ist. Als Klaus lange genug gefilmt hat (mit Super-16mm-Film-Material) und die Kamera anhält, frage ich nur: »Hast du die beiden drauf?« Klaus: »Ja, aber ich hatte ja das 2,5er-Weitwinkelobjektiv drin, sodass sie unverhältnismäßig klein erscheinen.«

Ich denke, schade, aber es war ja auch meine Anweisung, dieses Tal, wo zwei Flüsse aus den beiden Seitentälern zusammenfließen, in ein Bild zu bekommen. So hatte es mir der Dalai Lama beschrieben. Die Adler haben mir nun den kleinen Restzweifel, ob wir tatsächlich angekommen sind, weggefegt. Ihr Erscheinen ist die herrlichste Belohnung, die ich mir für diese immensen Strapazen nicht schöner hätte wünschen können. Ein göttliches Erleben, wo ich doch so vernarrt bin in Adler und außer im Zoo noch nie einen gesehen habe – und dann auch noch solch mächtige, wunderbare Exemplare! Das hat Dalai Lama-Niveau. Ich nehme die Vögel in diesem Moment als Bestätigung: Wir sind richtig.

Dann machen wir uns an den Abstieg. Bis wir unten bei den Nomadenzelten sind, brauchen wir noch zwei Stunden. Doch es ist nicht schwer, das richtige Zelt zu finden, so wie der Suchtrupp von Sherab Terching sechs Wochen vor uns. Als Sherab mit seinen Leuten angekommen war, saß im Zelt ein 6-jähriger Nomadenjunge, der zu seinem Vater ein paar Tage zuvor sagte: »Papa, ich gehe nach Lhasa.« Der Vater staunte nicht schlecht, denn Lhasa ist 1500 km entfernt. Von nun an ging alles sehr schnell. Jedes Detail aus dem Prophezeiungsbrief bestätigte sich – es war klar: *Dieser Junge ist Karmapa.* Sofort begannen die Vorbereitungen, um eine Genehmigung für seine Reise zu seinem Stammkloster Tsurphu bei Lhasa zu bekommen.[15]

Jetzt, als ich mit meiner Crew in Latok bin, befindet Karmapa sich bereits in Tsurphu. Meine Aufgabe ist es, seine Herkunft in Bild und Ton festzuhalten. Außer mir ist kein anderes Film-Team je in diese völlig entlegene Gegend geritten. Außerdem war und ist diese Gegend für alle Auswärtigen gesperrt. Aus gutem Grund, wie die folgende Geschichte klarmacht:

Ich bitte um Kamera-Aufbau, ca. 100 Meter von Karmapas Geburtszelt entfernt, für die Totale, wodurch auch die Landschaft mit den das Tal umragenden Bergen ins Bild kommt.

---

15 Ausführlich gibt es diese Geschichte in meinen Filmen *Living Buddha,* dem Making-of *Der Dreh zu Living Buddha* und dem dazugehörigen Buch *Living Buddha.*

Der chinesische Offizier sagt: *No!*
Ich: *Why?*
Er: *No strip!*
Ich: *Das schaffe ich nicht. Meine Genehmigung sagt, ich darf alles drehen, was mit der Reinkarnation Karmapas zu tun hat. Das Geburtszelt hat eindeutig mit Karmapa zu tun.*
Er: *Yes und trotzdem No.*
Ich: *Why?*

Generell ist Vorsicht geboten, eine chinesische Polizei »Why« zu fragen, es kann verheerende Folgen haben. Sie mögen keine Warum-Fragen. Was sie sagen, ist Gesetz – basta. Die Antwort ist aber ganz einfach und ich kann sie mir selbst geben: Neben dem Amazonas waren Latok und ganz Ost-Tibet ein zusammenhängendes Waldgebiet etwa von der Größe West-Deutschlands. Die zweite Lunge von Mutter Erde. Fast so groß wie die des Amazonas. Die Profit-Geier haben, als wir da 1992 in diesem Gebiet stehen, dieser Mutter schon fast die ganze zweite Lunge weggefressen. Allein schon deshalb sollte die Menschheit dem herrschenden Profit-System den Stecker ziehen. (Das ist mal wieder so ein ohnmächtiger Wunschgedanke von mir.)

Das Erste, was China in Tibet neben den Reichtümern in den Klöstern plündern konnte, seit sie das Land besetzt halten und es noch keine Straßen gab, war das Holz. Die Baumstämme von Ost-Tibet hatten oft einen Umfang – so erzählte ein Onkel von Karmapa vor Ort –, für den zehn Erwachsene sich die Hände reichen mussten, um den Stamm zu umfassen. Gigantische Bäume auf 4000 m über dem Meeresspiegel. In Europa liegt die Baumgrenze bei 2400 m. Eine Riesenbeute für China. Es hat inzwischen fast 90 Prozent der zweiten Lunge der Erde »gestippt«, wie man das nennt.

Aus Mangel an Straßen warfen die chinesischen Holzfäller die Stämme in die Flüsse, die dort entspringen und nach China fließen. Nur 20 Prozent der Stämme können tatsächlich in China wieder herausgefischt werden. Der Rest verrottet unterwegs in den unregulierten Flüssen, die im Oberlauf schon so mächtig sind wie die Donau in Passau. Es ist unglaublich, wie viele angeschwemmte Stämme wir in den Flussbiegungen sehen und nicht filmen dürfen, weil es nicht mit Karmapa zu tun hat! Das Problem ist nun, dass beim Filmen des Geburtszeltes die abgeholzten Berge mit ins Bild kommen, auf denen man überall die zurückgelassenen Baumstümpfe sieht. Mit *Photoshop* oder *After Effects* könnten wir das für die chinesische Regierung retuschieren, aber das ist nicht mein Job.

Ich: *Lieber Herr chinesischer Offizier, ich komme leider nicht umhin, die gestippten Berge zu zeigen, wenn ich das Geburtszelt aufnehme.*

Er: *Sie werden ja sehen, was Sie davon haben. Wenn wir zurück in Lhasa sind, geht alles belichtete Material nach Peking zur Kontrolle.*

Ich: *Das wird ja spannend.*

Er: *Das garantiere ich Ihnen.*

Ich: *Glaube ich.*

Er macht mir damit keine Angst. Ich werde ihn schon austricksen. Wir drehen nämlich auf Negativ. Wenn er die Büchsen im Licht öffnet, ist alles gelöscht. Sollte es tatsächlich nach unserer Rückkehr dazu kommen, dass seine Beamten mein Filmmaterial beschlagnahmen wollen, dann gebe ich ihnen Dosen mit noch unbelichtetem Material. Bis sie das in Peking checken, bin ich mit meiner Crew schon zu Hause.

Nachtrag: Es kam nicht so weit. Ich musste wie üblich bei der Ausreise unterschreiben, dass ich nichts gegen das hochheilige China verlauten lasse. Papier ist geduldig, aber ich habe auch kein Bestreben mehr, China noch mal zu besuchen. Das war meine sechste und letzte Reise nach Tibet, zehn Wochen lang. – Nach unserer Rückkehr aus Ost-Tibet stand die Inthronisation an. Sobald die stattgefunden hatte, konnte man sagen: *Karmapa hat es geschafft, wieder Karmapa zu sein.*

So weit ist also der Plan Jamgons aufgegangen: Karmapa ist entdeckt und der inzwischen 7-Jährige wird nun in seinem Sitz als der neue Karmapa inthronisiert – mit den Ehren des chinesischen Bundesministers für religiöse Angelegenheiten aus Peking und seinem Gefolge. Karmapa muss aber von seinem Thron herunter, er darf nicht höher sitzen als der Minister. Darauf wird im Zentimeterbereich strengstens geachtet. Der 7-jährige Karmapa nimmt es gelassen.[16]

---

[16] DVD: *Der Dreh zu Living Buddha* (siehe Anhang/Medienshop).

12
Bin ich tot – wenn ja, was dann?

Dieser zehnwöchige Dreh in Tibet über das »Dach der Welt« war das, was mich in meinem Leben am meisten gefordert hat. In dem *Making-of*-Film[17] sieht man mein schwarzes Haar bei Abreise und nach zehn Wochen bei Rückkehr das graue. Auf dieser Reise bin ich vielleicht fünf Mal nachts aus meinen Kleidern herausgekommen. Es hatte oft 30 bis 38 Grad minus. Am Tag sind es dann 30 Grad plus und du verbrennst, wenn du dich nicht schützt. Ich liebte diese Extremitäten. Ich liebte jeden Tag und jede Nacht.

Energie war nicht mein Problem. Sie schien endlos zur Verfügung zu stehen. Sogar, um einmal nachts 800 Höhenmeter im Eilschritt zu erklimmen, weil der Rinpoche, Chef des Klosters, wo wir erst nach Sonnenuntergang ankamen, sonst am nächsten Tag weggewesen wäre. Eile ist geboten. Die Kamera wiegt allein schon 7,5 kg und in dieser Höhe das gefühlte Doppelte. Wir kommen völlig aufgelöst auf einer Höhe von 4500 bei seinem kleinen Retreat-Haus in mondloser Dunkelheit mit unseren Filmgeräten an. (Wer sich schon mal in dieser Höhe aufgehalten hat, weiß, was eine solche Tour bedeutet. Immer ist da das Gefühl, dass an jedem Fuß noch mal 2 kg Blei hängen.)

»Er sitzt oben im Retreat«, sagt man uns. Kameras, Tonbandgeräte und alles, was mit Ausländern – insbesondere mit Interviews, egal was – zu tun hat, ist dem Rinpoche verboten, seit er nach 25 Jahren Folterhaft entlassen wurde, um zu sterben. Er leitet als einer der ganz Wenigen in Tibet noch das *Pohwa-Sterbe-Ritual*. Danach weiß man, was sterben heißt. Da zittert der Boden. Nomaden und andere von den Chinesen noch nicht »zivilisierte« Tibeter bringen ihre toten Angehörigen auf dem Yak-Rücken, auch wenn der Weg sehr lang und der Tod schon Wochen her ist. Der Tote ist in eine starke Yak-Wolldecke gewickelt, zusammengeschnürt mit einem dicken Strick. Seine Verwandten packen das Paket zu zweit vom Rücken des Yaks herunter und legen es auf den weißen Strich, der in einem Abstand von ca.

[17] DVD: *Der Dreh zu Living Buddha* (siehe Anhang/Medienshop).

vier Metern direkt auf den Rinpoche zuführt, der dort im Vajra-Sitz das Ritual leitet. Da er nach dem Ritual augenblicklich auf schnellen Pferden weg muss, habe ich nur jetzt, heute Nacht noch, die Gelegenheit, ihn zu interviewen, auch wenn es verboten ist.

Das *Pohwa*-Ritual ist ja ebenfalls verboten. Aber jemandem, der schon jahrelang gefoltert wurde, dem kann man keine Angst mehr einjagen. Ich soll allerdings im Interview keinen Namen nennen, obwohl in Tibet sowieso fast alle dieselben Namen tragen. Der Rinpoche sagt nicht viel. Er will keinen Zorn gegen die Chinesen wecken. Sie haben ihn jedes Jahr gefragt, ob er noch an Reinkarnation glaube. Er antwortete seinen Folterknechten: »So sicher, wie ihr an den nächsten Sonnenaufgang glaubt.« Dafür hackten sie ihm jedes Mal einen Zentimeter von seinem rechten Arm ab. 25 Scheiben in 25 Jahren. Jetzt leitet er illegal das Sterbe-Ritual.

Warum Sterben illegal ist, könnte man sich fragen. Es stirbt doch jeder, wie kann man es verbieten? Es kommt auf das WIE an. Dieses Wie wird aufs Schärfste kontrolliert. Das ist fast auf der ganzen Welt so. Solange man den menschgemachten Mensch dumm halten will, ist das Wie beim Sterben ganz entscheidend. Da man aber das Sterben genauso wenig verbieten kann wie die Selbstheilung, haben wir eine Chance, uns selbst zu befreien. Das Wie ist nämlich entscheidend für die Intelligenz der Menschheit.

Der Rinpoche macht es so, dass er mit der Leiche redet. Er redet natürlich mit der Seele, und nicht mit dem Körper. Er schreit die Seele sogar an, sie müsse nun kapieren, dass ihr Körper in den nächsten Minuten in kleine Häppchen für die Geier zerstückelt wird. Das ist wohl so ein Gefühl, wie von Würmern aufgefressen zu werden, nur viel, viel schneller. Wenn man verbrannt wird, geht es auch sehr schnell. Das sind zwar rein körperliche Prozesse; war man aber in seinen Körper mehr verliebt als in seine Seele, dann will man ihn unter Umständen nicht loslassen, obwohl er nicht mehr funktioniert. Und dann hat man ein Problem. Dieses Problem, sagen die Lamas, haben sehr viele Menschen.

Es kommt also darauf an, wie leicht wir loslassen. Nach spirituellen Erfahrungen brauchen viele Menschen Wochen, bis sie akzeptieren, dass sie gestorben sind. Manche haften noch etliche Wochen an ihrem Körper und haben nicht verstanden, dass er tot ist. In ihrem Geist läuft ein Tohubawohu heftigster Art ab. Viele Menschen wissen, was Streitereien, Gewalttätigkeit, Angst und Druck sind. Das spielt sich vor allem auf der geistigen, psychischen Ebene ab. Für den, der sich nicht auf harmonische Art von seinem Leben lösen kann, geht es nach dem Tod gerade so weiter. Die Schimpferei nimmt kein Ende. Der Betrug und alles, was man sonst so im Leben erlebt hat, bleiben präsent.

Die stärksten Emotionen sind die Süchte. Sie lassen dich am Körper festkrallen. Du bist sogar beleidigt, weil man für dich nicht mehr den Tisch deckt. In sensiblen Haushalten werden deshalb sofort bei Herzstillstand die Spiegel ab- oder zugehängt, denn es kann ein Schock sein, wenn man im toten Zustand am Spiegel vorbeigeht und sich nicht mehr sieht. Etwa so wie bei einem Phantom-Schmerz im nicht mehr vorhandenen Bein.

Ich habe das andersherum erlebt, als mein Unterleib ab der Taille quasi tot war, sodass man einen heißen Kochtopf auf meinen Oberschenkeln hätte abstellen können, ohne dass ich etwas gemerkt hätte. Selbst wenn nur mein halber Körper tot war, so konnte ich mir unschwer vorstellen, dies würde meinen ganzen Körper betreffen – also bin ich nur noch der agierende Geist. Normalerweise wird das körperliche Leben primär vom vegetativen Gehirn automatisch gesteuert, aber im Tod eben nicht mehr. Niemand will das wahrhaben und möchte sich gerne einbilden, da sei doch noch was Körperliches vorhanden – aber es ist alles nur Geist. Ich weiß nicht, was seelisch mehr schmerzt: der Verlust oder das Festhalten des Körpers?

Sterben auf Tibetisch

Deshalb klärt Rinpoche den Toten jetzt auf, er redet mit dessen Seele. Und wenn es schließlich so weit ist, da man ja auch mit einer Seele nicht endlos diskutieren kann wie vielleicht zu Lebzeiten noch, legt Rinpoche seine geballte Strenge in den Ton, sodass man erschauern könnte. Er fordert die Seele zum letzten Mal auf, sich nun vom Körper zu trennen. Sieht man dabei kurz unter der ärmellosen Robe den Stummel seines rechten Arms hervorscheinen, dann weiß man, woher er diese Stärke nimmt, mit der er jetzt dem Toten sagt: »Spring!« Es ist ja nicht wie auf dem 10-Meter-Turm, von dem man wieder herunterklettern kann, wenn die Angst vor dem Springen zu groß ist. Sterben muss jeder; deshalb die Strenge. Aber natürlich ist er dabei nicht böse. Es ist das laute »Pah – Pah – Pah« (man hört es im Film[18]). Danach kommt der Bestatter und verfüttert den Körper außerhalb des Klosters an eine große Schar mächtiger Geier.

Ich bin absolut verblüfft, als ich mit laufender Kamera dem Abtransport der Leiche hinterhergehe und am Himmel kein einziger Geier zu sehen ist. Dabei können wir bei dieser glasklaren Luft endlos weit schauen. Auch als die Leiche ausgepackt ist und nackt auf den Steinen liegt, taucht noch kein einziger Vogel am Himmel auf. Als dann aber der Bestatter mit seinem großen scharfen Messer anfängt, die Leiche zu zerstückeln (was die Chinesen verboten haben zu filmen), da plötzlich, wie aus dem Nichts, tauchen von allen Seiten riesige Geier auf. Es sind mehr als 50, schätze ich. Sie kommen aus hohen Höhen angesegelt. Nach ihrer Landung gehen sie einem mit ihrer eingefahrenen Flügelspannweite von 1,50 m bis 1,70 m bis zur Hüfte. Es ist mir schon etwas mulmig, wenn ich zwischen ihnen stehe und spüre, wie gierig sie auf das Menschenfleisch sind, aus dem ich selbst bestehe.

Ihr ekliges Geschrei um die besten Leckerbissen ist nicht nur ohrenbetäubend, sondern auch angsteinflößend. Sie fressen dem Bestatter, der eingekeilt in der gierigen Meute steht, aus der Hand. Er verschafft sich an seinem großen Steinklotz Platz, auf dem er mit seinem riesigen Steinhammer die Knochen so zertrümmert, dass kein Teil mehr als ca. 3,5 cm groß ist. Das ist die Größe, die die Geier gerade noch durch ihre langen, rot-nackten, von Warzen übersäten Hälse herunterwürgen können. Hässlich ist gar kein Ausdruck für diese fantastischen, hilfreichen Tiere.

Am Ende ist der Bestattungsplatz blitzsauber, kein Fitzelchen des Körpers übrig geblieben. Blut sieht man eigentlich auch keines. Der Bestatter weiß, was er getan hat, wenn die Bande mit dicken Bäuchen abgeflogen ist. Sie fliegen weit und hoch hinauf, bis sie als kleine Punkte im Himmel verschwinden. Die Chinesen schießen zwar auf alles, was sich bewegt, aber diese Geier, so scheint mir, die kriegen sie nicht. Erdbestattung ist in Tibet nicht möglich,

---

[18] DVD: *Tibet – Widerstand des Geistes* (siehe Anhang/Medienshop).

weil sogar im Sommer ab 15 cm Tiefe der Boden tiefgefroren bleibt. Holz haben sie auch keines, also bleibt nur die Luft-Bestattung. Das Element Wasser ist für Massenbestattungen nicht geeignet, außer in der Aschenform.

Da wir in unseren Breitengraden keine Luftbestattung durch Geier haben – wie würdest du es gerne für dich regeln? Möchtest du, dass im Sarg dein Körper von den in ihm vorhandenen Würmern gefressen wird? Oder möchtest du, dass er von Flammen verzehrt wird und nur ein kleines Häufchen Asche übrig bleibt? Möchtest du dann, dass die Urne mit der Asche einen festen Platz für die Nachwelt bekommt oder aber übers Meer oder über eine Landschaft verstreut wird? Ist es dir wichtig, dass es sich dabei exakt um die Asche deines Körpers handelt, oder wärest du auch damit einverstanden (falls es eine Gruppenverbrennung geben würde), dass dir nur ein Anteil an Asche zugeordnet werden könnte? Am besten legst du deinen Willen frühzeitig testamentarisch fest.

Süchte machen nichts als Ärger, auch im Tod

Mit welchem Ritual auch immer der Körper nach dem Tod behandelt wird: Bevor er bestattet wird, sollte man ihn verlassen haben. Normalerweise gibt man dafür mindestens drei Tage. Das ist gerade noch fair. Alles, was kürzer ist, ist eine Gemeinheit für den Sterbenden. Denn die meisten wurden ja vorher nicht darüber aufgeklärt, was ihnen im und nach dem Tod widerfährt. Die Toten sind mit der Situation komplett überfordert. Wen hat man schon gelehrt, wie Frau oder Mann ihren oder seinen Körper loslässt? Bis zum Herzstillstand ist es ja nur die kleine Hälfte des Sterbens. Die große Hälfte beginnt erst, wenn es kein Zurück mehr gibt. Da geraten die Ersten ins Stolpern und denken: Wär ich doch bloß nicht gestorben! Dabei kann Sterben richtig Freude machen.

Erneut kommt es dabei auf das geistige Wie an. Es kommt darauf an, wie frei und dankbar ich meinen Körper verlasse. Oder ob er und auch mein Geist gefangen ist in alten möglichen Anhaftungen mit Suchtcharakter. Welche Sucht treibt mich? Sehnsucht? Eifersucht? Sexsucht? Harmoniesucht? Streitsucht? Depressionssucht? Lauter verschiedene Verlangen.

Das größte Verlangen ist Liebe, aber die wurde vor dem Tod oft nicht wahrhaftig gelebt, auch nicht geübt und auch nicht gelehrt. Sie war meist schon lange abgenützt. Das Ende einer Beziehung hatte oft mit Liebe wenig zu tun, sondern mehr mit Sucht. Wahre Liebe ist in erster Linie Selbstliebe und ein immer wieder Neuentdecken des anderen. Erst dann kann auch ein lebendiges Miteinander gelingen. Das hören Liebespaare nicht gerne. Als Liebespaar leben die meisten durch den anderen – und ohne dessen Liebe fühlen sie für sich keine Liebe. Ein Paar denkt: … *ich denke, dass du denkst, ich denke – und du denkst, dass ich denke, du denkst* … Sterben muss aber jeder allein. Da gibt es niemanden mehr, den man für sein Sein verantwortlich machen kann. Da zählt nur noch selbstverantwortliche Liebe.

Wie bekommt man sie? Alleine! Im Paarsein schwerer, aber auch möglich, sofern zwei Liebende bewusst miteinander umgehen und dem Partner inneren und äußeren Raum lassen. Frage dich, ob du in eurem Zusammensein ein eigenes Territorium hast? Und wenn es nur 1,5 qm sind. Der Mensch sollte sich manchmal alleine besinnen können. Nicht jeder kann dafür in die Natur gehen. Das muss auch in Innenräumen möglich sein. Wenn man alleine ist, kann man Sterben üben. Man beobachtet seinen Geist, was der so treibt, welche Emotionen er einem vorführt. Es geht zunächst gar nicht mal darum, diese Emotionen zu verändern, sondern Abstand zu ihnen zu gewinnen. Das hilft sehr im Tod, das heißt, im *Bardo*.

Wenn mich dort wieder eine Sucht einholt und ich kann sie mit Abstand wahrnehmen ohne anzuhaften, habe ich schon viel gewonnen. Ich beobachte meine Gefühle und bleibe neugierig, das heißt, ich staune, was mir da alles geboten wird. Durch den Abstand wird der Gedanke weder bedrohlich noch weckt er sehnsüchtiges Verlangen. Abstand halten, anschauen, sich aber nicht verführen lassen, das erlaubt einem, eine Wahl zu treffen. Die Verführbarkeit führt zu großer Irritation. Es ist gut, sie schon zu Lebzeiten gemeistert zu haben, dann kann sie einem im Bardo nichts mehr anhaben. In der Verführung kommt alles zur Geltung: Sucht, Co-Abhängigkeit, Erwartung, Illusion, Ego, das ganze selbstsüchtige Programm.

Ohne Süchte psychischer Art zu sterben, macht frei. Plötzlich ist alles möglich, vorausgesetzt, das war es vorher schon, ohne Körper dann umso mehr.

Jeder hat an etwas anderem Spaß. Wichtig ist nur, wo lande ich? Welche Eltern nehme ich mir? Wie wichtig ist mir was? Mit welcher Souveränität spüre ich, wo zu wem es mich zieht? Mit etwas Abstand kann ich unterscheiden zwischen Verführtwerden oder Selbstwählen: Ich kann mir bewusst werden, dass ich im Begriff bin, von meinen Projektionen verführt zu werden. Wenn ich selbst wähle, erkenne ich bewusst, warum ich mich zu einer bestimmten Person hingezogen fühle, und kann eine klare Entscheidung treffen.

Ich kann aber auch stoppen und sogar umkehren. Viele machen das erst, wenn sie schon angebissen, das heißt, sich bereits in einem Ei eingenistet haben, und plötzlich merken, es war doch nicht der richtige Ort zur richtigen Zeit. Und schon verliert die Frau das Ei wieder – entweder mit ihrer Regel oder später als Abgang.

Das ist das Spiel, das viele auch zu Lebzeiten spielen: Rein in die Kartoffel, raus aus der Kartoffel. Kurz-Inkarnationen: mal eben anbeißen (naschen) und wieder gehen. Kommt einem das, vor allem in Liebschaften, nicht bekannt vor? Sie hat das Gefühl, er wollte nur reinstecken. Eine kurze Stippvisite – und weg ist er wieder. Dabei hat sie sich gefreut, es könnte jetzt vielleicht eine echte Beziehung entstehen. Umgekehrt gibt es das natürlich genauso: Auch viele Frauen sind schwankend in ihrer Bindungsbereitschaft. Frauen wie Männer suchen und werden oft erst spät fündig.

Warum sollte das beim Inkarnieren anders sein? Es handelt sich doch bei der Zeugung um dasselbe Bewusstsein, welches bis zum Tod gelebt wurde. Deshalb ist es so wichtig, sich aufs Sterben richtig vorzubereiten, um die schädlichen Gewohnheiten und Süchte vorher abzulegen, indem sie transformiert werden. Am einfachsten geschieht dies z. B. durch *Seelenschreiben*®.

Der Körper als Werkzeug

Unser ganzes Leben benutzen wir unseren Körper als Werkzeug, um Erfahrungen zu machen, durch die wir uns im relativen Tempo eines männlichen oder weiblichen Lebens charakterlich entwickeln. Es sind zwei grundverschiedene Werkzeuge, um Erfahrungen zu sammeln: Vagina, Empfangen und Gebären – und Penis, Zeugen und Versorgen. Das sind die zwei Pole, von denen aus wir unser Bewusstsein erweitern. Zwei völlig andersgeartete Erfahrungen, die so weit auseinanderliegen, dass dafür zwei ganz verschiedene Menschen notwendig sind. Schon deshalb ist das Reinkarnationsprinzip für die Evolution von essenzieller Bedeutung. Die Bewusstseinsentwicklung der Menschheit könnte sich nicht ausbalancieren, wenn nicht jeder das männliche und das weibliche Prinzip über die verschiedenen Leben hinweg erfahren und entwickeln würde.

Die Menschheit ist nur so weise, inwieweit jeder Einzelne es darin bringt. Das Geschlecht zu wechseln, entspricht dem kosmischen Prinzip von Ying und Yang. Irgendwann tauscht jeder Mal sein Geschlecht. Man könnte allerdings bei manchen Charakteren meinen, sie haben schon sehr lange nicht gewechselt. Aber jeder kann sich vorstellen, wie geil Mann- und wie geil Frausein ist. Wie geil ist es, wenn beide sich vereinigen? Wie geil sind andere Konstellationen wie Mann und Mann, Frau und Frau, Frau Mann Frau, Mann Frau Mann, also alles. Jede Konstellation ist von Natur aus möglich.

Nach unserem abendländischen Verständnis ist das Ideal der Paarbeziehung die Monogomie. Das Gebot für die Monogamie stellen Männer auf, die offiziell im Zölibat leben und keinerlei Erfahrung mit Monogamie haben. Sie selbst wollen und dürfen das, was sie verordnen, nicht leben. Ihr Monogamie-Gebot leiten sie ab aus dem schon erwähnten Eingott-Gebot: »Ich bin der Herr dein Gott, du sollst keine anderen Götter haben neben mir.« Dieses Gebot heißt aber nicht: »Du sollst keine anderen Göttinnen haben neben mir.« Das bedeutet, Männer dürfen mehrere Göttinnen haben, Frauen dürfen auf keinen Fall mehrere Götter haben, sonst Kopf ab. Dieses Moralgesetz macht der Menschheit, seitdem es besteht, sehr große Probleme.

Das Gesetz wird laufend übertreten, denn es passt mit der Natur und dem Kosmos nicht zusammen. Über die Hälfte aller Ehen werden geschieden, und von den nicht geschiedenen sind sicherlich nicht alle glücklich. Wie oft wünschen sich Kinder, dass ihre Eltern sich doch lieber trennen sollten, als dass sie diesen ständigen Streit miterleben müssen. Wir dürfen also schätzen, dass die Monogamie zum allgrößten Teil nicht funktioniert und von Eifersucht, heimlichem Fremdgehen, Machtkämpfen und erstarrten

Gewohnheiten belastet wird. Fremdgehen mit Prostituierten ist dabei eine gesellschaftlich akzeptierte Ausnahme für die Männer.

Frauen gehen zwar ebenfalls massenhaft fremd, aber Männer tun das skrupelloser. Schließlich sagt ihre Religion (s. o.) nichts darüber aus, wie viele Göttinnen ein Mann haben darf. Die Frau steht beim Fremdgehen biologisch gesehen unter höherem Druck als Männer. Die Männer sind daher weniger bereit, ihren Frauen eine Affäre zu verzeihen, weil sie zumindest unbewusst befürchten, »Kuckuckseier« aufziehen zu müssen. (Jedes fünfte Kind ist ein Kuckuckskind.) Das Monogamie-Gebot ist in erster Linie für die Frau erschaffen, und erst dann auch für den Mann. – Wollen beide glücklich leben, kommen sie nicht um eine ehrliche, gemeinsam vereinbarte Lebensform herum, und das schriftlich. Das betrifft jeden, auch dich. Sobald ihr ein Paar geworden seid, verschafft euch Klarheit. Verlangt von euch, schriftlich Position zu beziehen.

So, wie ich den Buddhismus in Ladakh erlebt habe, erlaubte er eine freie Liebe. Die buddhistische Religion, die der *Gesche* (der buddhistische Priester) in seiner Gemeinde, dem Tal von Temisgam vertrat, hat sich nicht dabei eingemischt, wie Männlein und Weiblein zusammenleben. Alle Formen, die denk- und lebbar sind, waren ihm recht. Er hat lediglich das Gebot aufgestellt, dass die Beziehungskonstellation dem Frieden dienen muss und keiner in soziale Not geraten darf. Diese Tradition der Beziehungsform ist in den Familienverbänden häufig aus wirtschaftlichen Gründen entstanden, sie wird heutzutage allerdings meist nur noch in ländlichen Gebieten gelebt.

Für jemanden wie Jamgon, der sich bei seiner 3. Inkarnation von vornherein für ein Leben im Zölibat entschieden hat, stellt sich die Frage des Zusammenlebens der Geschlechter erst gar nicht, wie bei jedem Mönch. Sie alle eliminieren diese schwierige Frage ebenfalls. Dafür ist es wichtig, dass sie schon vor ihrer Pubertät den Kontakt zum anderen Geschlecht weitgehend ausgeklammert bekommen und das Klosterleben rein männlich ausgerichtet ist. Doch wie soll das in der heutigen Zeit funktionieren, wo jeder Mönch einen Zugang zum Internet hat und dort alles über Sexualität erfahren kann, was er will?

Das wirft ebensolche Probleme auf, wie wenn sie in oder nach der Pubertät ins Kloster kommen und bereits Gefühle für das weibliche Geschlecht kennengelernt haben. Dann fällt es ihnen wesentlich schwerer, davon wieder Abstand zu nehmen. – In jedem Fall haben diejenigen, die im Zölibat leben, nur eine sehr beschränkte Kompetenz, sexuelle Ratschläge zu geben, außer dass alles in Frieden und in Harmonie geschehen möge.

Wenn man seine Sexualität auslebt, beeinflusst das den Reinkarnationswunsch maßgeblich. Es ist ratsam, mit dem anderen Geschlecht eng zusammengelebt zu haben, bevor man von einem Leben zum anderen das Geschlecht wechselt. Vielfach mutet es sogar als notwendige Voraussetzung an: Denn ich muss eine Vorstellung davon haben, was ich werden möchte, um dem Inkarnationsprozess die gewollte Ausrichtung zu geben. Die Reinkarnationswechsel sind sehr stark von den sexuellen Gefühlen abhängig, die zwischen den Menschen erfahren werden.

Jemand wie Jamgon, der schon mit dem Wunsch stirbt, mit Karmapa wieder ein Team zu sein, der stellt das Zölibat (noch) nicht infrage. Insofern spielen sexuelle erfüllte und unerfüllte Sehnsüchte keine Rolle bei seinem Reinkarnationswunsch. Er konzentriert sich darauf, seine spirituelle Freundschaft, die mehr ist als eine normale Freundschaft, wiederherzustellen. Vom Prinzip her nicht anders als Liebende, die sich ein nächstes gemeinsames Leben wünschen und bekommen, weil der Liebeswunsch der stärkste ist, den man im Universum haben kann.

Als bei seiner letzten Inkarnation dieser Wunsch nicht in Erfüllung ging, obwohl Karmapa schon vor seiner Zeugung wusste, dass er durch diese Eltern/Familie wieder zu ihm möchte, hatte er eine schwere Zeit (siehe dazu, was Pema erzählt in Kap. 6). Seine einzige Waffe, die ihm als Kleinkind zur Verfügung stand, war seine Gesundheit. Indem er ständig drohte zu sterben, forderte er seine Eltern heraus, intensiv nach Heilungsmöglichkeiten zu suchen. Mutter Pema wäre von vornherein bereit gewesen, ihr Kind Karmapa zu geben, aber die Interessen der männlichen Familienoberhäupter waren stärker.

Jamgon geht, Jamgon kommt

Dieses ganze Gerede um Tod und Reinkarnation mag Topga, ehrlich gesagt, nicht mehr hören. Natürlich hat er sich Gedanken gemacht, warum sein Bruder gestorben ist, und er sagt auch: »Wenn Jamgon sich tatsächlich bewusst war und es fühlte, dass sein Tod Karmapa helfen kann, dann glaube ich, dass er nicht zögern würde. Aber das ändert nichts an der Tatsache, dass ich meinen Bruder verloren habe.« – Situ versucht, Trost zu spenden: »Ja, sicher ist Rinpoches Tod sehr sehr traurig und ein großer Verlust, aber zugleich sehen wir, dass er sich seinen Wunsch erfüllt hat.«

CK: *Topga, Jamgons Wunsch war es doch, die Wiedergeburt seines Lehrers zu unterstützen?*

Topga: *Ja, sicher. Trotzdem, wer schützt mich? Ich fühl mich total verlassen … Als ich auf die Welt kam, starb unser Vater. Und Jamgon ging ins Kloster. Ich war dann allein mit meiner Mutter. Erst als Mama wieder heiratete und ich 15 war, bekam ich meinen kleinen Bruder. Durch unseren großen Altersunterschied war er mir kein Kamerad und schon gar kein Ersatz für Jamgon. Jetzt, als ich mit Jamgon eine neue Verbindung erschaffen wollte und ihm das Auto schenkte, da bringt ihm dieses Geschenk den Tod. Das ist furchtbar. Auch der Fahrer kam von meiner Seite. Ich hatte ihn ihm empfohlen. Ich weiß nicht, wie ich das je wiedergutmachen kann.*

Andere, die nicht mit Jamgon verwandt sind, sehen seinen Tod sogar positiv, so wie Marlis, eine Anhängerin von Jamgon, die gut Tibetisch spricht und zu der Bardo-Bestattungs-Zeremonie nach Rumtik in Sikkim gekommen war.

Marlis: *Was ich gesehen habe ist, dass sich um die Wiedergeburt Karmapas sehr viel negatives Karma aufgebaut hat – wie eine Eiterbeule. Ich habe Rinpoches Tod letzte Woche so erfahren, als ob er in diesen Abszess einen Schnitt gemacht hat. Jetzt kommt alles raus, dann wird die Wunde gesäubert und heil, und dadurch kann Karmapa dann kommen.*

Ich denke, für Jamgon ist es ein Freudenfest, weil ihm gelungen ist, die Intrige seines Kollegen Shamar und zugleich das Machtgebaren der Supermacht China zu durchkreuzen. Es ist eine immense Freiheit im Geiste, wenn man seinen Körper für den Schnitt in eine Eiterbeule einsetzt, sie dadurch tatsächlich aufgeht und sich reinigt. Dass das funktionierte, kann kein herrlicherer Grund zur Freude sein – eine Freude zum Wohle aller. Wie wird es nun bei seiner nächsten Inkarnation?

Mutter Pema sagt: »Ich bin sicher, er wird bald zurückkommen. Ich glaube an Reinkarnation, total!« – Aber wo und wie? – Ihr Sohn Topga hingegen meint: »Es ist schön, wenn man an Reinkarnation glaubt, aber ich tu's nicht. Ich gewöhne mich an den Tod. Ich gehe wieder zur Arbeit und erfülle meine Verpflichtungen. – Ich habe drei Kinder, ich bin der Ernährer der Familie. So, wie die Zeit vergeht, lassen auch das Verlustgefühl und der Kummer nach.«

Topga sagte schon, dass er von Geburt her Buddhist ist und insofern an Reinkarnation glaubt, aber es ist kein echter Glaube, lediglich eine Tradition, wie für viele Christen ihr Glaube auch nur eine konventionelle Angelegenheit bedeutet, die wenig Einfluss auf ihren Alltag hat.

Bei Tenzin ist das etwas anderes. Er ist Mönch und mit Jamgon aufgewachsen. Für ihn gibt es nichts anderes als ein spirituelles Mönchsleben. Seine Mutter starb, als er vier Jahre alt war. Seither erhielt er ein buddhistisches Training von Jamgon. Sein leiblicher Vater starb, da war er 18. Nun ist er 22, und sein Ziehvater, Lehrer und Guru ist auch gestorben. Wie geht er jetzt mit Trennung um? Hat er sein Bewusstsein weit genug entwickelt, um nicht zu verzweifeln und in Trauer zu versinken? Bisher war jeder Tag durch Jamgon vorgezeichnet. Alles ging den Gang des Meisters. Er brauchte selbst kaum etwas zu entscheiden.

Mit einem Schlag, in so jungen Jahren, trägt er die Verantwortung für alles, wofür sein Meister weltweit steht. Jeder will von ihm wissen, wie es nun ohne den Meister weitergeht. Tenzin hat keine Zeit, um in Apathie oder depressive Gefühle zu verfallen. Er ist ab sofort Vorbild für alle Schüler, die Jamgon in allen Altersstufen hatte. Um diese Herausforderung leichter annehmen zu können, macht er noch am selben Tag des Unfalls einen magischen Fund.

Der magische Fund

Als Tenzin Jamgons Leiche in den buddhistischen Tempel *Salugara* gebracht hatte und das Ansinnen der Polizei, die Leiche zu beschlagnahmen, mit der Hilfe von rund 300 Nachbarn am späten Mittag endlich abgewehrt war, da eilt er ins Krankenhaus, wohin die beiden anderen Toten, Norbu und Kunga, gebracht worden waren. Im Taxi auf dem Weg zur Klinik in Siliguri hat Tenzin seinen ersten ruhigen Moment. Er sitzt alleine hinter dem Fahrer (rechts wg. Indien) auf der Rückbank und fällt quasi in ein Zwischenstadium von Meditieren und Dösen. Seine Hände liegen auf seinem Bauch. Er trägt ein T-Shirt, das in seinem Roben-Rock steckt, der von einem starken Ledergürtel am Leib zusammengehalten wird. In dieser Ruhe spürt er plötzlich an seiner linken Seite zwischen Unterhemd und T-Shirt einen leichten Druck. Er zieht das T-Shirt aus dem Gürtel heraus – und plopp, da fällt ein relativ schweres Ding an einer Kette auf die Rückbank neben ihm …

Tenzin ist entsetzt! Es ist das Amulett, das er heute Morgen von den Mönchen des Salugara-Tempels an der Unfallstelle hatte suchen lassen. Denn als er Jamgons Körper im Tempel aufbahrte, stellte er fest, dass das Schutz-Amulett, das Jamgon immer an einer Kette um den Hals trug, weg war. Jamgon hatte dieses Amulett 1981 von Karmapa zehn Monate vor dessen Tod geschenkt bekommen. Die Mönche fanden an der Unfallstelle dieses goldene, im Durchmesser 5,5 cm dicke, glänzende, schwere Amulett aber nicht. Sie hätten vielleicht alles Gras abbrennen sollen, wie Mutter Pema meinte, um es zu finden. Und nun fällt es Tenzin aus dem Hemd! Wie das?

Was passiert in einem Menschen bei der Konfrontation mit einem solch göttlichen Moment? Tenzin bricht in Tränen aus. Wie kommt dieses Amulett zu ihm, unter sein T-Shirt? Er kann es nicht fassen! Wieder und wieder gehen ihm die Worte Karmapas durch den Kopf, die Jamgon ihm schon vor Jahren des Öfteren erzählt hatte, als ihm das Amulett geschenkt wurde: »Trage es, solange du leben willst.« Und jetzt ist es bei ihm und Jamgon ist tot…

Als Pema davon erfährt, ist sie ebenfalls tief berührt, denn sie kannte das Amulett an ihrem Sohn gut. Auch für sie ist es ein absolutes Rätsel, wie es zu Tenzin gelangen konnte. »Es ist unfassbar«, wiederholt sie immer wieder,

»sogar die Kette ist noch ganz.« Tenzin überkommen wieder die Tränen, als er Pema das Amulett zeigt und erzählt, wie und wo er es gefunden hat. Er grübelt, was sein Überleben des Unfalls mit dem Amulett zu tun haben könnte? Wenn es bei Jamgon geblieben wäre, könnte er jetzt noch leben, denkt er. Wie kann dieses goldene, schwere Ding in einem solchen Moment den Besitzer wechseln?

Tenzin braucht gar nicht darüber nachzudenken, ob Jamgon ihm dieses Amulett vielleicht zugesteckt haben könnte, schon bevor sie sich ins Auto setzten. Er war in keinem Moment so »unzurechnungsfähig«, dass so etwas hätte möglich sein können. Bewusstlos war Tenzin nur in den Sekunden, in denen er aus dem Auto flog.

Wie kann in einem solchen Moment dieses Amulett vom Hals Rinpoches unter Tenzins T-Shirt gelangen? Da setzt doch unsere allwissende Ratio aus. Nennt man das Magie? Wenn ja: Welches Bewusstsein ist notwendig, um diese Magie zu bedienen?

Tenzin weint wieder, ohne zu wissen warum. »Wieso ich?«, fragt er sich. Er ist gerade mal 22 Jahre alt und völlig überfordert …

»Mein Mann«, sagt Pema, »beruhigte Tenzin, indem er ihm sagte, dass es Jamgons Wille gewesen sein muss, sodass er, Tenzin, überlebte und nun seine Arbeit fortsetzt und seine Wiedergeburt findet. So hat mein Mann es ihm erklärt, weshalb das Amulett jetzt bei ihm ist. – Und das glaube ich auch«, sagt sie. »Warum sonst sollte das Amulett zu ihm gekommen sein? Und warum hat er überlebt? Das ist doch nicht normal, wenn man das Auto sieht. Hast du es gesehen?« Ja, wir haben es alle gesehen. Es ist wirklich nicht normal, wenn man da unbeschadet herauskommt.

Das zeigt doch wieder einmal, mit welch unglaublichen Kräften wir verbunden sind, wenn wir uns von unserem Ego lösen. Das Ego ist ein Nichts gegen die unendlichen Bewusstseinsebenen, die über uns liegen. Was kann ein Ego bewirken? Was hat es für Ziele? Welchen Interessen folgt ein Ego? Sie sind von niederer Natur. Das Ego dürfte nie herrschen – niemals. Es darf und soll dienen. Da besitzt es eine wertvolle Aufgabe. Genauso wie die Ratio der Intuition zu dienen hat (und nicht umgekehrt), so hat das Ego das auszuführen, was unser kosmisches Sein vollbringen möchte. Solange wir aber unser Ich mit unserem Ego gleichsetzen, ist uns der Zugang zu unserem unendlichen Sein verschlossen. Nenne es, wie du willst: Seele, Gott, Allah – alle Namen, die dein anfangloses und endloses geistiges Sein in der kosmischen Ordnung der Liebe bezeichnen, sind richtig. Keinen Namen dafür zu vergeben, ist ebenso richtig. Jedoch nicht richtig ist, diese geistige Dimension zu leugnen, weil man sich in erster Linie mit der Materie, seinem Körper und Ego identifiziert. Das produziert Todesangst, und die ist kein guter Ratgeber.

Wenn dein kosmisches Sein einen solchen »Unfall« überleben lässt, und in diesem Moment das Symbol des körperlichen Lebens – das goldene Amulett – den Besitzer wechselt, wofür weder das Ego noch die Ratio eine Erklärung liefern können, dann hast du den Beweis, dass du geführt bist und dieser Führung blind vertrauen kannst.

Pema: *Es ist ja nur gut, dass Tenzin überlebt hat, dadurch wissen wir, was Rinpoches Projekte sind. Wenn Tenzin auch gestorben wäre, wären wir jetzt völlig ratlos. Wir werden Tenzin darin unterstützen, alles, was Jamgon begonnen hat, auszuführen, sodass, wenn Jamgons Reinkarnation da ist, wir ihr alles übergeben können.*

Intuition hat den Durchblick

Selbst Menschen, die kein festes Bewusstsein für die Unendlichkeit der Seele haben, besitzen dennoch ein Gefühl für diese Kontinuität. Sie können z. B. aus dem Bauch heraus sagen: »Wenn Jamgon reinkarniert, dann nicht in 100 Jahren, sondern sehr bald und sicherlich nicht als Mädchen.« Das sind karmisch bedingte Festlegungen, die versteht die Intuition intuitiv. Um solche Vermutungen anzustellen, muss man nicht hellsichtig sein, sondern den Menschen, der gestorben ist, nur einigermaßen gut kennen. Wer Jamgon ein bisschen kannte, dem fällt es nicht schwer zu spüren, dass er ein Problem mit Karmapa hätte, wenn er nicht als Junge kommen würde. Als Mädchen könnte er nicht so eng oder noch enger als im letzten Leben mit ihm zusammenarbeiten.

Beim Dalai Lama, der nun schon das 14. Mal wieder als Junge inkarniert hat, um jedes Mal das Amt des tibetischen Regierungschefs zu übernehmen, war es ebenfalls selbstverständlich, dass er nicht als Mädchen inkarniert. Jetzt, wo er erklärt hat, dass er in seinem nächsten Leben nicht mehr die Rolle des Dalai Lama bekleiden möchte, sagte er mir doch tatsächlich, dass er sich mit dem Gedanken trägt, das nächste Mal als Mädchen auf die Welt zu kommen.

Möchte man herausfinden, wo jemand das nächste Mal inkarniert, sollte man sich zunächst in seinen Entwicklungstrend einfühlen. Erst dann kann man sich fragen, welche Umstände denn überhaupt zu diesem Menschen passen würden, um wo und wie wiedergeboren zu werden. Auf diese Weise grenzt sich das Suchfeld, in dem diese Person in neuer Form wieder auftauchen könnte, drastisch ein. (Lass dich dazu gerne auch durch die praktischen Anleitungen in »Persönlicher Masterplan zur Reinkarnation« im Anhang inspirieren.)

So viele Möglichkeiten zu reinkarnieren hat man nämlich gar nicht, wie es einem erscheinen mag. Hat man diese Person persönlich in ihrem vergangenen Leben gekannt, vielleicht sogar gut gekannt, dann ist es nicht schwer, die richtigen Vermutungen anzustellen, wo und wie diese Person, die einem am Herzen liegt, reinkarnieren könnte. Oft kommen dann nur noch wenige »Stellen« in Betracht. Und wenn man diese untersucht, stellt sich relativ schnell die Gewissheit ein: Das ist die Person, oder diese Person befindet sich noch im Bardo ohne Form und wartet eine gewisse Entwicklung in dem Personenkreis, der für ihr nächstes Leben in Frage kommt, noch ab. Selbst diesen noch ausstehenden Entwicklungsschritt kann man erfühlen und sich bewusst machen. Was braucht es noch, damit diese Entwicklung vollzogen wird und die betreffende Person (Seele) reinkarnieren kann? Diese und ähnliche Fragen sollte man sich schriftlich stellen und beantworten. Das bringt wesentlich mehr Gewissheit, als nur darüber nachzudenken.

Dazu habe ich einmal eine herzige Geschichte am Bodensee bei Lindau erlebt. Eine Oma ging dort mit ihrer dreieinhalbjährigen Enkelin spazieren, als diese sich plötzlich von ihr losriss und in einer gelben Telefonzelle verschwinden wollte. (Das war noch im analogen Zeitalter, am Ende des letzten Jahrtausends.) Die Oma musste der Kleinen helfen, die schwere Türe zu öffnen. Dann aber stieß das Mädchen die Oma zurück, weil sie alleine in der Telefonzelle sein wollte. Sie kletterte sogar selbständig auf den Kasten unter dem Telefonapparat, um an den Hörer zu kommen, und fing dann an, dort hineinzusprechen und hineinzulauschen. Die Oma war völlig konsterniert und umkreiste die Telefonzelle in der Hoffnung, irgendetwas zu verstehen. Schließlich hängte die kleine Enkelin den Hörer wieder auf die Gabel, und Oma half ihr aus der Telefonzelle heraus:

Oma: *Was war?*

Enkelin: *Ich habe mit dem Opa telefoniert.*

O: *Der Opa* (ihr Mann) *ist letztes Jahr gestorben.*

E: *Weiß ich.*

O:*Was hat er gesagt?*

E: *Die Mama soll aufhören, die Pille zu nehmen, der Opa möchte mein Bruder werden.*

O: *Pille?*

E: *Ja, Pille hat er gesagt.*

Die Oma erzählte die Geschichte ihrer Tochter (und Mutter ihrer Enkelin). Die behauptete, mit ihrer Tochter noch nie über die Anti-Baby-Pille gesprochen zu haben. Aber gut, sie setzte die Pille ab. Und nach allen Anzeichen war es dann der Großvater, der neuneinhalb Monate später als Bruder der Enkelin geboren wurde.

Wir sollten Kinder nicht für dumm erklären und selbst für alle Wunder offen sein. Ohnehin ist es für die meisten Erwachsenen nur deshalb ein Wunder, weil das eigene Bewusstsein für das kosmische Verständnis nicht ausreicht. Und somit zerstört man in den Kindern nicht nur ihr natürliches Verständnis für ihre Seelen-Kontinuität, sondern auch für die Seelen-Kontinuität der Tiere. Bei den Pflanzen sind Geist und Biologie noch eins. Aufspalten lässt sich das erst auf höheren Bewusstseinsstufen, wobei der freie Wille beides wieder zusammenführen muss. Das wiederum kann nur durch die nächste Bewusstseinsstufe gemeistert werden. Und so geht es Schrittchen für Schrittchen weiter.

Allerdings gibt es dafür nicht unendlich viel Zeit. Denn wenn wir aufgrund unseres freien Willens diese Schrittchen hinauszögern, können wir damit viel Leid verursachen, und das, was wir schon an Bewusstheit erlangt haben, wieder zunichtemachen. Das betrifft den Einzelnen genauso wie die Erde, auf der wir leben. Es wäre nicht der erste Planet, den wir durch unser Zaudern kaputt gemacht haben. Der Mars war bestimmt auch schon mal bewohnt, aber das ist lange her. Dem Universum ist es egal, wie lange wir Menschen uns für unsere Bewusstseinserweiterung Zeit lassen. Es kommt nur darauf an, bis wann wir uns wie viel Lebensfreude realisieren wollen. Jamgon hat diesbezüglich nichts dem sogenannten »Zufall« überlassen, sondern aktiv, sogar äußerst aktiv, sein Schicksal gestaltet.

13
Heimatsuche

In Nepal im Tal von Kathmandu konnte Jamgon noch kurz vor seinem Tod ein großes Stück Land erhalten. Er arbeitete Tag und Nacht, um die Baupläne für seinen neuen Hauptsitz außerhalb Tibets fertigzustellen. Dass der Tod für ihn das Motiv der Eile war, konnte niemand ahnen.

Zwei Wochen davor übergibt er Tenzin alle Pläne, in denen sämtliche Verfügungen enthalten sind, bis hin zur Türklinkenform, der Dachrinnenart, die Freskenmotive, die Betonstärke und und und – alles, um in der ersten Bauphase 150 Kindern eine hochwertige Ausbildung in allen Lebensbereichen gewähren zu können und Schülern für den Buddhismus aus der ganzen Welt ein Zentrum zu geben. Durch das goldene Schutz-Amulett erkennt Tenzin, dass er nach Jamgons Tod diese Aufgabe nun weiterführen muss. Eine große Trauerphase ist da fehl am Platz.

Natürlich darf der Mensch den Verlust des Körpers beweinen, aber im selben Moment muss er die Freude verspüren, dass mit dem Tod eine große Öffnung für Neues entstanden ist. Dafür wendet man seinen Blick von der Vergangenheit auf das Potenzial der Zukunft. Und schon verändert sich die eigene Gefühlslage, auch wenn es eine gewisse Zeit braucht, um die Trennung von Körper und Geist zu verarbeiten. Denn wir erlebten ja den Verstorbenen stets in dieser Einheit von körperlicher und geistiger Präsenz.

Herrscht in mir aber vor allem das materialistische Denken vor, dann beweine und betrauere ich in erster Linie das tote Fleisch meiner geliebten Person. Der unsterbliche Geist, die Seele meiner geliebten Person, bedeutet mir dagegen offenbar weniger, obwohl sie nicht gestorben ist. Die Folge einer gesellschaftlich verankerten, übernommenen Philosophie. Der Materialismus ist die Philosophie unseres Zeitalters. Jeder Tod ist eine Lernaufgabe, sich von diesem Zeitalter schon jetzt zu verabschieden.

Tenzin ist mit seinen 22 Jahren gerade mal so weit, die volle Verantwortung für die Mission und die Projekte seines geliebten Meisters, Lehrers, Vaterersatzes und Gurus zu übernehmen und sie weiterzubetreiben. So, wie

Jamgon es sich gewünscht hat. Darüber hinaus übernimmt Tenzin auch die Verantwortung für das, was Jamgon in seiner selbstlosen Art nicht festgelegt hat: Nirgends findet sich beispielsweise von Jamgon ein Hinweis darauf, was mit seinem toten Körper geschehen soll. Vielleicht war es auch schwer zu kalkulieren, was davon übrig bleibt, wenn man mit 190 km/h an einen Baum fährt. Die Tatsache, dass er das so hinbekommen hat, lediglich eine kleine Schramme am Kopf zu haben, ist ein weiteres Wunder bei diesem Unfall oder – anders ausgedrückt – eine weitere Bewusstseinsleistung höchsten Grades.

Deshalb war sich Tenzin wohl sofort mit allen Betroffenen einig, dass dieser wunderbar erhaltene junge Körper mumifiziert wird. Außerdem ist es die praktischste Form für das, was mit diesem Körper noch geschehen muss.

Dadurch, dass Jamgon vor seinem Tod festgelegt hat, dass *Pullahari* in Nepal sein neues Hauptquartier in seinem nächsten Leben wird, kann er nicht in Indien/Sikkim für immer bestattet sein. Und da das Hauptquartier erst noch gebaut werden muss, bedarf es einer Konservierung, mit der diese Zeit zu überbrücken ist. Dafür ist eine haltbare Mumie gut zu transportieren. Sie kommt in eine stabile Transportkiste von ca. 1 x 1 x 1 m, die die Tibeter *Kudung* nennen. Für diesen Kudung, entschied Tenzin, soll in Pullahari ein goldener Stupa auf der anderen Seite des Hauptgebäudes entstehen. Der Umzug von Indien nach Nepal erfolgt, wenn dort alles einzugsbereit ist.

Mit der Mumifizierung wird jedoch nicht nur der Körper konserviert, sondern es entsteht zugleich eine Reliquie. Eine Reliquie ist ein zeitloses Symbol, um bestimmte Bewusstseinsinhalte bei den Menschen wachzurufen und sie an eine bestimmte Macht zu erinnern. Deshalb ist es nicht ungewöhnlich, eine Reliquie wandern zu lassen, auf dass sie von möglichst vielen Menschen wahrgenommen wird. In diesem Sinne wird der Transport des Kudung von Rumtek nach Pullahari – ca. 800 km durch die südlichen Ausläufer des Himalaja – als eine dreitägige Prozession gestaltet, die von Tausenden ehrfürchtiger Menschen am Straßenrand andächtig begleitet sein wird.

Für Jamgon selbst hatten die Reliquien seiner Linie eine nicht hoch genug einzuschätzende Bedeutung. Das Erste, wofür man in Pullahari Raum geschaffen hatte, waren die Statuen vom historischen Buddha *Shakyamuni* an, der in seiner bekannten Vajra-Position sitzt und in beiden Händen die Zeigefinger mit den Daumenspitzen verbindet, um nicht auf andere, sondern auf sich selbst zu zeigen. Es geht weiter über die Statue von *Manjushri,* der auf einem weißen Pferd thront und im Galopp mit seinem Schwert den Knoten der Ignoranz durchschlägt, und damit als das Symbol für Weisheit gilt. Manjushri ist der geistige Aspekt Jamgons Abstammung, so wie *Avalokiteshvara,* die Gottheit des Mitgefühls, die mit den 12 Armen der geistige Aspekt sowohl des Dalai Lama als auch des Karmapa ist. Daneben stehen in fast Originalgröße die Statuen seiner beiden Vorleben als Jamgon Kongtrul der 1. und der 2.

Tenzin erzählt, dass Jamgon Rinpoche, kurz bevor er starb, in Pullahari war und alle diese Statuen befüllte mit allem, was die jeweilige Reliquie repräsentiert. Dazu gehören Texte, Mantren, aber auch Anrufungen und Rituale und verschiedene Symbolgegenstände. Rinpoche war damit eine Woche intensiv beschäftigt. In dieser Zeit hier in Nepal hatte er Kontakt mit seinem Bruder Topga und fragte ihn, ob er für ein paar Tage gemeinsamen Urlaub mit nach Indien kommen wolle, was Topga aus Zeitgründen ablehnte. So fuhr Jamgon, nachdem er mit der Arbeit an seinen wichtigsten Vorfahren und früheren Inkarnationen fertig war, ohne seinen Brudeer nach Rumtek, wo er am 21 April ankam und am 26. tot ist.

Jamgon besucht seine Vorleben

Nur 18 Monate vor seinem Tod war Jamgon nach Tibet gereist, um in Ost-Tibet das Kloster seiner früheren beiden Leben zu besuchen. Da es bis weit davor keine Straßen gab, erreichte er es nur zu Pferd. Tenzin war natürlich auch dabei, und ganz viele seiner Anhänger begleiten ihn auf ihren Pferden. Es war eine große Reiterschar, die durch die weite Landschaft zog. Ein Bild aus anderer Zeit. Obwohl Jamgon Rinpoche ab seinem 4. Lebensjahr im Exil aufgewachsen ist und Tibet nur für kurze Aufenthalte besuchen konnte, ist er in Tibet sehr bekannt.

Viele Tibeter kennen ihn aus seinem Vorleben und sehen in ihm dieselbe große Persönlichkeit, wie in Jamgon dem 2. und dem 1. In diesen beiden Leben war er das spirituelle Oberhaupt des großen Kagyü-Klosters Tsandra Rinchen Drak und wirkte weit über dessen Grenzen hinaus. Es existieren Fotos von ihm in seinem vergangenen Leben von 1904 bis 1952 wie das, welches wir im Film sehen. Davor, in seinem ersten Leben als Jamgon Kongtrul der 1. von 1813 bis 1900, gibt es Gemälde und eine Statue von ihm.

Für seine 4. Inkarnation erhält er nun den neuen Hauptsitz Pullahari in Nepal. Es wird ein gut funktionierendes Aus- und Weiterbildungszentrum zur Entwicklung eines reinen Charakters. Das meiste, was dort in Zukunft passiert, wird auf Englisch geschehen. Aber natürlich sind die regionalen Sprachen Nepali, Hindu, Tibetisch sowie viele andere Sprachen der Besuchergruppen aus Asien und der ganzen Welt ebenso präsent.

Nepal – im Schraubstock zweier Supermächte

In Nepal, dem multi-religiösen Staat, darf man offen für die Lehre Buddhas eintreten, ohne politische Schwierigkeiten ertragen zu müssen. Das ist eine Besonderheit der Lage Nepals zwischen den beiden Supermächten China und Indien. Wobei die eine Macht Nepal auf den Kopf spucken, die andere ihm die Versorgung kappen kann. Spucken heißt, in diesem Fall mit Waffen von oben aus Tibet herunterzudrohen und schießen zu können. Die Versorgung kappen heißt, die Ölversorgung, die zu 100 Prozent aus Indien kommt, neben einer Menge anderer Grundversorgungsgüter von jetzt auf gleich zu unterbrechen oder ganz einzustellen. Dadurch, dass sich die beiden Supermächte mit 1,2 und 1,5 Milliarden Menschen nicht grün sind und sie Nepal jederzeit erpressen können, ist es schwierig, in Nepal zu regieren. Da kann es schon mal passieren – wie geschehen –, dass der Königssohn seine ganze Familie umbringt und die Maoisten jubeln.

Diese Revolte hat die buddhistischen Einrichtungen nicht getroffen, obwohl Nepal einen Kopfgeld-Vertrag mit China unterzeichnen musste. Für jeden geschnappten tibetischen Flüchtling, der an China zurückgeliefert wird, gibt es eine hohe Prämie. So verdienen sich viele Busfahrer im Grenzgebiet etwas dazu bzw. sie werden gepeinigt, wenn sie keine Flüchtlinge melden. Man muss also als Flüchtling einen entsprechend höheren Preis hinlegen oder sich nach einer fast tödlichen Flucht durchs ewige Eis nichts Ausländisches anmerken lassen. Die Busfahrer wissen aber, wer auf ihrer Strecke fremd ist. Also laufen die Flüchtlinge genauso wie Karmapa nur nachts ohne Licht in sibirischer Kälte, am Tag halten sie sich versteckt.

Für Karmapa fügte es sich, direkt nachdem er mit seinen Mitflüchtlingen die Grenze nach Nepal heil überquert hatte, in Mustang einen Hubschrauber anzutreffen. Der brachte zu dieser unmöglichen Winterzeit Touristen nach Mustang. Während deren Aufenthalt flog der Hubschrauber dann drei Mal für Karmapa und seine Begleiter die Strecke von Mustang ins Tal von Kathmandu. Karmapa ließ sich dort auf einem Feld absetzen. Seine Kompagnons, die beim zweiten Flug mitkamen, fand er erst wieder, nachdem sie mit dem Taxi über die Grenze nach Indien gekommen waren. An dieser Grenze gibt es täglich ein riesiges Grenzgänger-Aufkommen. Da ist es möglich, unkontrolliert durchzukommen, wenn man sich hellwach und unauffällig bewegt.

In Indien gibt es kein solches Flüchtlingsabkommen mit China, obwohl China es verlangt und mit seinen Mittelstrecken-Raketen Delhi bombardieren kann, wenn es will. Indien ist aber eben stärker als Nepal. China wiederum hat gegenüber Indien einen gewaltigen strategischen Vorteil, seit es Tibet besetzt hat. China kann von oben herunter Indiens Hauptstadt von der tibetisch-nepalesischen Grenze aus treffen. Indien hingegen kann Peking oder andere große, wichtige chinesische Zentren mit keiner einzigen konventionellen Waffe erreichen, und andere hat es nicht, außer der Atombombe, aber ohne interkontinentale Trägerraketen.

Seine Weltherrschaft baut China mit einem gigantischen Stützpunkt an der Südost-Kurve Sri Lankas aus. Ohne jegliche lokale Infrastruktur entsteht dort aus der Retorte einer der größten Häfen der Welt, größer als Hongkong. Dadurch gewinnt China einen zusätzlichen strategischen Vorteil auf der östlichen Erdhalbkugel zwischen Asien/Australien und Afrika/Europa. Das kleine Sri Lanka konnte sich dagegen nicht wehren. Über 25 Jahre, von 1983 bis 2009, kämpfte die Separatisten-Organisation *Liberation*

Tigers of Tamil Eelam (LITTE) um ihre Unabhängigkeit in diesem kleinen Insel-Staat. Ein blutiger Bürgerkrieg mit geschätzten 80 000 bis 100 000 Toten. Die Waffen für die *Tamil Tigers* kamen aus China. Dasselbe China, das sich als Vermittler zwischen den *Tigers* und der sri-lankischen Regierung anbot und 2009 einen Friedensvertrag herbeiführte. Mit ihm verschaffte es sich das Recht, diesen Stützpunkt zu bauen, womit China das globale politisch/militärische Gleichgewicht massiv zu seinen Gunsten verschiebt.

Natürlich können und müssen wir uns gegen das hegemoniale Streben der Supermächte zur Wehr setzen und dagegen demonstrieren, aber unser Glück ist davon nicht abhängig. Wir können sogar in einem akuten Krieg und einer akuten Hungersnot glücklich sein.

Gewiss ist es leichter, im Wohlstand und zu Friedenszeiten glücklich zu leben, aber wenn das Glück davon wirklich abhängig wäre, dann wären alle Millionäre glückliche Menschen. Es ist jedoch genau anders herum. Es gibt viel mehr glückliche Arme als glückliche Reiche. Und in Hungerszeiten gibt es mehr Gesunde als in den fetten Jahren. Kranke Menschen machen natürlich auch eine kranke Politik, ob in einer Regierung oder in einer anderen Führungsposition. Es geht also in erster Linie darum, ein besserer Mensch zu werden.

Ein besserer Mensch werden

Genau darum bemühen sich alle diejenigen, die tatkräftig dazu beitragen, dass das neue Zentrum im Geist von Jamgon Kongtrul entsteht mit allem, was er repräsentiert. Alle hoffen darauf, dass Rinpoche in seinem neuen Leben, von diesem Zentrum aus, den Buddhismus genauso lehren wird, wie er es in seinem Vorleben weltweit tat. Dazu gehört z. B. folgender Ausschnitt aus einem von Jamgons Vorträgen:

Die Phase, in der Geist und Materie beisammen sind, nennen wir Leben. Im Tod zerfällt die Materie in ihre physikalischen Elemente. Der Geist kann aber nicht zerfallen, denn er besteht nicht aus physikalischen Elementen. Die Phase, in der der Geist ohne Materie lebt, nennen wir Bardo. *Wer sich mit dem Geist vollkommen identifiziert, kann sich geistig ohne Materie im Bardo weiterentwickeln.*

Wenn wir für unseren Geist wieder einen materiellen Ausdruck erlangen wollen, ist das unsere Zeugung. Dabei verschafft sich unser Bewusstsein wieder einen materiellen Ausdruck, das heißt, wir erlangen wieder eine Form.

Wie kann ich diesen Satz »Wer sich mit dem Geist vollkommen identifiziert, kann sich geistig ohne Materie im Bardo weiterentwickeln« verstehen? Heißt das: Die anderen, die sich nicht als geistiges Wesen begreifen, können das nicht? Wenn sich jeder im Bardo weiterentwickeln könnte, hätten wir längst den guten Menschen. Der fehlt diesem Planeten aber noch. Unter der Oberfläche gibt es »den Guten« in jedem, doch es fehlt das Werkzeug, um diesen Geist (Haltung Seelenbedürfnis) ins Tun umzusetzen.

Ich habe deshalb eine Zwischenstufe eingeführt: das schon erwähnte *Seelenschreiben®*.[19] Damit erschaffe ich mir eine neue Wirklichkeit, die wirkt, aber die (zunächst) nicht wahr ist. Mit ihr verhelfe ich der Intuition zurück auf ihren Thron, und die Ratio wird wieder ihr Diener. Denn die europäische Aufklärung hat die Ratio zum Chef unseres Denkens erklärt. Das ist eine Konsequenz des patriarchalen Machtgefüges, welches auf der vom Mann durchgesetzten Eingott-Idee beruht. Diese Ideologie aber hat ausgedient, wie immer mehr Menschen bewusst wird. Jetzt übernimmt die Intuition wieder die höchste Position in der Gestaltung der Wirklichkeit, und die Ratio ordnet sich ihr unter.

Bei diesem Paradigma-Wechsel haben viele Menschen Mühe, zu akzeptieren, dass alles, was sie ohne Körper erleben, das ist, was sie denken. Da mag man sich lieber bewusstlos stellen und gar nichts denken. Viele merken deshalb auch erst im Mutterbauch so ganz allmählich, dass sie nicht mehr im alten Leben sind. Die Bardo-Zeit existiert für sie so gut wie nicht – ähnlich wie ein Traum, an den man sich nicht erinnern kann oder wenn man in Narkose versetzt wird.

Wenn ich mich hingegen mit meinem unsterblichen Geist identifiziere und geübt habe, den Gedanken nicht anzuhaften, dann besitze ich einen Entscheidungsspielraum – auch wenn ich nicht mehr körperlich gebunden bin. Das sind zwei gänzlich unterschiedliche Lebensweisen, die sich schon im körperlichen Dasein abzeichnen. Man kann das zu Lebzeiten trainieren

---

19 Mehr dazu in »Persönlicher Masterplan zur Reinkarnation« (siehe Anhang).

(siehe auch in Kap. 12 den Abschnitt »Süchte machen nichts als Ärger, auch im Tod«). Dafür braucht man das geistig-seelische Menschenbild. Um mit dem Bewusstsein zu sterben, dass ich ein geistiges Wesen bin, ist es wichtig, im Leben entsprechende Erfahrungen gemacht zu haben. Sonst bin ich im entscheidenden Moment, wenn ich meinen Körper verlassen muss, wieder verunsichert und kann mich nicht dazu bekennen, das zu sein, was ich denke. In meinen Seminaren lernt man zu erkennen: *So wie ich denke, so bin ich.* Und so ist mein Körper und so auch meine persönliche Umwelt.

Alle, die für *Pullahari* arbeiten, arbeiten nicht nur für Geld, sondern weil sie diesen geistigen Hintergrund, für den das Zentrum entsteht, unterstützen wollen. Dafür gibt jeder sein Bestes. Es geht nicht um Profit, sondern um Schönheit, den höchsten menschlichen Ausdruck. Alle Künstler mit ihren besonderen Fähigkeiten arbeiten selbstlos Tage, Wochen und Monate, damit dieses neue internationale, spirituelle Zentrum fertig ist, wenn Jamgon wieder in einem neuen Körper erscheint.

Das Spannende daran ist, dass man sich dessen, wofür man arbeitet, nicht sicher sein kann, es auch zu bekommen. Jamgons Reinkarnation als todsichere Sache anzusehen, erfordert ein starkes Bewusstsein und vor allem die Zuversicht, dass seine Reinkarnation auch gefunden wird und er seine Mission von diesem Ort aus fortsetzen kann.

Der Ort selbst ist von imposanter Schönheit mit dem Blick nach Süden über das große Tal von Kathmandu hinweg. Hinter ihm erhebt sich majestätisch der Himalaja mit seinen weißen Spitzen auch im Sommer. Das Ganze bei lieblichen, angenehmen Temperaturen über das gesamte Jahr hinweg, da mag man gerne sein. Die meisten Plätze, an denen Buddhismus gelehrt wird, haben eine besondere, exzeptionell schöne Lage. Hoffen wir, dass diese Schönheit auch Jamgon anzieht, seinen Weg hierher in seinem neuen Leben zu finden.

Schönheit ist, wie z. B. bei einer Frau, äußerlich wahrnehmbar. Aber die Form kann so schön sein wie sie will: Wenn das Bewusstsein, das in ihr steckt, nicht die Reife besitzt, sich in liebevollen Charakterqualitäten auszudrücken, dann nützt die ganze äußere Schönheit nichts. Störende Gefühle wie Neid, Konkurrenz, Narzissmus, Egoismus, Verschlossenheit, mangelnde

Herzenswärme etc. repräsentieren das Bewusstsein, das der Form innewohnt. Schöne Gesundheit und gesunde Schönheit sind Ausdruck eines schönen Charakters, der durch ein geläutertes Bewusstsein zustande kommt. Sich dafür immer wieder zu fragen: *Was würde die Liebe tun?*, ist eine ständige Bewusstseinsübung im zwischenmenschlichen Umgang.

Genau in diesem und für diesen Geist wird Pullahari errichtet. Für diese Schönheit arbeiten genauso viele Menschen wie für den Rohbau. (Bei uns ist das Verhältnis im besten Fall 9:1 aus Gründen der Profitmaximierung.) Alle in Pullahari Mitwirkenden sind direkt oder indirekt an der Philosophie interessiert, mit der der Tod zu überwinden ist. Die edelsten und kostbarsten Materialien und Kunstfertigkeiten sind gerade gut genug dafür. Dafür spenden Menschen aus aller Welt Geld, Edelsteine und andere Materialien. Die kostbarsten Edelsteine werden zu Hunderten in den Bau eingebracht, insbesondere an den Stupas und ganz besonders an dem Stupa, der den Kudung von Jamgon aufnimmt.

Warum so viele Edelsteine und Juwelen? Jeder Mensch ist ein Juwel und möchte in seiner Reinheit erstrahlen, deshalb engagiert er sich in dieser besonderen Weise für dieses Projekt. Und dadurch, dass alle, die hier arbeiten, von der Kontinuität des Lebens überzeugt sind, sind sie motiviert, Werte zu erschaffen, die auch noch in der nächsten, über- und überübernächsten Inkarnation und weiteren einen Schatz darstellen. So wurde schon immer in Tibet gedacht und gebaut.

Dieses Vertrauen in ein Leben ohne Anfang und ohne Ende macht sich an diesem Ort daran fest, ob Jamgons Wiedergeburt gefunden wird und hier eines Tages einzieht. Dummerweise gibt es keine Garantie dafür, dass Jamgons Wiedergeburt entdeckt wird und hierherkommt. Bisher besitzt noch niemand irgendeinen Hinweis darauf, wann, wo und bei wem gesucht werden könnte. Die Arbeiten gehen dennoch unvermindert mit voller Kraft weiter. Nach zwei Jahren stehen schon das Hauptgebäude mit der Gebetshalle und die Unterkünfte für die kleinen Schüler, zunächst 60. Wenn die von Jamgon vorgezeichnete Vision fertig ist, werden es 150 Schüler ab einem Alter von sechs Jahren sein, die hier leben und lernen.

Es drängt sich das scheinbar irrational erscheinende Gefühl auf, dass – je mehr für die Reinkarnation von Jamgon getan wird –, desto sicherer er auch kommen wird. Das aber ist nicht irrational, es ist energetisch sogar logisch. Warum? Weil jeder Gedanke im Universum eine Spur hinterlässt und wir alle in diesem Universum miteinander verbunden sind.

Die Familie von Topga mit Mutter Pema engagiert sich für das Gesamtprojekt ihres verstorbenen Rinpoches in besonderer Weise. Sie kümmern sich um alles, was gebraucht wird. Auch Topgas Stiefvater ist voll dabei. Topga selbst kann es kaum fassen, dass er als Skeptiker sich noch mal so für den Buddhismus einsetzt. Zunächst dachte er, dass sei mehr etwas für seine Mutter, und meint: »Ich bin schon immer ein Skeptiker gewesen, ich hatte nie einen festen Glauben. Meine Philosophie ist, dass man sein Leben lebt, niemanden verletzt, anderen so weit wie möglich hilft und niemandem was Schlechtes antut. Das ist mein religiöser Glaube. Ich habe von Seiner Heiligkeit dem Dalai Lama noch nie Belehrungen erhalten, aber das sind seine Grundsätze, und die finde ich sehr richtig.«

Ja, das ist die Botschaft des Dalai Lama. Inzwischen geht er noch einen Schritt weiter, indem er öffentlich sagt, es bedürfe heute überhaupt keiner Religion mehr. Es wäre viel besser, alle Menschen würden sich an die menschliche Ethik halten, die im Grunde allen Religionen zugrunde liege, dann könne Frieden entstehen. Eine beachtliche Aussage, die seinem modernen Bewusstsein entspricht und der inneren Haltung, wahrhaftig zu denken, zu fühlen und zu handeln.

Schauen wir uns um, stellen wir fest: Religionen in Form von Kirchen dienen meist bestimmten Machtinteressen und weniger dem Seelenheil der Menschen. Deshalb ist es wichtig, sie abzuschaffen und stattdessen dem Menschen zu zeigen, wie er in sich den Maßstab für authentisches, liebevolles Denken und Handeln findet – völlig unabhängig von seinem sonstigen Glaubenskonzept. Wenn man dieses aber als seine allein seligmachende Wahrheit begreift, artet das schnell in Dogmatismus aus.

Um ein authentisches, aggressionsfreies Leben zu führen, muss man lernen, mit seiner Seele zu kommunizieren. Viele sind der Meinung, sie können das. Sie besitzen eine innere Stimme, die ihre Seele repräsentiert. Und sie hören sie auch. Bisweilen allerdings ziemlich laut und schmerzhaft, weil sie sie zwar hören, aber dennoch nicht *auf* sie hören. Würden sie ihr jedoch

Gehör schenken, hätten sie den besten Berater, Weisen und Guru in sich. Sie bräuchten niemanden zu fragen, was falsch und richtig ist. Die Seele weiß, was für jeden Sinn zum Wohle aller macht. Die Seele vertritt keine Ego-Interessen. Die Seele ist die personalisierte Intuition.

Mit der Intuition öffne ich die Grenzen zwischen meinen verschiedenen Leben. Wenn ich das bei mir selbst erfahren habe, dann kann ich die Kontinuität für das Leben von Jamgon auch nicht mehr bezweifeln. Dennoch: Nicht für jeden entsteht diese Gewissheit der Reinkarnation, auch wenn jeder sie schon unendliche Male erfahren hat. Wie sagte *Voltaire*: »Ich habe schon im letzten Leben nicht an Wiedergeburt geglaubt.«

In einer Umgebung, die das Leben als ein einmaliges, körperliches, singuläres Leben betrachtet, ist es schwer, Gewissheit für die Kontinuität zu entwickeln. Oftmals darf man nicht mal davon sprechen, um nicht ausgegrenzt zu werden. Schon das Lesen dieses Buches kann einem solche Schwierigkeiten bereiten. Steigt man tiefer in die Materie ein, bleibt einem oft nichts anderes übrig, als seinen Freundeskreis zu wechseln, manchmal auch den Partner.

Echte Liebe lügt nicht

Eine Frau hat mir einmal erzählt, sie habe ihrem Mann verheimlicht, dass sie sich mit der Kontinuität des Geistes und mit der *KUBYmethode®* beschäftigt. Sie hatte dazu ein Buch von mir gelesen und kam danach sogar noch in ein Seminar nach Schloss Blumenthal. Zu ihrem Glück hielt der Seminarpreis sich im ganz normalen Rahmen, denn in ihrer Ehe geht es oft darum, wem das Geld gehört – ein ständiger Streitpunkt. Darauf ließ sie sich aber diesmal nicht ein. Sie sagte ihrem Mann, sie bezahle das Seminar von ihrem eigenen bescheidenen Geld. Doch nach der Rückkehr log sie ihn an und sagte ihm, sie sei in einem Kochkurs gewesen. Denn sie wusste, dass ihr Mann mit den Inhalten von Buch und Seminaren rein gar nichts anfangen konnte, ihr große Vorhaltungen machen würde, wenn er wüsste, womit sie sich beschäftigt und dafür Geld ausgegeben hat. Als sie ihn mit dem Kochkurs anlog, spürte sie einen Moment nach, ob er die Lüge wohl gemerkt habe …? Sie war froh, als sie ihm das Essen auftischte und er wenigstens sagte: »Es schmeckt.« – »Danke«, erwiderte sie.

Da sie das Seminar selbst bezahlt hatte, war sie der Meinung, ihm keinerlei Rechenschaft schuldig zu sein und sich selbst mit dieser Lüge Konflikte ersparen zu können, schließlich liebte sie ihn ja. Nachts fragte sie sich dann in einem schlaflosen Moment: »Geht das, jemanden zu lieben und ihn zugleich anzulügen?« Die meisten Menschen werden jetzt vermutlich antworten: *Selbstverständlich*! Nicht nur Frauen belügen ihre Männer, genauso belügen auch Männer ihre Frauen. Wer mehr lügt, ist schwer zu sagen. Viele sind der Meinung, das Lügen erhalte die Beziehung – in der Gewissheit, ohne zu lügen, würde ihre Liebe zerbrechen.

Sie rechtfertigen ihr Tun durch eine Situation, mit der alles anfing, so nach dem Motto: »Ich wurde damals zur Schnecke gemacht und habe mich nicht behaupten können, deshalb bin ich aufs Lügen ausgewichen. Es gibt inzwischen vieles, was ich ihm nicht erzähle. Er erzählt mir sicherlich auch nicht alles. So halten wir es aber die ganzen Jahre miteinander aus. Das ist mir (uns) das Lügen wert. – Natürlich würde ich mich gerne auch mal behaupten wollen, aber das mache ich hintenherum, indem ich jetzt endlich meinen Interessen nachgehe, aber sie nicht an die große Glocke hänge. Dieser Weg ist harmonischer als die Konfrontation. Klar, das ist nicht das wahre Leben, aber durch die Konfrontation könnte es passieren, dass ich auf der Straße sitze. Das will ich nicht riskieren. Das würde alles nur noch schlechter machen als dieses Hintenrum.« So oder ähnlich sehen die Ausreden oft aus. Aber kann es wirklich Liebe sein, die mit Lügen aufrechterhalten wird?

Dieses Dilemma lässt sich nur lösen, indem die gesamte Szene/Situation im Drehbuch-Stil niedergeschrieben wird. Erst dann kann sich Verdrängtes auflösen und zum Wahrhaftigen hin transformiert werden. Nicht nur zum eigenen Wohl, sondern zum Wohle aller. Im *Seelenschreiben* ist dies auf grundsätzliche und vor allem nachhaltige Weise möglich.[20]

---

[20] Anleitung zum Drehbuch-Stil im Anhang.

14
Reinkarnation versus Genetik

Jamgon lehrt: »Wir kommen mit ganz unterschiedlichen Charakteren auf die Welt, was nicht an unserem Körper liegen kann, sondern an unserem Bewusstsein, das wir mitbringen.« Ich glaube, damit sagt er niemandem etwas Neues. Jeder Mensch, der schon mal engeren Kontakt zu einem Baby hatte, konnte spüren, dass dieses Wesen kein unbeschriebenes Blatt ist, sondern im Gegenteil, eine volle, sehr individuelle Persönlichkeit. Man kann auch sagen: eine Person mit Charakter. Die herrschende Meinung jedoch lautet, dass der Charakter ein Produkt seines Umfelds ist, geprägt von seinen engsten Bezugspersonen, den sozialen Bedingungen, in die er hineingeboren ist und der gesamten Kultur, zu der er von Geburt an gehört.

Nach dieser Meinung müsste ja ein frisch auf die Welt gekommenes Wesen so etwas wie eine leere Festplatte sein, in die das Programm nach und nach hineingeschrieben wird. Diese Theorie deckt sich aber nicht mit unserer Wahrnehmung. Wir nehmen wahr – wenn wir uns selbst mit diesem frischen Wesen befassen –, dass das volle Programm schon vorhanden ist! (Siehe dazu auch Kap. 4.) Der Körper ist zwar noch klein und zart, aber das Wesen, das in ihm steckt, hat einen individuellen Charakter. Woher kommt er?

Alles nur genetisch?

Gemeinhin heißt es, der Charakter sei die Mischung der Charaktere seiner leiblichen Eltern und diese würden ihre Charaktere auf ihr Kind per Gen-Fortpflanzung übertragen. An eine solche Theorie zu glauben, ist meiner Meinung nach noch viel abenteuerlicher, als an die Reinkarnationstheorie zu glauben. Schauen wir uns doch einmal genauer an, wie »Gene« wissenschaftlich definiert werden. Sie unterscheidet dabei nach Ländern:

Laut Wikipedia werden Gene in der Schweiz so definiert: »Es sind chromosomale, monogene, multifaktorielle, mitochondriale Auswirkungen, respektive der diesen zugrunde liegenden Veranlagungen, deren prä- und postnatale (inkl. präsymptomatische) Diagnostik und Klassifikation mittels genealogischer, klinischer, biochemischer, molekulargenetischer und/oder zytogenetischer Untersuchungsverfahren definierten Phänomene.«

In Österreich definiert man Gene so: »Die Gesetzmäßigkeiten biologischer Funktionen beim Menschen, der Ätiologie und Pathogenese erblicher und erblich mitbedingter Erkrankungen, der allgemeinen Humangenetik, der Zytogenetik, der Molekulargenetik, der Dysmorphologie, der klinischen Genetik einschließlich der Syndromologie, der Populationsgenetik und der genetischen Epidemiologie.«

In Deutschland definiert man Zytogenetik wiederum so: »Untersuchung der Chromosomen des Menschen mittels Fluoreszenz-Mikroskopie. Dabei versucht man, Besonderheiten in Chromosomensätzen zu finden und bestimmten Krankheitsbildern, Syndromen oder Krebstumoren zuzuordnen. Beispiel: Karyogramm. Es geht um die Erforschung der Erbkrankheiten und die Erstellung von Abstammungsgutachten. Nachdem das menschliche Erbgut im Humangenomprojekt weitgehend entschlüsselt wurde, geht es jetzt hauptsächlich darum, die Funktionen einzelner Gene und deren Zusammenspiel im Rahmen der Proteomik zu erkunden. Insgesamt enthält das Genom des Menschen rund 20 000 bis 25 000 Gene.«[21]

Wie hilft mir nun diese Wissenschaft, die Charakterbildung zu erklären? Kompliziert kann jeder, nur einfach ist genial. Mein Interesse ist es, glücklich und gesund zu sein. Inwiefern hilft mir die Genetik, dieses Ziel zu erreichen? Wenn sie durch die Analyse der Gene bei Menschen z. B. feststellt, dass ein bestimmtes Gen defekt ist oder vielleicht fehlt, dann erklärt sie den Nachkommen dieser Menschen, dass sie ebenfalls mit diesem Defekt rechnen müssen. Stirbt der Vorfahre an der Krankheit, die die Medizin auf diesen Gen-Defekt zurückführt, dann müssen die Nachkommen ebenfalls davon ausgehen, dass sie an diesem Defekt erkranken und frühzeitig sterben.

---

[21] https://de.wikipedia.org/wiki/Humangenetik#Schweiz und https://de.wikipedia.org/wiki/Zytogenetik

Dazu kenne ich den Fall von Beatrice Wessely aus der Schweiz.[22] Gemäß der Genetik-Lehre erhielt sie eine Todesdiagnose von der Universität Bern. Darin wird prognostiziert, dass sie keine Überlebungschancen habe, denn diesen Defekt (in ihrem Fall das fehlende Gen Nr. 19) hatte noch nie jemand überlebt. Auch bei ihrem Vater und seiner Schwester hatte Beatrice erlebt, dass beide daran frühzeitig gestorben waren. Also musste auch sie daran glauben und akzeptieren, bald zu sterben. Beatrice machte daraufhin mit 18 Jahren ihr Testament und beschloss, sich in den noch verbleibenden letzten paar Monaten ihres Lebens mit dem Erbe ihres Vaters ein schönes Leben zu machen.

Doch plötzlich hatte sie die Eingebung, dieses Erbe (Geld) nicht zu verpulvern, sondern Menschen aufzusuchen, die einer anderen als der genetischen Theorie folgten. Dafür besuchte sie Schamanen und Heiler in aller Welt aus meinem Film *Unterwegs in die nächste Dimension*. Sie lebte dabei auch mehrere Monate auf dem Land bei einem brasilianischen Heiler. Während sie durch all diese Begegnungen in Kontakt mit anderen Welt- bzw. Menschenbildern kam und sie verinnerlichte, hatte sie ihren prognostizierten Tod bereits um ein Jahr in völliger Gesundheit überlebt.

Deshalb wollte sie sich nun von denselben Genetikern in Bern noch einmal untersuchen lassen, ob dieses angeblich fehlende Gen Nr. 19 wieder aufgetaucht oder sich neu gebildet habe. Da die Genetiker aber der Auffassung sind, Gene lassen sich weder verändern noch nachbilden, verweigerten sie diese nachträgliche Untersuchung. Sie wollten ihre Theorie und die dazugehörige Statistik nicht infrage stellen lassen. Beatrice lebt heute nach mehr als 20 Jahren ohne einen sogenannten genetischen Defekt in bester Gesundheit.

Kann die Genetik die Reinkarnation aus den Angeln heben? Es geht doch immer nur darum, welches Menschenbild mir welches Entwicklungspotenzial bietet. Keine Theorie bzw. kein Menschenbild oder Erklärungsmodell des Lebens ist wahr oder unwahr. Jede Theorie fußt auf einem darunterliegenden Menschenbild, das wiederum auf einem darunterliegenden Menschenbild basiert, das wiederum auf einem darunterliegenden Men-

---

22 DVD: *Heilung in sechs Schritten* (siehe Anhang/Medienshop).

schenbild basiert. Am Ende muss ich mich auch hier wieder fragen: *Was würde die Liebe tun?* Liebe ist Harmonie. Wenn ich in Harmonie bin, stimme ich mit dem Universum überein. Denn mathematisch gesehen, befindet sich das Universum in einer perfekten Harmonie, sogar – darauf wies ich schon hin – auf energetisch niedrigstem Niveau. Weshalb ist das so? Ganz einfach, weil Harmonie am wenigsten Energie braucht.

Da das Erklärungsmodell *Global Scaling* über unendlich viele Belege verfügt, bleibt mir nur noch die Frage zu beantworten: Will ich dieses Modell zur Grundlage meines Lebens machen, oder ist mir der Stress lieber, den mir ein anderes Menschenbild bereitet, das ich für wahrer halte? In diesen Grundsatzfragen kann es jedoch nicht um Wahr oder Unwahr, Richtig oder Falsch gehen, sondern lediglich darum: Was will ich? Will ich in der Liebe sein oder im Stress? Es geht nicht um Theorien, es geht um Lebensqualität – auch um die des Wissenschaftlers privat.

Die Lebensqualität entscheidet sich zum größten Teil im Moment der Zeugung. Selbst wenn ich gemäß der Genetik-Theorie glauben will, mein Charakter sei das Produkt der Charaktere meiner Eltern, so bleibt der Zeugungsmoment doch der wichtigste Moment meines Lebens. Wenn ich die Genetik für wahr halten will, entscheidet sich – wie auch bei der Reinkarnation – im Moment meiner Zeugung mein Schicksal. Ohne mich in wissenschaftliche Streitereien zu verwickeln, kommt es nach diesen deterministischen Theorien darauf an: Wer sind meine Eltern, welche biologischen, sozialen und charakterlichen Möglichkeiten bieten sie mir?

Diese Frage gilt es in beiden Menschenbildern zu beantworten, mit dem großen Unterschied: Bei der Genetik kann man nicht von einer eigenen Entwicklungskompetenz sprechen, bei der Reinkarnation schon. Bei der Genetik ist es egal, was die Eltern bieten, denn man selbst ist in dieser Theorie kein Wesen, das eine Wahl hätte, dieses Angebot anzunehmen oder abzulehnen. Ich als Wesen entstehe ja erst dadurch, dass die Eltern sich zu einem Geschlechtsakt zusammentun. Vorher gibt es mich noch gar nicht. Deshalb bin ich völlig willenlos. Ich bin ein Nichts.

Wie kann ich mir nach dem Gesetz von Ursache und Wirkung vorstellen, dass ich aus dem Nichts entstanden bin? Für alles, was sich manifestiert, braucht es doch einen geistigen Impuls, eine Energie, eine Absicht, eine Idee oder sogar einen Willen, der sich verdichtet, komprimiert und dadurch konkretisiert – und am Ende steht dann ein körperlicher Mensch aus Fleisch und Blut. Wie kann die Genetik diesen geistigen Impuls erklären, der sich der biologischen, sozialen und charakterlichen Elemente der Eltern im Liebesakt bedient? Laut Genetik gibt es diesen Impuls gar nicht. Das ist nachvollziehbar, denn wie soll sie auch etwas Geistiges erkennen, wenn doch ihr gesamtes Weltbild aus materiell nachweisbaren Elementen besteht? Nach diesem Weltbild gibt es nur die Eltern und deren Eltern und deren Eltern und so weiter.

Ich bin also die Summe all dieser vererbten biologischen-chemisch-physikalisch nachweisbaren Chromosomen – von dem, was sich im Sperma und im Ei an genetischen Anlagen befindet. Da gibt es demnach bei meinen Eltern offenbar physische und biologische Elemente, die ICH übernehme. Aber dieses Ich existiert doch laut Genetik noch nicht, das wird im Geschlechtsakt doch erst erzeugt! Wer sorgt denn dann aber für die Auswahl? Und es muss ja eine Auswahl stattfinden, denn niemand ist das exakte Ebenbild aller Eigenschaften seiner beiden Eltern und ihrer Vorfahren.

Auf ganz natürliche Weise kann ich wahrnehmen: Da habe ich etwas von ihr, dort etwas von ihm, vielleicht auch etwas vom Onkel oder der Großmutter, und so weiter. Selbst wenn man nach der Vererbungstheorie von Darwin und Mendelssohn Elemente in meinem Charakter erkennen will, die auch in meinen biologischen Vorfahren zu erkennen sind, stellt sich dennoch die Frage: Wer hat diese Elemente ausgesucht? Wenn die Genetik mit dieser Frage an ihre Grenze stößt, dann antwortet sie entweder mit Gott oder mit dem Zufall. Beides sind Joker für Nichtwissen. Das ist keine Schande. Es heißt nur, das Erklärungsmodell Genetik kommt hier nicht weiter. Für unsere persönliche Entwicklung ist es aber von höchstem Interesse, eine Antwort auf die elementare Frage zu erhalten: *Welche Kräfte sind es, die des Menschen Charakter bestimmen?*

Ohne Seele keine Form

Geben wir es zu: Die Genetik kann auf die Frage, wer oder was bestimmt, welchen Charakter wir haben, nicht antworten, weil es in ihrem Weltbild den Geist nicht gibt, den wir im Reinkarnationsmodell auch *Seele* nennen. Die Seele ist zu verstehen als individualisierter Geist. Mit dem Reinkarnationsmodell arbeiten wir an diesem Thema mit dem universalen Gesetz von Ursache und Wirkung, denn wie schon gesagt: Die Ursache für alles, was sich manifestiert, wie z. B. ein Mensch aus Fleisch und Blut, benötigt einen geistigen Impuls als Ursache.

Dieser geistige Impuls muss also schon *vor* dem Liebesakt der Eltern vorhanden sein, denn sonst könnte niemand die genetische Auswahl treffen. Und an den Klapperstorch wollen wir ja wohl nicht glauben. Es ist sowieso ein Unding, die ernsthaften Fragen der Kinder mit einem solchen Blödsinn abzutun, auch wenn man es als Witz versteht. Warum scheut man sich, den Kindern das Reinkarnationsmodell zu vermitteln? Weil es in unserer westlichen, materialistisch ausgerichteten Kultur noch nicht zu den anerkannten Erklärungsmodellen gehört? (Aber der Klapperstorch gehört dazu?)

Die Erklärungsmodelle wechseln heutzutage immer schneller, da die Ereignisdichte stark zunimmt. Man muss immer schneller und öfter seine Wahrheiten aufgeben. Denken wir nur an den rasanten Wechsel von analog zu digital – ähnlich verhält es sich jetzt von Genetik zu Reinkarnation.

Lange haben die Menschen darunter gelitten (Inquisition etc.), ihre Wahrheit (Glaubenskonzept) wechseln zu wollen, bevor es die herrschende Schicht getan hat. Dafür wurde man verbrannt, kam ins Gefängnis und wurde gefoltert. Diese Angst muss man jetzt, beim Wechsel von Genetik auf Reinkarnation nicht mehr haben. Reinkarnation ist für manch einen vielleicht noch etwas ungewohnt, aber unsere Entwicklungsmöglichkeiten erweitern sich mindestens so unfassbar stark wie von analog zu digital. Wer jetzt nicht umsteigt, vergeudet ungeahnte Ressourcen, die in einer bewussten Auswahl der genetischen Elemente stecken.

Denken wir nur mal daran, wie unsere Kinder sich in der Schule plagen müssen, weil Fähigkeiten aus ihrem letzten Leben nicht berücksichtigt werden und durch das herrschende Genetik-Modell tabu bleiben. Es ist daher ein Muss, ihnen die nächste Bewusstseinsstufe zu vermitteln, auch wenn die Schule das im Moment nicht tut (siehe auch in Kap. 10 den Abschnitt »Rückerinnerung von Anfang an«). Wir erleichtern Kindern das Lernen, indem das Lernen sich wandelt zum Erinnern. Die Genetik kann unser Vorleben und das unserer Kinder nicht zur Kenntnis nehmen, weil man durch ihre Brille die geistige Kontinuität nicht sehen kann.

Setze ich hingegen die Reinkarnationsbrille auf, erkenne ich sofort, wer meine Eltern und ihre Vorbildfunktion für mich gewählt hat – nämlich ich selbst bzw. meine Seele. Wer sonst? Mit dem alten Erklärungsmodell klappt das nicht. Will ich es nicht loslassen, habe ich nur die Möglichkeit, ins Irrationale abzuweichen. Kein Wunder: Denn wenn ich unbedingt weiter analog denken möchte und aus diesem analogen Denken heraus Fragen an die digitale Welt stelle, bekomme ich keine vernünftigen, logischen Antworten. Dann muss ich z. B. sagen: »Gott hat für mich gewählt, obwohl es mich laut Genetik noch nicht gab.« Doch an Gott zu glauben ist – wie schon gesagt – noch viel abenteuerlicher, als an Reinkarnation zu glauben. Gott muss so lange als Schöpfer herhalten, wie Männer ihn als Herrscher für ihre Machtausübung gegenüber den Frauen brauchen. Heute darfst du sagen: *Der Schöpfer bin ich selbst.*

Mit der Reinkarnationslehre stehst du plötzlich mitten im Strom ohne Anfang und ohne Ende deines Entwicklungspotenzials. Da gibt es die Zeugung und den Tod nicht als Grenze. Das ist ein ganz anderes Denken. Da bekennst du dich zu der Wahl deiner Eltern. Da lernst du, das an ihnen zu schätzen, was dich in ihrem Charakterspektrum so fasziniert hat, dass du damit dein ganzes nächstes Leben gestaltet hast; inklusive der sozialen Ausgangsbedingungen, bis du für dich selbst Verantwortung übernehmen konntest.

Als sie ihren Geschlechtsakt durchführten, fehlte deinen Eltern sicherlich das Bewusstsein dafür, welche ihrer genetischen Anteile sie an dich weitergeben wollten und welche nicht. Du hast aber diesen Geschlechtsakt für deine Fleischwerdung genutzt. Und es war auch schon viel Bewusstheit, wenn sie dabei gedacht haben sollten, dass sie jetzt, in diesem Moment, ein Kind zeugen oder empfangen wollen. Es fehlte ihnen jedoch vermutlich das

Bewusstsein, dass sie genau jetzt dir die Chance geben, wieder ins Fleisch (in *carne*) zu kommen. Es war dein Entschluss, bei diesem Mann und dieser Frau dir deine Form zu geben, und dafür hast du dir genau diese Eltern ausgesucht.

Nun haben zwei solche Menschen jeweils eine ganze Bandbreite von guten und schlechten Eigenschaften. Vielleicht bist du unter schwierig(st)en sozialen und menschlichen Bedingungen aufgewachsen. Umstände, deren Opfer du nicht mehr sein, sondern dich von ihnen befreien willst. Möglich wird das, indem du selbstverantwortlich die Spur zu deinen Vorleben aufnimmst und dir über alle Abhängigkeiten Klarheit verschaffst. Dank des Reinkarnationsmodells kannst du z. B. die Charakter-Aspekte deiner Mutter und die deines Vaters aufschreiben und dir anhand dieser Liste überlegen, welche du übernommen hast und welche nicht. Du kannst dich auch fragen, was dich an ihr und an ihm so fasziniert hat, dass du dir diese Erzeuger ausgesucht hast – egal, wie schwierig es sich später vielleicht entwickelt haben mag. Es muss etwas gegeben haben, das dich dorthin gezogen hat. Zufall gibt es im Universum nicht.

Wenn Jamgon in seinem nächsten Satz beim Bardo-Teaching sagt: »Es liegt an unserem Bewusstsein, mit welchem Charakter wir auf die Welt kommen«, dann gehören zu unserem Bewusstsein auch die genetischen Aspekte, die wir übernommen haben. Da dies eine geistige Entscheidung war, können wir diese Entscheidung geistig auch wieder korrigieren. Im Reinkarnations-Menschenbild ist dies keine biologische Festlegung. Auch daran wird klar, dass das geistig-seelische Menschenbild wesentlich mehr Möglichkeiten eröffnet als das materialistische, biochemische Menschenbild.

Abgesehen davon, dass ich mir mit dem geistig-seelischen Menschenbild das Erscheinungsbild meiner Eltern so kreieren kann, wie ich sie am liebsten habe, fördert es noch eine viel wesentlichere Lebensqualität zutage, die das Leben dadurch viel leichter macht, denn, so Jamgon: »Der Tod ist also nichts Endgültiges und somit ganz Negatives. Der Tod ist nur die Phase, in der der Geist seinen materiellen Ausdruck erneuert.«

Wie kann man aus der Beobachtung, dass der Mensch seinen Charakter mitbringt, zu dem Schluss kommen, dass der Tod nichts Negatives ist? Auch zur Beantwortung dieser Frage gehe ich wie immer von meiner eigenen Beobachtung und den eigenen Gefühlen aus und frage mich: Was macht denn eigentlich den Tod so negativ, dass ich sogar Angst vor ihm verspüre, wenn er bei meinen Nächsten oder bei mir anklopft? Im Wesentlichen ist es doch der Gedanke, dass dann alles vorbei ist, oder es ist der Gedanke, dass dann der Horror erst richtig losgeht (Stichwort »Fegefeuer«). Ist es diese Ungewissheit, kombiniert mit dem Verlassenheitsgefühl, was mich am meisten belastet?

Das Verlassenheitsgefühl ist angesichts des Todes bei den meisten Menschen das vorherrschende negative Gefühl – und zwar in erster Linie nicht einmal auf sich selbst bezogen (was beim Sterben das Lösen vom Irdischen angeht), sondern auf die Hinterbliebenen. Deren Verlassenheitsgefühl ist oft das Schlimmste am Tod: Verlassen worden zu sein von einer geliebten Seele in einer geliebten Form. Verlassen von ihrer Präsenz im vertrauten Gestus, von dem, was ihr irdisches Wesen in seinen vielen Facetten ausmachte. Und doch – schauen wir erneut über den Tellerrand – können wir bei allem Verlust und bei aller Trauer erkennen und auch fühlen, dass nur die äußeren Bedingungen sich verändern – der Kontakt zur Seele des anderen bleibt lebendig, ist nicht tot.

Schauen wir uns erneut die Babys an: Direkt nach der Geburt springt ins Auge, dass das Leben nicht bei null beginnt. Da ist etwas – etwas Allumfassendes, sehr Großes, Starkes, etwas, was man nicht ignorieren kann. Selbst dann, wenn ich es ignorieren wollte, schreit dieses Wesen und wird dabei nicht einmal heiser. Mein Baby schreit so, dass ich (oder auch andere) es wahrnehmen müssen. Ich kann nicht sagen, dass dieses Neugeborene ein noch leeres, unbeschriebenes Blatt ist, das noch keiner besonderen Zuwendung bedarf. Im Gegenteil, es braucht höchste Beachtung, Pflege, Wertschätzung, Zeit, Zuwendung, Liebe, Ansprache – einfach alles, und zwar von der ersten Minute an.

Das zeigt mir wieder: Der Mensch kommt nicht aus dem Nichts, er bringt etwas mit. Das Wesentliche, was er mitbringt, ist nicht das Aussehen des Babykörpers, sondern etwas Wesentliches – sein Wesen. Deshalb habe ich mich zu fragen: Wann ist das entstanden? Wie alt ist es? Ist es erst kurz vor der Geburt entstanden? Dann müsste es davor ein lebloser Fleischklops im Bauch der Mutter gewesen sein. Auch das stimmt nicht, wie das Gefühl jeder Mutter bestätigen kann und auch jede Ultraschall-Aufnahme zeigt. Also: Wie weit muss ich zurückgehen, damit ich eine glaubwürdige Erklärung dafür erhalte, wann das Wesen als ein vermeintlich neues Wesen entstanden ist? Im Moment der Zeugung? Beim körperlichen Liebesakt der Eltern? In diesem Akt muss das ganze Wesen, also der ganze Charakter dieses Wesens im Sperma und im zu befruchtenden Ei enthalten sein, wenn ich versuche, so stark wie möglich Materialist (in diesem Fall Biologe) zu bleiben.

Merkst du, liebe Leserin und lieber Leser: Bevor wir uns weiterhin im Kreise drehen, bleibt festzustellen: Hier hadern wir wieder mit der Genetik. Sie kann nicht anerkennen, dass dem Charakter eines Kindes etwas sehr Eigenes, Einzigartiges anhaftet. Der Mensch ist nicht nur das Gemenge seiner biologischen Vorfahren. Das widerspricht der eigenen Erfahrung. Dieses Eigene, Mitgebrachte muss schon vor dem Moment des Liebesaktes bestanden haben. Das kann keine materialistisch nachweisbare Sache sein. Für den Naturwissenschaftler wird es in diesem Moment mystisch. Da kommt etwas ins Spiel, was er mit seiner auf der Ratio basierenden Philosophie nicht mehr abdecken kann. Er muss die Antwort schuldig bleiben. Er ist an die Grenze seines Erklärungsmodells angelangt.

Mit welchem Menschenbild schaue ich auf Leben und Tod?

Kein Erklärungsmodell kann das Leben in seiner ganzen Komplexität abbilden. Es ist immer nur ein ganz bestimmtes Raster, das man auf das Leben projiziert, um Strukturen zu erkennen, aus denen eine Ordnung erstellt werden kann. Aus dieser wiederum sollten neue Erkenntnisse für die Weiterentwicklung unseres Bewusstseins erwachsen. So, wie ich mit dem analogen Erklärungsmodell beim Computer passen muss und ein neues, anderes Erklärungsmodell brauche, um mit ihm umgehen zu können, so muss ich das materialistische Weltbild verlassen und mich des geistig-seelischen Weltbildes bedienen, wenn ich verstehen will, weshalb der Mensch mit einem bereits ausgeprägten Charakter auf die Welt kommt. Wollen wir also eine Antwort darauf geben, welche Kräfte es sind, die des Menschen Charakter bestimmen, dann brauchen wir ein strukturgebendes Menschenbild, mit dem wir die Prozesse analysieren können.

Die Klapperstorch-Metapher ist für das herrschende Denken das Eingeständnis, keine tragfähige Erklärung für die Entstehung des menschlichen Charakters geben zu können. Das macht nicht glücklich, und man kann seinen Kindern nicht glaubhaft erzählen, dass sie voll ausgereifte Persönlichkeiten mit einer großen, unendlichen Vergangenheit sind. Falls du dich aus Liebe zu deinen Kindern doch für diese Sichtweise entscheidest, dann hat in diesem Moment auch der Tod für dich seinen Schrecken verloren.

Oder meinst du etwa nicht?

Du: *Nein!*

Ich: *Warum nicht?*

Du: *Ganz simpel. Mir ist die Verbindung zwischen Tod und Zeugung nicht klar.*

Ich: *Du erkennst aber an, dass der Mensch seine Persönlichkeit mitbringt, und nicht erst bei der Zeugung erlangt!?!*

Du: *Ja, klar! Aber woher nehme ich die Gewissheit, dass diese Persönlichkeit, die da auf die Welt kommt, vorher gestorben war?*

Ich: *Woher könnte die Persönlichkeit denn sonst kommen?*

Du: *Keine Ahnung, vielleicht vom Mond oder sonstwoher.*

Ich: *Keine Witze. Bitte schaue dir (d)ein Baby noch mal an: Kommt es dir nicht irgendwie vertraut vor?*

An dieser Stelle gibt es oft zwei verschiedene Antworten: Einige Eltern sagen: Ja. Die anderen sagen: Nein – bis hin zu der Vermutung, das Baby könnte auf der Geburtsstation vertauscht worden sein. Dieses Gefühl tragen oft auch die Kinder in sich. Es geht nach wie vor um die Frage: Woher hat der Mensch den Charakter, mit dem er auf die Welt kommt? Oder: Woher hat er bei Geburt so starke Merkmale, wie z. B. eine körperliche und/oder geistige Behinderung?

Zu jeder Antwort gehört die Feststellung: Dieses Kind, wo immer es herkommt und was immer es vorher erlebt hat, es wollte zu dir oder sagen wir besser zu euch, die ihr seine Bezugspersonen seid. Dafür muss das Kind – anders ausgedrückt – die Persönlichkeit, die bei euch inkarniert hat, einen Grund gehabt haben. (Nicht nur ihr Eltern könnt der Grund sein, sondern auch vorhandene Geschwister, Omas, Opas, Onkel, Tanten etc. – alle nahen Personen kommen als Inkarnationsmotiv infrage.) Zufälle, wie wir inzwischen wissen, gibt es dafür in unserem Weltbild nicht.

In dem Weltbild vieler Menschen lautet an dieser Stelle die Antwort: »Das muss Gottes Wille gewesen sein.« Befriedigt dich eine solche Antwort oder könntest du deine Philosophie ändern? Mit Gott speist man damit seinen Wunsch nach Erkenntnis (nach Bewusstseinserweiterung) mit etwas Irrationalem ab, weil das Nach- und Hinterfragen und das Darüber-Nachdenken sehr anstrengend sind. Man spürt nämlich, dass man mit seinem bisherigen Weltbild an eine Grenze stößt und mit seinen bisherigen Wahrheiten nicht weiterkommt. Diese Wahrheiten gebärden sich meist wie Betonwände, die zu verschieben oder einzureißen viel Kraft kostet, was den Widerstand hervorruft, dich von deiner bisherigen Philosophie zu verabschieden.

Bei anderen Menschen sieht man die Gründe für einen solchen Widerstand problemlos, nur bei sich selbst, da steht man »auf'm Schlauch« und merkt es nicht mal. Selbst bei deinen Kindern siehst du es oft nicht, weil sie dir zu nahe sind. Du fragst dich beispielsweise, warum dein Kind bisweilen so problembeladen ist. Welche Möglichkeiten hast du, um ihm zu einem glücklicheren und gesünderen Leben zu verhelfen?[23] Dazu wäre es sehr hilfreich, du würdest wissen, wer dein Kind in seinem früheren Leben war.

Mit Wissen hat diese Antwort aber nichts zu tun, sondern mit Hinschauen und Hinfühlen. Vergleichbar mit dem ersten Kontakt zu Menschen anderer Rasse und Hautfarbe. Zu Beginn sind sie kaum zu unterscheiden. Lebt man mit diesen Menschen eine Weile zusammen, versteht man die Frage, woher man weiß, wer wer ist, nicht mehr. Denn jeder Mensch hat sein ganz eigenes Wesen, ebenso die Tiere.

Ein Bauer mit 100 Kühen kennt jede einzelne beim Namen und kann sie

---

[23] Du kannst dir auf meiner Website www.clemenskuby.de sehr viel, ganz unterschiedliche Hilfe dazu holen.

problemlos erkennen. Für den Fremden sehen alle Kühe zunächst gleich aus, sofern sie zur selben Rasse gehören. Erst durch genaues Hinschauen und ein emotionales Wahrnehmen entsteht das intuitive Wissen der Unterscheidung. Genauso ist es auch bei der Wiederkennung eines Menschen in seinem früheren Leben. Das braucht ebenfalls eine Eingewöhnungszeit. Wenn ich schließlich eine Verbindung zu seiner Seele gefunden habe und seinen Charakter mehr und mehr kenne, kann ich mich hinsetzen und mit seiner Seele einen schriftlichen Dialog im Alpha-Zustand führen.[24]

Dafür benutze ich im Rahmen der *KUBYmethode*® das *Seelenschreiben*®. Die Ergebnisse einer solchen Praxis theoretisch zu erklären bringt nichts. Verblüffend aber sind die schriftlichen Antworten im Dialog mit dem Kind. Zum Beispiel seine Antwort auf deine Frage: »Warum hast du bei mir inkarniert?«

Sicherlich bedarf das Seelenschreiben etwas Übung, um zu den Antworten Vertrauen zu gewinnen. Ist man aber – wie es den meisten geht – schon nach den ersten Malen von den Antworten bis zu Tränen gerührt, dann weiß man, dass man richtig liegt, und kann das schriftliche Gespräch bis in die Zeit vor der Zeugung und weiter zurück bis vor den letzten Tod fortsetzen.

Hat man dadurch die materialistische Begrenzung einmal überschritten, dann wird bei dir vermutlich die Frage auftauchen: »Wer war ich selbst in meinem Vorleben?« Bei dir selbst wirst du noch genauer feststellen können, was stimmt und was stimmt nicht. Die Antwort liegt in der Ver-Antwortung. Die Verantwortung selbst ist die Antwort. Muss ich mir durch das Seelenschreiben eingestehen, dass ich bei anderen eine gewisse Kontinuität von ihrem Vorleben zu ihrem gegenwärtigen Leben erkenne, dann muss ich davon ausgehen, dass auch ich selbst ein Kontinuum bin. Durch diese Hypothese wächst mir automatisch eine Verantwortung für mein Sein zu, die womöglich sehr erschreckend wirkt. Ich muss mich zu diesen, meinen Eltern und diesem Umfeld, in das ich hineininkarniert habe, bekennen – und zwar positiv, als Ausdruck meines Bewusstseins.

---

[24] Mehr dazu in »Persönlicher Masterplan zur Reinkarnation« (siehe Anhang).

Ohne dieses Bekenntnis weiß ich nicht, wer ich war, der sich zu ihnen bekannte, um der zu sein, der ich in diesem Moment heute bin. Ich bin, also bin ich. Meine Seele ist ein Kontinuum und hatte vor dieser Form (vor diesem Körper) eine andere Form (einen anderen Körper). Denn so, wie Jamgon oben bereits sagte: »Der Geist kann nicht in physische Elemente zerfallen, denn er besteht nicht aus physikalischen Elementen«, akzeptiere ich, dass der Charakter, mit dem ich auf die Welt gekommen bin, derselbe Charakter ist, mit dem ich das letzte Mal meine Form (meinen Körper) verlassen habe. Ich brauche also nicht nach etwas ganz anderem zu suchen, als ich bei meiner Geburt bin/war. (Beim Seelenschreiben schreiben wir immer alles im Präsens.) Ich muss mich nur zu diesen Eltern als meine eigene Wahl bekennen, egal, wie ich sie vielleicht aus heutiger Sicht kritisiere. Es muss einen guten Grund für meine Wahl gegeben haben, und der liegt in meinem Vorleben.

»Tod wird nur dann schlimm, wenn man sich primär über materielle Werte definiert und weniger über das, was man denkt und fühlt«, sagt Jamgon weiter.

Glaubenskonzepte – der Kitt des Daseins

Wie ändert man seine Wahrheiten oder seine Philosophie (was letztlich dasselbe ist)? Woran erkennt man selbst sein eigenes Glaubenskonzept? Ist dir bewusst, dass du einem ganz bestimmten Glaubenskonzept anhängst? Atheisten sind z. B. der Meinung, dass sie an nichts glauben. Sie glauben aber an die Wissenschaft. Die Wissenschaft ist derzeit die am weitesten verbreitete Religion und hat damit den Katholizismus überholt, gefolgt vom Islam, der sich anschickt, die größte Religion auf der Erde zu werden. Atheisten, die an die Wissenschaft glauben, sind aber immer noch in der Mehrheit. Wozu gehörst du? Zu welchem Glaubenssystem rechnest du dich zugehörig? Manche rechnen sich zu etwas anderem, als sie gerechnet werden.

Ich beispielsweise rechne mich nicht zu den »Sektenverdächtigen«, werde aber ihnen zugerechnet, weil ich in *Schloss Blumenthal* lebe, was von einigen als Sekte verdächtigt wird (www.schloss-blumenthal.de). Und das, obwohl der *Bayerische Rundfunk* extra einen Film über uns gemacht hat, um klarzustellen, dass wir keine Sekte sind, sondern ganz normale Bürger. – Manche Menschen werden auch zu Esoterikern oder Terroristen, Populisten, Faschisten, Gurus, Scharlatanen, Abzockern, Frauen- oder Putin-Verstehern, Gutmenschen, Heilsbringern usw. gerechnet, auch wenn sie sich jeweils selbst nicht dazurechnen.

Ich bin deshalb für den *gläsernen Menschen*. Warum? In den sich ständig steigernden technischen elektronischen Überwachungsmöglichkeiten gibt es keine Privatsphäre. Der Geist ist bereits aus der Flasche. Es ist absolut sinnlos, dem Einhalt gebieten zu wollen. Alles besitzt sowohl eine Licht- als auch eine Schattenseite. Mit dem Datenschutz versuchen wir, die Schattenseite in den Griff zu bekommen. Aber welche Möglichkeiten bietet denn die Lichtseite, wenn wir zu gläsernen Menschen werden?

Überzeichnen wir das doch einmal: Jeder kann durch die Datenfülle, die über mich existiert, sofort bestimmen, zu welcher Sorte Mensch ich gehöre. Ich bemühe mich auch nicht weiter, irgendetwas von mir geheimzuhalten, das ist mir viel zu anstrengend. Es ist doch das Schönste, wenn man von anderen genau zu dem gerechnet wird, zu dem man sich selbst rechnet. Dann ist die Welt in Ordnung.

Ich muss also nur gläsern werden, dann besteht theoretisch zwischen meiner Innen- und der Außensicht auf mich kein Unterschied mehr. Dank *Google, Facebook* und noch so ein paar anderen unentwegten Datensammlern kann ich bald davon ausgehen, dass über mich so viele Daten erfasst sind, dass jeder, der Zugang zu diesen Daten hat, mich exakt einordnen kann. Zu meinem Ideal des gläsernen Menschen gehört es selbstverständlich, dass diese Daten über mich jedem, vor allem mir selbst, zugänglich sind. Das muss ein Grundgesetz sein, sonst lässt sich das Ideal des gläsernen Menschen nicht verwirklichen.

Der demokratische Grundsatz »Gleiches Recht für alle« muss natürlich insbesondere für den Datenzugang gelten. Ich möchte über meine Freundin genauso alles wissen, was andere über sie auch wissen und was sie selbstverständlich über mich ebenfalls wissen möchte. Kein Mensch hat mehr vor einem anderen Menschen irgendwelche Geheimnisse – das ist mein

Ideal.[25] Wenn dieses Ideal verwirklicht ist, kann ich mich absolut sicher fühlen, weil alles und jeder transparent ist.

Ich weiß natürlich, dass andere Menschen sich als gläserner Mensch sehr verunsichert und sich der Willkür der Mächtigen völlig ausgeliefert fühlen. Dieses Gefühl schränkt die Lebensqualität stark ein und lässt Angst und Ohnmachtsgefühle aufkommen. Genau diese Gefühle möchte ich nicht. Und ich weiß auch, dass ich die Datengier der Herrscher nicht eindämmen oder gar stoppen kann. Die Proteste dagegen kommen einer Sisyphos-Arbeit gleich.

Deshalb habe ich meinen Standpunkt um 180 Grad geändert: Ich erinnere mich an die Verbundenheit aller Wesen, die ich spüre, und auf der auch die *KUBYmethode®* fußt. Bei jeder systemischen Aufstellung, bei jedem kinesiologischen Test, bei jedem Seelenschreiben profitiere ich von dieser kosmischen, universalen, spirituellen Verbundenheit. Ich kann es deshalb würdigen, dass in unserer materialistischen Zeit Techniker dieses göttliche Prinzip nachzubauen versuchen, und deshalb z. B. *Facebook* erfunden haben und es über die ganze Welt verbreiten. Noch mit keiner anderen Technik ist man diesem spirituellen Slogan »We are all one« nähergekommen als mit *Google* und *Facebook*.

Der Mensch möchte Gott werden und sich deshalb am liebsten selbst erschaffen. Und das tut er mit dem herrschenden Menschenbild auch immer mehr. Er macht demzufolge Erfindungen, mit denen er unsere natürlichen, mitgebrachten Fähigkeiten durch selbst erfundene Techniken ersetzt.

Beispielsweise besitzt von Natur aus jeder Mensch telepathische Fähigkeiten. Und was macht der Mann wieder daraus? Statt auf diese seine Fähigkeit zu vertrauen und sie auszubauen, erfindet er das Telefon. Das Telefon ist zwar längst nicht so flexibel und so allumfassend wie die Telepathie, aber es ist selbst erschaffen. Damit verkümmert natürlich unser geistiges Potenzial. Aber wir haben die Befriedigung, dass wir diese Fähigkeit in eine eigene physikalische Form umgesetzt haben, entsprechend unserer mate-

---

[25] Im neuen elektronischen Zeitalter ist neben dem Datenschutz ein Gesetz erforderlich, in dem geregelt wird, dass jedem Menschen seine über ihn gesammelten Daten zur Verfügung stehen.

rialistischen Epoche. Ebenso geht es unserem Orientierungssinn, z. B. mit dem Navi im Auto.

Doch bevor wir dem Technikrausch weiter folgen: Schauen wir uns doch nur mal die Tiere an, die nicht in einer solch materialistischen Ideologie verhaftet sind wie wir. Staunen wir darüber, wie sie ihr angelegtes Potenzial, ihre Fähigkeiten im Laufe der Zeit entwickelt haben. Da ist der phänomenale Orientierungssinn von Zugvögeln, die eine Strecke um die ganze Welt mit einem präzisen Ziel kennen, das ihnen lediglich aus ihren Vorleben bekannt sein kann.

Oder da ist der megaschnelle und kreative Sardinenschwarm, der sich in Sekunden zu einem riesigen Fisch formatiert, um beispielsweise einen Hai oder einen anderen großen Angreifer in die Flucht zu schlagen. In diesem blitzartigen Geschehen weiß jede kleine Sardine, wo ihr Platz ist, um die Flossen und die gesamte Leibesform ihres gemeinsamen Riesenfisches vorzutäuschen. Und drei/vier Sardinen wissen auch genau, dass sie an dieser einen Stelle auf dem Rücken schwimmen müssen, um gemeinsam das weiße Auge des Monsters vorzutäuschen, mit dem sie den Angreifer in die Flucht schlagen. Ja, das sind Eigenschaften, von denen wir noch Lichtjahre entfernt sind!

Aber nicht verzagen: Um uns in diese Richtung weiterzuentwickeln, können wir uns als geistige Wesen erkennen. Und dann eröffnen sich uns Entwicklungsmöglichkeiten, die wir bisher mit unserer materialistischen Ausrichtung für unmöglich halten. Wir können jede evolutionäre Entwicklung sowohl negativ als auch positiv nutzen. Keine einzige Manifestation besitzt nur eine Seite. Es ist unsere Aufgabe, uns jeweils zu entscheiden. Ich habe mich deshalb für die positive Seite des *Social Media* entschieden. Die Kritik, die via *Facebook* an mir geübt werden kann, betrachte ich als eine Herausforderung, die mich sehr achtsam werden lässt, meine Botschaften zunehmend sorgsamer zu formulieren. Das ist für alle gut. Wenn ich das schaffe, kann ich mich in eine große Gemeinschaft integrieren, die mir Sicherheit durch ein starkes Verbundenheitsgefühl bietet.

Natürlich sehe ich auch die andere Seite dieser Massenmedien, die eine große Oberflächlichkeit aufweist und wenig menschliche Empathie aufkommen lässt. Ich aber konzentriere mich auf die positive Seite. Und mit der lässt sich mehr für eine Bewusstseinserweiterung bewirken als mit allen anderen Werkzeugen in der Geschichte der Menschheit bisher.

Bislang war es Aufgabe der Religionen, unser Bewusstsein zu erweitern. Dafür propagiert jede Religion/jedes Glaubenskonzept ganz bestimmte Wahrheiten, denen wir vertrauen sollen. Wahrheiten jedoch besitzen die Eigenschaft, dass sie sich verabsolutieren und andere, ihnen widersprechende Wahrheiten nicht gelten lassen wollen. Das ist ein Prinzip, das sich charakterlich z. B. als eifersüchtiger Konkurrenzkampf äußert. Es entsteht ein Wettkampf um Beweise. Wenn du mit deinem Glaubenskonzept oder deiner Religion anerkennen könntest, dass jeder Beweis immer nur eine subjektive Wahrheit beweist, dann wärest du nicht mehr eifersüchtig und in Konkurrenz mit anderen Wahrheiten. Das würde sich sofort auf alle deine Beziehungen auswirken (siehe auch in Kap. 5 den Abschnitt »Wahrheit zum Wohle aller«).

Es ist müßig, zwei Glaubenssysteme dahingehend miteinander zu vergleichen, welches wahrer als das andere sein könnte. Damit werden Äpfel mit Birnen verglichen. Birnen sind genauso wahr wie Äpfel. Es kommt nur darauf an, was uns in der momentanen Situation besser schmeckt. Übersetzt gefragt heißt das: Welches Glaubenskonzept (Religion) dient in der momentanen Situation besser unseren Zielen?

Der Mission dieses Buches dient am besten, wenn ich daran glaube (es für wahr halte), dass ich ein ewig lebendes Kontinuum bin. Das will ich spüren, anwenden und nutzen. Ich prüfe für mich, was mir besser schmeckt oder mir in meiner jetzigen Lebenssituation mehr nützt: das Glaubenskonzept an ein singuläres Leben oder das Glaubenskonzept an das Kontinuum? Welches Konzept bietet mir eine höhere Lebensqualität und mehr Entwicklungsmöglichkeiten? Vielleicht stelle ich fest, dass zwischen Anspruch und Wirklichkeit noch ein großer Unterschied besteht – dass ich zwar gerne an das unendliche Leben glauben möchte, mich aber in der Vorstellung eines singulären Lebens gefangen sehe. Sollte dem so sein, dann beschäftige ich mich mit der Frage: Wie ändere ich mein Glaubenskonzept, ohne in einen Konkurrenzkampf mit anderen Glaubenskonzepten einzutreten?

Um etwas zu ändern, musst du erst mal wissen, was ist. Also frage dich: Wie stark hast du dein materielles Sein abgesichert? Wann holt dich die Existenzangst ein? Welches Gefühl ergreift dich bei einem Gedanken zwischen Taschengeldentzug und Börsencrash? Oder zwischen Scheidung und Versicherungsausfall? Zwischen Erdbeben und Krankheit? Wie viel investierst du in deine materielle Absicherung von der Beautyfarm bis zur Alarmanlage? Worauf legst du Wert im äußerlichen Image deiner Männlichkeit, vom stylischen Business-Anzug über den angesagten Fitness-Dress bis hin zum millimetergenauen Haarschnitt, der dich so cool macht? Wie wichtig ist dir deine Schönheit einer Model-Figur mit perfekten Haaren und Make-up, den Klamotten, den Schuhen und allen anderen Wohlstands-Attributen?

Ach, wir könnten die Fragen endlos fortsetzen, aber wir könnten auch mal fragen: Wie stark sind wir in unserem geistigen Sein verankert? Zu wie viel Prozent glaube ich, dass mein Körper meinem Geist (Denken) nachgeordnet ist? 10 Prozent, 30 Prozent, wie die Psychosomatik sagt, oder vielleicht 50 Prozent, und die andere Hälfte sind körperliche Probleme, oder 80 Prozent weil es einiges gibt, das ich nur mithilfe von Tabletten oder OPs wegbekomme? – Oder gar 100 Prozent nach dem Grundsatz: *Wie ich denke, so bin ich?*

Es geht darum, sich nicht das bewusst zu machen, was man gerne hätte, sondern das, was ist. Wie groß beispielsweise ist mein Tabletten-Konsum? Womit halte ich mich ökonomisch über Wasser? Und die letzte Frage lautet: Was ist, wenn ich sterbe? Solange die Antwort ein schwarzes Loch ist oder auf singende Englein setzt, besitze ich keine Handhabe, meine Wiedergeburt zu bestimmen. Um die geht es aber, wenn mir das Reinkarnationskonzept einen Vorteil gegenüber meinem jetzigen Denken verschaffen soll. Hören wir noch einmal in mein Gespräch mit Topga hinein:

Topga: *Am Ende geht es immer um den Glauben. Aber mein eigenes Denken kann das nicht akzeptieren. Ich brauche eine richtige Erklärung, warum etwas so oder so ist. Es kommt bei jeder Religion so weit, dass du es einfach glauben musst. Ich kann das nicht. Das widerspricht mir. Vielleicht ändert sich das mal, aber ich fürchte nein.*

CK: *Warum soll sich das ändern?*

T: *Ich fühle mich nicht dazugehörig, wenn ich Probleme habe, an Reinkarnation zu glauben.*

CK: *Möchtest du denn daran glauben?*

T: *Na klar, aber ich kann nicht sagen, ich glaube das einfach. Ich brauche Beweise, oder vielleicht nicht gerade Beweise, weil es die nicht geben kann, aber wenigstens ein Zeichen.*

CK: *Ja, das wünsche ich mir auch. Als Dokumentarfilmer will ich sehen, was ich glauben soll, und wenn ich es nicht filmen kann, dann sehe ich es auch nicht.*

T: *Und? Hast du es gesehen?*

CK: *Ich bin dran. Ich bin wie du, ich muss es erleben, um es zu glauben.*

T: *OK, dann schauen wir mal, was wir noch geboten bekommen.*

CK: *Mit der Kamera ist das gar nicht so einfach, denn bei den entscheidenden Dingen läuft die Kamera oft nicht oder ich bin gar nicht dabei. Ich kenne es dann nur vom Hörensagen.*

T: *So geht es mir auch. Ich bin aber gespannt, ob ich meinen Bruder je wieder zu Gesicht bekomme.*

CK: *Wenn, dann aber in einer anderen Form.*

T: *Ja klar. Das macht es ja so schwer.*

CK: *Vielleicht wirst du ja auf andere Art Gewissheit bekommen.*

T: *Wie?*

CK: *Durch einen Traum beispielsweise.*

T: *Träume sind Schäume.*

CK: *Vielleicht geht es nicht um einen bestimmten Glauben, sondern um das, was dich an deinem derzeitigen Glauben festhalten lässt.*

T: *Ich bin Geschäftsmann, habe 500 ArbeiterInnen. Ich muss materialistisch, ökonomisch denken.*

CK: *Dann muss das Zeichen auch so aussehen, dass es für dein Denken eine wirkliche Bedeutung hat.*

T: *Ja, und da sind wir beim Punkt. An ein solches Zeichen glaube ich nicht, denn dafür müsste mein Bruder genauso wiederkommen, wie ich ihn kenne.*

CK: *Entschuldige, das ist Blödsinn. Auch in deinem Denken siehst du ihn nie wieder so, wie du ihn schon mal gesehen hast. Mit der Zeit verändert sich jeder Mensch.*

T: *Aber nicht so krass wie durch eine Reinkarnation.*

CK: *Es kommt darauf an, worauf du achtest. Wenn du ihn dir natürlich so vorstellst, wie du ihn das letzte Mal gesehen hast, ja, dann wirst du ihm nie wieder begegnen. Wenn du aber an dein Gefühl denkst, dass du für deinen Bruder hattest, dann könnte es sein, dass du gegenüber der Reinkarnation wieder genau dasselbe Gefühl hast, wie für ihn in seinem letzten Leben.*

Topga kommen die Tränen.

CK: *Warum weinst du?*

T: *Ich weiß nicht. Es ist wohl das Gefühl, das ich für ihn habe.*

CK: *Dann kann es doch ein Zeichen sein, wenn du ihm in seiner neuen Form begegnest und du wieder dieses starke Gefühl hast. Dann wirst du es doch glauben?*

T: *Schauen wir mal …*

Die Frage, ob ich ein Gefühlsmensch oder ein Denkmensch bin, ist für die eigene Bewusstseinsentwicklung sehr wichtig. Die erste Reaktion, das erste Gefühl, bei dem ich mich wirklich betroffen fühle, ist untrügerisch, das Denken jedoch meist beherrscht von Zweifeln. Beim Denken kann es immer wieder ein Aber geben. Wenn ich etwas fühle, und mir kommen dabei sogar die Tränen, dann kann ich dieses Gefühl nicht leugnen oder infrage stellen. Ich habe es und es entstand ohne meinen Willen. Damit ist es eine Wahrheit für mich. Bei einem theoretischen Glaubenssatz kann immer irgendwie etwas weg- oder hinzugeredet werden, darauf ist wenig Verlass. Wenn ich einen Beweis suche, dann suche ich den besser mit dem Gefühl als mit dem Denken. Wenn sich etwas rundum stimmig anfühlt, dann verlasse ich mich darauf. Wenn ein Gedanke nur eine Theorie ist, darf ich sie bezweifeln.

Beispielsweise die Theorie, das Universum sei aus dem Urknall hervorgegangen. Ich habe dazu kein Gefühl. Schon gar kein stimmiges Gefühl. Die Theorie überzeugt mich nicht, denn sie sagt nicht, was vor dem Urknall war. Es gibt auch keinen internen Beweis dafür. Die Behauptung, der Urknall habe vor 13 Milliarden Jahren stattgefunden, lässt sich durch nichts belegen. Im Gegenteil: Das Hubble-Teleskop besitzt die Energie, 13 Milliarden Jahre in den Raum zu gucken. Es müsste also – egal, wo es sich seit dem Urknall im sich angeblich ausdehnenden Universum befindet – irgendwo den Rand dieser Ausdehnung entdecken, an dem sich die Sternendichte radikal gegen null verringert. Aber das ist nicht der Fall. Darauf antworten die Verfechter der Urknall-Theorie, dann hätten sie sich eben verrechnet und der Urknall müsse also 13,5 Milliarden Jahre her sein. Und schwupp – nur weil das Hubble-Teleskop nicht so weit sehen kann, ist damit diese neue Behauptung physikalisch nicht zu widerlegen – jedenfalls nicht mit den Bildern, die das Teleskop auf die Erde schickt.

Warum entwickelt man eine solche Theorie überhaupt? Zuerst einmal spiegelt sie das materialistische Denken, indem diese Theorie einen Anfangspunkt setzt, und entspricht damit allen materialistischen Prozessen von Werden und Vergehen. Alles, was sich materialisiert, hat einen Anfang und dadurch notgedrungen auch ein Ende. Das Ende des Universums ist auch den Theoretikern zu theoretisch und daher noch nicht festgeschrieben – das Ende unseres Sonnensystems hingegen errechenbar. Vielleicht ist diese Rechnung nicht mal falsch. Falsch wäre, zu behaupten, der Prozess des Werdens und Vergehens insgesamt habe einen Anfang und ein Ende.

Die Erde ist keine Scheibe und das Universum hat kein Zentrum, wie es der Mensch in seinem linearen Denken gerne hätte, eine dort irgendwie vorhandene Instanz, die in einer globalen Macht alles regelt. Richtig ist vielmehr, dass jedes Individuum ein Zentrum ist, und damit meine ich nicht nur den leibhaftigen Menschen. Angefangen vom Atom bis hin zu den Galaxenhaufen: Alle diese Individuen im Universum harmonieren miteinander. Sie brauchen keinen Eingott. Jeder Planet ist eine Göttin und jeder Stern ein Gott. Ying und Yang bestehen überall, ohne Anfang und ohne Ende. Das ist das Weltbild, in dem wir frei bleiben.

Jeder liebt jeden. Jedes Wesen liebt jedes Wesen. Es liebt sogar die Gazelle die Löwin, wenn sie ihr ihren Körper schenkt. Jedes Wesen entwickelt sich im Sinne des Universums weiter, weiter und weiter. Ideal waren und sind wir noch lange nicht und werden es nie sein. Wir ent-wickeln uns aus unseren falschen Wert- und Weltvorstellungen, die aus Egoverhaftung geboren wurden.

15

Gesellschafts-Spiele – eine Bestandsaufnahme

Die Aufspaltung in Mann und Frau ist eine Herausforderung, die wir in unserer Gesellschaft bis heute nicht gemeistert haben. Es gab wohl auch Zeiten, in denen das Weibliche die Frauschaft (statt die Herrschaft) über die Männer innehatte, aber der Mann besann sich auf seine physische Überlegenheit und biologische Unabhängigkeit und brauchte sich dadurch geistig nicht weiterzuentwickeln. Wenn er geraubt hatte, was es zu rauben gab, zog er weiter. Frauen, die schwanger waren und Kinder hatten, erfanden den Ackerbau und konnten auf diese Weise am Ort bleiben. Dass ein Ackerbau Vorratswirtschaft mit einschließt, verstanden Männer nicht. Sie entzogen sich den Anforderungen von Mutter Natur und suchten das Weite, bevor sie gelernt hatten, sich einem Zyklus unterzuordnen. Vorratskammern waren für sie ein gefundenes Fressen, das sie mit Gewalt den Frauen nahmen, sie erneut vergewaltigten, bevor sie weiterzogen.

Jetzt erst, in diesen Tagen, fängt der Mann an, sich um seine Brut zu kümmern und eine Babyauszeit zu beantragen, obwohl er schon so lange auf der Erde ist. Mit seinem Ego und seinem monotheistischen Herrschaftskonzept war er bis heute in der Lage, Mutter Natur und alle Mütter, Frauen insgesamt unterrespektiert zu lassen. Nachdem das Artensterben und die verringernde Lebensqualität nun auch ihm allmählich zu Bewusstsein kommen, bin ich als Mann in der Lage, so etwas zu schreiben und eine natürliche Lebensweise anzustreben.

Eine derart lange Männerherrschaft hat auch entsprechend beherrschte Frauen hervorgebracht. Es wäre keine Herrschaft, wenn dies nicht passiert wäre. Die Beherrschten können und dürfen keine andere Philosophie besitzen als die, welche die Herrschaft ausübt. Die Herrschaft würde zusammenbrechen, wenn die Beherrschten ihrem Denken nicht folgen würden. Dafür sorgt die Herrschaft durch einen gigantischen Angstapparat.

Aus Angst haben sich viele Frauen dem Denken der Männer unterworfen, was bei ihnen u. a. zu verzerrten Überzeugungen führt wie: »In erster

Linie muss es ihm gutgehen, dann erst komme ich.« Das geht bis zu dem in unserer Zivilisation bei grauenhaft vielen Männern vorhandenen Drang, in der Familie oder Verwandtschaft die kleinen Mädchen sexuell zu missbrauchen, was wiederum von den meisten der betroffenen Müttern gebilligt wird. Erstens, weil es ihnen selbst oft nicht anders erging, und zweitens, um aus Angst vor dem Mann ihm seine Herrschaft zu lassen.

Die Arbeit in meinen Seminaren zeigt immer wieder, dass sich nur wenige Frauen aus eigenem Antrieb aus einer Ehe befreien können. Meist brauchen sie dafür einen anderen Mann. Oft erst beim zweiten und dritten Befreiungsversuch klappt es ohne den Anlass eines weiteren Mannes. Oder die Frau begibt sich, wenn sie es alleine geschafft hat, schnell wieder unter die nächste Mannesherrschaft, vielleicht in etwas abgemilderter Form, aber vom Prinzip her gleich. Ihr Selbstwert bleibt somit am Boden bzw. hat sich nicht entscheidend gewandelt. Es gibt nur wenige Ausnahmen, und die sind besonders vorsichtig bei der Partnerwahl oder verzichten auf einen Mann, um ihre Autonomie zu wahren.

Erst wenn die Frau sich tatsächlich vom monotheistischen Denken befreit hat, kann sie ihren wahren Wert erfahren. Selbstverständlich ist es ihr möglich, mehrere Menschen, Männer und Frauen zu lieben. Da gibt es keinen Gott mehr, der sie dazu zwingt, einem einzigen Mann zu gehören. Es ist nur natürlich, dass jeder Mensch viele Götter/Göttinnen unterschiedlicher Charaktere liebt. Es kommt darauf an, welche Vereinbarung die Menschen für ihr Liebesleben treffen.

Klar, jedes Kind braucht nur den Samen eines Mannes und nicht mehrerer Männer und nistet sich auch nur in einem Ei einer Mutter ein. Das ist der durch nichts ersetzbare heilige Moment für die Inkarnation eines Menschen, bei der sich das in die Form kommen wollende Wesen die ihm passenden biologischen Bausteine und Charakteraspekte aussucht, von denen es sich angezogen fühlt. Und nolens volens nimmt es dies als Vorbild für sein nächstes Leben.

Das heißt nicht, dass es ausschließlich von diesen beiden Wesen geliebt und versorgt werden muss. Die Erfahrung lehrt, dass die gesunde Zuwendung, die ein Wesen bei seinem Aufwachsen braucht, von verschiedenen Menschen kommen kann, sogar kommen sollte. Heute ist das auf die Verwandtschaft, vorzugshalber auf die vorhergehende beschränkt, also auf die Großelterngeneration. Aber in stabilen Wohn- und Lebensgemeinschaften zeigt sich, dass die Kinder sich die Zuwendung auch von anderen, nicht verwandten Mitbewohnern holen. Millionen Kinder wachsen nicht mit ihrem leiblichen Vater auf und machen dabei ganz unterschiedliche Erfahrungen von Glück bis Horror.

Der größte Horror für ein Kind besteht darin, wenn der lebende oder tote leibliche Vater ausgegrenzt, totgeschwiegen oder gar verleugnet wird. Würde die Trennung der Eltern für das Kind nicht auch Trennung von einem Elternteil bedeuten, dann könnten die Kinder durch ihren Vater plus ihren Stiefvater sogar noch an Zuwendung gewinnen. Dafür müsste aber zwischen den Erwachsenen in der Liebe Frieden herrschen. Und da sind wir wieder beim Besitz- und Eifersuchtsproblem, das sich mit unseren gesellschaftlichen Normen nicht lösen lässt.

Durch das materialistische, monotheistische Zeitalter, in dem wir leben, ist es sehr schwer, sein Bewusstsein dahingehend zu erweitern, dass wir geistige Wesen sind, die sich ihre Wirklichkeit selbst erschaffen, und dass keine objektive Wirklichkeit existiert. Sämtliche Charaktereigenschaften und körperlichen Zustände entspringen im Positiven wie auch im Negativen dem eigenen Denken. Natürlich gibt es ein gesellschaftliches Mainstream-Denken, aber selbst das ist nur ein menschengemachtes, und hat keinerlei materiell in Stein gemeißelte natürliche Ursache. Auch der vorherrschende Materialismus ist ein geistiges Produkt und hat keine materielle, körperliche Ursache, sondern ist lediglich eine bestimmte Interpretation des Lebens. Die Interpretation ist ein rein geistiger Vorgang, durch den wir uns unsere Wirklichkeit selbst erschaffen – und zwar für alles.

Um diese Philosophie annehmen zu können, muss man sie praktisch anwenden. Theoretisch kann man sie bis zum Sankt Nimmerleinstag diskutieren, ohne zu einer Erkenntnis zu gelangen. Erst die Erfahrung macht einen klug. Wer die Eingott-Idee aufgibt und nicht mehr monogam leben möchte, muss stattdessen sehr gut gelernt haben, auf seine Seele zu hören, um der Liebe gerecht zu werden und niemanden zu verletzen. Über einen längeren Zeitraum klappt das meist nicht, weil das gesellschaftliche Umfeld so stark die Emotionen prägt, dass mann/frau sich davon kaum lösen kann.

Hartnäckige Herrschaftssysteme

Das Besitzdenken ist in unserer materialistischen Zeit so tief in uns verankert, dass das Leben nur aus Haben und nicht aus Sein besteht. Wessen Selbstwertgefühl klein ist, will haben; zum Sein fehlt die Selbstliebe als Basis. So sehr wie durch das Herrschaftssystem in der Gesellschaft, der Familie, der Schule und im Betrieb das Selbstwertgefühl vor allem der Frau (Buben gelten selbstverständlich mehr) systematisch, also vom System her zerstört wird, so schwer ist es, das Besitzdenken loszulassen.

Mit einem zerstörten Selbstwertgefühl stürzt man ohne Besitz, und auch den eines Menschen, ins Bodenlose. Ohne emotionale und ökonomische Versorgung fühlt mann/frau sich den Haien schutzlos ausgeliefert. Das Gefühl versorgt zu sein, füllt das Vakuum, welches durch ein mangelndes Selbstwertgefühl entsteht. Das betrifft Frauen ebenso wie Männer. Der Versorgung kann nur vertraut werden, wenn die mich versorgende Person »mir gehört«.

Am stärksten macht sich das Gefühl, sicher versorgt zu sein, an der emotionalen, sexuellen Treue fest. Wenn jemand fremdgeht, steigt sofort eine Versorgungsangst auf, die – bei Licht betrachtet – oft ökonomisch begründet ist. Denn wenn der Partner seine stärksten Gefühle durch eine andere Person befriedigt, entschwindet die Macht über ihn. Zur Trennung kommt es dennoch nicht zwangsläufig, weil manche aus Gründen der Versorgungsgarantie ein Fremdgehen tolerieren. Für die ökonomische Stabilität ist sogar eine Partnerschaft gänzlich ohne Liebe möglich. Da, wo durch die Ökonomie die Versorgung nicht garantiert wird, braucht es die sexuelle Treue, damit es nicht zur Trennung kommt. Erst wenn der Selbstwert der Frau sich gesellschaftlich auf dem Niveau des Mannes befindet, sind solche Verzerrungen der Liebe nicht mehr nötig.

Für diejenigen, die aus den besagten Gründen noch nicht so weit sind, versuche ich als Mann, mich testweise in ihre abhängige Position hineinzuversetzen:

Durch mein Verantwortungsgefühl für meine Kinder, die zu meiner Daseinsberechtigung werden, wenn ich, die Frau, berufliche Verantwortung abgegeben habe, fühle ich mich vom Versorger besonders abhängig. Da er in unserer patriarchalen Epoche als der Herr der Schöpfung gilt, ist es fast egal, wie schlecht oder wie gut er mich behandelt, er ist mein Stab und Stecken, Zuckerbrot und Peitsche oft mit Sex und Prügel.

Die Frau, in die ich mich gerade hineinversetze, ist fürs Kinderkriegen und das Aufziehen allemal gut genug. Ich, die Frau, bekomme dafür allerdings kaum Anerkennung. (Was war das für ein Kampf, um für uns Frauen einen gewissen Rentenanspruch für die Erziehungsjahre durchzusetzen …) Die große Mehrheit von uns Frauen auf der Erde hängt vom Mann ab. Dabei besitzen wir die höchste Kreativität, nämlich unsere Gebärmutter – und die gehört nicht dem Mann. Das weiß er (zumindest unbewusst), und das verursacht ihm einen Minderwertigkeitskomplex, den er glaubt – leider oft durch Gewalt – kompensieren zu müssen. Dass die Gebärmutter sich jeden Monat selbst reinigt, benutzt er, um die Frau für unrein zu erklären. Perverser geht es nicht. So war es aber schon zu Urzeiten.

Ich – und nun wieder der Mann – habe dies selbst bei den *Todas* in Süd-Indien erlebt. Und weil ich das in meinem Film *Todas – am Rande des Paradieses* so auch benannt habe, wurde mir die Bayerische Filmförderung (nachträglich) mit dem Satz verweigert: »Das Wort Menstruation kommt in diesem Film zu oft vor.« Und das, obwohl schon die mündliche Förderungs-Zusage nach meinem Erfolg mit *Living Buddha* vorlag und ich mich deshalb heute noch in den Abspann-Titeln des Films für die Bayerische Filmförderung bedanke, die ich aus genanntem Grund nie erhalten habe. (DM 200 000 – entzogen, weil Menstruation ein Tabu bleiben sollte.) Ja, Männer kennen Blut nur als Verletzung, nicht als Reinigung.

Diese ihnen mangelnde Erfahrung führt bei ihnen dazu, ihr niedriges Selbstwertgefühl durch Ausgrenzung und Erniedrigung der Frau zu kompensieren. Sie haben ihren gleichwertigen Anteil an der Reproduktion des Lebens offenbar bis heute nicht verstanden bzw. werden von den Frauen dafür auch nicht in die Pflicht genommen. Die meisten Frauen wollen diesen Zustand nicht wirklich ändern, denn solange die Kinder in erster Linie »ihre« Kinder sind, hat eine Frau das Gefühl, damit das Gewaltmonopol des Mannes ausgleichen zu können. Die Macht, die der Mann aus seiner physischen Überlegenheit gegenüber der Frau gewinnt, gleicht die Frau durch ihre Macht über die Kinder aus. Dieses gegenseitige Machtspiel geht voll zu Lasten der Kinder und macht niemanden glücklich.

Wird man sich bewusst, dass in jedem Menschen sowohl weibliche als auch männliche Anteile vorhanden sind, weil wir alle nie nur immer in der einen Geschlechtsform inkarniert haben, dann lässt sich der Geschlechterkrieg sehr viel schneller privat beilegen als durch den politischen Kampf. Es ist erstaunlich, welche Gefühle hochkommen, wenn Mann oder Frau sich vorstellen, im nächsten Leben das Geschlecht zu wechseln. Diese Gefühle sagen viel darüber aus, wie man das andere Geschlecht wahrnimmt. Und diese Gefühle bestimmen dann auch das Zusammenleben heute. Da trifft man oft auf Kopfschütteln und Unverständnis. Doch es lässt sich vieles in der Beziehung harmonisieren, wenn ich mir mal den Kopf des Partners überziehe und aus ihren/seinen Augen das Leben betrachte. Will ich mir dann zur Steigerung noch vorstellen, dass ich das nicht nur für ein paar Minuten, sondern für ein ganzes Leben mache, dann bin ich nicht mehr derselbe/dieselbe.

Der verrohte Mann

Im herrschenden System des Mannes und in seinem Machtanspruch wird es für ihn immer schwerer, sich mit der Schöpfung des Lebens zu identifizieren. Diese Entfremdung und das bestehende klassische Rollenverhalten bringen ihn in eine mehr oder weniger ausgegrenzte Position, wenn es um Familie und Kinder geht. Beide Elternteile denken oft, das Baby gehöre zur Mutter, weil sie es bekommen hat und es schon neun Monate ihr Eigen nennen konnte. Dadurch beschränkt sich der Erzeuger des Babys auf die Versorgerrolle und wird damit größtenteils von seinem Kind seelisch abgekoppelt.

Für die Gesellschaft sowie für den Frieden auf der Welt und in der Familie ist das äußerst gefährlich. Männer, die nicht selbstverantwortlich erlebt und gelernt haben, einem unschuldigen Wesen, das man nicht kommandieren kann, aus vollem Herzen zu dienen, weil man es liebt, lassen sich eher in einen Krieg schicken. Dort bringen sie dann nicht nur ihresgleichen um, sondern auch Kinder, Babys und Mütter.

Eine solche Gefühlsverrohung ist mit Männern, die ihre Babys von Anfang an selbstverantwortlich lieben und ihnen dienen – dienen *müssen*, nicht möglich. Lieber verweigern sie den Kriegsdienst oder werden fahnenflüchtig, bevor sie in eine Zwangslage geraten könnten, in der sie Gräueltaten – welcher Art auch immer – verüben müssten. Taten, bei denen ihnen die Unschuld ihrer eigenen Kinder vor Augen steht.

Wenn, wie heute meist üblich, Männer für ihre Kinder erst dann Vaterfunktionen übernehmen, sobald die Kinder »erzogen« werden sollen und dafür auch gemaßregelt werden können, ist das Bild des vollständig unschuldigen Menschen in ihnen nicht gefestigt. Dann kann man sie zu Gewalttaten abkommandieren, die unter Umständen auch Mord beinhalten. In diesen Männern existiert eine meist starre Vorstellung von Richtig und Falsch, Gut und Böse – als vermittelte Werte einer von außen wirkenden gesellschaftlichen Doktrin. Sie loben oder tadeln ihr Kind gemäß dieser Überzeugung. Sie können Kinder in gute und schlechte einteilen.

Andere Väter, die ihre Babys von der Nabelschnur weg als »ihre« Babys ins neue Leben bringen, öffnen dadurch ihr Herz so weit, dass sie für eine Verrohung, wie jeder Krieg es erforderlich macht, nicht mehr taugen. Sie wissen aus eigener Erfahrung: Es gibt kein Gut und Böse. Ein frischgeborener Mensch kann nichts Böses tun. Diese Wesen lehren einen im ersten Babyjahr, zu allem Ja zu sagen und nichts zu kritisieren. Bei einer solchen Fürsorge gibt es keinen Feind. Diese Männer würden schon bei einem Einberufungsbefehl in Tränen ausbrechen. Wenn Männer in den Krieg ziehen, weinen aber meistens nur die Frauen. Männer versuchen, hart zu bleiben, geben ihnen und ihren Kindern noch einen Kuss, und tauchen dann ab in ein barbarisches, stumpfsinniges Männergebaren in ekelhafter Oberflächlichkeit, Geilheit auf Vergewaltigung und Schändung göttlicher Wesen, wie es ein jeder Mensch ist.

Wir brauchen nur in die aktuellen Kriege hineinschauen oder zurück an den Jugoslawienkrieg denken, der sich in unserem hochzivilisierten Europa abgespielt hat. Bei all diesen Männeraktionen findet genau diese emotionale Verrohung statt. Deutschland wähnt sich noch kriegsfrei. Das aber ist eine Illusion. Tausende Bundeswehrsoldaten kämpfen bereits irgendwo in der Dritten Welt, und die Bundeswehr wirbt bereits großflächig mit den glänzenden Perspektiven, die ein Soldat in ihrer Truppe erwarten kann. Ich bin mir nicht sicher, ob jedem, der auf diese Werbung hereinfällt, klar ist, dass er als Soldat jederzeit in einen Krisenherd dieser Erde abkommandiert werden kann. Um von diesen gut bezahlten »Verlockungen« nicht verführt zu werden, braucht man einen guten Kontakt zur eigenen Seele. Die Seele riecht die Verrohung und warnt einen, wenn man *Seelenschreiben* macht. Andernfalls muss »Mann« seine Seele missachten, um eine Legitimation zu finden, selbst zum Verbrecher zu werden. Die Ausrede der Gewalt mit Gegengewalt zu begegnen, legitimiert Gewalt. Das ist die Spirale, die direkt in den Krieg führt.

Eine solche Verrohung geht auch unter Friedenszuständen weiter. Da sind es dann nicht die »minderwertigen Menschen«, die ganz legal in Kriegszeiten ermordet werden dürfen, sondern da geht es um andere »minderwertige« Lebewesen: Jährlich sind das allein in Deutschland ca. drei Millionen. Sie werden gefoltert und ermordet von zum Teil anständigen Familienvätern, die aus rein wissenschaftlichen Gründen täglich Tiere auf die grausigste Art legal ermorden.

Dieser »moderne« Krieg gegen minderwertige Wesen steht genauso im Zeichen für eine höhere Wahrheit wie alle anderen Kriegshandlungen. Der Mörder legitimiert sein Handeln mit ethisch höherstehenden Absichten, als er sie seinen Opfern zubilligt. Das haben im Kern Männer gelernt, die ihre Kinder maßregeln und sogar auch mal schlagen mit dem Hinweis, das hätte noch nie jemandem geschadet. Das sind Erziehungsmaßnahmen, die sich dadurch legitimieren, dass sie den Kindern Manieren beibringen wollen. Also eine Maßnahme für eine vermeintlich ethisch höherstehende Absicht. (Dass hierbei auch Frauen Täter sind, ist eine Tatsache, aber in diesem Abschnitt nicht das Thema.)

Eine vermeintlich höherstehende Absicht ist auch das Motiv bei Tierversuchen, z. B. für Kosmetik, Waffen und chemische Arzneimittel. Diese Morde sind gesellschaftlich erlaubt und gewollt. Und das ist nichts anderes als das, was die »höherwertigen arischen Menschen« einst in medizinischen Versuchen an lebenden jüdischen und anderen Kindern in den Nazi-KZs zum Zweck von z. B. Diphterie-Behandlungen durchgeführt haben.

Führt man diese Haltung weiter, dann kann man Tolstois Satz »Solange es Schlachthäuser gibt, werden Schlachten geschlagen« nachvollziehen. Jeder Mann wie auch jede Frau sollte sich überlegen, ob er/sie sich nicht umgewöhnen möchte auf eine fleischlose Ernährung. Abgesehen davon, dass die vegetarische Ernährung sehr viel mehr Energie freisetzt (für den Körper ist es Schwerstarbeit, Fleisch zu verdauen), hat es noch den Vorteil, dass Vegetarier erwiesenermaßen sehr viel weniger Krankheiten produzieren.

Sicherlich ist das eine Folge ihrer Bewusstseinsentwicklung. Wer Fleisch isst, muss zwangsläufig verdrängen, dass für ihn wunderbare Lebewesen auf meistens schändlichste Art ermordet werden. Eine solche Verdrängung trübt selbstverständlich das Bewusstsein auch im Allgemeinen. Umgekehrt heißt das aber: Man kann sowohl nach innen wie nach außen viel für den Frieden tun, wenn man seine Essgewohnheiten umstellt.

Der nächste Schritt nach der *pflanzlichen Ernährung* – durch die übrigens noch wesentlich größere und wesentlich stärkere Lebewesen wie Elefanten, Rinder aller Art und Pferde gesund, stark und alt werden – ist die *vegane Ernährung*. Das bedeutet, der Mensch bekommt zum Lebensstart nur die Muttermilch, ansonsten trinkt er keine Milch anderer Gattungen und isst auch keine daraus entstandenen Milchprodukte. Das machen die Tiere auch so. Dafür gibt es zusätzlich zu der vegetarischen Ernährung noch einmal so viele gute, wohltuende Gründe, die man sich allesamt über einschlägige Literatur[26] bewusstmachen kann. Oder indem man es einfach ausprobiert, am besten unter Anleitung eines vegan erfahrenen Menschen.

Alle diese lebensverändernden Maßnahmen fördern den Frieden auf der Erde, der dringend notwendig ist, wenn wir das Experiment Menschsein erfolgreich weiterbringen wollen.

---

26 Rüdiger Dahlke: *Peace food* oder der Film von Lee Fulkerson *Gabel statt Skalpell.*

So gut, wie wir wissen, wie ein menschenwürdiges Leben aussehen könnte, so verrucht sind jedoch die Verhältnisse de facto noch. Viele Männer wissen (noch) nicht, wie sie sich zu Schwangerschaft, Geburt und in der Babyliebe menschlich verhalten sollen. Sie schieben es als Frauensache von sich weg, obwohl es sich auch um ihr eigenes Kind handelt. Viele Männer besaufen sich, während ihre Frau diesen größten Akt der Kreativität meist unter Schmerzen zustande bekommt. Sie sitzen im Wirtshaus und lassen sich von anderen Männern blöde Geschichten erzählen. Wenn es dann darum geht, das Baby liebevoll anzunehmen, stellen sie sich an, als hätten sie zwei linke Hände. Wann immer das Baby sich meldet, reichen sie es der Frau hinüber. Sie tun so, als hätten sie keine Kompetenz für ihre Vaterschaft. Es sieht oft so aus, als hätte der Mann Hemmungen gegenüber Babys, und es stünde ihm nicht zu Gesicht, es in Gesellschaft liebevoll in seinen Armen zu wiegen.

In diesem verarmten emotionalen Zustand ist es dann auch nicht mehr sehr verwunderlich, dass Millionen (!) von Männern ihre Babys sexuell missbrauchen, als wollten sie ihre Ohnmacht auf diese Weise kompensieren. Zu dieser Machtgebärde gehört es auch, dass die Väter ihre Kinder schlagen und sie mit Verboten belegen. Das alles ist ihr unbewusstes Kompensationsverhalten für ihr vom Universum abgespaltenes Ich.

Doch diese Abgespaltenheit kann durch ein liebevolles und freudvolles Verhältnis zum Tod überwunden werden. Natürlich lässt sich auch diese Bewusstseinsstufe wie jede weitere pervertieren, indem die Reinkarnationslehre einem die Erlaubnis gibt, zu morden. Denn nach dieser Lehre ist der Tod ja nichts, lediglich ein Aggregatwechsel. Warum, sagt sich ein von seiner Seele (dem Universum) abgespaltenes Wesen, soll ich dem anderen nicht zu einem Aggregatwechsel verhelfen, also Kopf ab.

Morden ist für den nicht ins Universum integrierten Mann schon immer eine geile Angelegenheit, um auf diese Weise Macht zu erleben. Morden macht diesen Männer offenbar eine solche Lust, dass ihr Penis erregiert, mit dem sie Frauen brutal vergewaltigen, und das mehrfach täglich, sobald die Verhältnisse ihnen dies legalisieren; wie z. B. im erwähnten Jugoslawien-Krieg, dem letzten großen Krieg mitten im sogenannten hochzivilisierten Europa. Wäre so etwas in Afrika passiert, hätte die Arroganz der ersten

Welt gesagt: Na ja, die sind halt noch so primitiv. Aber nein, dieser abscheuliche Krieg fand genau dort statt, wo Millionen Mitteleuropäer die schönsten Tage des Jahres verbringen. Ist das nicht ein absolutes Armutszeugnis für den Zivilisationsstandard des Mannes? Diese Haltung geht nur mit der Eingott-Idee so skrupellos über die Bühne. Die Eingott-Idee ist die Vorstufe zum König, Kaiser, CEO, Papst, General, Präsident etc. Einer, der sagt, wo es langgeht, und dem alle folgen – wie z. B. Milošević aus Belgrad, der den Befehl zur massenhaften Vergewaltigung nicht-serbischer Frauen gegeben hat.

Wenn der Mensch unendlich viele Götter hätte, wie noch manche übrig gebliebenen Naturvölker, oder auch, wenn er nur noch wenigstens einen zweiten Gott – eine Göttin! – hätte, dann ließe er sich nicht in solch menschliche Abgründe hineinkommandieren. Noch verteidigt der Mensch seine Perversion mit der Eingott-Philosophie und wird zum Mörder, wenn sie verletzt wird. Er hält diese Emotion sogar für Liebe, weil sein Gott über allem steht und bis aufs Blut in dieser Position gehalten werden muss.

Eifersucht

Eifersucht ist ein gesellschaftlich respektiertes Gefühl, für das vielfach sogar gemordet wird. Die Eifersucht ist Gift für die Menschheit, denn gerade wegen dieses Gefühls haben die meisten Menschen Probleme in ihrer Paarbeziehung. Einerseits wird durch dieses Gefühl die Liebe gekränkt, und andererseits wird dieses Gefühl für Liebe gehalten. Wer nicht eifersüchtig wird, liebt nicht richtig, und wer eifersüchtig ist, leidet. Eifersucht ist das emotionale Resultat der Eingott-Idee. Es macht also keinen Sinn, wenn ich mich frage: Könnte ich mehrere Menschen gleichzeitig oder nebeneinander lieben, solange ich mir nicht bewusst gemacht habe, auf welcher Philosophie meine Antwort beruht?

Alle Gefühle und Einstellungen, die ich zu diesem Thema habe, sind keine naturbedingten Gefühle und Einstellungen. Sie basieren auf einer patriarchalen, gesellschaftlich verankerten Philosophie, die ein paar tausend Jahre alt ist und dennoch der Natur und dem Universum widerspricht. Das Universum – manche nennen es Gott – liebt alle. Es macht keine Unterschiede. Es flirtet mit jedem. Es ist so geil, diese Verbundenheit mit dem Universum zu erfahren, wie kein anderes Gefühl. Die Koinzidenzen, die dabei passieren, sind Liebesdienste magischer Art. Für viele ist es einfach nur »Zufall«. Den kennt aber das Universum nicht als Willkür-Akt, sondern allenfalls in der Bedeutung, »mir fällt etwas zu«.

Eifersucht ist die Schattenseite des magischen Liebesdienstes, und die wollen wir nicht wahrhaben, obwohl eine große Zahl an Kindern darunter leiden muss. Natürlich mag man/frau sich so etwas nicht vorstellen, geschweige denn akzeptieren, weil Gefühle wie Eifersucht für naturgegebene, dem Menschen angeborene Eigenschaften gehalten werden. Dass dem nicht so ist, zeigt sich schon, wenn man einmal angefangen hat, über seinen eigenen Tellerrand hinauszublicken und Gesellschaften kennengelernt hat, in denen die Eingott-Idee sich noch nicht durchgesetzt hat. Da gibt es alles: Polygamie, Polyandrie und alle Arten polyamorer Verhältnisse, wie in der Tierwelt. Dass diese außergewöhnlichen Verhältnisse von Individuen nicht einfach hierherkopiert werden können, liegt im Umfeld begründet, das uns prägt. Das zu ignorieren, hat wiederum tragische Folgen.

Durch den Blick über den Tellerrand wird aber wenigstens klar, dass niemand seine Eifersuchtsgefühle für seine persönliche Veranlagung halten muss. Dass man aus gesellschaftlichen Gefühlsbarrieren sich nur sehr schwer befreien kann, fällt einem nicht nur bei der Eifersucht auf, das betrifft Kindererziehungsfragen genauso wie Todesfragen. Diese charakterlichen Wahrheiten sind in Wahrheit keine Wahrheiten, sondern gesellschaftlich bedingter Natur. Selbstverständlich wird die Gesellschaft sich nicht ändern, wenn ich mich selbst nicht ändere. Insofern ist Eifersucht eben doch eine individuelle Angelegenheit, auch wenn sie allgegenwärtig ist.

Um zu verstehen, worauf unser Gefühlsleben fußt, sollte man sich also bewusst machen, dass jedes Gefühl davon abhängig ist, auf welcher philosophischen Grundlage es entsteht. Nehmen wir die Eifersucht: Halten wir sie für naturbedingt, und die Monogamie z. B. soll uns davor schützen, stellen wir fest, dass das meistens nicht funktioniert. Wird Eifersucht jedoch nicht mehr als natur- sondern als kulturbedingt verstanden, kommt dies einem Bewusstseinssprung gleich, wie z. B. bei der Einführung des Autos oder der Bahn. Wer da mithalten will, muss über seinen eigenen Schatten springen können, wie folgende Analogien zeigen:

Meine Großeltern besaßen durch ihre Hamburger Verwandtschaft das erste Auto in Bayern. Da standen die Leute am Straßenrand und schrien auf Bayerisch: »Da Deifi kimmt, da Deifi kimmt.« (Der Teufel kommt.) Unterstützt wurde der Schrecken dadurch, dass meine Oma ihrem dreijährigen Sohn (meinem Vater) eine schwarze Wollmütze gestrickt hatte, die nur noch seine Augenpartie freigab, damit der kleine Junge gegen den kalten Fahrtwind geschützt war, wenn er vorne auf dem Bock neben seinem Vater saß. Das erste Auto besaß keine Frontscheibe, weil es sich lediglich um eine umgebaute Kutsche handelte, vor deren Bock sich der Motor und nicht die Deichsel mit den Pferden befand.

Anderes Beispiel: Ärzte warnten davor, in die erste Eisenbahn von Fürth nach Nürnberg einzusteigen, denn sie habe ein Tempo, das der Mensch nicht vertragen könne und dadurch sehr schwer erkranken würde. Diese damals als medizinisch fundiert geltende Aussage veranlasste die Geldgeber über einige Jahre hinweg, das Zugprojekt nicht weiterzufinanzieren.

Nächstes Beispiel: Das analoge Denken hielt man für ein natürliches Denken, weil es das digitale Denken noch nicht gab. Nun gibt es dieses Denken, und es hat uns eine völlig neue Welt eröffnet, die man mit dem analogen Denken nicht erklären kann. Wer diesen Sprung nicht mitmacht, fühlt sich von der Evolution abgehängt. Umgekehrt halten diejenigen, die mit diesem aufgewachsen sind, es für das natürliche Denken.

Was besagen diese Beispiele? Es gibt kein natürliches Denken. Weder das, was die Schulmedizin vertritt, noch was man meint, dass die Monogamie und die Eifersucht bedeuten, noch das, was das Sterben anbelangt. Jedes Denken, und damit auch Fühlen, ist an das gesellschaftlich akzeptierte Denken gebunden. Das macht es oft so schwer, sich individuell davon zu lösen, weil man automatisch in Widerspruch zu seinem Umfeld gerät und ausgegrenzt wird. Um sein Denken und damit sein Bewusstsein zu entwickeln, muss man sich der Relativität dieser Gefühle und Regeln bewusst werden, sodass sich Frau und Mann von festgefahrenen Vorstellungen leichter lösen können.

Freiheit, die ich meine …

Wollen wir uns von eingefahrenen Denkmustern befreien, gelingt dies am besten durch assoziatives Denken. Es verzichtet auf logische, eingeübte Verbindungen und lässt somit Lücken im Denken entstehen, aus denen Neues, bisher nie Gedachtes emporsteigt. Solche chaotischen Zustände im Denken dürfen sein, müssen sogar sein, wenn man an Inhalte kommen möchte, zu denen man im Wachbewusstsein, mit der Ratio, keinen Zugang hat.

Als Jamgon am 26. April 1992 bei Sonnenaufgang auf menschenleerer Straße, in voller Fahrt die neuen elektrischen Fensterheber und das elektrische Schiebedach ausprobierend durch die seidenweiche Morgenluft, mit einem geilen Hi-Fi-Stereo-Sound im Ohr, in dem nagelneuen BMW 525i bei 190 Std/km stirbt und als letzten Satz sagt: »Don't kill the pigeons«, was wörtlich so viel heißt wie: »Tu nicht töten Friedenstauben« ---- und dann RUMMMMMMMs! ---- TOT, TOT, TOT + Tenzin ist frei und unverletzt – so ist das eine Einstellung zum Tod, die nicht für möglich gehalten wird. Sie sprengt das rationale Denken. *Das* ist eine Freiheit, die durch kein monotheistisches Denken auch nur im Geringsten eingeschränkt ist.

Um nicht beim Staunen zu verweilen, über welches schier unerreichbare Bewusstsein andere verfügen, kann man dies als Ansporn nehmen, um sein eigenes Bewusstsein aktiv weiterzuentwickeln. Die Methode, die ich dafür empfehle, heißt *Seelenschreiben®*. Für diese Methode brauchst du niemanden. Du kannst sie völlig selbständig, ganz für dich alleine anwenden. Nicht einmal deinen nächsten Angehörigen musst du etwas davon erzählen oder dir ihnen gegenüber irgendetwas anmerken lassen, solange du das nicht willst. Du bist mit dieser Methode absolut frei, sofern du dein Seelenschreiben nicht herumliegen lässt. Es ist so kostbar wie die teuersten Juwelen. Verstecke sie auf deinem Computer, mach dir auf zwei verschiedenen *USB*-Sticks Sicherungen, die du gut verwahrst.

Das Papier vernichte, sofern du deine handgeschriebenen Texte in eine Datei übertragen hast. Wenn du ausschließlich auf Papier schreibst, dann hüte diese Dokumente sorgfältig wie ein Tagebuch. Lasse einen breiten Rand für spätere Ergänzungen. Wie auch immer du die Texte dir bewahrst: Du sollst stets die Möglichkeit haben, an deinen Seelenschreib-Texten weiterzuarbeiten. Gerade auch dann, wenn du dich schon verändert hast. Dein Bewusstsein entwickelt sich ständig weiter, meistens in Sprüngen. Gerade, was die Kontinuität des Geistes anbelangt, ist deine Bewusstseinsentwicklung abhängig davon, was du schreibst. Das Schreiben bietet dir eine Reflektionsmöglichkeit, und durch Reflektion (Spiegelung) entsteht Bewusstsein.

Mach dir eine gute Ordnung für deine Projekte. Sie begleiten dich manchmal über Jahre oder sogar Jahrzehnte. Deine Eltern und deine Kinder beispielsweise bleiben Personen, die für dein psychisches und damit auch körperliches Wohl über sehr lange Zeiträume für dich entscheidend sind, wenn nicht sogar das ganze Leben lang. Da gibt es immer wieder etwas zu harmonisieren.

Seelenschreiben nenne ich auch *Seelenhygiene.* Sie ist mindestens so wichtig oder noch wichtiger als Körperhygiene, und damit wartest du auch nicht, bis du vor Dreck erstarrst. Seelenschreiben sollte dir zur Gewohnheit werden, denn es ist wichtig, mit seiner Seele täglich im Reinen zu sein oder ins Reine zu kommen. Wenn du Übung darin hast, projizierst du damit, wie schon erwähnt, deine eigene Zukunft. Das heißt, sie ist dann kein Zufall mehr, sondern du gestaltest sie auf das Wort genau. Seelenschreiben erlernt man wie Klavierspielen, nicht ganz so hart, aber auch nicht so nebenbei. Man muss dafür arbeiten, diszipliniert arbeiten.

Es lohnt sich, wenn man deshalb keinen Arzt mehr aufsuchen muss, nie ins Krankenhaus kommt, sich glückliche Beziehungen erschafft, seine Lebensaufgabe für dieses Leben findet und weiter für das nächste und übernächste Leben. Die *KUBYmethode®,* zu der das Werkzeug *Seelenschreiben®* gehört, ist keine Fremdleistung wie die eines Heilers, Heilpraktikers, Schamanen oder

Arztes. Denn diese Personen bittet man, irgendetwas mit einem zu machen, was die Schmerzen lindern könnte. Das hat zur Folge, abhängig von einem anderen und vom Außen zu werden. Bei der *KUBYmethode* hingegen geht es in erster Linie um Eigenkompetenz. Fähig zu sein, sich selbst zu heilen – erst damit beginnt die eigentliche Freiheit im Leben, die der Menschenwürde entspricht. Solange ich in meiner wichtigsten Frage des Lebens, nämlich der Gesundheit, von anderen abhängig bin, bin ich nicht frei.

Wenn du dich in die Hände von Ärzten begibst, machst du dich leicht von ihnen abhängig. Sie maßen sich oft eine so unnatürliche Autorität in ihrer weißen Verkleidung und mit ihren Titeln an, dass du viel zu schnell nur noch das machst, was sie dir sagen. Du lässt Dinge in deinen Körper, von denen du keine Ahnung hast, was sie da tun. Meistens verstehst du nicht mal die Sprache, in der diese Dinge (Chemikalien) beschrieben werden. Wenn Ärzte sagen, sie wollen dich aufschneiden und irgendetwas in deinem Körper tun, willigst du ein. Oft sagen sie sogar, du *musst* dich operieren lassen.

Es werden Zeiten für die Menschheit kommen, in denen man sich fragt: Was war damals mit ihr los? Wie konnte eine wohlhabende Kaste die Menschheit so in ihren Griff bekommen? Man wird es sich in 100 Jahren nicht erklären können und in 1000 Jahren noch viel weniger. Wie konnte das Individuum überhaupt auf die Idee kommen, dass es ein mechanisches, biochemisches und kein geistig-seelisches Wesen ist? Selbst das, was heute die moderne Physik ist und in 100 Jahren ein alter Hut sein wird, kann diesen wahnwitzigen Materialismus der Medizin nicht legitimieren.

Gehen wir weiter in der Vision: Wie konnte dieser Wahn die Menschheit überhaupt erfassen und ihn mit einem Bezahlsystem kombinieren, bei dem jeder Zwangsmitglied war und im Voraus, ohne krank zu sein, für dieses materialistische Menschenbild bezahlen musste? Es bleibt ein Rätsel, weshalb das materialistisch-biochemische Menschenbild eine solche Macht einnehmen konnte. Dagegen konnte man sich das magische Menschenbild des Mittelalters, mit dem die Verbrennungen von Hunderttausenden von Frauen legitimiert wurde, sehr viel leichter erklären als das der Schulmedizin, obwohl beide einem männlichen Wahn entsprungen sind. Bei der

Schulmedizin waren es jedoch nicht Hunderttausende, sondern Millionen, die für diesen Wahn sterben mussten.

Mit den Jahrzehnten wurde ihr System immer ineffizienter und schließlich unbezahlbar, weshalb man sich dann endlich weiterentwickelt hat. Dabei aber kam es zu Tumulten, bei denen »die Götter in Weiß«, wie sie sich nannten, zum Teufel gejagt wurden. Man klagte sie an, dass sie nicht daran interessiert waren, Krebs, Aids, Hochdruck, Depression, Diabetes – nenne es und die Medizin hat es – zu heilen, sondern Profit zu machen. Nach einigen Jahrzehnten fragte man sich, welche Daseinsberechtigung die Schulmedizin eigentlich hatte? Ein Krebskranker wurde an der Börse zum Einstiegspreis von 100 000 US$ gehandelt. Das Krankheitswesen entwickelte sich zum größten Business in der Welt. Jeder Arzt musste aus ökonomischen Gründen seine Kunden in einem zahlungsfähigen Krankenstand halten – fest-halten. Als die Menschheit ihre materialistische Epoche endlich beendet hatte, wurde die Medizin selbst als die größte Krankheit der Menschheit angesehen.

Dieser Bewusstseinssprung kam allerdings nur durch große Katastrophen zustande, weil der Einzelne, das Individuum, sich nur entwickelt, wenn es in Not gerät. Das können wir sogar aus heutiger Sicht allseits feststellen. Wir suchen erst nach neuen Konzepten, wenn wir Leid erfahren, meist sogar erst, wenn wir Schmerzen bekommen. Damit sind wir wieder im Jetzt und das bedeutet: Solange dieser Quantensprung im Bewusstsein noch nicht stattgefunden hat, erfüllt die Schulmedizin mit ihrem Bezahlsystem eine lebensrettende Funktion für den Notfall. Da die meisten Menschen noch im materialistisch-biochemischen Menschenbild gefangen sind, müssen sie sich auch in diesem Sinne von der Schulmedizin behandeln lassen.

Der Chefarzt eines großen Schweizer Klinikums sagte mir schon 2017 in einem Interview:

Die KUBYmethode ist für mich ein Weg, den Patienten mit seiner Selbstverantwortung miteinzubeziehen, um mir als Mediziner nicht die ganze Last der Gesundheit aufzuladen, sondern dem Patienten zu helfen, selbst den Weg zu finden. Es ist ja erst nachhaltig, wenn man selbst die Ursache findet und bearbeitet. Das ist das, was ich in der

Medizin vermisse. Um die Ursache zu finden, dafür brauchen wir die KUBYmethode. Wir Mediziner sind noch die nächsten 200 Jahre in der Steinzeit, wenn wir nicht mit dieser Methode arbeiten. Sie ist etwas ganz Neues, und das fasziniert mich so an ihr. Ich will mit ihr arbeiten und wünsche mir, dass sich meine Kollegen ebenfalls davon inspirieren lassen oder wenigstens offen dafür sind. Ich bin sicher, dass wir hier in der Schweiz und auch hier in unserem Kantonsspital für neue Methoden offen sind, die es uns erlauben, besser zu werden.

Langsam entsteht ein Bewusstsein, dass es nicht nur Chirurgie und Medikamente gibt, sondern auch die Seele. Seit über 100 Jahren gibt es Freud und C. G. Jung, aber wir haben noch immer nicht den Weg ins Unterbewusstsein gefunden. Das verstehe ich nicht. Die KUBYmethode schließt nun endlich diese Lücke. Die Zeit dafür ist reif. Wir müssen jetzt unsere Studierenden und jungen Ärzte überzeugen, dass die Seele viel wichtiger ist als all die technischen Dinge. Die gehören zwar dazu, aber ohne die Seelenarbeit gibt es keine Heilung.

Zunächst brauchen wir Leute, die die KUBYmethode vollkommen verinnerlicht haben und unsere jungen Assistenzärzte, der Generation zwischen 20 und 30, mit der Methode in Kontakt bringen. Ich empfehle schon seit Jahren Ihre Bücher den Patienten, von denen ich denke, dass sie dafür offen sind, und das sind immer mehr. Es braucht aber noch Zeit. Doch wenn sich die KUBYmethode immer weiter verbreitet, dann werden wir vielleicht eines Tages die Medizin nicht mehr brauchen.«

Prof. Dr. med. Gabriel Schär, Kantonsspital Aarau, Schweiz

Der Bewusstseinswandel bahnt sich also schon an. Vielleicht vollzieht er sich auch viel schneller als erst in 50, 100 oder 1000 Jahren. Als Einzelner kann ich mich weit über das gesellschaftlich herrschende Bewusstsein hinausbewegen. Die Ausgangsbasis dafür ist ein völlig anderes Verhältnis zum Tod, als man es anerzogen bekommen hat. Sobald in unseren Köpfen das alte, hergebrachte Konzept von der Unsterblichkeit als geistiges Wesen abgelöst ist, wird sich auch das Verständnis für Heilung komplett ändern.

Willst du nicht 50, 100 oder 1000 Jahre warten, bis die Menschheit ein höheres Bewusstsein erlangt hat, dann verbinde dich schon heute mit deiner Seele. Sie kennt den Ausgang aus deiner Lage, dein Ego nicht. Die Seele ist deine innere Weisheit, sie steht dir jederzeit zur Seite und spricht deine Sprache, wenn du ihr ein Gerät oder deine Finger zum Schreiben zur Verfügung stellst. Du weißt, dass du deine Seele auch als deine personalisierte Intuition betrachten kannst.

Über die Intuition, im Seelenschreiben, hast du Anschluss an deine subjektive Wahrheit. Das geschieht zunächst im Denken. Deshalb übe Gedankenkontrolle. Werde dir deiner Verantwortung für das, was du denkst, bewusst. Die gesamte Bandbreite menschlichen Verhaltens beginnt beim Denken.

Das Spannende am *Seelenschreiben* ist: Du findest das *Schmerzbild* wie die Teile eines Puzzels, und das kann manchmal etwas knifflig sein. Also halte es aus, wenn du das (Schmerz-)Bild nicht gleich klar vor Augen hast. Denn es sind Bruchstücke, die aus deinem limbischen Gehirn Stück für Stück wieder ins Fronthirn gelangen. Um das zu erreichen, machen wir Seelenschreiben. Jedes Bruchstück ist ein Teil für deine subjektive Wahrheit – und eine andere gibt es nicht in diesem Universum. Das Universum reagiert auf jeden geistigen Impuls, sofern er auch empfunden wird.

Das gilt nicht nur für eine neue Vergangenheit, sondern auch für eine gewünschte Zukunft. Dabei handelt es sich – ganz wichtig! – nicht um Erwartungen, sondern um Projektionen. Auf Erwartungen wartet man, Projektionen gestaltet man, da wartet man nicht. Indem die Projektionen im Drehbuch-Stil (siche Anhang) geschrieben werden, erfahren sie ihre erste Manifestation. Das ist eine veränderbare Zwischenstufe zwischen dem alten unbefriedigendem Sein und der neuen, glücklich machenden Realität. Diese wäre wesentlich schwieriger zu verändern als die, die ich mir zunächst auf dem Papier (oder in der Datei) erschaffe. Würde ich die Zukunft nicht projizieren, sondern sie erwarten, würde ich damit einen Zwang auf die Realität ausüben. Auf dem Papier ist alles ohne Zwang, vollkommen frei und spielerisch, wahr und ehrlich empfunden. Das Papier ist geduldig und trägt alles, auch jeden Umweg.

16

Die Mumie zieht um

Es ist so weit. Der große Tag ist gekommen. Tibeter und viele andere sind angereist, um dabei zu sein, wenn Jamgons Kudung von Rumtek in Indien/Sikkim jetzt hier in Pullahari in Nepal nach 800 km quer durch den südlichen Himalaja ankommt. Von nun an ist dieser Ort Jamgons Hauptquartier und der Studienplatz für seine Anhänger.

Es ist sehr mutig, mit dem Kudung seine Message, wie in einer Prozession, als öffentliche Reise zu machen. Damit zieht Jamgon trotz seiner Abwesenheit leibhaftig um. Deutlicher geht es kaum. Das hat eine große Wirkung auf den gesamten Kagyü-Orden. Im Exil-Hauptquartier, dem Kagyü-Kloster Rumtek in Sikkim/Nord-Indien, gibt es nun keinen Linienhalter mehr. Da liegt zwar noch die Original-Krone des 16. Karmapa, aber auch wenn der 17. Karmapa sich diese Krone wieder aufsetzt, wird er wohl dort nicht einziehen. Im Original-Hauptquartier in Tibet, Kloster Tsurphu, 80 km nördlich von Lhasa, kann jedoch damit gerechnet werden, dass Karmapa in einer seiner noch kommenden Inkarnationen dort wieder residiert, aber nicht der 17. Der wurde durch seine Flucht 1999/2000 bei den Chinesen zu einer republikflüchtigen, illegalen Person. Das verzeihen ihm die Chinesen nicht.

Der 17. Karmapa wird wohl, wie immer sich sein Bürgerstatus noch verändert, in der Nähe der tibetischen Exil-Regierung bleiben. Diese bietet ihm außerhalb Tibets die größte Identität, von wo aus er hoffentlich eines Tages als freier indischer Bürger in die ganze Welt reisen kann. Er ist mit Facebook, zwei US-Reisen, zwei Deutschland-Reisen und einer Schweiz-Reise noch vor seinem 30. Geburtstag ein internationaler Guru.

Damals, 1994, als er 10 und 11 Jahre alt war, lagen seine Reisemöglichkeiten allein in der Hand Pekings, sogar dann, wenn er auch nur innerhalb Tibets sein Tsurphu-Tal verlassen wollte. Deshalb mussten Gyaltsap und Situ ihn bei der Willkommens-Zeremonie des Kudungs in Pullahari vertreten. Gyaltsap und Situ stehen hundertprozentig loyal zu Karmapa und ebenso zu Jamgon, von dem sie nicht wissen, ob er schon einen neuen Körper besitzt.

Mit dem Kudung gibt es eine Mumie, die auch noch in hundert oder tausend Jahren, wenn Jamgon vielleicht das 16. oder 17. Mal als Jamgon bewusst inkarniert hat, daran erinnert, dass das Leben ein Kontinuum ist und keine singuläre Erscheinung.

Wie man diese Überzeugung erlangt, hat Jamgon sein Leben lang gelehrt, und er musste dafür keine neuen Texte erstellen. Dieses ganze Wissen über das geistige, nicht endende Leben ist in Tibet schon vor Jahrhunderten präzise formuliert worden. Reinkarnation war Volksbewusstsein. Es gelangte 700 n. Chr. nach Tibet, als der Buddhismus auf der Südseite des Himalajas schon 1200 Jahre gelehrt wurde. Dieser hatte sich in jener Zeit vom *Hinajana* zum *Mahajana* entwickelt – also vom kleinen zum großen Fahrzeug – und wurde durch die Übertragung von Tilopa, Marpa und anderen Übersetzern in Tibet zum *Vajrayana-Buddhismus*, dem Diamant-Fahrzeug.

Dabei hat das Bewusstsein von der Kontinuität des Lebens einen entscheidenden Schritt gemacht, vor allem durch Karmapa, der der erste Mensch war, der 1110 seine Wiedergeburt exakt aufschreiben konnte. Dieses Bewusstsein schien an den tibetischen Buddhismus gebunden zu sein. Mit der Vertreibung der tibetischen Lamas in die ganze Welt und ihre Inkarnationen in nicht-tibetische und auch westliche Körper wurde dieses Bewusstsein Allgemeingut und unabhängig von einer bestimmten Religion.

Man kann das Wort Buddhismus fast schon streichen. Selbst der Dalai Lama legt keinen Wert mehr darauf,[27] obwohl er natürlich bis zu seinem Lebensende Buddhist bleibt, genauso wie Karmapa bis zum Ende seiner 21. Inkarnation. Aber dann wird er sicherlich nicht als ein Buddhist oder gar buddhistischer Mönch weitermachen. So, wie er sich jetzt schon von Leben zu Leben seine Bedingungen aussucht und klar projektiert, wann, wo bei wem er inkarniert, wird er auch dann, nach seiner 21. Karmapa-Inkarnation, exakt wissen, was er als Nächstes vorhat. Bis dahin wird Reinkar-

---

27 Siehe das Buch *Ethik ist wichtiger als Religion* vom Dalai Lama über die allgemeine Ethik, in dem er die These vertritt, dass weder eine bestimmte buddhistische Richtung noch der tibetische Buddhismus für die Befreiung der Menschheit notwendig ist. Wenn die Ethik, die jede Religion vertritt, gelebt werden würde, wäre das bereits die Befreiung.

nation wohl auch bei uns Volksbewusstsein sein. Das, denke ich, war zumindest die Vision, die Karmapa 1110 in Tsurphu hatte.

Tenzin und seine Crew packen alle wesentlichen Bücher, die das Wissen über das geistig-seelische Menschenbild beinhalten, mit in den Stupa zu Jamgons Kudung hinein. Der Stupa ist 13 Meter hoch und im Sockel 4 x 4 Meter breit. Mit Blattgold komplett belegt und reich mit Edelsteinen besetzt. Da passen nicht nur der Kudung mit Jamgons Mumie und die Bücher hinein, da kommen auch noch viele andere Ritual-Gegenstände und edle Schätze dazu, bevor er verschlossen wird.

Die vor Hunderten von Jahren verschlossenen Stupas in Tibet wurden von den chinesischen Soldaten in ihrer Goldgier geplündert. Mal sehen, welches Schicksal dieser Stupa in den nächsten Jahrhunderten erlebt. Die Zeit wird es bringen, ob und wann in dem Stupa nachgesehen werden muss, um an die dort steckende Weisheit zu erinnern. Wenn man nicht mehr weiß, wie man den menschlichen Charakter verbessern kann, dann muss man hier wieder nachforschen. Derzeit gibt es alle Schriften, die in dem Stupa versenkt werden, in den buddhistischen Bibliotheken in Kopie nachzulesen.

Warten auf Jamgon in seiner neuen Form

Im Grunde kann Jamgon in seiner neuen Form jetzt hier erscheinen. Für sein neues Leben ist gesorgt. Er hat mit dem Kudung diesen Platz eingenommen. Nur er, in seiner neuen Inkarnation, kann hier noch Chef werden. Tenzin bemüht sich, das gesamte Unternehmen mit all seinen sachlichen und menschlichen Bezügen für Jamgon auf allen Ebenen bereit zu machen. Es helfen ihm Hunderte von Sympathisanten dabei.

Die anderen Linienhalter des Kagyü-Ordens, Situ und Gyaltsap, haben im Exil bereits ihre eigenen Headquarters erschaffen. Situ in Nord-Indien, nicht allzu weit weg vom Dalai Lama. Gyaltsap ebenfalls in Indien, aber im Osten. Hierher, nach Pullahari, benötigt man von diesen Orten ein bis zwei Tagesreisen. Situ fühlt sich mitverantwortlich, dass alles für Jamgons Wiederkehr auf beste Weise vorbereitet wird. Er sagt zu allen Interessierten:

Situ: *Wir sollen weiterhin so gut wir können für die schnelle und erfolgreiche Wiedergeburt von Rinpoche beten. Aus meiner Sicht wird Jamgon bald wiedergeboren sein, denn es sind nun schon zwei Jahre vergangen.*

Aus welcher Sicht heraus Situ das *»schon«* in diesem Satz sagt, entzieht sich mir. Offenbar hat Situ eine klare Vorstellung davon, wie lange Jamgon vorhat, im Bardo (im Zustand ohne Form) zu bleiben. Das erschließt sich einem nur, wenn man in direkter Liebe (gleichbedeutend mit *Linie*) zu dem Toten steht. Wobei sich die Liebe Situs nicht nur auf sein eigenes Personengeflecht bezieht – er hat Reinkarnationen auch »geschaut«, die nicht mit ihm in unmittelbarer Beziehung stehen. Er stellt dann wie der Dalai Lama schriftliche Urkunden aus, die die authentische Wiedergeburt eines Verstorbenen bestätigen. Situs Bewusstsein ist für jemanden wie mich, mit einem viel niedrigeren Bewusstsein, so unergründlich wie das von Karmapa.

Trotzdem hat es Shamar geschafft, auch ihn in Indien festzusetzen, sodass er seiner internationalen Mission seit der Spaltung des Kagyü-Ordens nicht mehr nachkommen kann. Das indische Bundes-Innenministerium drohte ihm, dass sie – sollte er noch einmal nach Europa gehen – ihn nach Indien nicht mehr hereinlassen, denn er besitzt keinen indischen Pass. Einen solchen Bann konnte Shamar auf einige Personen verhängen, auch auf die ehemalige Vorsitzende der *Europäischen Buddhistischen Union*, Rosy Findeisen. Seit Shamar tot ist (11. Juni 2015), schrumpft die Blockade allerdings, die er für seine Kritiker errichtet hatte.

Wie hoch das Bewusstsein des Einzelnen auch sein mag, das gesellschaftliche Bewusstsein gewährt dafür nur einen bestimmten Spielraum. Und so erleuchtet, wie man sein mag – der politische Status, den man mit seiner Inkarnation als Mensch unter den Möglichkeiten auf der Erde gewählt hat, zeigt jedem gewisse Grenzen auf. Ein Flüchtlingsstatus ist etwas anderes als ein Diplomatenstatus. Und die noch stärkere Prägung richtet sich nach dem Land und den Bedingungen, aus denen heraus man den einen oder anderen politischen Status erhalten möchte. Einem buthanesischen Diplomaten sind andere Grenzen gesetzt als einem US-Diplomaten und so weiter.

Wenn man sein nächstes Leben plant, gilt es, alle diese politischen Grenzen mit ins Kalkül zu nehmen. Denn wenn man nur an seine private Lage denkt, geht der Plan meist nicht auf. Man muss sich politisch gut überlegen, für welche Staatsangehörigkeit (Pass) man vorteilhafterweise inkarnieren will. Das ist eine sehr wichtige, aber auch sehr schwierige Frage bei den sich ständig ändernden politischen Verhältnissen. Zunächst aber ist es die Frage, ob ich mir neben meinem spirituellen Bewusstsein auch ein politisches aneigne. Zu meinen, man könne, wenn man spirituell möglichst bewusst lebt, die politische Seite des Lebens ignorieren, wird sich ganz sicher negativ als unangenehme Grenzen für seine Lebensaufgabe auswirken.

Durch Shamars Politik z. B. ist der Kagyü-Orden praktisch gespalten und führt nun zu einem Gerangel darum, in wessen Lager die kommende Inkarnation eines Einfluss habenden Kagyü-Mitgliedes wiedergeboren wird. Das beschränkt sich nicht nur auf Karmapa, das betrifft neben einigen anderen hohen Würdenträgern allen voran Jamgon selbst.

Shamar wollte schon den toten Jamgon für sich vereinnahmen, indem er behauptet hatte, Jamgon habe vor seinem Tod die Echtheit des Karmapa-Prophezeiungsbriefes bestritten, so wie er selbst. Bei dieser Behauptung wusste Shamar nicht, dass Jamgon in dem schon zitierten Interview als seine letzte Aussage vor seinem Tod gesagt hatte, dass er den Brief für »sehr präzise« hält und meinte, damit könne er den wahren Karmapa auf jeden Fall finden. Wenn Shamar zu seinen Lebzeiten noch behauptet hat, Jamgon werde in seinem Lager wiedergeboren, dann ist das wenig glaubhaft für ein Bewusstsein, wie es Jamgon besessen hat. Ein Bewusstein, mit dem er seinen weiteren Werdegang selbst steuert.

Dennoch bleibt die Frage offen: Wie findet man ihn jetzt? Die Suche könnte eigentlich beginnen. Pullahari ist fertig, Jamgon könnte hier in seiner neuen Gestalt einziehen. Mutter Pema sagt: »Jamgon Rinpoche diente Karmapa, und ich bin mir sicher, er wird ihm wieder dienen.«

Es mangelt nicht an allen möglichen Spekulationen, wo, wann und bei wem Jamgon wieder auf die Welt kommen könnte. Leider hat Jamgon nicht, wie Karmapa, die Adresse für seine Wiedergeburt schriftlich oder mündlich hinterlassen. Da es seine Lebensaufgabe war, seinem Meister Karmapa zu dienen, begibt er sich sicherlich in dieser alles entscheidenden Frage wieder in die Hände seines Meisters – so, wie seine Mutter das spontan geäußert hat.

Es würde in dieser Zusammenarbeit von Lehrer und Schüler nicht passen, wenn die Reinkarnation quasi über Karmapas Kopf hinweg gesucht und gefunden werden würde. Karmapa muss sich als Erster sicher sein, dass er für die weitere Zusammenarbeit den wahren Jamgon wieder an seiner Seite hat, und nicht jemand anderen, der sich als weniger eng verbunden in seinem späteren Leben erweist. Wie diese Verbundenheit aussehen wird, darauf darf man gespannt sein.

Die Begehrlichkeiten, einen Jamgon Kongtrul in der eigenen Familie zu haben, sind sehr groß. Es kann für die ganze Familie einen großen Image- und sozialen Aufstieg bedeuten. Deshalb ist bei der Suche höchste Achtsamkeit geboten. Es wäre unverantwortlich und sinnlos, die Suche nach Jamgon auf eigene Faust zu unternehmen. Wie Jamgon selbst, so kann auch Tenzin in dieser wichtigen Frage nur auf Karmapa zählen und dessen Vorgaben befolgen. Insofern hatte ein Brief von Drupon Dechen, Karmapas Abt in Tsurphu, an Tenzin eine große Wirkung. Darin heißt es: »Lieber Tenzin, magst du uns besuchen kommen, es gibt gute Nachrichten.«

Tenzin ruft daraufhin seine engsten Mitarbeiter zusammen, um einen Suchtrupp aufzustellen, der nach Tibet reist. Es setzen sich acht der engsten Vertrauten zusammen, ohne irgendein Wort nach außen verlauten zu lassen und beratschlagen: Wer kommt mit? Wer fühlt sich dazu berufen? Es braucht viel Intuition und Vertrauen. Zweifel und Ängste sind keine guten Berater bei dieser heiklen Aufgabe. Wer kann die Verantwortung dafür tragen, den richtigen Jamgon zu finden?

Wie setzt man seine Intuition und sein Vertrauen bei der Suche nach einer Reinkarnation ein? Zunächst gilt es, seine Erwartung gegen null zu fahren, aber ohne sie aufzugeben oder sie ins Pessimistische und Zweifelhafte drehen zu lassen – unabhängig davon, welche Schwierigkeiten sich zeigen mögen. Es gilt, in seinen Gedanken ruhig und in Frieden zu sein.

Praktische Hinweise zum Auffinden einer Reinkarnation und wie man seine eigene, nächste Reinkarnation vorbereitet, sind nachzulesen im »Persönlichen Masterplan zur Reinkarnation« im Anhang dieses Buches.

17

Wiedergeboren! – Die Suche beginnt

Tenzin macht zwar kein Seelenschreiben, aber seine buddhistische Praxis schult ihn, die Kontrolle über seine Gedanken zu erlangen, bis seine Gedanken ganz automatisch ruhig und besonnen bleiben, formuliert und ausgesprochen für Frieden sorgen. Mit dieser Vorbereitung macht er sich nun auf die Suche nach seinem väterlichen Freund und Meister. Zwei seiner Mitarbeiter begleiten ihn: Lama Tsewang Phuntsok, der ältere, und Sonam Chopel, der jüngere. In ihrer Intuition sind sie nur, wenn sie alle drei in höchster Aufmerksamkeit und Achtsamkeit vorgehen.

Nach sechs Wochen des Wartens auf die Visa fliegen sie endlich von Kathmandu die kurze Strecke am Mount Everest vorbei nach Lhasa. Obwohl man nur eine Stunde fliegt, hat man jedes Mal das Gefühl, den längsten Flug der Erde gemacht zu haben. Kommt man aus dem Flugzeug heraus – der Kontrast zum Abflugort könnte nicht größer sein. Es ist nicht so sehr die Landschaft, obwohl die tibetische Landschaft meistens völlig außerirdisch anmutet, denn solche Weiten kennt man sonst nicht. Das Faszinierende an dem Fernblick ist jedoch nicht die Entfernung, die man überblickt, sondern die klare Luft ohne jegliche Feuchtigkeit (4 Prozent). Es ist wie ein Objektivwechsel von ganz billig auf unglaublich teuer, obwohl es sich um dieselbe Brennweite handelt. Das allein macht aber auch noch nicht den himmelweiten Unterschied aus. Das Wesentliche ist nicht die klare, sondern die *dünne* Luft, das heißt, die Höhe. Deshalb hat man das Gefühl, man sei in einer Stunde auf den Mond geflogen.

Meine Frage an Topga: *Glaubst du, dass der Suchtrupp deinen Bruder nun finden wird?*

Topga: *Ich kann nicht sagen, dass ich wirklich daran glaube. Ich glaube an Wiedergeburt, wie jetzt bei Karmapa. Da gibt es viele Zeichen und Belege, dass er es ist, und viele Menschen glauben das auch. Einige aber auch nicht. Für mich als ein nicht sehr religiöser Mensch ist es schwierig, ein klares Ja oder Nein abzugeben. Ich mach mir darüber auch keine großen Gedanken mehr.*

Wenn jemand von Geburt aus in einem buddhistischen Land ein Buddhist ist, dann heißt das so wenig, wie bei uns ein Kirchensteuer zahlender Christ zu sein. Beides hat mit einer religiösen Überzeugung wenig zu tun. Es ist Tradition und Gewohnheit. Jetzt aber, wo es Topga persönlich trifft, ob er in der Trauer um seinen Bruder verharrt und versucht, seine Schuldgefühle irgendwie zu verdrängen, da kann die Philosophie seiner Religion ihm helfen, sein Leiden zu überwinden. Oder gelingt das nicht? Darum geht es jetzt.

Die Aufgabe einer Religion sollte sein, dass sie einem Konzepte zur Verfügung stellt, mit denen man froh und glücklich werden kann. Von Heilung ist im religiösen Kontext generell kaum noch die Rede. Die Priester und religiösen Vertreter sind selbst gegenüber der Heilwirkung ihres Glaubens so skeptisch eingestellt, dass sie ihre Mitglieder nicht zu Gott schicken, wenn es denen nicht gutgeht, sondern zum Arzt. Es ist daher wenig übrig geblieben von der heilenden Kraft des Glaubens. Deshalb ist es auch nicht verwunderlich, dass die westlichen Kirchen ständig Mitglieder verlieren. Im Buddhismus ist das nicht ganz so stark, aber auch abnehmend. Die einzige Religion, die Zuwachs verzeichnet, ist der Islam. Kein Wunder bei den Ritualen, die diese Religion besitzt.

Dazu erinnere ich eine kleine Geschichte aus dem Sudan, den ich zu Filmarbeiten besuchte: Ich sitze in Karthum hinten im Taxi. Die Ampel schaltet auf Grün. Der Taxifahrer fährt nicht los. Ich wundere mich. Er öffnet seine Fahrertür und zieht den kleinen Teppich aus dem Fußraum am Nebensitz. Steigt damit aus. Schaut nach der Himmelsrichtung. Legt ihn auf die Straße und beginnt zu beten. Ich drehe mich um. Ein paar Autos sind an uns vorbeigefahren, aber etliche, vor allem Taxifahrer tun dasselbe. Die Ampel schaltet wieder auf Rot und wieder auf Grün, das spielt alles keine Rolle. Jetzt wird gen Mekka gebetet, und das nicht nur hier. Ca. 430 Millionen Männer machen das jetzt und noch vier Mal am Tag, alle ausgerichtet auf die schwarze Box in Mekka, in die jeder hineininterpretieren kann, was er will. Ich glaube auf der Erde gibt es kein stärkeres Ritual als dieses. Es verleiht dem Einzelnen eine Macht, nach der sich sogar der Straßenverkehr richten muss, zumindest im Sudan. Dagegen sind alle christlichen, jüdischen und buddhistischen Rituale armselig, was die Machtdemonstration anbelangt. Wofür diese Macht eingesetzt wird, ist eine andere Frage.

Fest steht: Wirkliche Macht erlangt man erst, wenn man sein nächstes Leben selbst bestimmen kann. Dazu fehlt dem Islam das Bewusstsein, wie auch dem Juden- und Christentum. Selbst im Buddhismus ist es oft nur eine Theorie.

Was macht Topga? Er könnte sich doch jetzt freuen, dass endlich mit der Suche nach seinem Bruder begonnen wird, aber das ist für ihn kein Trost. Es fehlt ihm das Vertrauen in seine Religion. Er versucht vielmehr, sich durch Arbeit von diesen Verlust- und Schuldgefühlen abzulenken. Das hilft ihm mehr, als an die Reinkarnation seines Bruders zu denken.

Topga hat genug in seinen beiden Teppichfabriken zu tun, womit er seinen Schmerz erfolgreich verdrängen kann. Sich in Arbeit zu stürzen, ist wohl bei den meisten Männern und Frauen ein probates Mittel, wenngleich bei Männern noch stärker ausgeprägt. Das hilft, wenn man mit Emotionen konfrontiert ist, die man mental nicht bewältigt. Diese Ablenkung jedoch hilft nur so lange, wie einen die Arbeit herausfordert. Doch was passiert in den Pausen oder am Abend? Da ist die Gefahr, z. B. zum Alkoholiker zu werden, am größten. Topga ist das nicht geworden – dafür ist er grundsätzlich viel zu stark in seiner Selbstliebe. Andere mit einem schwächeren Selbstbewusstsein hingegen sind hochgradig gefährdet, sich in eine Betäubungssucht zu flüchten, wenn sie in einer Trauer festsitzen.

Kloster Tsurphu und seine Rolle in meinen (Vor)Leben

In Tibet angekommen, wollen Tenzin und seine beiden Begleiter als Erstes nach Tsurphu, um den Abt zu fragen, worin die gute Nachricht besteht? Vom Flughafen geht es durch die Gemeinde Chushur am Brahmaputra entlang, in zwei Stunden zum Kloster Tsurphu hinauf auf 4500 m Höhe, wo Karmapa, der *Living Buddha*, nun seit drei Jahren lebt. Durch seine Anwesenheit kommt der Wiederaufbau zügig voran.

Diesen Platz, das Kloster Tsurphu, habe ich in mehreren Filmen gewürdigt. Zuerst mit *Tibet – Widerstand des Geistes,* dann mit *Living Buddha* und mit noch zwei weiteren Filmen vor diesem hier. *Reincarnation – Looking for a Sign.* Das kam so zustande: Ich wollte 1987 einen Film über die Auseinandersetzung zwischen Materialismus und Spiritualität drehen. Zunächst war es mir egal, wo, mit wem und an welchem Beispiel. Interessiert hat mich dieser Konflikt, weil er sich in jedem Menschen abspielt und weshalb sogar Kriege geführt werden. Drehe ich dieses Thema vor der Haustür, lande ich mit der Spiritualität in Altötting/Bayern und mit dem Materialismus bei der Bundeswehr, die letztlich dazu da ist, Eigentumsansprüche zu verteidigen. Das schien mir aber nicht sehr erhellend. Recherchen ergaben, dass die Tibeter ein sehr spirituelles Volk sind, vielleicht sogar das spirituellste der Erde. Zugleich trifft man in Tibet auf die materialistischste Existenzform – und zwar in Gestalt der chinesischen Besatzungsmacht.

Da ich kaum selbstlosere Menschen kenne als die Tibeter, die einen gewaltsamen Widerstand gegen ihre Unterdrückung ausschließen, und ich auf der anderen Seite keine egoistischeren Menschen kennengelernt habe als die Chinesen, die Tibet besetzen (mit fantastischen Ausnahmen, aber eben nur Ausnahmen), drehte ich meinen Film zu diesem Thema am besten dort. Da konnte ich damit rechnen, dass mir der Konflikt zwischen Spiritualität und Materialismus an jeder Hausecke begegnet.

Sechs Millionen Tibeter gegenüber (1987) 12 Millionen Besatzer. Sie sind als fünfte Kolonne den Besatzungstruppen von 500 000 Mann nach Tibet seit der Okkupation 1959 gefolgt. Bis 1959 waren es genau zwei Chinesen, die in Tibet lebten, und das waren zwei Dauerangestellte an der chinesischen Botschaft in Lhasa. Die 12 Millionen nachgezogenen Chinesen kamen nur wegen der hohen staatlichen materiellen Vergünstigungen nach Tibet, und nicht, weil sie die Tibeter so lieb haben und das Klima so mögen. Im Gegenteil: Sie betrachten die Tibeter als den letzten Abschaum der Menschheit, und das trockene Klima in dieser Höhe macht sie alle krank.

Ich kam ohne konkreten Plan mit meinem Film-Team nach Tibet und landete nach zehn Tagen im Kloster Tsurphu. Durch seine komplette Zerstörung 1960 und den 1985 ohne jegliche Mittel begonnenen zaghaften Wiederaufbau trotz ständiger Repressionen erschien es mir als Beispiel für mein Film-Thema ideal. Ich brauchte dafür auch keine chinesische Sondergenehmigung, denn Tsurphu liegt noch im touristischen Gürtel um Lhasa. Es waren nur zwei Stunden mit dem Jeep dort hinauf.

Bis zum Ende des Films 1988 maß ich dem Umstand, dass dieses Kloster der Stammsitz des Karmapa war, keine besondere Bedeutung bei, zumal er ja auch nicht anwesend war und das Thema Reinkarnation für mich nur am Rande eine Bedeutung hatte. Für den Film hätte das Kloster auch zu einem anderen Orden gehören können, mit einem anderen Oberhaupt als gerade Karmapa, von dem man damals nicht wusste, wann und wo er wiedergeboren sein könnte. Wichtig waren für mich der Grad der Zerstörung aus materialistischer Sicht und zugleich die Kraft für den Wiederaufbau aus spiritueller Motivation. Dieser deutliche Kontrast zwischen Spiritualität und Materialismus war in Tsurphu eindeutig.

Erst als ich 1990, fünf Jahre später, das Thema *Living Buddha* in Arbeit hatte, landete ich zu meinem Erstaunen wieder in Tsurphu. Das war natürlich eine kosmische Fügung. Im Buddhismus sagt man das anders, da liegt diese Koinzidenz in meinem Karma begründet.

Den Auftrag, die Wiedergeburt Karmapas von der 16. zu seiner 17. zu drehen, war mir (wohl) schon im letzten Leben für dieses Leben auferlegt worden. Ich hatte dazu einen sehr realistischen Traum. Da stand ich vor Karmapa in einer typisch tibetisch-buddhistischen Robe und er herrschte mich an: »Im nächsten Leben bekommst du kein Kloster, da bekommst du eine Kamera.« Ich wusste wohl damals nicht (genau?), was eine Kamera ist und was er damit meinte, aber ich sagte: »Ja.« Was immer mir Karmapa auftragen würde, ich sagte Ja. Denn ich konnte nie wissen, zu was es gut war.

Damals kapierte ich sehr schnell, dass ich, um eine Kamera zu bekommen, nicht wieder in Tibet auf die Welt kommen darf. Es musste ein Industrieland sein. Die Deutschen standen bei (uns) den Tibetern hoch im Kurs (und tun es übrigens heute noch immer, trotz Hitler und allem, was dazugehört). Naheliegend war deshalb: Wenn ich schon in den Westen muss (was ja auch Karmapas großes Ziel war), dann nach Deutschland. Auch

Karmapas erste Reise in den Westen 1972 führte ihn nicht in die USA, sondern nach Berlin.

Als tibetischer Bergmensch, der seine Berge über alles liebt, schaute ich natürlich auch für meine neue Existenz nach einer schönen Bergsituation, am liebsten mit Wasser davor. Noch wichtiger war allerdings, dass ich eine Familie fand, die mir die Voraussetzungen bot, die ich heute für meine Arbeit habe. Wenn man nun wieder an Zufall glaubt, könnte man sagen: Ich habe Glück gehabt, und das stimmt auch. Ich hatte sogar sehr großes Glück mit den Menschen, die meine Eltern wurden. Aber auch Glück hat eine Ursache und ist kein Zufall.

Wichtig war für meine Wiedergeburt, dass ich meine Eltern dann habe, wenn ich sie am nötigsten brauche – und das ist ab der Zeugung bis zur Pubertät. Außerdem, wenn ich es mir schon aussuchen kann, dann nicht zu Kriegszeiten, in denen ich bereits als Embryo die Angst meiner Mutter spüren müsste, ob das werdende Kind seinen Vater jemals zu Gesicht bekommt. Da es unmittelbar vor dem Krieg in den Industrieländern (speziell Deutschland) keine Möglichkeit gab, meine Kindheit in einer liebevollen, stabilen Familiensituation zu durchleben, obwohl ich schon 1937 in Tibet gestorben war, musste ich warten, bis der Zweite Weltkrieg vorbei war. Mein Vater kam dann unverletzt nach Hause, und somit konnten meine Eltern in spe ihre Ehe, die nur kurz vor Kriegsbeginn geschlossen worden war, erst richtig leben. Als sie nach Kriegsende und Rückkehr aus der Gefangenschaft ihren ersten Honeymoon hatten, war dies der ideale Zeitpunkt für mich, zu inkarnieren.

Vor mir gab es zwei im Krieg geborene Geschwister und nach mir Zwillinge. Zu denen hatte ich aber keine besondere Affinität. Ich war der Schmusigste, sagte meine Mutter, und bin damit bei ihr auf große Gegenliebe gestoßen. Auch mein Vater hatte viel Liebe und Zeit für mich. 1947 herrschte endlich Frieden, und der kam mir voll zugute. Das gab mir in den ersten Lebensjahren eine Sättigung, von der ich noch heute profitiere.

Ich arbeite schon eine ganze Weile daran, dass mir auch meine nächste Inkarnation so gelingen möge. Ohne eine klare Absicht ist dies kaum möglich, denn im Universum herrscht das Gesetz: *Der Absicht folgt die Energie.*

Um als Mensch wieder auf die Welt zu kommen und dazu noch unter Glück spendenden Umständen, braucht es viel gute Energie. Die bekommt man nicht zustande, wenn einem seine nächste Inkarnation egal ist.

Karmapa ist in der Lage, seine Absicht bis auf das letzte i-Tüpfelchen zu formulieren: mit den Namen seiner Eltern, dem Ort und der Zeit plus weiterer Merkmale, sodass es um seine neue Identität keinerlei Zweifel geben kann. Und weil seine Absicht so klar ist, verwirklicht sie sich auch so klar. Karmapa macht sich zunutze, dass Zeit nur ein Konstrukt ist, und dass man dieses Konstrukt wandeln kann gemäß seinem Bewusstsein. Das gelingt auch beim *Seelenschreiben* – indem wir immer im Präsens bleiben, schlagen wir dem herrschenden Konstrukt Zeit ein Schnippchen. Denn alles, was im Jetzt ist, kann ich auch im Jetzt gestalten und ändern.

Sicherlich hat das Leben auf diesem Planeten in der heutigen Zeit Parameter, die auch Karmapa nicht ändern kann. Aber immerhin kann er sein persönliches Schicksal so steuern, dass er sich einerseits solidarisch mit seinem Volk zeigt und in Tibet als Tibeter in der untersten, aber Freiheit liebenden Schicht der Nomaden auf die Welt kommt. Andererseits besteigt er mit 7 Jahren wieder in seinem Stammkloster den Thron. Damit ist er Volk und Volksführer in einer Person, und das in der Kontinuität von 900 Jahren.

Für diese Kontinuität steht der Ort Tsurphu. Ich habe in all den Wochen, die ich in Tsurphu mit Filmen, Staunen und Warten verbrachte, nicht ein einziges abfälliges Wort über die Chinesen gehört, obwohl ihre Kontrolle und Arroganz allgegenwärtig ist. (Vielleicht auch deshalb.)

Karmapa weiß mehr

Zunächst werden Tenzin, Phuntsok und Sonam vom alten Abt *Drupon Dechen* empfangen. Er erteilt denen in seinen Augen verwestlichten Exil-Tibetern erst einmal eine Lektion: »Ihr bekommt immer mehr von dem großen Wissen des Westens, der weiß, wie man Satelliten um die Erde kreisen lässt und Menschen in den Weltraum schickt. Aber er sagt euch nichts darüber, was man tun muss, um bewusst zu reinkarnieren. Davon hat der Westen keine Ahnung. Ist es nicht so? Der Buddhismus besitzt das Wissen, wie Menschen ihre zukünftige Wiedergeburt bestimmen können. Beispielsweise Karmapa, er ist seit 1110 bereits 16 x in der Lage gewesen, seine künftige Wiedergeburt zu planen und vorauszusagen, dabei ist er auch nur ein Mensch, in einer menschlichen Form. Dieses Wissen solltet ihr euch auch aneignen.«

Ja, aber sie haben es noch nicht, vor allem nicht, was Jamgon anbelangt. Deshalb seien sie gekommen, denn er habe ihnen doch mit seiner Karte gute Nachrichten angekündigt. Dafür sollten sie nun zu Karmapa hochgehen, sagt Drupon. Er hat seinen Raum auf dem Dach des ersten wiederaufgebauten Kloster-Gebäudes.

Dort lebt er ein sehr bescheidenes und abgeschiedenes Leben. Ihm wird das sehr einfache Essen auf sein Zimmer gebracht. Er isst immer alleine. Er lernt auch alleine mit seinem Lehrer Tüpten, den man noch in meinem Film *Living Buddha* sieht. Zu bestimmten Stunden empfängt er in seinem Zimmer auch Gäste. Die Mönche seines Klosters sind fast wieder 110 an der Zahl, wie vor der Vertreibung. Es gab Zeiten, da hatte das Kloster 600 Mönche.

Gäste, also Pilger, kommen an manchen Tagen bis zu 500, um Karmapas Segen zu erhalten oder auch nur, um einen Blick auf ihn werfen zu können. Sie fahren dafür oft tagelang auf offenen LKW-Pritschen, täglich zwölf und mehr Stunden, bei eisigster Kälte. Unsereins würde das nicht überleben. Die Tibeter kauern sich mit ihren Familien vom Frischgeborenen bis hin zur uralten Oma auf der Ladefläche zusammen, um so wenig wie möglich vom Fahrtwind abzubekommen. Dabei befinden sich auf der Ladefläche so viele Menschen, dass die Männer größtenteils stehen müssen, und das im Schatten bei schneidenden, eiskalten Minustemperaturen. Ein extremes Wetter ohne Feuchtigkeit.

Das sind todesmutige Unternehmungen. Straßen kann man das nicht nennen, über die diese Transporte in einem erschreckenden Tempo donnern, sodass einem schon vom Hinschauen schwindelig wird. Da kann es dann auch leicht passieren, dass die Wagen mit einem Rad plötzlich über tiefstem Abgrund hängen, aber es wird weitergefahren, ohne mit der Wimper zu zucken. Stehen bleiben gilt nicht. Man kommt nur durch, wenn man

Vollgas gibt. Immer wieder durch Nasses, Schneeeis, Geröll, Schlamm, schräge Lagen mit dramatischer Seitenlage bei Rutschgefahr; mit nur Hinterachsenrad-Antrieb und jungen unerschrockenen Typen am Steuer. Sie fahren, sooft es sich ergibt, im Konvoi, das bietet mehr Sicherheit. Aber wenn einem was passiert, bleiben die anderen nicht stehen. Sie schieben ihn höchstens vor sich her, alle Stoßstange an Stoßstange. (Dafür heißen die auch so.) So kommen sie oft am besten durch schwieriges Gelände.

Hat ein Fahrzeug größere Probleme und muss tatsächlich stehen bleiben, dann versucht jeder Fahrer, sein Fahrzeug gerade noch so in Position zu bringen, dass wirklich keiner an ihm vorbeikommt, sonst wird ihm von den Chinesen nämlich nicht geholfen. Der gesamte LKW- und PKW- Verkehr ist in chinesischer Hand. Vereinzelt gibt es tibetische Fahrer. Vor der Besetzung 1959 kannten die Tibeter keine Straßen. Es reichten Pfade, auf denen sie für den gesamten Güteraustausch mit ihren Yak-Herden gewandert sind. Um solch einen LKW für eine Pilgerfahrt zu Karmapa zu nutzen, müssen die Tibeter den Chinesen viel Geld auf den Tisch legen. Ich weiß, wovon ich spreche. Für meine beiden Toyota-Leih-Jeeps plus ein LKW für meinen Dreh in Ost-Tibet bezahlte ich pro Tag fast das Doppelte als in München bei *Avis* oder *Europe*. Für die letzten drei Pässe gab es allerdings keine Straßen mehr, da brauchte ich täglich 33 Pferde für alle und alles.

Als Tenzin die schmale Treppenleiter hoch auf die Dachterrasse steigt, spürt er große Unsicherheit in sich, wie er Karmapa nun begegnen soll. Einerseits ist er ein inzwischen 9-jähriges Kind, andererseits der große erleuchtete Karmapa, vor dem sich alle niederwerfen. Titi, Karmapas Diener, öffnet ihnen die Tür. Da sehen sie ihn auf seinem Bett sitzen, um ihn herum tibetische Bücher und Legosteine. Bevor sie ein Wort herausbringen, machen alle drei nah der Tür in einem Abstand von noch gut sechs Metern zu Karmapa ihre dreimaligen Niederwerfungen. Dann gehen sie in gebückter, devoter Haltung mit ihren weißen Seidenkataks auf ihn zu, knien sich vor ihm nieder und halten ihm über ihre gebeugten Köpfe die Schals hin. Er nimmt sie ihnen aus den Händen, hängt sie ihnen selbst um und gibt jedem einen schnellen heftigen »Klaps« als seinen Segen auf den Kopf, dann widmet er sich wieder seinen Legosteinen.

In der tibetischen Tradition bedarf es nun etlicher Höflichkeitsformeln, bis man schließlich zum eigentlichen Thema kommen kann: *Wo ist Jamgon?* Diese Frage übergeht der 9-Jährige und fragt lediglich zurück, ob sie schon zum Beten in der *Gompa* (Tempel) gewesen seien? Nein, das würden sie aber natürlich sofort im Anschluss tun.

Gut, dann sollten sie gehen und insbesondere das *Guru-Yoga-Mantra,* »den Ruf nach dem Lama von weit her«, rezitieren. Tschüss. Alle drei verlassen in gebückter Haltung rückwärtsgehend den Raum. Sie berichten dem Abt und können dabei ihre Enttäuschung nicht verhehlen. Aber seine Antwort ist auch nur: »Dann betet.«

Am nächsten Tag kommt Karmapa für die *Puja* (Andacht) selbst herunter in die Gompa. Tenzin ist hin- und hergeworfen zwischen Zweifel und Hoffnung. Immer wieder kommt ihm der Satz »Aber er ist ja noch ein Kind« in den Kopf. Nicht nur Tenzin und seine Begleiter haben Zweifel an der Hellsichtigkeit eines 9-jährigen Kindes, diese Skepsis ist auch allgemein verbreitet. Warum? Muss man ein bestimmtes Alter erreicht haben, um hellsichtig zu sein? Oder ist man es von Geburt an? Oder ist jeder Mensch im Grunde hellsichtig? Wie beurteilt man dies?

Die Gompa ist sehr dunkel. Tsurphu besitzt nur einen mittelgroßen Benzin-Generator. Das spärliche Licht kommt von Kerzen. Karmapa sitzt auf seinem hohen Thron. Es sind viele Mönche und Pilger/Besucher anwesend. Ehrerbietig fragt Tenzin in einer Gebetspause noch einmal, ob Seine Heiligkeit ihnen die Adresse von der Wiedergeburt Jamgons geben könne? Karmapa antwortet: »Seht ihr den Regenbogen da draußen, sein anderes Ende steht genau auf dem Geburtshaus von Jamgon.« Oh je, Tenzin und seine Begleiter sehen nicht einmal einen Regenbogen, geschweige denn das andere Ende. »Dann«, sagt Karmapa, »wiederholt das Mantra, das ich euch gegeben habe, noch 100 000 Mal.«

Dafür sitzen sie jetzt noch zwei Tage in der Gompa. Das macht etwas mit ihnen. Wer so etwas noch nicht erfahren hat, kann die Wirkung in keiner Weise abschätzen. Ab 20 000 hörbar gesprochenen Wiederholungen bist du quasi in Trance, aber kannst trotzdem die gesamte Realität völlig klar checken. Die Ratio (das Ego) verliert zunehmend die Kontrolle über dich.

Immer derselbe Satz, das ist dem Ego (Ratio) zu blöd, da verabschiedet es sich und die Intuition (Seele) kommt zu ihrem Recht. Du bist danach ein anderer Mensch. Die Zweifel werden rapide weniger.

2015, während unserer Arbeit an dem Film zu diesem Buch, erreichte mich die Nachricht, dass Karmapa, nun 30 Jahre alt, zum ersten Mal nach Deutschland käme. Welch eine Gelegenheit, ihn selbst zu fragen, wie er Jamgons Adresse »herausgefunden« hat! Spontan klappt ein Treffen am 11. Juli 2015 um 16 Uhr in Berlin. Spielt es eine Rolle, dass er in diesem Leben als 17. Karmapa Jamgon nie physisch kennengelernt hat? Er antwortete: »Ich bin der Karmapa. Ich habe die Verantwortung, Jamgon Kongtrul zu erkennen. Jamgon Kongtrul der 3. hatte eine sehr enge Beziehung mit dem 16. Karmapa. Das weiß jeder. Ich habe ebenfalls viele Geschichten über Jamgon Kongtrul und den 16. Karmapa gehört. Vielleicht habe ich deshalb ein besonderes, verbindendes Gefühl zu ihm.«

Siehst du, dachte ich, als ich da vor ihm in dem Berliner Hotelzimmer saß und drei Kameras liefen, genau darauf kommt es an: »ein besonderes, verbindendes Gefühl zu ihm«. Die Ratio hat da nichts zu bewerkstelligen. Für uns Westler, die unter der Diktatur der Vernunft stehen, ist es so schwer, sich hundertprozentig auf sein Gefühl zu verlassen. Wer seinem Gefühl zu 100 Prozent vertraut, kann hellsehen. Für Karmapa besteht zwischen Ratio und Intuition kein Unterschied, seine Ratio dient seiner Intuition vollständig. Niemals würde die Ratio sich über die Intuition erheben wollen und gar behaupten, sie wisse irgendetwas besser. Das wäre das Ende der Erleuchtung oder der *full realisation,* wie man auf Neudeutsch sagt.

> Tenzin: »Als wir nach unseren 100 000 Mantren wieder zu Karmapa hochkamen, gab er uns einen Brief. Darin nannte er acht Bedingungen für die Wiedergeburt Jamgons«: *Jamgon ist weder in der Mitte noch am Ende des Schweinejahres geboren, der Vater heißt etwas mit Go, die Mutter etwas mit Ki, das Haus ist zweistöckig, in ihm leben acht Personen, die Haustür weist nach Osten, von der aus man drei spitze Berge sieht, aus deren Mitte ein Bach fließt.*

»Unser Problem war, dass in dem Brief nicht stand, wo sich dieses zweistöckige Haus befindet.« Karmapa brauchte es eigentlich auch nicht noch mal zu sagen, denn er hatte bereits erklärt, dass es am anderen Ende des Regenbogens steht. Das nimmt Tenzin ohnehin nicht ernst, denn er sieht ja keinen Regenbogen. Deshalb fragt er wieder und wieder: Karmapa antwortet: »Im Süden!« Tenzin: »Wo ist Süden? Süden ist groß. Wo sollte ich da suchen?«

Der Tatbestand, dass Karmapa noch so jung ist, macht ihm, wie wohl allen, am meisten zu schaffen. Denn wir wachsen mit der Ideologie auf, Kinder müssten erst einmal etwas lernen, um was zu können. Kinder seien von Haus aus erst einmal dumm, und nach und nach würde ihnen etwas beigebracht. Diese Ideologie lässt sogar Tenzin an Karmapas Fähigkeiten zweifeln, weil dieser in seinem momentanen Körper erst 9 Jahre alt ist. Diese Zweifel sind eigentlich eine Beleidigung, nicht nur für Karmapa, sondern für die menschliche Kreatur.

Wenn man anfängt, diese Kreatur als Kontinuum zu betrachten, dann ist jede Verkörperung eine Quelle an Weisheit. Diese lässt sich zwar auch unterdrücken, wie man an unserem Schulsystem sieht. Doch es gibt auch ein anderes Schulsystem, bekannt geworden als russische *Schetinin Schule*.[28] Bei dem fördern sich die Kinder gegenseitig, ohne jegliche Konkurrenzgefühle. Damit öffnet sich ihre aus dem Vorleben mitgebrachte Weisheit, und die Kinder sind in der Lage, ein Wissen zu präsentieren, das man nicht einmal erwachsenen, studierten Professoren zutraut.

Ich kann dazu nur wieder einmal sagen: »So, wie man in den Wald hineinruft, so schallt es heraus.« Das heißt, wenn ich einem Wesen oft genug sage, du bist dumm, dann ist es dumm. Karmapa lässt sich so etwas nicht sagen. Seine Hellsichtigkeit hat er mitgebracht aus vielen Leben, in denen er diese Fähigkeit unzählige Male unter Beweis gestellt hat. Wenn Tenzin wegen Karmapas Alter verunsichert ist, dann ist das allein sein Problem, und entsprechend lange dauert die Suche nach Jamgons Wiedergeburt.

Nachdem Tenzin, Phuntzog und Sonam mit Karmapas Hinweis, im Süden zu suchen, nichts anfangen können, löchern sie ihn jeden Tag aufs Neue, ob er ihnen nicht noch genauere Hinweise geben könne. Schließlich greift

---

[28] Siehe: https://www.youtube.com/watch?v=dpHB8kH3yVg

Karmapa zu seinem Schulheft, das gerade vor ihm auf dem Tisch liegt, und fängt an, seine Erklärungen zu illustrieren.

Tenzin zeigt uns dieses Schulheft: *Das hier ist sein Heft mit seiner Handschrift. Wir haben es aufbewahrt.* (Er erklärt uns das »Gekritzel«): *Das ist in Tsurphu, der Berg vor dem Kloster. Darüber hat er diesen Regenbogen gezeichnet. Hier stehen die tibetischen Buchstaben:* Ka, Ma, Ta, Ka *und das Zeichen für das Schweinejahr. Hinter dem Berg von Tsurphu, da sollen wir suchen, da sehen wir die schwarzen Berge, wie er sie auch in seinem Brief nennt. Hier, da hat er sie gezeichnet und hier das Haus mit den beiden Stockwerken und hier dann noch den Bach.*

Alle diese Indikatoren hatte er auch schon in seinem Brief aufgezählt. Der Suchtrupp grübelt nur noch immer darüber, was sie unter »Süden« verstehen sollen. Dabei könnte man aus der Zeichnung herauslesen, dass Jamgons Geburtshaus südlich von Tsurphu zu finden sein muss. Tenzin hätte also nur auf die andere Seite des südlichen Bergmassivs fahren müssen und dort nach Jamgon suchen. Aber nein, so weit kombinieren er und seine Begleiter noch nicht. (Natürlich ist man am Ende immer klüger als vorher.) Vermutlich sind sie dazu nicht fähig, weil sie den Aussagen von Karmapa noch skeptisch gegenüberstehen. Das blockiert das natürliche freie Denken.

Tenzin ist so verzweifelt, dass er drauf und dran ist, unverrichteter Dinge wieder abzureisen. Er schüttet dem Abt sein Herz aus, der ihm nur wieder empfehlen kann, ein weiteres Mal Karmapa aufzusuchen, wofür Tenzin sich aber schon schämt. Er fürchtet, Karmapa auf die Nerven zu gehen, wenn dieser doch schon gesagt hat: »Sucht im Süden.«

Aber noch einmal überwindet Tenzin sich und steigt die steile Treppe zu Karmapa hoch. Karmapa ist diesmal nicht in seinem Raum, sondern springt in einer ausgelassenen fröhlichen Art auf der Dachterrasse vor seinem Raum herum. Er hüpft von einem Bein aufs andere, wirft dabei die Arme in die Luft und ruft rhythmisch vor sich hin: *Chushur* oder *Tschu Tschu* oder *Churchur*. Tenzin hat zu große Hemmungen, Karmapa bei diesem »Tanz« (kann man schon sagen) zu unterbrechen und ihn mit seinen immer gleichen Fragen zu belästigen. Resigniert kehrt er oben an der Treppe wieder um, ohne dass Karmapa ihn bemerkt zu haben scheint, und klagt unten Drupon Dechen erneut, dass er keinen Zugang zu Karmapa finde.

Drupon: *Was war denn?*

Tenzin: *Er springt dort oben auf der Terrasse ausgelassen herum und ruft dabei dauernd* Tschu Tschu, Tschu Tschu.«

D: *Was ruft er?*

T: *Na, irgend so einen Laut* – Tsch Tsch.

D: *Genau?*

T: Tschu tschu *oder so.*

D: *Weißt du nicht, was* Chushur *ist?*

T: *Nein.*

D: Chushur *heißt die Gemeinde auf der anderen Seite unseres Berges auf der Südseite.*

T: *Wie? Wie, da wo der Flughafen liegt?*

D: *Genau. Der Flughafen liegt auch in der Gemeinde* Chushur.

T: *Wie groß ist denn die Gemeinde?*

D: *Sie erstreckt sich vom Flughafen im Osten Richtung* Shigatse, *im Westen etwa 80 km.*

T: *Und wie viele Dörfer gibt es da?*

D: *Das weiß ich nicht.*

T: *Denkst du, wir sollen in* Chushur *nach dem Haus suchen, das Karmapa beschrieben hat?*

D: *Ja, das heißt es wohl.*

Tenzin ist wie aufgelöst.

D: *Siehst du! Du hast kein Vertrauen zu Karmapa.*

T: *Doch!*

D: *Du wolltest abreisen. Du warst verzweifelt, du hältst ihn für ein unerzogenes Kind, du siehst nicht den Buddha in ihm.*

Tenzin weint. Es steckt viel Scham und erneut Demut in seinen Tränen.

Tenzin macht sich auf den Weg

Jeder Schritt, den Tenzin in Tibet macht, wird dank Internet von Jamgons Anhängern weltweit per Skype und YouTube verfolgt. Es sind allerdings nur wenige eingeweiht, aber zu ihnen gehört natürlich auch Topga, und ich frage ihn: »Wie fühltest du dich bei den Nachrichten, die dich über die

Suche nach deinem Bruder erreichen?« Topga bleibt ganz sachlich: »Klar, der Prozess ging weiter. Tenzin ging zu Karmapa, der ihm seine Vision zu Jamgon Rinpoche gab. In einem Brief nannte er ihm die Namen der Familie, des Vaters und der Mutter und eine generelle Richtung, wo er suchen soll.« Ob sie fündig werden oder nicht, steht zu diesem Zeitpunkt für Topga in den Sternen. Seine Devise heißt: *Abwarten.*

Für Tenzin und seine Begleiter ist nun klar, sie suchen im Bezirk *Chushur.*

Dafür mieteten sie sich in Lhasa einen *Toyota Land Cruiser* und fahren vom Norden kommend zunächst durch die gesamte Gemeinde und beginnen am Südwestrand. Da sie die Weisung »Süden« im Kopf haben, ist das der südlichste Punkt der Gemeinde Chushur. Deshalb beginnen sie von dort an zu suchen. Die Gemeinde hat ein paar Dutzend Dörfer. Tenzin legt einen großen Papierbogen mit einer neunspaltigen Tabelle an. In der ersten Spalte tragen sie die Adresse des zu begutachtenden Hauses ein. Die weiteren acht Spalten stehen für je ein Merkmal, das Karmapa für die Identifizierung Jamgons genannt hat.

Nachdem sie am ersten Tag mehr als 60 Häuser geprüft haben, sieht man an den gesetzten Haken in den Spalten auf einen Blick, dass kein einziges Haus diese acht Bedingungen auch nur annähernd erfüllt. Die Suche gestaltet sich als äußerst schwierig. Sie fragen jeden, der ihnen begegnet, ob er im Dorf ein Kind kenne, das letztes Jahr zur Welt kam? Sie fragen die Kinder, ob sie noch einen kleinen Bruder haben, der etwa ein Jahr alt ist. Es zeigt sich niemand, der passt.

Rosy Findeisen und ihr Mann sind die einzigen Ausländer, die Tenzin auf der Suche nach Jamgon nach Tibet begleiten. Aber natürlich ziehen sie nicht mit ihm und seinen Begleitern durch die Dörfer, das wäre viel zu auffällig. Es sorgt schon für genügend Aufregung, dass drei Mönche in Roben nach einem Säugling suchen. Selbstverständlich weiß niemand, nach wem sie suchen, aber in Tibet ist klar: Wenn Mönche so fragen, dann muss es sich um jemand Besonderen handeln, sonst wird nicht so systematisch gefahndet.

Rosy: *Als Tenzin Dorjee sich auf die Suche nach Jamgon begab, waren wir in Tibet und haben diese ganze aufregende Zeit miterlebt und mitgefiebert. Natürlich fragten wir jeden Abend nach den Ergebnissen. Da sie immer mehr Kinder gesehen haben, waren sie schon ganz verwirrt, und sind jeden Morgen wieder zu Karmapa gegangen und haben neue Details erfragt. Nachdem sie über 100 Kinder gesehen haben, die in dem Jahr geboren sind, und Karmapa fast die Geduld verloren hat, hat er ihnen sogar eine Zeichnung gemacht, in der er das Haus richtig aufgezeichnet hat, mit dem alten Baum an der Kreuzung, und hat hingeschrieben, dass da acht Menschen in dem Haus leben. So kamen sie Jamgon langsam immer näher.*

Das bestätigte mir Karmapa auch in dem Interview in Berlin 2015:

Karmapa: *Tenzin Dorjee kam oft und fragte nach der Reinkarnation. Schließlich musste ich was tun und begab mich in eine Meditation. Ich schloss meine Augen und sah plötzlich, ziemlich klar, den 3. Jamgon auf einem Stuhl sitzend. Und dieses Bild wandelte sich in einen Jungen, der dem 3. Jamgon sehr ähnlich war. Den wiederum hält sein Vater auf dem Schoß und das ist Jamgon der 4. Dieses Bild – oder diese Vision, können wir auch sagen – zeigte mir, wie der 3. Jamgon zu diesem kleinen Jungen wurde.*

CK: *Und wie* kamen *Sie auf die Silben* Ki *und* Go *für die Elternnamen?*

Karmapa: *Auf die gleiche Weise in der Meditation.*

Ab jetzt dokumentiert Tenzin die Suche mit einer kleinen Video-Kamera. Nach zwei Tagen haben er und seine Begleiter 167 Häuser abgefragt, aber nirgends treffen alle acht Prophezeiungen von Karmapa zu. Als sie abends wieder nach Tsurphu hochfahren, sieht Karmapa sie von Weitem das Tal hochkommen und winkt mit einer enttäuschten Geste ab: »Die haben wieder nichts.«

Tenzin geht diesmal erst gar nicht mehr zu Karmapa hoch, er ist mit den Nerven am Ende, fast davor aufzugeben. Es holt ihn nun noch ein weiteres Problem ein. Der Mietvertrag für sein Auto läuft am nächsten Morgen aus, und er hat kein Geld, das teure Auto weiter zu mieten. Da kommt ihm Drupon Dechen entgegen. Er erwirkt bei Karmapa, dass er Tenzin, Phuntsok und Sonam sein eigenes Fahrzeug mit seinem Fahrer für den nächsten Tag zur Verfügung stellt.

Als sie ihren Leihwagen in Lhasa zurückgegeben haben und mit Karmapas Auto und seinem Chauffeur weiter Richtung Chushur fahren, zeigt ihnen der Fahrer einen großen stattlichen Baum am Weg und sagt, unter diesem Baum habe Karmapa bei seiner letzten Fahrt nach Shigatse Picknick gemacht. Oh, denkt Tenzin, dann machen wir da jetzt auch Picknick. Als sie unter dem Baum sitzen und essen, erzählt der Fahrer weiter, dass Karmapa sich für das Dorf interessierte, das man ganz dort drüben in der Ferne am Südhang des Berges sieht. »Er bat mich«, erzählt der Fahrer, »jemanden zu fragen, wie das Dorf heißt.« Ich sah eine Bäuerin auf dem Feld, ging zu ihr hin und fragte sie:

F: *Bitte, wie heißt das Dorf dort drüben?*

B: *Das ist Khyung Tsum.*

F: *Vielen Dank. Das ist über'n Fluss?*

B: *Ja.*

F: *Gibt es da eine Brücke?*

B: *Ja, aber nur zu Fuß.*

F: *… aber man kommt rüber?*

B: *Ja, die Brücke ist in einem sehr schlechten Zustand.*

F: *Danke!*

Tenzin fragt den Fahrer: *Sind wir hier schon in Chushur?*

F: *Ja, wir sind hier am Ostrand des Bezirks.*

T: *Und das Dorf dort drüben, gehört das auch noch zu Chushur?*

F: *Es dürfte das letzte sein. Noch weiter östlich, das ist nicht mehr Chushur.*

Bei Tenzin rührt sich etwas: Wenn Karmapa sich für dieses Dorf interessiert und es in der Gemeinde Chushur liegt, was es tut, dann bedeutet das etwas. Gemeinsam entscheiden sie, ab sofort nicht weiter in den Süden von Chushur zu fahren, um dort die Suche fortzusetzen, wo sie sie gestern beendet hatten. Sie wollen jetzt gleich, hier im Nordosten von Chushur, zu diesem Dorf hinübergehen und dort weiter nach Jamgon zu suchen.

In Berlin frage ich Karmapa, wie er auf dieses Dorf vor 21 Jahren gekommen war?

Karmapa: *Ich glaubte, dass Jamgon dort geboren ist. Deshalb fragte mein Freund und Fahrer die Frau auf dem Feld nach dem Namen des Dorfes.*

Auch für den 9-jährigen Karmapa war es ein Gefühl, und keine rationale Überlegung. Er vertraut einfach seiner Intuition. Der normale Mensch heute tut das nicht. Er oder wir werden noch immer, wie im Mittelalter, von einem bestimmten Aberglauben beherrscht. Der Aberglaube ist eine Ausgeburt der Ratio. Damit hat sie sich an die Spitze unseres Denkens gebracht. Die Wissenschaft ist ihr eherner Ausdruck, deshalb ist sie nicht in der Lage, mit der Natur in Harmonie zu sein. Die Ratio kann sich bei jeder Aussage mit einem *Aber* wichtig machen und die Intuition verunsichern. Dabei ist die Intuition von ihrem Gefühl her immer sicher.

Allerdings muss sich dafür die Ratio ihr ganz klar unterordnen, dann hat das Gefühl Raum. Wenn es nicht von der Ratio gestört wird, ist ein Gefühl ein Gefühl, und wir spüren sofort, welchen Wahrheitsgehalt und Charakter es hat. Wir können dieses Gefühl auch unsere Seele nennen, die alles spürt. Die Seele ist, um es noch mals zu betonen, die personalisierte Intuition. Dem Gefühl darf die Ratio nicht mit »aber« antworten. Die Intuition hat viel bessere Möglichkeiten, die Wahrheit (die subjektive Wahrheit) herauszufinden. Sie kann sich selbst überprüfen.

Damit tut die Ratio sich schwer. Dazu braucht sie ihre sogenannten Naturgesetze, die bei näherem Hinsehen auch keinen Bestand haben. Denn sie sind nur das, was die Ratio versteht: purer Materialismus, Wiegen, Messen, Zählen, die fünf Sinne einsetzen, aber den sechsten Sinn erklärt sie bereits für unwissenschaftlich. Dabei ist er der beste Sinn, den der Mensch besitzt. Wenn der sechste Sinn etwas wahrnimmt, dann dürfen die anderen Sinne dies hinterfragen, ohne ihn zu bevormunden, wie die Ratio das üblicherweise macht. Intuition geht vor.

Die erste Frage ist daher: Was fühlst du? Darauf kommt irgendeine Antwort, und die wird hinterfragt, vertieft. Nicht mit irgendeinem neuen Gedanken, sondern ausschließlich mit einem, der die in der Antwort benutzten Begriffe verwendet. Und diese auch nicht in irgendeiner abgewandelten, synonymen Form, sondern wörtlich, in möglichst der exakt gleichen Form. Einen solchen Begriff betrachtet man als eine Tür, die zu einer emotional tieferen Schicht führt. Dafür formuliert man diesen Begriff als Frage, und darauf gibt es wieder eine Antwort, und in der Antwort gibt es wieder eine Tür, und so weiter, bis die antwortende Person (also deine innere Stimme) an ihrem Kern angekommen ist, das heißt, in einer konkreten Szene. Diese Szene kann man sich schriftlich vor das innere Auge holen und darin erkennen, welche Art von Konditionierung sie in einem ausgelöst hat.

Das ist eine Seelenrecherche oder nenne es eine *Gefühlsrecherche*. So kommt man an die Quelle einer Störung oder Angst. Diese Szene schreibst du dann im Drehbuch-Stil auf (mehr dazu im Anhang). Am Schluss weißt du genau, was dein Gefühl verursacht hat. Du kennst dann deine subjektive Wahrheit. Bei ihr handelt es sich um eine starke, eindeutige, emotional bewahrheitete Erkenntnis, aufgrund derer du weißt, dass diese Szene nicht so bleiben darf. Sie hat dich in allen ihren Wiederholungen krank oder/und unglücklich gemacht. Das ändert sich jetzt mit dem Umschreiben.

Mit dieser Methode findest du sämtliche Leichen, die sich bei dir noch im Keller verstecken und bringst sie ans Tageslicht, das heißt, aufs Papier und damit ins Bewusstsein. Nach dieser Reinigung kannst du deinem Gefühl absolut vertrauen und deine Intuition funktioniert. In diesem Zustand hast du selbst das Gefühl, du musst z. B. fragen, wie das Dorf da drüben heißt, weil du in Resonanz mit jenem Wesen stehst, das du liebst und suchst. All das und noch mehr kannst du vertiefen.[29]

Ist er's, ist er's nicht?

Wie in einer Saga müssen nun Tenzin, Phuntsok und Sonam über diese waghalsige, schmale Hängebrücke, die den mächtigen Brahmaputra-Fluss überspannt. Unter ihnen, in etwa 30 Meter Tiefe, toben die Wassermassen, die Bodenbretter sind löchrig und morsch oder fehlen ganz, während die Brücke bei jedem Schritt schwankt. Die drei Mönche in ihren dunkelroten Roben hangeln sich entschlossenen Mutes, rechts und links an die Stahlseile klammernd, hinüber zum besagten Dorf.

Kaum ist Tenzin mit seinen Begleitern in Khyung Tsum angekommen, teilen sie sich auf: Zwei fangen oben im Dorf an zu fragen, Tenzin unten, zusammen mit einem Mönch von Tsurphu, der sie mit dem Fahrer begleitet. Der Fahrer bleibt beim Auto und sucht über einen großen Umweg eine befahrbare Brücke über den Brahmaputra. Kaum hat sich der Suchtrupp getrennt, taucht bei Tenzin ein etwa 13-jähriges Mädchen auf, das bereits

[29] In »Persönlicher Masterplan zur Reinkarnation« (siehe Anhang).

von der Suche nach einem Baby gehört hat und ihnen ihren Neffen zeigen möchte, der im Schweinejahr geboren ist.

Im Bezirk hat sich während der letzten Tage wie ein Lauffeuer die Nachricht verbreitet, dass Mönche einen Tulku suchen. *Tulku* ist das tibetische Wort für jemanden, dessen vorhergehende(s) Leben man kennt. Niemand weiß natürlich, wer der Suchtrupp ist, und wen sie genau suchen, und schon gar nicht, dass es sich um eine so große Persönlichkeit handelt wie Seine Eminenz Jamgon Kongtrul Rinpoche, dessen Namen man vor der chinesischen Invasion in ganz Tibet kannte. Der Aufruhr wäre zu groß und würde die Suche gefährden. Das Mädchen sagt, ihr Bruder sei 1995 geboren, das Haus sei gleich dort am Hang.

Als Tenzin bemerkt, dass das Haus zweistöckig ist und die Haustür nach Osten weist, schickt er seinen Kollegen nach oben, um die anderen herbeizuholen. Es wird spannend. Zum ersten Mal kommen wieder alle Hoffnungen und Wünsche hoch, und Tenzin fragt sich bereits: »Sind wir am Ziel?«

Sonam: *Zwei Stockwerke und die Tür nach Osten. Das passt.*

Tenzin: *Aber alle acht Bedingungen müssen erfüllt sein.*

Phuntzok: *Wer ist das?*

S: *Das ist die Oma.*

T: *Wenn es acht Personen sind, die hier wohnen, dann stimmen schon mal drei Bedingungen.*

P: *Drei spitze Berge kann man ebenfalls von hier aus sehen.*

T: *Aber gibt es hier ein Baby?*

S: *Die jungen Eltern sind auf dem Feld, heißt es.*

T: *Wann kommen die Eltern heim?*

Oma: *Die sind bei der Feldarbeit.*

S: *Frag doch nach dem Baby,* flüstert Sonam Tenzin auf Nepali zu.

T: *Nicht so schnell. Wir fragen erstmal, wann die Eltern vom Feld wiederkommen, vielleicht haben sie ja das Baby mit dabei.*

S: *Ja, dann frag sie, wann dieEltern kommen.*

T: OK. – *Wann kommen die Eltern vom Feld?*

O: *Gegen Abend.*

S: *Ist gut. Wenn wir zu viel fragen, wird sie misstrauisch. Wir müssen uns gedulden* – sagt Sonam in Nepali, was die Oma nicht versteht.

Die Familie ist den Mönchen gegenüber aber nicht misstrauisch, nur etwas reserviert. Im heutigen Tibet, der dritten Generation unter chinesischer Herrschaft, ist der Reinkarnationsgedanke nicht mehr so selbstverständlich wie zu buddhistischen Zeiten. Heute sprechen schon manche Tibeter besser Chinesisch als Tibetisch. In der Schule müssen alle Chinesisch sprechen. Tibetisch wird wie eine Fremdsprache behandelt. Man kann sie noch zu Hause sprechen, aber auch nicht wirklich frei. Vor allem darf man den Dalai Lama und alles, was damit zusammenhängt, nicht erwähnen. Darauf steht heute immer noch die Folter.

Die Mönche, weil sie ja auch Ausländer sind, werden geachtet, aber dennoch weiß die Familie noch nicht, was gespielt wird. Hätten Tenzin und seine Begleiter gesagt, sie suchen nach Jamgon, dann ist das so, als würde man in einem europäischen Land nach einem hohen Politiker suchen. Das würde dem Betrug Tür und Tor öffnen. Wenn auch nicht mehr unter chinesischer Herrschaft, so gilt unter der Hand für alle Tibeter noch das alte tibetische Reinkarnationsgesetz. Für die ganz junge Generation allerdings ist es nur noch eine zu belächelnde, nette Geschichte der Omas und Opas, obwohl auch die schon unter den Besatzern geboren sind. Im Exil, unabhängig von den Staatsformen der Länder, in denen Tibeter heute leben, gilt dieses alte Reinkarnationsgesetz inoffiziell weiter. Unter Ordensbrüdern auf jeden Fall. Und unter den Familien? Das werden wir jetzt sehen:

Phuntzok: *Schau mal, es stimmt, wenn man da aus der Haustür sieht, dann sind da tatsächlich genau die drei schwarzen Berge, die zu den Bedingungen gehören, die Karmapa gezeichnet hat.*

Sonam: *Tatsächlich, da ist auch der Bach, den Karmapa erwähnt hat.*

Tenzin gerät in immer größere Vorfreude. Gleich werden die Eltern mit dem Baby da sein, so hofft er. Von der Dachterrasse aus sehen sie sie plötzlich kommen: Der Mann geht nach alter patriarchaler Sitte drei Schritte vor der Frau. Er trägt ein Herren-Jackett wie viele arme Bauern, die sich aus Spenden kleiden müssen, obwohl so ein Sakko für die Feldarbeit völlig unpraktisch ist. Genauso wie die Herrenschuh-Mode der Chinesen, mit 3 bis 4,5 cm hohen

Absätzen – billig gemacht, sodass die Absätze leicht abbrechen. Damit schlurfen dann die Männer durchs Land. Sie besitzen meist nur dieses eine Paar.

Tenzin sagt: »Aber schau mal, sie haben kein Baby.« – Dann verschwindet das Paar zwischen den Häusern des Dorfes. Man kann sie nicht mehr sehen. Es dauert. Das Dorf ist nicht so klein, es hat vielleicht 600 Einwohner. Nun entsteht doch wieder ein banges Gefühl – eines, das dem Ego entspringt. Wer vollkommen in seiner Intuition ist, der bangt nicht, der vertraut. »Auf was kann die Intuition schon vertrauen«, fragt sich die Ratio? »Auf das Unbekannte«, antwortet die Intuition. Das macht die Ratio rasend. Sie hält Unbekanntes überhaupt nicht aus. Sie braucht immer eine Erklärung. Manchmal ist die Erklärung aber so feinsinnig, dass die Ratio sie gar nicht wahrnehmen kann. Das verunsichert sie. Die Intuition aber verspürt sogar gegenüber dem Unbekannten Sicherheit. Wie kann das sein, fragt die Ratio?

Intuition vertraut auf ihre gute Absicht. Sie muss nicht genau wissen, wie etwas funktioniert, nur dass es funktioniert. Jamgons Reinkarnation zu finden, ist kein Ego-Interesse der Mönche. Sie stellen sich nur so gut sie können als Werkzeug zur Verfügung, um der Mission Jamgons und darüber hinaus Karmapas und allen an der Bewusstseinsentwicklung der Menschheit interessierten Kräften zur Verwirklichung zu verhelfen. Dahinter steht der Große Geist, das harmonische Universum, welches einfach nur Liebe ist. Denn Harmonie lässt sich auch als Liebe verstehen. In diesem Vertrauen vertrauen sie auch schon seit dem Tod des 3. Jamgon auf seine Wiederkehr: Und wenn es jetzt passiert – wunderbar. Reinkarnieren ist ein Akt der Liebe. Man nimmt wieder Gestalt an, um weitere Erfahrungen machen zu können, durch die das Bewusstsein wächst.

Denke an deine eigene Zeugung, sie war auch ein Liebesakt. Manche befürchten, es würde, wenn sie diese im Drehbuch-Stil aufschreiben, ein erotischer Film. Warum auch nicht? Wie immer mann/frau einen solchen Liebesakt bezeichnen – es ist und bleibt ein körperlicher Akt, damit ein Körper entstehen kann. Die Seele liebt es, sich wieder in eine Form zu begeben. Natürlich kann diese Form nicht beliebig sein. Sie ist – wie in diesem Buch schon mehrfach betont – ein Spiegel des Bewusstseins, und damit auch der Probleme, mit denen man gestorben war.

Sicherlich wüsste die Seele selbst, wie der erleuchtete Körper in purer Schönheit erstrahlt, aber das Ego ist dafür noch nicht so weit. Es agiert aus einem gefühlsarmen, konfliktbeladenen Raum heraus, und so sieht auch die Form des Körpers aus. Es ist seine Aufgabe, diese seelischen Inhalte zu spiegeln, auf dass sie sichtbar werden und somit nach einer Entwicklung verlangen, die zu einer Harmonisierung und entsprechender Schönheit führt.

Bei jeder Inkarnation kann man sich fragen. Was bräuchte es, um alles, was sich körperlich, motorisch und seelisch zeigt, zu harmonisieren, sodass das Leben in Übereinstimmung mit den Prinzipien des Universums verläuft? Würde die Seele zu allen Störgefühlen sagen: »Schwamm drüber, wir geben uns jetzt die vollkommene Schönheit, auch wenn wir es innerlich noch nicht sind«, dann würde das noch immer keinen schönen, liebevollen Charakter hervorbringen. Die Leichen im Keller wären zwar gut gecovert, aber sie stinken dennoch gen Himmel. Man merkt es erst, wenn es ans Eingemachte geht. Dieses beschützen viele Schönheiten vor entlarvenden Blicken. Wie es innen aussieht, das soll niemanden etwas angehen, aber die Seele weiß es doch. Da zeigt die Intuition, wie viel besser ihre Wahrnehmung funktioniert als die der Ratio. Die Ratio lässt sich von äußerlicher Schönheit leicht blenden. Wie schön auch die Form sein mag, es kommt darauf an, welcher Geist sich in ihr befindet.

Erkennen ist ein Gefühl

Ich kann nicht beurteilen, wie viel Bangen in jedem Einzelnen der Suchgruppe steckt. Sicherlich ist es nicht bei allen gleich. Die Tatsache, dass Tenzin auf mysteriöse Art den Unfall schadlos überlebt hat und sich das Amulett bei ihm einfand, gibt ihm eine ganz besondere Position, um jetzt eine Erfüllung zu erleben, die seinem Leben tiefe, glückspendende Sinnhaftigkeit schenkt. Die Zweifel aus dem Ego, die ihn zwischenzeitlich überfallen haben, sogar die an Karmapa, lösen sich soeben ins Nichts auf. Das sind die Momente im Leben, in denen alle Konzepte, die einen ständig begleiten, von einem abfallen und man in die Leere schaut – Windstille. Diesen Zustand kenne ich.

Alles steht auf der Kippe – Sein oder Nicht-Sein. Gibt es hier kein Baby, bricht alles zusammen. – Oder gibt es Jamgon, dann ist alles vollkommen. Wenn in diesem Moment in einem Leerheit herrscht, dann kann nichts zusammenbrechen, auch wenn die Eltern sagen: Wir haben kein Baby oder: Wir hatten ein Baby, aber es ist gestorben. – Diese Windstille ist etwas Göttliches. Der Buddhismus nennt es Leerheit. Denn alles, was ist, ist eine Projektion in die Leerheit hinein, in die Leere des dreidimensionalen Raums und in die Zeit. Es ist wie bei großen Schmerzen oder beim Sterben: Wir gehen aus dem Körper heraus und schauen uns alles von oben an, völlig gelassen und von allem befreit.

Ist hingegen das Ego aktiv, verbindet sich dessen Emotion mit der Frage: Warum kommen die Eltern nicht? Wir haben sie doch noch gerade ins Dorf gehen sehen, warum erscheinen sie jetzt nicht hier?

Sonam: *Geduld, Tenzin! Besser sie kommen später, als ohne Baby – oder nicht?*

Tenzin: *Ja, du hast ja recht.*

S: *Lass jetzt alle Erwartungen los.*

T: *Seit dem Tod von Rinpoche warte ich auf diesen Moment.*

S: *Wenn er jetzt nicht kommt, dann geht die Welt auch nicht unter. Kennst du nicht den Spruch: »Am Ende wird alles gut. Und wenn es nicht gut ist, dann ist es nicht das Ende«?*

T: *Oh, du …*

S: *Atmen, das ist die beste Geistesübung. Tief und bewusst atmen. Genau so! Don't worry be happy.*

T: *Jede Sekunde wird zur Ewigkeit.*

S: *Schau. Der Vater: -------Er kommt!!!!! Er hat ein Baby auf dem Arm!!!!! Schau!*

Ein warmer Schauer durchströmt Tenzin. (Dabei ist für die Ratio gar nicht sicher, ob es Jamgon ist.) Es gab von Karmapa Inkarnationen, da war sein erster Satz im Leben: »Ich bin Karmapa.« Dieses Baby ist noch nicht ein Jahr alt, es wird kaum sagen: »Ich bin Jamgon.« Wie geht in diesem Moment der Kampf zwischen Ratio und Intuition aus?

Die Ratio fragt: Woran erkennen wir, ob es Jamgon ist? – Die Intuition sagt: Schon diese Frage ist falsch, denn in solchen Momenten gibt es kein Wir. Da muss man zuerst in sich hineinspüren, ist er es oder ist er es nicht? Jetzt kommt es darauf an, ob ich meinem Gefühl, der Intuition, trauen kann.

Atmen, atmen … Leerheit … atmen … nicht denken.
Was fühlst du?
Der Vater ist mit dem Baby im Arm noch zwei Meter von Tenzin entfernt. Er kann das Gesicht des Babys noch nicht sehen.

Wenn du deiner Seele/deinem Gefühl vertraust, dann hast du spätestens jetzt ein klares Gefühl: Ja oder Nein – auch dann, wenn du das Baby noch nicht sehen kannst. Du weißt dennoch, was wahr ist. Solche Situationen gibt es in jedem Leben zuhauf. Dieses Gespür, das man in einem solchen Moment hat, gilt es zu schulen. Es ist die Vorahnung, die jeder Mensch besitzt, oft leider verschüttet. Sie ist ein Teil der Intuition, und die kann man genauso trainieren wie die Ratio.

Wir tun es nur nicht, weil das schon genannte Kali-Zeitalter, das Zeitalter des Egos, uns etwas anderes als intuitives Spüren zu zeigen hatte (und größtenteils noch zeigt). Im Kali-Zeitalter ging es darum, die Individualität des menschlichen Wesens zu entwickeln. Nun, im dritten Jahrtausend wird es vollbracht sein.

Danach aber geht die Entwicklung nicht wieder zurück zum animalischen Herdenbewusstsein, denn Wiederholungen gibt es im Kosmos nicht. Jetzt kommt die nächste Stufe, das *Sattva-Zeitalter*. Das heißt, wir werfen nicht weg, was wir alle zusammen bisher an Individualität entwickelt haben. Wir erkennen, dass wir trotz – oder sagen wir besser »neben« – der Individualität zugleich auch alle miteinander verbunden sind, und zwar auf eine nicht-körperliche, auf geistig-seelische Art. Diese Ebene kann die Ratio nicht erfassen, dafür ist sie nicht zuständig. Das ist Sache unserer rechten Gehirnhälfte, der Intuition. Da spürt man die Dinge bzw. die Wesen. Frauen spüren im Allgemeinen mehr als Männer, aber auch der Mann kann sich entwickeln.

Wer diese allseits globale Verbundenheit aller Wesen sich geistig nicht vorstellen und schon gar nicht fühlen kann, dem hilft vielleicht sich vorzustellen, wie stark er auf der physischen Ebene mit allen Wesen verbunden ist. Das beginnt schon bei der Luft, die wir ein- und ausatmen. Auch die Pflanzen atmen, und was sie ausatmen, atmen wir ein. Was wir ausatmen, atmen andere wieder ein. Kollektiv atmen wir dieselbe Luft. Wir essen, was bereits durch viele, viele Hände gegangen ist. Wir tragen Kleidung auf unserer Haut, die durch viele, viele Hände entstanden ist und oft den ganzen Erdball umspannt. Von den Baumwollfeldern über die Transportarbeiter, die Spinner- und Webereien bis hin zur Verkäuferin, aus deren Händen wir das Kleidungsstück entgegengenommen haben. Alleine sind wir mit nichts. Jede Handlung war auch ein geistiger Vorgang. Unsere Intuition nimmt diese Verbundenheit wahr. Wenn sich jemand alleine fühlt, dann nur das Ego.

Fast 200 Häuser hat Tenzin inzwischen inspiziert, um zu schauen, ob Jamgon in einem sein könnte. Jetzt gerade, als der Mann mit einem Baby im Arm die Leiter zum Haus hochkommt, filmt er. Er bleibt durch die Kamera auf Abstand. Sonam nähert sich als Erster dem Baby, das völlig ruhig auf dem Arm des herankommenden Vaters liegt.

Sonam hat dasselbe Gefühl wie Tenzin: *Das ist er!!!* Aber beide sprechen es natürlich nicht aus. Bei wem die Ratio das Kommando innehat, der denkt jetzt: Woher nehmen die beiden diese Sicherheit? Erkennen sie irgendetwas an dem Baby, das auf Jamgon hindeutet? – Wenn man wollte, könnte man mit Ja antworten, aber das würde der Ratio vermutlich nicht genügen. Sie fragt: Was siehst du denn?

Obwohl es sich um eine einfache Bauernfamilie handelt und das Baby vollkommen verdreckt ist, trägt es gelbe und weinrote Lama-Farben, was ungewöhnlich für die Umstände ist. Auch wenn dies als ein rationales Zeichen gedeutet werden könnte, der Skeptiker lässt es nicht gelten. In seinem Denken kann er die Intuition mit dem Wort »Zufall« jederzeit diskreditieren. Die Intuition sagt einfach nur ohne Begründung: *Ich spüre es, es ist Jamgon.* – Auf dieses Spüren kommt es an, wenn man seine Intuition entwickeln möchte. Man braucht sie vor allem, wenn es ums Sterben geht. Und hier geht es ums Wiedergeborensein. Beide Lebensphasen gehören eng zusammen, sie werden mit der Intuition gemeistert, und nicht mit der Ratio.

Während Tenzin durch den Sucher der Kamera schaut, erstarrt er innerlich vor dem Wunder, das sich hier vor ihm entblößt. Auch in Tibet ist es noch immer ein Wunder, der leibhaftigen Reinkarnation seines Vertrauten zu begegnen. Und da kann er nicht anders, es kommen ihm die Tränen. Phuntzok ermahnt ihn, seine (Freuden-) Tränen zu unterdrücken.

Phuntzok: *Wenn wir jetzt in Euphorie verfallen, dann ist ohne Prüfung des Kindes ersichtlich, dass wir fündig geworden sind. Das ist zu früh und auch gefährlich, denn dann werden womöglich Erwartungen und Begehrlichkeiten geweckt, die den weiteren Reinkarnationsprozess, bis Jamgon wieder in seiner alten Position ist, erschwert. Es gilt, neutral zu bleiben, auch wenn einen in diesem Moment ein Gefühl von Freude wie ein Tsunami überkommt.*

Er zischt Tenzin noch einmal an: »Wenn du so weinst, wissen sie sofort, dass wir ihn gefunden haben.« – Vorsicht ist tatsächlich geboten, denn eine einmal amtlich bestätigte Reinkarnation erbt alles, was sie im Vorleben besessen hat, unabhängig davon, zu welcher Familie sie im Vorleben gehörte. Das ist das alte tibetische Reinkarnationsgesetz.

Wenn jemand eine solche Weltpersönlichkeit war wie Jamgon Kongtrul Rinpoche der 3., und das würde bei der Suche nach ihm frühzeitig bekannt werden, dann könnten viele ego-gesteuerte Menschen versuchen, die Bedingungen der Prophezeiung rückwirkend zu erfüllen, um behaupten zu können, es sei ihr Baby. Denn wenn dieses Baby alles erbt, was es im Vorleben besessen hat, wird es auch dieselbe gesellschaftliche Stellung wieder einnehmen. Das ist nicht nur für die Familie wie ein Lottogewinn, sondern die Allgemeinheit wird davon ebenfalls stark betroffen sein. Insofern besitzt der Suchtrupp eine sehr große Verantwortung, die authentische Reinkarnation zu finden.

Wenn Tenzins Tränen der spontane Ausdruck seiner Intuition sind, dann sucht er trotzdem nach Zeichen für die Richtigkeit seiner Empfindung. – Sonam nähert sich langsam und staunend dem wachen Baby. Der linke Arm hängt ihm herunter. Sonam tastet ganz zart nach der linken Hand. Damit stellt er den ersten physischen Kontakt her.

Am Anfang eine rote Plastikschüssel

Nun trifft auch die Mutter ein. Sie weiß ebenso wie der Vater von nichts. Nur erstaunt ist sie über die Männer in dunkelroten Roben, die alle auf ihr Kind starren und es sogar filmen. Was wollen diese Mönche, fragt sie sich? In jedem Fall, denkt sie, geht das so nicht, denn ihr Kind ist ja ganz ungewaschen. Also nimmt sie es ihrem Mann vom Arm und verschwindet mit ihm im Haus. Dort ist die Oma. Die Mutter zieht ihren Kleinen aus, und die Oma bereitet das Wasser in einer roten Plastikschüssel vor. Dazu nimmt sie eine Blechtasse zum Wasserschöpfen und etwas Seife. Im Hof setzt sie die Schüssel auf den Boden, die Mutter stellt ihr Baby hinein und seift es ab. Der Kleine mag das nicht und schreit aus Leibeskräften.

Tenzin und seine Begleiter kommen hinzu. Sonam filmt die Szene. Darf er das? Den soeben entdeckten Jamgon in seiner neuen Form nackt in einer roten Plastikschüssel stehend und schreiend filmen, weil ihn seine Mutter von oben bis unten gründlich wäscht? Tenzin ist das so peinlich, dass sein geliebter Meister, Freund und Vater so jämmerlich gefilmt wird. Dabei ist es eine ganz normale Wasch-Szene, aber durch den Reinkarnationsglauben wird da nicht irgendein Baby gewaschen, sondern der ehrwürdige Jamgon Kongtrul Rinpoche in seiner ganzen Persönlichkeit. Das auszuhalten ist für Tenzin geradezu unerträglich.

Bei Karmapa war diese Peinlichkeit noch viel schlimmer, denn er wurde – so, wie er es sich gewünscht hatte – erst mit 6 Jahren als der Heilige Karmapa gesucht, gefunden und inthronisiert. Bis dahin war er für seinen Vater ein mehr oder weniger gewöhnliches Kind unter seinen anderen zehn Kindern. Als dieser teilweise für den Vater ziemlich freche, man könnte auch sagen, selbstbewusste Junge, der noch nicht als der große Karmapa erkannt worden war, von ihm so manches Mal gezüchtigt wurde, bekam er auch schon mal Schläge. Wie sehr musste sich der Vater dafür schämen, als er plötzlich, eines Tages erfuhr, wen er da geschlagen hatte …

Wenn man sich immer gleich bewusst wäre, wer das eigene Kind ist, welche ehrwürdige Persönlichkeit, vielleicht sogar eine Persönlichkeit, die man als älteren Menschen gut kannte, dann würde man seine Kinder niemals schlagen können. Das wäre ganz unmöglich. Oder schlägst du deine 80-jährige Oma?

In Jamgons Fall, der noch nicht mal ein Jahr alt ist, geht es jetzt lediglich darum, dass er gleich von vornherein eine gute Figur abgeben soll. Im Film zeigen wir die Wasch-Szene trotzdem, denn sie ist absolut nicht unnatürlich. Jamgon steht da in der roten Plastikschüssel, so klein, nackt und schreiend.

Tenzin: *Lass das. Das solltest du nicht filmen.*

Sonam (filmend): *Ach, komm!*

Tenzin: *Warte damit noch.*

Sonam dreht weiter. Und wir dürfen Zeuge werden, wie Seine Eminenz Jamgon Kongtrul Rinpoche mit einer Waschung sein Leben als Jamgon der 4. beginnt. Ziemt es sich für jemanden mit einem hohen realisierten Bewusstsein, so gezeigt zu werden?

Tenzin und die anderen Mönche machen noch viele nette Aufnahmen vom hergerichteten Baby und fahren dann schnell nach Lhasa. Dort lassen sie die Fotos im Format 15 x 13 cm in einem Schnelllabor entwickeln und machen sich dann mit Karmapas Fahrer noch am selben Abend auf nach Tsurphu. Voller Freude bitten sie um eine Audienz bei Karmapa, bekommen sie aber erst für den nächsten Morgen. Freudestrahlend finden sie sich also in der Frühe mit Tenzin an der Spitze bei Karmapa ein und machen zunächst die drei Niederwerfungen. Dann legen sie ihm die Fotos nebeneinander auf den niedrigen Tisch vor seinem Bett, auf dem er wie üblich sitzt.

Karmapa scheint sich für die Fotos nicht sonderlich zu interessieren. Er nimmt sie nicht in die Hand und betrachtet sie nur flüchtig, ohne eine Miene zu verziehen. Die Sekunden vergehen wie Minuten. Schließlich sagt er, ohne Tenzin dabei anzublicken:

Karmapa: *Bist du dir sicher, dass du das richtige Kind hast?*

Tenzin bleibt die Luft weg. Er ringt nach Worten. Fasst sich und stottert: *Es ist nicht an mir, sicher zu sein. Es ist an dir, Meine Heiligkeit.*

Der 9-jährige Karmapa denkt: »Rede nicht so geschwollen daher, ich will wissen, ob du dir sicher bist?«

T: *Äh …*

K: *Wo ist denn dieser Ort, wo ihr dieses Kind fotografiert habt?*

Tenzin ganz beflissen: *Khyung Tsum. Das Dorf hat uns dein Fahrer genannt.*

K: *So …*

T: *Alle deine acht Bedingungen sind dort erfüllt.*

K: *Bist du dir da ganz sicher?*

Tenzin ist verzweifelt. Was soll er jetzt denken? Das ist eine typische Bardo-Situation: Ich muss denken und weiß nicht, was. Der Körper spielt keine Rolle mehr.

T: *Mein hochverehrter Karmapa, bitte sag du uns, haben wir den Richtigen gefunden?*

Tenzins gesamte Euphorie rast in den Keller. Gestern und die ganze Nacht war er so glücklich wie noch nie in seinem Leben. Er konnte es nicht erwarten, aufzustehen. Er wusste vom Abt, dass die Audienz um 8.30 Uhr beginnt. Er war um fünf Uhr wach. Er tat alles, was ein guter Buddhist in der Frühe zu tun hat. Er war so aufgeregt, er konnte nicht mal einen Tee trinken. Er trank einen Schluck heißes Wasser. Ich bin so glücklich, ich bin so glücklich, ich bin so glücklich, war sein Gefühl … und jetzt das.

T: *Vielleicht haben wir den Falschen.*

K: *Habt ihr denn alle Häuser in Chushur gecheckt?*

T: *Nein, Meine Heiligkeit, nein.*

K: *Vielleicht gibt es ja noch ein Kind mit den gleichen acht Bedingungen?*

T: *Sehr wohl, Meine Heiligkeit, sehr wohl, ja, das kann es geben.*

K: *Also checkt alles, damit ihr euch sicher sein könnt.*

Karmapa hätte noch hinzufügen können: »Mir glaubt ihr ja sowieso nicht, ich bin ja auch erst blöde 9 Jahre alt.« – Stimmt das? Ist man mit 9 dümmer als beispielsweise mit 19? Was die Ratio angeht meistens, aber was die Intuition angeht? Es ist egal, wo man in der Bewusstseinsrealisation steht. Das Unbekannte wird mit jeder Bewusstseinserweiterung größer statt kleiner. Das ist naturbedingt so.

Karmapa: *Also geht und checkt auch noch die anderen Häuser.*

Karmapa leiht ihnen dafür noch mal sein Auto.

Tenzin und seine Kumpanen verlassen Karmapas Raum wie begossene Pudel. Tenzin ertappt sich bei seinem früheren Gedanken, als sie nach Tibet reinflogen, ob das 9-jährige Kind überhaupt schon die Fähigkeit zum Adressen-Nennen hat? Zu diesem Zeitpunkt, mit 9 Jahren, hatte Karmapa schon 30 Adressen von Reinkarnationen genannt, die bestätigt wurden. – In Berlin sagt er 21 Jahre später: »Sometimes I have to guess«, um seine Bewusstseinsrealisation herunterzuspielen.

Am nächsten Tag checken die Mönche weitere 38 Häuser. Dann gehen sie noch mal zu Karmapa. Tenzin denkt, vielleicht war es gestern aus irgendwelchen Gründen nicht der richtige Tag, Karmapa zu fragen, und legt ihm noch mals die Fotos von dem Jungen hin, den sie für Jamgon halten oder gehalten haben. Das ist die Frage nach dem Evolutionssprung: Was oder wem glauben sie jetzt? Ihrer Intuition? Ihrem Herdenführer? Ihrer Ratio?

Karmapa fragt noch einmal: *Wann könnt ihr euch denn sicher sein?*

Tenzin: *Ja, wenn sich Seine Heiligkeit sicher ist.*

Karmapa lacht zum ersten Mal. Aber er lacht nicht wirklich, denn er weiß, wie ernst die Lage ist. Er denkt: »Vertraut ihr eurer Intuition oder braucht ihr mich dafür? Bin ich mit 9 Jahren für euch Autorität genug?« – Mit einer Autorität ist es ein Glaube an die Intuition des anderen. Das ist keine Eigenkompetenz, das ist altes Herdenbewusstsein. Eigenkompetenz ist Individualität. Nur um die geht es beim Sterben, beim Erkennen des eigenen früheren Lebens und des zukünftigen.

Tenzin: *Bitte Karmapa, sag uns, ist er es?*

Karmapa: *Der?* (Er zeigt mit ausgestrecktem Finger auf die Fotos.)

T (irritiert) gibt ein zaghaftes: *Ja.*

K: *Seid ihr euch sicher?* – wiederholt er zum x-ten Mal.

Es breitet sich erneut Entsetzen auf den Gesichtern der Mönche aus.

T: *Wir haben kein Recht zu sagen, ob wir sicher sind oder nicht, wir bitten um dein Wort.*

K: *Mein Wort, ha, ha, ha …*

T (noch entsetzter): *Meine Heiligkeit, wenn du dir nicht sicher bist, wie sollen wir es dann sein?*

K: *Wenn ihr euch nicht sicher seid, müsst ihr weitersuchen.*

Tenzin ist am Boden zerstört.

K (leise): *Ich bin doch nur ein Kind …*

Tenzin ist tief beschämt. Genau das hat er die ganze Zeit von Karmapa gedacht.

T: *Bitte, bitte Heiligkeit, sag uns, ob wir den Richtigen gefunden haben.*

K: *Wenn ihr euch nicht sicher seid, wie soll ich es dann sein? Sucht! Werdet euch sicher.*

Tenzin sammelt die Bilder wieder ein. Er und seine Begleiter verabschieden sich wieder mit einer devoten Verbeugung und gehen rückwärts aus dem Raum. Ein Diener schließt hinter ihnen die Tür. Vor der Tür richen sie sich auf, sehen sich an, schütteln den Kopf und gehen verwirrt die Stiege hinunter, um sich mit dem Abt zu besprechen. Aber Abt Drupon Dechen kann auch nur das sagen, was Karmapa gesagt hat: »Sucht, bis ihr euch sicher seid.«

Tenzin denkt, wir waren uns doch schon so sicher! – Was machen wir jetzt, fragen sich die drei? Sie entscheiden, weiterzusuchen. Karmapa hat recht: Solange wir nicht alle Häuser gecheckt haben, können wir nicht sagen, ob es nicht in Chushur zwei Babys gibt, die die acht Bedingungen erfüllen.

»Ach Blödsinn«, sagt Phuntzok.

»Wir müssen uns sicher sein«, sagt Tenzin.

Und tatsächlich gehen sie noch mal mit ihrer Tabelle los und checken weitere 75 Häuser. Wehmütig zeigen sie Karmapa anschließend mit ihrer Tabelle das Ergebnis. Kein einziges Haus hat mehrere Indikatoren. »Also«, fragt Tenzin noch einmal, während er wieder ein Foto vorlegt: »Ist er es?«

Karmapa, der 9-jährige Living Buddha fragt ungeduldig: *Seid ihr euch noch immer nicht sicher?*

Tenzin: *Doch.*

K: *Ganz sicher? Wenn ihr euch nämlich nicht ganz sicher seid, dann seid ihr es auch nicht, wenn ich sicher bin. Ihr müsst selbst sicher sein.*

T: *Ja, ich verstehe, was du mir sagst. Ich bitte zutiefst um Entschuldigung, ich war zweifelnd an dir.*

K: *… und an dir.*

Karmapa schaut auf und hat dabei dieses Lächeln, das nur er hat, schon als Kind und noch heute. Es hat nichts mit Spott zu tun, es ist pure Liebe und Verstehen mit etwas Schelmenhaftem. Und dann der Satz: »Auf mich kommt es nicht an.«

Licht und Schatten von Autorität

Es scheint, als habe der 17. Karmapa sein Verhalten dem Ende des Kali-Zeitalters schon angepasst, denn bisher stand die Autoritätsgläubigkeit der Tibeter ganz oben auf der spirituellen Skala. Sie war über Jahrhunderte fest etabliert, aber mit der Vertreibung in die ganze Welt hinaus fehlt immer mehr die kontrollierbare Klosterstruktur. Zugleich wurde mit dieser absoluten Autoritätsgläubigkeit viel Unheil angerichtet. Nicht jeder Rinpoche ist ein Rinpoche, auch wenn er so genannt wird.

Karmapa hat mit 9 Jahren keine Lust, Autorität zu sein. (Die wird er dann erst später, wenn er als Guru im Westen unterwegs ist, wieder voll zur Geltung bringen und für seine Klientel wohl auch brauchen, damit sie ihm zuhören.) Er hat in diesem dritten Jahrtausend noch vier Inkarnationen als Karmapa vor sich, das steigert seine Autorität von Leben zu Leben.

Der Dalai Lama steigt, wie gesagt, aus seiner Kette mit diesem Leben aus. Er will diese Autorität nicht mehr sein. Das ist keine Schande. Nicht jeder muss ein Projekt über 21 Leben lang betreiben. Es richtet sich immer nach dem Umfang der Aufgabe. Der mongolische Kahn übertrug im 13. Jahrhundert die Macht über Tibet auf den 5. Dalai Lama. Diese Macht endete durch China 1959. Also kann der Dalai Lama seine Aufgabe als erfüllt betrachten.

Karmapa sollte und wollte nie politisch agieren. Tut er auch jetzt nicht. Aber wenn der Dalai Lama in seiner nächsten Inkarnation nicht mehr zur Verfügung steht (und das ist bald), dann wird es für Karmapa als Global Player auf dem schlüpfrigen Parkett der Politik eine große, neue Herausforderung sein. Er ist ganz sicher derjenige, der das meistert. Davon scheint der Dalai Lama schon jetzt überzeugt zu sein, sonst hätte er ihn nicht zu seinem Nachfolger als Welt-Weisheitslehrer auserkoren.

Für mich ist Karmapa ein leuchtender Orientierungsstern, ohne zu einer Autorität für mich zu werden, die mir vorgibt, was ich zu denken habe. Ich habe gelernt, für mich selbst zu denken. Dafür habe ich mir meine Eltern Edith und Erich ausgesucht. Das waren beide starke Selbstdenker. So dankbar, wie ich meinen Eltern gegenüber bin, möchte ich es auch meinen nächsten Eltern gegenüber sein. Egal, aus welchem Kulturkreis sie stammen werden, meine Entwicklung mit Karmapa ist noch nicht beendet. Ich spiele in der Bezirksliga, was meinen Bewusstseinsprozess angeht. Er ist ein Star, den ich nicht messen kann. Ich kann ihn bestaunen und kritisch beurteilen, dennoch gehe ich meinen eigenen Weg, wie jede Frau und jeder Mann.

Karmapa geht auch seinen eigenen Weg und Jamgon ebenfalls. Keiner kann sagen, wohin das führt ... Trotzdem hilft jeder jedem. Diese Hilfe ist keine Doktrin, sie ist Mitgefühl, das dem anderen seine Freiheit lässt.

Tenzin war gespalten. Einerseits suchte er die Hilfe Karmapas, anderseits war er skeptisch, ob Karmapa mit 9 Jahren die von ihm erwartete Hilfe auch leisten kann. Jetzt, wo Karmapa ihn auflaufen ließ, liegt er nachts da und kann nicht schlafen. Aber nun hat er sich zu seiner Intuition bekannt und kann sagen: »Ich bin mir sicher.« Daraufhin sagt Karmapa zu ihm: »Gut, dann überbringe Jamgon meine Glücksschleife«, und gibt ihm einen fast 2 Meter langen, tief orangefarbenen, schweren Seidenschal als Grußbotschaft für Jamgon. Dazu sieben weiße *Kataks* zur Ehrung von Jamgons Angehörigen.

Mit diesem endlich selbsterworbenen Gefühl der Richtigkeit fährt Tenzin wieder ins Haus von Jamgon dem 4. Nun klärt er die Eltern und die anderen sieben im Haushalt lebenden Personen – Oma, Opa, Tanten und Nichten – über die wahre Identität ihres Sohnes auf. Die Eltern sind erst 20 und 22 Jahre alt, es ist ihr erstes Kind. Sie haben bisher noch nichts mit buddhistischer Religion zu tun gehabt. Aber sie empfinden es als eine sehr große Ehre, dass eine so hohe Persönlichkeit bei ihnen wiedergeboren ist. Und dass, obwohl der Reinkarnationsglaube seit 1959 in Tibet fast genauso stark zurückgedrängt wird wie in Europa seit 499, dem Konzil von Konstantinopel (heute: Istanbul). Dort wurde auf Antrag des Kaisers der Reinkarnationsgedanke aus der christlichen Liturgie herausgestrichen. Dennoch dürfen wir hier im Christenland per Dokumentarfilm nun doch Zeuge einer Reinkarnation sein.

Nachdem jetzt alle geehrt sind und wissen, wer ihr Sohn ist, frage ich den Vater:

CK: *Ist Ihnen an Ihrem Sohn irgendetwas Besonderes aufgefallen?*

Vater: *Uns nicht, aber anderen hier im Dorf.*

Ich frage auch die Mutter, und sie antwortet:

Mutter: *Wir sind völlig überrascht. Ich weiß gar nicht, was ich sagen soll. Ich bin völlig überwältigt.*

Intuition trainieren

Du, liebe Leserin, lieber Leser, fang selber an zu spüren, so wie Tenzin, um dich auf dein Gefühl verlassen zu können. Wenn du dich nicht auf deine Intuition verlassen kannst, trainiere sie. Es gibt keinen anderen Weg. Es ist wie mit jeder Fähigkeit: Üben, üben, üben. Selbständiges Denken – das verlangt im Moment Karmapa von Tenzin in einer Weise, dass diesem der Boden zu schwinden scheint, auf dem er sich eingerichtet hatte.

Das größte Hindernis für das dem Kali-Zeitalter folgende, schon erwähnte Sattva-Zeitalter ist die Seuche der schon mehrfach erwähnten Eingott-Idee. Sie hat in ihrer hierarchischen Vorgabe auch den Buddhismus erfasst. Die Autoritätsgläubigkeit ist fast genauso groß wie bei anderen Religionen und weltlichen Strukturen. Aus dieser Pyramidenstruktur mit einem Herrscher an der Spitze, nach dem sich alle richten müssen, entspringt das Ego. Du sollst keinen anderen Buddha haben neben mir, sonst …

Ich habe das am eigenen Leib zu Genüge erlebt. Nicht nur in diesem Leben. Es waren viele. Immer war ich ein Büttel der Religion. Erst als ich für meinen Film *Unterwegs in die nächste Dimension* 14 Länder auf allen Kontinenten bereiste, konnte ich meine Autoritätsgläubigkeit überwinden. Denn ich habe gesehen, dass es so viele Wege zur Erleuchtung gibt (oder wie man das nennen mag), wie es Menschen gibt. Auf dem Erdball ist jeder Mensch der Mittelpunkt. Ein gutes Beispiel dafür zeigt mein Video mit der Orange und dem Zahnstocher.[30]

Ich erinnere wieder und wieder daran: Das Universum will nur Liebe, weil sie am wenigsten Energie braucht. Die störenden Gefühle wie Hass, Eifersucht, Neid und Aggression machen Stress. Und Stress ist Energieverschwendung. Da wir selbst Teil des Kosmos sind, ist es auch unsere Aufgabe, keinen Sand ins Getriebe zu streuen. Denn dadurch entsteht unnötige Reibung. Das kostet Energie und bereitet eben diesen Stress. Jeder lernt dieses kosmische Gesetz am eigenen Leib kennen, indem er durch Stress krank wird.

Es bleibt uns nichts anderes übrig, als dass wir uns dem Kosmos anpassen, egal wie lange es dauert. Ein Ende gibt es nicht, so wie es auch keinen Anfang

---

[30] Video: »Der Mittelpunkt bin ich« (www.clemenskuby.de/Mitglieder-Bereich).

gab. Unser Bewusstsein ist nur eine winzige kosmische Momentaufnahme, alles andere liegt im Unbewussten. Auch der evolutionäre Entwicklungsspielraum von Animalisch bis Erleuchtet ist kosmisch gesehen ein Wimpernschlag. Der Spielraum, in den man reinkarnieren kann, von beispielsweise einer Eintagsfliege bis hin zu einer weiblichen Erde oder einer männlichen Sonne, ist auch nur ein Ausschnitt aus den unendlichen Möglichkeiten.

Wir können uns unsere weitere Entwicklung wahrscheinlich genauso wenig vorstellen, wie die Ameise sich vorstellen kann, dass sie sich von Inkarnation zu Inkarnation so weit entwickelt, dass sie eines Tages die Form eines Menschen besitzt. Vielleicht laufen diese Wesen, die wir in ein oder zwei Millionen Jahren sein wollen, bereits jetzt um uns herum (und machen z. B. in zehn Minuten einen riesigen Kornkreis)? Aber wir nehmen sie genauso wenig wahr, wie die Ameise den Menschen.

Uns muss klar werden, dass von allem, was uns kosmisch hier auf der Erde beeinflusst, die Sonne davon gerade einmal nur 3 Prozent ausmacht. Dabei sind diese 3 Prozent schon lebensbestimmend. Ohne die Sonne kein Leben auf der Erde. Das Chlorophyll in den Pflanzen und das Hämoglobin in unseren Adern sind z. B. direkte Abstrahlungen von Vater Sonne. Und wenn diese nur 3 Prozent ausmachen, dürfen wir uns fragen: Was machen die restlichen 97 Prozent mit uns?

Wenn du Intuiton trainierst, dann achte darauf: Der erste Kontakt, der ist es! Das ist bei einer geschulten Intuition immer so. Ein normal sensibler Mensch fühlt das eindeutig (ein-deutig), nur die Ratio setzt dahinter ein Aber und zählt Gedanken des Zweifels auf. Dieser Unterschied zwischen Erstgedanke und Nachgedanken ist für die Intuition entscheidend. Denn Nachgedanken gibt es viele, *aber den Erstgedanken, den gibt es nur ein einziges Mal*. Das ist Intuition pur. Wenn du in deinem Leben lernen musstest, diesem ersten Gedanken zu misstrauen, dann ist dir damit der Zugang zu deiner Seele erschwert worden. Das kannst du jetzt wieder ändern.

Intuition ist etwas so Kostbares! Wir haben deshalb für meinen Film ganz bewusst den Titel *Reincarnation – Looking for a Sign* gewählt, um das Vertrauen in unsere intuitiven Fähigkeiten (wieder) zu gewinnen. Die Ratio, in ihrer wissenschaftlichen Ausprägung, spielt sich in unserer Gesellschaft als Weisheitsbringer auf, dabei besitzt sie null Weisheit. Weisheit kommt immer aus der Intuition.

Diese Zeichen, die einen so sicher sein lassen, dass man sagt. »Ja, das ist er, den ich suche«, erhält man nur durchs Hinspüren. Aber das ist natürlich wie alles im Leben eine Gewohnheitssache. Wenn man gewöhnt ist hinzuspüren, dann vertraut man seinem Gespür. Wenn das nicht trainiert ist durch eindeutige Erfahrungen, meldet sich immer sofort das *Aber*. Und dann müssen die Mönche wieder Karmapa fragen, ob sie richtig gespürt haben, denn sie können sich ja auch täuschen, meint die Ratio …

Die meisten Menschen stellen sich vor, dass das Bewusstsein von der Kontinuität des Geistes unglaublich schwer zu erlangen sei. Dabei ist das nur gewollte Verwirrungspolitik, die diesen Vorbehalt prägt. So, wie es mit Jamgon passiert, so natürlich ist es für jeden Menschen, wiedergeboren zu werden und die Entwicklung seines unendlichen Lebens fortzusetzen. Wenn man aber beim Sterben keine Absicht setzt, dann gibt es auch keine Energie. Wofür auch? Das Universum ist doch nicht für unser Glück verantwortlich! WIR wollen doch freie Wesen sein. WIR wollen denken, dass wir tun und lassen können, was wir wollen. Uns lenkt doch niemand …, nicht wahr?

Um es nochmals zu betonen: Wenn du in puncto Reinkarnation keine Absicht setzt bzw. nach dem Tod das berühmte schwarze Loch erwartest, dann kommt das auch. Und so bist du den völlig unreflektierten Sehnsüchten ausgesetzt, die dich wieder in eine entsprechende neue Form bringen (siehe auch in Kap. 12 den Abschnitt »Süchte machen nichts als Ärger, auch im Tod«). Egal, was vor deinem Tod deine Weltanschauung war: Wenn du nicht geübt hast, deinen Geist zu kontrollieren, bist du ihm ohne Fleisch und Form hilflos ausgeliefert. Deine Sehnsüchte, unerfüllten Liebeswünsche, aber auch das Gegenteil davon – der Hass und der Neid – sind die Faktoren, die dich zu deiner nächsten Inkarnation treiben. Im Grunde ist dir in der chaotischen Geistesverfassung jede Reinkarnation recht. Hauptsache du bist wieder geankert, denn dein ungebundener Geist macht dir das Leben ohne Form zur Hölle.

Beobachte nur mal, wie jetzt im Normalzustand dein Geist umherflippt: Wie sprunghaft bist du im Denken? Nur dank deines Sitzfleisches kannst du an einem Punkt bleiben und musst dieses Tohubawohu deines Geistes nicht mitmachen. Ohne Form, das heißt, ohne Anker, bist du Spielball deiner Gedanken. Und wenn du nicht beizeiten Gedankenkontrolle gelernt hast, wirst du sie ohne Körper kaum selber lenken können (siehe auch in Kap. 4 den Abschnitt »Gedankenkontrolle« sowie die praktischen Hinweise dazu im Anhang).

Dich zieht es wie einen Besoffenen ohne Bewusstsein einfach dorthin, wo dir etwas bekannt vorkommt, wozu du eine Affinität besitzt bzw. dem du viel psychische Energie zollst, vor allem bestimmten Menschen. Diese Personen befinden sich meist in deinem engen Beziehungsgeflecht, insofern nimmt es kaum Wunder, dass die meisten innerhalb ihrer alten Verwandtschaft wiedergeboren werden. Und dann heißt es nicht: Der Enkel ist *wie* der Großvater, sondern der Enkel *ist* der Großvater. Solange wir für die Kontinuität des Geistes kein Bewusstsein entwickelt haben, können wir auch nicht von dieser Kontinuität profitieren.

Anders bei Kindern – ihnen schießt es vielleicht plötzlich durch den Kopf: »Jetzt muss ich wieder alles neu von vorne lernen.« Durch das allgemein mangelnde Bewusstsein von der Kontinuität des Geistes wird der Vorhang des Vergessens vorgezogen. Und vorbei ist es mit der Weiterentwicklung, z. B. mit einer bestimmten Fähigkeit, die man schon ein Leben lang trainiert hatte. (Unbewusst geht natürlich alles weiter, aber eben unbewusst, und damit nur auf Sparflamme und auf Umwegen.) Dieser Vorhang des Vergessens ist im Grunde eine riesige Ressourcenverschwendung, wenn man in jedem Leben alles wieder neu lernt, was man eigentlich schon mal kannte/wusste. Und das ist nicht nur Ressourcenverschwendung, es ist auch Energieverschwendung (siehe Kap. 4).

Nur weil man Materialist bleiben möchte, lehnt man die Kontinuität des Geistes ab? Das ist ziemlich dumm. Reinkarnieren heißt ja, ich begebe mich zurück in die Materie (ins Fleisch). Ich selbst, mit meinem mitgebrachten Geist, materialisiere mich wieder, das heißt, ich re--inkarniere. Wenn ich mir sage, mein Geist hat bei meinem letzten Tod nicht überlebt, dann zwinge ich mich, wieder von vorne anzufangen. Sage ich mir aber von vornherein, ich nehme mir dies und jenes für mein nächstes Leben vor und inkarniere genau dort, wo ich die besten Bedingungen für die Fortsetzung meiner Entwicklung vorfinde, dann passiert das auch. Dann entsteht durch diese Absicht dafür auch die erforderliche Energie.

18

Das Leben geht weiter – Karmapa trifft Jamgon

Die Nachricht »Jamgon ist gefunden!« schwappt über den Himalaja und löst in Pullahari einen Sturm der Begeisterung aus. Am meisten denke ich dabei an Topga, denn dies wäre jetzt vielleicht der Moment, in dem er seine Trauer über seinen verstorbenen Bruder überwinden könnte.

Ich: *Topga, was macht diese Nachricht mit dir?*

Topga: *Ich nehme an, soweit es um die Identifizierung geht, gibt es da keinen Zweifel.*

CK: *Da du ja an die Reinkarnation Karmapas glaubst …*

T: *… dann sollte ich auch an die Reinkarnation von Jamgon glauben?! Ja, das sollte ich. Nichts spricht dagegen. Ich tue mich nur so schwer, weil es mein Bruder war und ich nun glauben soll, dass dieser kleine Junge seinen Platz einnimmt. Das ist mein Problem.*

Ich denke: »Warte, bis du ihn triffst.«

Nun trifft Jamgon, der 4. erstmals Karmapa, den 17. oben in Tsurphu auf der Terrasse vor Karmapas Raum. Der 9-jährige Karmapa kommt aus seiner Tür und geht auf Jamgon zu, der sich auf dem Arm von Phuntsok in seiner Kopfhöhe befindet. Karmapa berührt den Einjährigen zart mit beiden Händen. Dann müssen sie sich gleich zum obligatorischen Foto aufstellen. Danach aber nimmt Karmapa Jamgon selbst auf den Schoß – und da passiert es: Keiner war dem anderen in dieser Form schon begegnet. Erkennen sie sich? Diese Szene im Film kann man mit Worten nicht beschreiben. Karmapa ist sich sicher, wen er da auf dem Schoß hat und lächelt zufrieden. Aber ist sich Jamgon ebenfalls sicher, wer ihn da auf dem Schoß hat?

Jamgon in seiner einjährigen Selbständigkeit dreht sich auf dem Schoß von Karmapa um, sodass er nach oben in sein Gesicht schauen kann – und dieser Blick, der ist es! Das ist die freudige Erfüllung aller Wünsche, die für den Autounfall-Tod das Motiv waren. Der Tod ist nicht nur nichts, er ist ein Gewinn, wie wir hier miterleben dürfen.

Karmapa sagt dazu: »Wenn ich den 4. Jamgon Kongtrul sehe, sein Gesicht, es ist sehr ähnlich – nicht auf der physischen Ebene hundertprozentig gleich, aber das Gefühl ist dasselbe. Dasselbe, das ich in meiner Vision hatte. Ich sehe den 3. Jamgon, wenn ich den 4. Jamgon anschaue. Dasselbe Gefüüüüüühl. Verstehst du?«

Zum Glück ist Jamgon in Tibet wiedergeboren. Es wäre politisch und organisatorisch und mit dem meist mangelnden Reinkarnationsbewusstsein von womöglich nicht-tibetischen Eltern schwierig, wenn Jamgon außerhalb Chinas inkarniert hätte. Jetzt kann alles seinen traditionellen Gang gehen. Als Aufnahme in den *Sangha,* wie Buddhisten ihren Freundeskreis nennen, führt Karmapa die Haarschneide-Zeremonie an Jamgon aus.

In ihren Vorleben war das Verhältnis von Karmapa dem 16. zu Jamgon dem 3. nicht anders als jetzt. Zwischen dem 17. und dem 4. ist nur der Altersunterschied wesentlich geringer. Von 30 auf 10 Jahre reduziert. Die Haarschneide-Zeremonie im Vorleben wurde genauso gefilmt wie die jetzige. Wir sehen die Synchronizität und damit die Kontinuität in ihrer Beziehung von einem Leben zum anderen. Dies ist ein Glücksgefühl der höchsten Art.

Ähnlich wie wenn du deinen Liebsten irgendwo in einer fremden Großstadt verloren hast und dich sorgst, weil du ihn nicht erreichen und finden kannst und erhebliche Verlustängste auftreten. Bis er dir dann bei aller Aufregung plötzlich wie aus dem Nichts an einer Stelle wieder über den Weg läuft, die du niemals für möglich gehalten hast. Wer hat ein solches Drama nicht schon im Kleinen oder Großen erlebt? Oder dein Hund oder deine Katze war entlaufen – und plötzlich, wenn die Hoffnung auf ein Wiederauftauchen schon schwand, steht dein Liebling wieder vor deiner Tür.

Das ist das Glücksgefühl, welches auch bei sich wiedergefundenen Reinkarnationen auftaucht – nur noch um ein Vielfaches verstärkt. Im Fall von Jamgon und Karmapa kommt hinzu, dass beide gestorben waren, ohne dass einer von beiden in seiner alten Form den anderen in seiner neuen Form wiedertrifft. In diesem Fall sind sie das volle Risiko eingegangen, wie es manchem erscheinen mag. Beide mussten ihren Bezug zum anderen auf der reinen Seelenebene herstellen bzw. bewahren. Keiner von beiden hatte für sein Beziehungsgefühl noch eine Form, in der er die Beziehung zum anderen erfahren hätte. Beide haben unabhängig voneinander ihre Körper verlassen und konnten sich doch sicher sein, dass sie sich wiederfinden.

Die Haarschneide-Zeremonie ist zugleich das Ritual der Zufluchtnahme. Es bedeutet, sich zu einem bestimmten Glaubenskonzept zu bekennen, in diesem Fall zum *Vajrayana-Buddhismus.* Im Grunde ist es eine Taufe. Sie wird nicht nur mit dem symbolischen Abschneiden von etwas Haar besiegelt, womit der Mensch sich unter die Führung der spirituellen Meister begibt, die alle keine Haare auf dem Kopf tragen, sondern auch noch mit dem Bewerfen von Reis. Der Reis symbolisiert allen Reichtum des Universums, der einem durch das Bekenntnis zum tibetischen Buddhismus in seinem Leben zufliegt. Damit gehört Jamgon auch in diesem Leben als der 4. Jamgon wieder derselben Glaubensgemeinschaft an wie im letzten Leben.

Da dasselbe auch für Karmapa gilt, der ebenfalls jedes Karmapa-Leben mit einer Haarschneide-Zeremonie beginnt, haben beide für ihre andauernde Freundschaft eine gemeinsame Basis, die von vornherein sehr viele Missverständnisse ausschließt. Denn die Philosophie, auf die sich beide beziehen, hat eine jahrtausendealte Tradition, und damit eine Sprache entwickelt, die jeden Lebensbereich durchdringt. Solange sich dieses buddhistische Leben in jedem Leben innerhalb des dazugehörigen gesellschaftlichen Rahmens abspielt, gibt es kaum Irritationen. Auf dieser Grundlage treffen beide sich in diesem Leben wieder. Beide sind wieder als Tibeter in Tibet geboren: Ob dies so bleiben wird, ist in Anbetracht der politischen und globalen radikalen Veränderungen infrage zu stellen.

Die Verkürzung des Altersunterschieds um 20 Jahre vom Vorleben zu diesem, ist allein dem Autounfall zuzuschreiben und wird für Jamgons Werdegang eine große Rolle spielen, wie wir am Ende des Buches noch sehen werden …

Ein Kind – zwei Mütter

Topga hat keine Zeit, um jetzt nach Tibet zu reisen und seinen Bruder in neuer Form zu begrüßen. Da er zur Reinkarnation auch kein wirkliches Vertrauen hat, befürchtet er zu Recht, dass ihn das aus seiner Trauer kaum befreien kann. Aber seine Mutter, sie reist sofort. Sie, für die Reinkarnation eine Selbstverständlichkeit ist, will sehen und spüren, wie ihr Verhältnis zu ihrem Sohn in seiner neuen Form ist. Schnell bekommt sie ein Visum und reist mit ihrem Mann (dem Stiefvater vom 3. Jamgon und von Topga) nach Lhasa. Wegen der hohen Besucherzahl hat Karmapa für Jamgons Familie in Lhasa ein Haus mieten lassen. Dort spielt sich nun das weitere Geschehen mit Jamgon dem 4. ab.

Es ist eine ebenso ergreifende wie irritierende Szene, wenn die frühere Mutter Pema ihren wiedergeborenen Sohn begrüßt und neben ihnen seine neue Mutter *Yangki* sitzt. Pema ist vorsichtig und möchte Yangkis Gefühle nicht verletzen. Dennoch merkt man ihr an, welch inniges Verhältnis sie zu Jamgon hat, unabhängig seines Alters und seiner Form. Es ist der Mensch, der ihr so nahe ist. Und dass sie ihn jetzt nach einer Pause von vier Jahren wieder berühren kann, transformiert jegliche Resttrauer in ihr hinweg.

Die Gefühle der neuen Mutter für ihren 10-monatigen Sohn sind ganz anderer Art. Mit fast schmerzhaftem Blick beobachtet sie Pemas Begrüßung. Yangki ist mit dem Glauben an Reinkarnation erst seit ein paar Wochen konfrontiert und weiß noch nicht, mit einer solchen Situation umzugehen. Sie ist befremdet, denn Pema ist für sie eine fremde Frau, die eigentlich nichts mit ihrem Sohn zu tun hat, und ihr Sohn nichts mit ihr.

Ähnliche Gefühle haben bei uns manchmal die leiblichen Mütter bei der Begegnung mit ihrem bei Adoptiveltern lebenden Kind. Wer sich mit Reinkarnation noch nicht beschäftigt hat und das eigene Kind als singuläres Geschöpf betrachtet, ist verständlicherweise irritiert. Für Pema jedoch ist es dasselbe Gefühl, wie sie es früher zu ihrem Sohn in der alten Form hatte. Eine selbstverständliche Liebesbeziehung, die einfach da ist und nie erloschen war.

Natürlich hat die leibliche Mutter Yangki ebenso eine Liebesbeziehung zu ihrem Baby, aber noch nicht so lange wie Pema. Mit solchen Liebeskonstellationen haben westlich denkende Menschen ohne die bewusste Erfahrung von Wiedergeburt ein Problem. Zwei verschiedene Menschen lieben ein und denselben zugleich: Muss es da nicht Eifersuchtsgefühle geben? Es wäre ja nachvollziehbar, wenn Yangki Besitzansprüche auf ihren Sohn Jamgon hätte. Denn es geht doch nicht, dass eine fremde Frau eine so innige Beziehung zu ihrem Sohn hat … Mit unserem materialistischen Bewusstsein verträgt sich das nicht.

Da Yangki durch ihre chinesisch geprägte Sozialisation eher schon westlich denkt, ist es zunächst nicht ganz einfach für sie, sich an der Liebe von Pema für ihr Kind zu erfreuen. Das Patriarchat herrscht auch in Tibet, ist aber leichter mit dem Reinkarnationsbewusstsein zu mischen als in der westlichen Welt, weil die Großeltern von Jamgon dem 4. noch in diesem Geist aufgewachsen sind. Das Schöne an dem Reinkarnationsbewusstsein ist, dass viele Menschen eine Liebesbeziehung zu einem Neugeborenen haben, und zwar alle, die diesen Menschen in seiner früheren Form auch schon geliebt haben. Und das sind bei einer erwachsenen, voll im Leben stehenden Person eine Menge Menschen. Im Fall von Jamgon sogar sehr viele, die ihn lieben, in welcher Form auch immer.

Zum Wohle des Kindes, zum Wohle aller

Wer sich besonders freut, ist natürlich Tenzin, der nun weiß, weshalb er den Autounfall überleben durfte. Er war ja, wie ich schon erwähnte, nach dem Tod seiner Mutter vom Vater als 4-Jähriger ins Kloster zu Jamgon gegeben worden. Jamgon hatte dem Vater versprochen, für Tenzin sein Leben lang zu sorgen und ihm die beste Ausbildung, die ein Mönch in einem tibetischen Kloster erhalten kann, kostenlos angedeihen zu lassen. Normalerweise bezahlen die Eltern für ihre Kinder im Kloster – vergleichbar zu den Internatsgebühren bei uns –, nur auf sehr viel niedrigerem Niveau. Ab seinem 18. Lebensjahr reiste Tenzin mit Jamgon als Assistent seines Chefs, Lehrers und Meisters ständig um den Globus.

Diese Freude, die Tenzin jetzt überkommt, weil genau das, was er sich sehnlichst all die Jahre gewünscht hat, wahr geworden ist, und er seinen geliebten Ziehvater und Freund wieder in seinen Armen hält, ist für Yangki, die Mutter von Jamgon dem 4., ebenfalls eine echte Herausforderung.

Sieht man, wie herzhaft Tenzin den kleinen Jamgon auf dem Schoß sitzen hat, dann fehlt nur noch, dass er ihn auch stillen könnte. Doch hier hat die leibliche Mutter eine Bedeutung, die ihr keiner nehmen kann. Und natürlich liebt sie ihr Kind, was ganz selbstverständlich ist. Sie ist noch sehr jung und es ist ihr erstes Kind. Darauf ist sie sehr stolz, gleichzeitig weiß sie nun um ihre wichtige, hohe Verantwortung. Genau das macht diese »fremde« Liebe für »ihr« Kind zu einer großen Lernaufgabe. Sie merkt, dass sie aus Liebe diesen »ihren« Sohn nicht alleine besitzen kann.

So war es auch Pema mit Jamgon dem 3. ergangen. Sie musste ebenfalls damit zurechtkommen, dass ihr Sohn Karmapa mehr liebte als sie. Durch diese harte Schule öffnete sie ihr Bewusstsein für die Kontinuität des Lebens, und sie konnte sich erklären, weshalb sie für ihren Sohn nicht die allein seligmachende Liebe ist. Die Liebe ihres Sohnes zu ihr war sicherlich eine ganz besondere, wie für die meisten Menschen ihrer Mutter gegenüber. Er hätte sonst sicherlich nicht seinen letzten Tag und die Nacht vor seinem Tod bei ihr verbracht. Durch ihr Vertrauen in Reinkarnation konnte Pema den Schock über seinen plötzlichen Tod am darauffolgenden Morgen emotional ganz anders verarbeiten als ihr Sohn Topga, dem dieses Vertrauen suspekt ist. Für Topga war es das Ende, für Pema nur ein Transit.

Beide können sagen, der Tod ist nichts. Und dennoch trennen sie ganz unterschiedliche Glaubenskonzepte. Jedes für sich genommen ist wahr. Die Frage ist nur, welches Glaubenskonzept löst welche Probleme? Für Pema bewahrheitet sich ihre Zuversicht, für Topga bewahrheitet sich seine Trauer. Jeder ist seines eigenen Glückes Schmied, indem man Verantwortung dafür übernimmt, welchem Glaubenskonzept man sich zugehörig fühlt. Bei Topga führt der Tod ins Nichts, bei Pema ist er nichts.

Es sagt sich so leicht, dass jeder Mensch für sein Glaubenskonzept selbst Verantwortung trägt, wenn die Eltern-Generation per Taufe dafür sorgt, dass ihre Kinder sich von ihrem Glaubenskonzept nicht wesentlich entfernen (können). Man tauft sie schon, wenn sie sich dagegen nicht wehren können. Selbst Babys, die am Taufbecken fürchterlich schreien, werden trotzdem getauft. Das machen alle Religionen, und der Buddhismus auch. Im katholischen Glauben müssen die Eltern sogar ihrer Kirche gegenüber schwören, dass sie ihre Kinder im katholischen Glauben erziehen, sonst werden sie nicht kirchlich getraut.

Heute besteht allerdings für alle Religionen und traditionellen Konzepte die Gefahr, dass die nächste Generation aus dem Internet Informationen erhält, die die alte Generation nicht kontrollieren kann. Und das bewirkt dann die Austritte aus einer Glaubensgemeinschaft. Das Herdenbewusstsein wird von dem Individualitätsbewusstein durch das Internet ausgehebelt. Dafür musste dieser ganze Weg über die verschiedenen Epochen bis hin zum heutigen Informationszeitalter gegangen werden.[31]

Yangki kann erst mal nichts anderes fühlen als das, was ihr Bewusstsein ihr erlaubt. Viel leichter als der Reinkarnationsgedanke fällt es ihr, die Privilegien zu genießen, die ihr hochgeachtetes Kind ihr und ihrer Familie plötzlich verschafft. Auch wenn die anti-buddhistischen Chinesen die tibetische Gesellschaft dominieren: Ein Rinpoche genießt in Tibet noch immer ein sehr hohes Ansehen. Und Jamgon Kongtrul war nicht nur ein Rinpoche, sondern er trug zusätzlich den Titel *Eminenz*. Eine Eminenz kommt gleich im Rang nach *Seiner Heiligkeit*. Heiligkeit ist der Titel für Ordens- oder Religionsführer. Wir im Westen haben Kirchenführer, wie beispielsweise den Papst. Jamgon wäre in der dortigen Hierarchie ein Kardinal.

Wer einen solchen Sohn hat, steigt augenblicklich sozial auf. Karmapas Kloster Tsurphu spendete den Eltern nicht nur Segen, sondern auch Geld. Das zeigt sich sofort in den neuen Kleidern, die Vater und Mutter tragen. Wir dürfen uns da aber keine Unsummen vorstellen, wie sie im Westen fließen würden. Die Tibeter sind sehr arme Menschen, materiell gesehen. Fast jedem Tibeter geht es schlechter als den ärmsten Chinesen in Tibet. Dank Rinpoche steht sich die Familie nun etwas besser, aber ihr Alltagsleben bleibt das gleiche. Ihr Aufstieg ist daran gekoppelt, dass – wenn sie einverstanden sind – ihr Sohn von seinen Erziehern aus dem Vorleben erzogen wird. Das ist für Yangki keine leichte Entscheidung. Im letzten Leben, bei

---

31 Siehe auch in Kap. 4 den Abschnitt »Optimal neu inkarnieren«.

Jamgon dem 3., hatte sich der Schwiegervater zusammen mit seinem Bruder bekanntlich sechs Jahre lang geweigert, Jamgons Erziehung aus der Hand zu geben. Das Resultat war, wie schon beschrieben, dass Jamgon bis zu seinem Klostereintritt ein todkrankes Kind war. Jamgons Anbindung an Karmapa durchzieht alle seine Leben und wird jetzt vielleicht gerade so dicht, wie sie vorher noch nie bestanden hat. Es wäre nicht ungewöhnlich, dass eine Beziehung erst in ihrer 4. Fortsetzung richtig aufblüht. Es kann aber auch ganz anders kommen ...

In vielen Lebensgeschichten zeigt sich, dass im Vorleben schon eine Beziehung bestand, wenn Frau und Mann in diesem Leben wieder eine enge Beziehung eingehen, oft aber nicht als Paar, sondern als Elternteil und Kind. Vater-Tochter, Mutter-Sohn, manchmal auch über Kreuz, aber eng. Ein solch vorheriges Zusammensein zeigt sich auch in der Liebe auf den ersten Blick. Ein Seelenschreiber sagt dazu: »Ganz normal!« Warum soll die Seele sich mit einer einzigen Facette begnügen? Es gibt so viele Aspekte in einer Paarbeziehung, die ein einziges Leben niemals abdecken oder zum Ausdruck bringen kann. Was gibt es Schöneres, als mit jemandem seelisch so verbunden zu sein, dass man sich blindlings findet und bei der ersten Begegnung sofort wiedererkennt?

Karmapa und Jamgon erkannten sich schon ohne Körper. Für seinen Freund zu sterben oder die Adresse der Wiedergeburt seines Freundes zu wissen, sind zwei Zeugnisse einer Beziehung auf hohem Bewusstseinsniveau unterschiedlicher Ebenen. Einmal, sagt Karmapa, sei er der Schüler und Jamgon sein Lehrer, und dann wieder umgekehrt. Das könne von Leben zu Leben wechseln. »Im Grunde«, sagt Karmapa, »sind wir so eng miteinander verbunden wie zwei Wasser, die zusammengegossen wurden. Die bekommt man nicht mehr auseinander. Das ist Liebe.«

Yangki und ihr Mann *Gampo*, der Vater des 4. Jamgons, haben sich schnell entschieden, ihrem Sohn das Leben in seiner Kontinuität zu gewähren. In seinem Vorleben musste erst Topga auf die Welt kommen, damit Jamgon zu Karmapa konnte. Topga dachte, als Zweitgeborener könne man ein bequemes Leben haben. Denn normalerweise muss der Älteste nach dem Tod des Vaters dessen Rolle übernehmen. Doch da Jamgon schon als Kind ins

Kloster ging und der Vater so früh starb, bekam Topga die Nachfolger-Rolle. Das behagte ihm gar nicht. Jamgon dagegen durfte mit 6 Jahren endlich seiner Bestimmung folgen.

Für Topga war es doppelt schwer, die Rolle des Stammhalters zu erfüllen, denn durch die Besetzung Tibets brach das lukrative Geschäft seiner Väter weg: Sie lebten seit Generationen vom Handel zwischen Indien und Tibet. Daher hatten sie in Indien/Westbengalen (Kalimpong) glücklicherweise einen Stützpunkt, der 1959 zum Exil-Sitz wurde. Das Einkommen aber war fort. Sein Vater starb, als klar wurde, dass es kein Zurück nach Tibet gibt. Also richteten sich alle Erwartungen auf Topga, der Familie wieder ihren alten Lebensstandard zu verschaffen. Eine große Aufgabe, aber Topga meisterte sie mit enormem Fleiß und großen unternehmerischen Fähigkeiten. Er wurde, wie schon erwähnt, einer der großen Teppich-Lieferanten für eine internationale Möbelkette und andere Abnehmer weltweit.

Dass er seinen Bruder Jamgon auch beneidete, der zunächst mit Karmapa um die Welt reiste und dann selbst als Guru in alle Länder eingeladen wurde, konnte er nicht verhehlen. Immer wieder kam ihm der Gedanke, dass Jamgon, der Sunnyboy, in der Familie die Schokoladenseite abbekam und er das harte Brot. Dass Jamgon aber plötzlich mit 38 schon tot war, änderte sein Denken über ihn vollständig, zumal er sich dafür auch noch schuldig fühlt. Ob dieser Tod allerdings auch sein Glaubenskonzept ändert, das muss sich erst noch zeigen.

Vom richtigen Zeitpunkt

Karmapa hatte für sich entschieden, dass seine Reinkarnation erst dann identifiziert wird, wenn er 6 Jahre alt ist. Er hat damit dafür gesorgt, dass er in seiner 17. Inkarnation eine jugendliche Schonzeit erhielt. Und die hat er sich als Nomadenjunge mit neun Schwestern und einem großen Bruder in hervorragender Weise verschafft, so wie man es sich als Kind nicht spannender ausmalen kann. Der zweite Grund kann auch in dem Wissen bestanden haben, dass die Chinesen ihn als 6-Jährigen nicht so leicht würden beseitigen können wie als Baby.

Ich bin wohl der einzige Westler, der mit Karmapas Nomadenfamilie und ihren 250 Tieren vom Wintertal ins Sommertal zu Pferde umgezogen ist und in ihrem Yak-Zelt mitversorgt wurde. Und das kam so: Als ich mit meiner Crew über drei Pässe von rund 5000 Metern Höhe nach Latok geritten kam, befand sich Karmapas Familie Ende Oktober bereits in ihrem Winterquartier. Da Karmapa aber am 26. Juni geboren war, bat ich die ganze Sippe, mit all ihren Tieren für die Film-Dokumentation noch einmal extra mit mir ins Sommertal umzuziehen. Ein großes Unterfangen mit einem vollen Tagesritt. Aber so konnten wir tatsächlich genau an dem Punkt das Zelt aufbauen, in dem *Laloga* ihren Sohn zur Welt brachte und im ganzen Tal und darüber hinaus über eineinhalb Stunden ein magischer Muschelhornklang ertönte, den Karmapa in seinem Prophezeiungsbrief angekündigt hatte.

Am Ende meines Aufenthalts bekam ich den gerade dreimonatigen Lieblingshund Karmapas geschenkt, den er nicht mit ins Kloster nahm. Dieser Hund begleitete mich fortan noch 13 Jahre. Er war in jeder Beziehung ein Goldschatz. *Haba* hatte Karmapa ihn genannt. Er führte sein Haba-Leben dann in Deutschland und begleitete mich bei jedem Seminar und auf jeder Reise.

Was Karmapa betrifft: Diese sechs Jahre als Nomadenjunge sind die einzigen ruhigen Jahre seines bisherigen Lebens als 17. Karmapa.

Jamgon ist gerade erst 10 Monate. Und für ihn ist es noch viel zu früh, Tibet zu verlassen. Seine Entdeckung verändert das Leben seiner Familie komplett. Mutter Yangki will nun lesen und schreiben lernen. Denn ihre Familie konnte zuvor das Schulgeld für die chinesisch geführte Schule nicht aufbringen. Der einzige Weg, um Lesen und Schreiben zu lernen, wäre gewesen, eine buddhistische Nonne zu werden. Aber das lag nicht im Lebensbereich ihrer Herkunftsfamilie. Sie sagt: »Ich kann zwar nicht lesen und nicht schreiben, aber meine Mutter hat mir beigebracht zu beten, und das tu ich auch. Ich habe aber nie gedacht, dass ich einen Rinpoche zur Welt bringe. Ich habe mich vorher auch noch nie mit Reinkarnation befasst. Ich bin nicht religiös aufgewachsen. Mir ist auch nichts an meinem Baby aufgefallen. Anderen schon.«

Jamgons Vater Gampo erklärt sich die Reinkarnation seines Sohnes so: »Jamgon wollte wieder zu Karmapa, aber im Kloster bekommen sie keine Kinder. Wir liegen auf der Südseite des Berges von Tsurphu, näher zu Karmapa hätte Jamgon nicht inkarnieren können. Hinter diesem Berg liegt Tsurphu, (Er zeigt auf den Berg hinter dem Haus. Die Luftlinie nach Tsurphu beträgt höchstens 15 km. Mit einem Fahrzeug braucht man drei Stunden, um diesen Berg zu umrunden.) Ein Regenbogen kann also ohne Weiteres diesen Berg überspannen. Insofern war es kein Gag von Karmapa, wenn er zu Tenzin sagte: *Jamgon lebt genau am anderen Ende des Regenbogens, den du da siehst.*«

Wäre Tenzin anfangs nicht in seiner Skepsis gefangen gewesen, hätte er auf Anhieb verstanden, wo nach Jamgon zu suchen ist. Denn Karmapa sagte gleich beim ersten Besuch zu ihm: »Suche südlich von hier.« In der Tat, Khyung Tsum ist das erste Dorf südlich von Tsurphu, nur dass dazwischen ein gewaltiger Berg liegt. Um solche Hinweise intuitiv richtig aufzunehmen, muss man in tiefem Vertrauen nicht nur zu Karmapa, sondern zu seiner eigenen Intuition sein.

Das Universum steht uns zu Diensten

Für Karmapa ist es eine liebe Spielerei, Regenbögen zu produzieren. Das ist einer der Gründe, weshalb Jamgon ihn mehr liebt als seine Mutter. Jamgon konnte mit Karmapa sein Bewusstsein am weitesten entwickeln. Wäre er in seiner Familie geblieben, hätte er niemals gelernt, das Wetter zu beeinflussen. Für Karmapa nichts Besonderes.

Als ich mit Karmapa 1994 in Tsurphu für meinen Film *Living Buddha* drehte, da war er gerade 9 Jahre alt geworden. (Nach tibetischem Kalender 10, denn für sie ist der Tag der Geburt der erste Geburtstag.) Da saß er als Oberhaupt des Kagyü-Ordens bei der Grundsteinlegung für den Wiederaufbau an prominentester Stelle auf einem großen Stein in der Ruinenlandschaft seines Klosters. Als die Zeremonie vorbei war, stützte er sich beim Aufstehen mit der linken Hand vom Stein ab und hinterließ darin seine fünf kleinen Kinder-Finger als Abdruck, so als wäre der Stein aus Plastilin.

»Das sind ja Gags«, könnte man sagen. Aber man sieht doch, dass ein solches spirituelles Kunstwerk einen Erkenntnis-Horizont offenbart, der wesentlich höher ist als bei unseren westlichen spirituellen Meistern und Meisterinnen. Ohne seine Fähigkeit, solche Reliquien zu hinterlassen, hätte Karmapa wohl auch nicht gewusst, wo Jamgon wiedergeboren wurde. In meinem Buch *Living Buddha* beschreibe ich die Fingerabdruck-Szene sehr ausführlich. Die modernste Physik stellt fest, dass es Materie eigentlich nicht gibt. Es handle sich »nur« um »Zwischenräume«, ohne eine feste Verbindung.

Irgendwie schien der 7-jährige Karmapa diese Erkenntnis unmittelbar umsetzen zu können. Auch aus Karmapas früheren Leben blieben einige seiner Fußabdrücke in Fels erhalten. Solche Beispiele zeigen, welch gewaltiges Umdenken in der Menschheit nötig ist, bis wir unsere geistig-seelische Identität wirklich leben.

Du kannst nur leben, was du auch denken kannst, ansonsten existiert es als Möglichkeit nicht. Mit der Schulung der Intuition fängt es an. Im Grunde muss man dafür nur seine Wahrnehmung schärfen. So erkennt man, in welcher magischen Welt wir leben: »Looking for a Sign« ist dann kein Suchen mehr, sondern ein Finden. Ein Finden an allen Orten, so als stünde das gesamte Universum nur dir zu Diensten. Das Großartige an unserem Universum ist, dass es jedem Individuum zu Diensten steht – und zwar im totalen Sinne.

Das, was der Mensch der Natur/dem Universum abschaut und nachbaut, ist nur ein Abklatsch dessen, was das Universum in Form der Natur sowieso leistet. Wenn z. B. Google es schafft, dass jeder seiner ca. fünf Milliarden Kunden in Sekunden seine einzigartige individuelle Werbung erhält, dann ist es doch kein Hokuspokus, dass das gesamte Universum für deine individuelle Entwicklung im allumfassenden Sinne zur Verfügung steht. Alles, was um dich herum und mit dir passiert, ist ausschließlich für dich designed. Wenn der Vogel von links ruft oder das für dich bedeutungsvolle Nummernschild vor dir herfährt – alles ist für dich gemacht. Du bist dein Leben lang in jeder Minute geführt, wenn du deine Achtsamkeit dafür entwickelst.

Was glaubst du, welchen Bewusstseinsschub Jamgons Eltern jetzt erfahren, nachdem sie wissen, wer sie da ausgesucht hat, um in Fleisch und Blut zu kommen? Auch dein Kind ist eine Gottheit, die dich ausgewählt hat, um in Fleisch und Blut bei dir auf die Welt zu kommen, behandle sie auch so. Sonst ist es dir peinlich, wenn ihr euch in euren nächsten Leben wiederbegegnet.

Opa sagt

Wie hat eigentlich der Opa seinen Enkel erlebt?

Opa: *Viele, die unseren Enkel gesehen haben, sagten, er wäre etwas ganz Besonderes, wir müssten ihn reinhalten.*

CK: *Ist Ihnen selbst nicht auch etwas aufgefallen während der Schwangerschaft Ihrer Schwiegertochter oder seit seiner Geburt vor zehn Monaten?*

O: *Er ist unser erstes Enkelkind, wir lieben ihn ganz besonders, wir haben keinen Vergleich. Wir haben ihn, so wie er ist, angenommen. Er ist ein sehr umgängliches Kind. Man wundert sich ja nicht über etwas, was einem ganz natürlich vorkommt. Wenn einem etwas aufgefallen wäre, dann wären es störende Verhaltensweisen, aber da gab es nichts. Ich empfand alles an Jamgon ganz normal, ruhig, gesund und zufrieden.*

CK: *Und jetzt, wo Sie wissen, dass es die Wiedergeburt von Jamgon Kongtrul ist, wie sehen Sie ihn da?*

O: *Genauso wie bisher. Wir kannten Jamgon Kongtrul ja nicht. Wir gehören per Geburt zu den Gelupas, dem Orden des Dalai Lama. Von Jamgon hatten wir noch nie gehört. Sein Orden, der Kagyü, ist hier in der ganzen Gegend nicht vertreten.*

CK: *Ab sofort wird er doch jetzt anders behandelt, als vor seiner Entdeckung?*

O: *Ich hoffe nicht. Ich hoffe, er wächst weiter so normal auf wie bisher.*

CK: *Das wird sicherlich nicht der Fall sein. Wegen ihm zieht Ihr Sohn mit Frau und Kind bereits nach Lhasa.*

O: *Das wird nur vorrübergehend sein.*

CK: *Ja, aber danach geht es sicherlich raus aus Tibet.*

O: *Das dauert noch.*

CK: *Macht Sie das nicht traurig, wenn Sie Ihren Enkel nicht mehr sehen können?*

O: *Wenn es seine Bestimmung ist, ein Leben als Jamgon Kongtrul zu leben, dann sicherlich nicht mit uns.*

CK: *Können Sie das in dieser souveränen Weise akzeptieren?*

O: (lacht): *Uns bleibt gar nichts anderes übrig, und das ist auch OK.*

CK: *So.*

O: *Bitte nicht falsch verstehen. Wir lieben unseren Enkel. Meine Frau hat sich ständig um ihn gekümmert, aber wir würden ihm deshalb für seine Entwicklung niemals im Weg stehen wollen.*

Omas Weisheit

Mit der Oma, die anfangs den Mönchen eher reserviert gegenüberstand, habe ich später ein sehr offenes Gespräch:

CK: *Wie kam es, dass die Mönche sofort bei euch nach Jamgon gesucht haben und nirgendwo anders in der Gegend?*

Oma: *Wir hatten gehört, dass Mönche unterwegs sind, die nach einem etwa einjährigen Kind suchen. Und hier im Dorf gibt es nur zwei Kinder, die im Schweinejahr geboren sind. Als meine Nichte die Mönche gesehen hat, führte sie sie sogleich zu uns.*

CK: *Haben Sie Ihre Nichte geschickt, um nach den Mönchen zu schauen?*

O: *Was heißt geschickt? Die Nachricht, dass Mönche nach einer Reinkarnation suchen, war uns schon einige Tage bekannt.*

CK: *Was hatten Sie da gedacht?*

O: *Was soll man da denken? Es muss ein wichtiger Mensch sein.*

CK: *Gibt es solche Unterschiede an Wichtigkeit?*

O: *Sicher.*

CK: *Welche?*

O: *Das ist doch ganz klar. Es gibt immer Menschen, die sind schon lange Menschen, und es gibt immer Menschen, die sind es noch nicht so lange.*

CK: *Was verstehen Sie unter lange und nicht lange?*

O: *Äonen.*

CK: *Was bitte?*

O: *In Jahren oder in Zeitaltern?*

CK: *Gute Frage. Wie lange gibt es schon Menschen auf der Erde?*

O: *Welche Sorte?*
CK: *Unsere, Sie und mich?*
O: *Uns gibt es noch nicht so lange.*
CK: *Ihr Enkel?*
O: *Das ist eine andere Sorte.*
CK: *Wie? Wie lange ist er schon Mensch?*
O: *Viel, viel länger als ich.*
CK: *Und ich?*
O: *Ich kenne dich nicht.*
CK: *Ist auch nicht wichtig. Aber es würde mich interessieren, weshalb Sie denken, dass Ihr Enkel eine andere Sorte Mensch ist?*
O: *Weil Mönche nach ihm suchten. Das kommt ja nicht so oft vor.*
CK: *Bei uns gar nicht.*
O: *Noch nie?*
CK: *Noch nie. Bei uns glaubt man nicht an Reinkarnation.*
O: *Es gibt doch immer welche, die im Bewusstsein weiter sind als andere?!*
CK: *Keine Ahnung.*
O: *Sonderbar …* (Oma schweigt lange)
CK: *Vielleicht doch …*
O: *…siehst du! Es gibt sogar große Unterschiede.*

CK: *Ich habe gehört, Sie unterscheiden in Ihrer Sprache zwischen 20 verschiedenen Bewusstseinsstufen.*
O: *Was meinst du damit?*
CK: *Na, die unterschiedlichen Erkenntnisstufen.*
O: *Ja, die Mönche haben eine andere als wir.*
CK: *Und unter der Bevölkerung auch?*
O: *Ja, und auch unter den Gefangenen.*
CK: *Im Gefängnis?*
O: *Und in den Lagern.*
CK: *Sind es viele?*
O: *Ohhh … da kann man schnell reinkommen.*
CK: *Kennen Sie welche?*
O: *Jeder kennt jemanden, der in einem Lager verschwunden ist.*

CK: *Während der Nazizeit ging es bei uns Millionen Menschen ebenso.*
O: *Bei uns herrscht dieses Regime schon über 50 Jahre.*
CK: *Oh, da hatte ich großes Glück. Ich konnte im richtigen Moment die Länder wechseln.*
O: *Musstest du fliehen?*
CK: *Nein, ich bin im alten, freien Tibet 1937 gestorben und nach dem Nazi-Regime 1947 in Deutschland wiedergeboren.*
O: *Das hast du gut gemacht. Ich weiß nicht, wo Jamgon sich verwirklichen wird. Hier in Tibet erscheint mir das unmöglich.*

CK: *Er hat dafür doch in Nepal alles vorbereitet, bevor er starb?*
O: *Ja, aber wie kommt er dahin?*
CK: *Wie steht es um seine Ausreise?*
O: *Die chinesischen Behörden sagen nichts. Wir haben schon einen Antrag auf Ausreise gestellt.*
CK: *Gefährlich!. Es sind Hunderttausend in Lagern, die fliehen wollten.*
O: *Ja!*
CK: *Ist es eine Frage des Bewusstseins oder der Sorte Mensch, ob man in einem Lager landet oder nicht?*
O: *Auch in den Lagern sitzen Lamas mit sehr hohem Bewusstsein.*
CK: *Aber dann waren die doch dumm, dass ihnen das passierte?*
O: *Das kann man nicht sagen. Die wählen sich dieses Schicksal.*
CK: *Wieso?*
O: *Du kennst doch Yondu?*
CK: *Ja, Yondu, den Heiler?*
O: *Ja. Der kam vor ein paar Jahren raus aus einem Konzentrationslager. 25 Jahre war er in eine Betonzelle von 0,8 qm gesperrt, zusammen mit Kinso Rinpoche. Die Zelle war so klein, dass immer nur einer hocken konnte, während der andere stehen musste. Für zwei zum Hocken war die Zelle zu klein.*
CK: *25 Jahre?*
O: *25 Jahre! Nachdem Rinpoche gestorben ist, haben sie Yondu entlassen. Sie dachten, der stirbt sowieso gleich, so schwach war er.*
CK: *Nein, er kam ja dann sogar noch zu uns nach Deutschland, in die Nähe von Dortmund.*

O: *Da weißt du ja, welch hohes Bewusstsein er hatte.*
CK: *Er sagte, durch die Folter hat er dieses Bewusstsein erlangt.*
O: *Da siehst du, welche Sorte Mensch er war.*
CK: *Er hat mich total beeindruckt.*
O: *Das meine ich. Er sagte, Kinso Rinpoche konnte ihm in 25 Jahren alles beibringen, was man für ein Menschsein braucht.*
CK: *Er hat uns das in Dortmund bei einem Heilseminar gezeigt, was Rinpoche ihn in der Zelle gelehrt hat.*

O: *Wie viel wart ihr?*
CK: *150 Teilnehmer, glaube ich. Sehr viele jedenfalls.*
O: *Beim Dalai Lama, habe ich gehört, kommen immer Tausende. Bei Karmapa auch. Ich glaube, bei meinem Enkel werden es auch viele werden.*
CK: *Da er Jamgon ist, sicherlich.*
O: *Ich sagte zu meiner Nichte: Schau mal, ob du die Mönche siehst.*
CK: *Aber wer gesucht wird, das wussten Sie doch nicht?*
O: *Nein, aber Gerüchte gibt es immer. Es reichte ja, dass gesucht wurde.*
CK: *Verstehe, wenn Mönche suchen, muss es sich um eine andere Sorte Mensch handeln?!*
O: (lacht!!!)
CK: *Die 150 in Dortmund haben gestaunt, dass Yondu so viel lachte.*
O: *Verstehe ich.*
CK: *Sie standen bei ihm Schlange. Bis alle dran waren, vergingen Tage.*
O: *Wie? Standen die die ganze Zeit ohne Schlaf?*
CK: *Die Seminar-Teilnehmer schliefen natürlich schon, aber Yondu, glaube ich, überhaupt nicht.*
O: *Was wollten denn die Leute von ihm?*
CK: *Sie suchten Heilung.*
O: *Wie bei Karmapa.*
CK: *Ja, die Leute suchen immer nach höheren Wesen, die ihnen helfen können.*
O: *Das ist die Sorte Mensch, von der ich spreche.*
CK: *Yondu tat das durch eine Diagnose.*
O: *Eine gute Diagnose ist schon die halbe Heilung. Dann weiß man wenigstens, was man hat.*

CK: *Ich glaube, wir haben zwei völlig verschiedene Verständnisse von Diagnose.*
O: *Du denkst bei Diagnose auf einer anderen Ebene als ich?*
CK: *Ja.*
O: *Wenn du Tibetisch könntest, wäre klar, auf welcher Ebene jeder von uns beiden redet.*
CK: *Ich denke an die Ursache einer Krankheit.*
O: *... und ich frage, was das Symptom ist.*
CK: *Man kann jedes Symptom auf ganz unterschiedlichen Ebenen erklären. Das hängt von dem Menschenbild ab, das man für wahr hält. Bei uns wird stärksten unterschieden zwischen Wissenschaft und Religion.*
O: *Das ist doch dasselbe.*
CK: *Ja, Sie haben recht. Wissenschaft ist vielleicht auch eine Religion, vielleicht sogar die größte, die wir momentan auf der Erde haben.*
O: *Meinst du?*
CK: *Ja.*
O: *Was für eine Diagnose machte Rinpoche?*
CK: *... Rinpoche?*

O: *Yondu! Er wurde durch Kinso Rinpoche selber Rinpoche.*
CK: *Wie wird man Rinpoche?*
O: *Das ist ein Titel für Menschen mit einem hohen Bewusstsein.*
CK: *Wodurch bekommt man das?*
O: *Durch bewusstes Sterben. Wer einmal bewusst durch Tod und Geburt gegangen ist, gehört zu einer anderen Sorte Mensch.*
CK: *Und die nennt man Rinpoche?*
O: *Ja. Yondu Rinpoche war einer. Was für eine Art Diagnose hatte er angewendet?*
CK: *In Europa werden Diagnosen normalerweise durch medizinische Geräte und Labor-Befunde erstellt.*
O: *Unsere tibetischen Ärzte stellen Puls-Diagnosen.*
CK: *Yondu besaß eine sehr spezielle Diagnose-Methode.*
O: *Was machte er?*
CK: *Ich glaube, diese Stufe nennt ihr auf Tibetisch »Chenrezi«.*
O: *So heißt der Aspekt des Mitgefühls.*

CK: *Von Jamgon sagt man, dass er ein Aspekt der Weisheit ist.*
O: *Dieser Aspekt heißt auf Tibetisch »Manjushri«.*
CK: *Ah ja.*
O: *Wieso war es bei Yondu der Chenrezi-Aspekt?*
CK: *Sie werden es nicht für möglich halten.*
O: *Ich kann es auch bei Jamgon nicht für möglich halten, dass er sein Leben gibt, um seinen Meister Karmapa zu einer sicheren Wiedergeburt zu verhelfen.*
CK: *Ja, das ist unglaublich …*
O: *Was tat Yondu?*
CK: *Jeder, der eine Diagnose haben wollte, musste etwas Urin und etwas Kot von sich mitbringen.*
O: *Das war das Einzige, was er und Kinso Rinpoche in der Folterhaft über 25 Jahre hatten.*
CK: *Stimmt! Yondu sagte, er hat von Rinpoche alles für eine komplette Diagnose gelernt. Er nahm von jedem ein kleines Löffelchen Kot in den Mund, fühlte ihn mit seiner Zunge und dem Gaumen komplett durch und schluckte ihn runter. Mit dem Urin hat er es genauso gemacht. Dann konnte er jedem Teilnehmer sagen, woran er litt.*
O: *Was hat er da gesagt?*
CK: *Mama oder Papa oder Freund oder Freundin, Kind oder Mann, Sohn oder Frau. Also quasi alle Beziehungsprobleme, die es so im Leben gibt, hat er in diesen Exkrementen abschmecken können. Manchmal nannte er auch karmische Gründe aus dem Vorleben. Aber ich glaube, das hat er nur bei denen gesagt, die damit etwas anfangen konnten.*
O: *Solange die Unbewussteren die Bewussteren ausgrenzen, gibt es immer Beziehungsprobleme. In extremen Lagen wird deshalb sogar getötet. Dieses Problem ist in den ewigen Streitereien, die es überall gibt, allgegenwärtig. Der Streit in den Familien vergiftet die Kinder. Und sogar bei Schlichtung von Streits durch Dritte setzen sich diejenigen mit dem niederen Bewusstsein gegen die höheren meistens durch.*
CK: *… weil die mit dem höheren Bewusstsein durch ihr Mitgefühl zu den Höheren wurden?*
O: *Ja. Das sieht und merkt man den Menschen schon bei ihrer Geburt an. Und ganz besonders zeigt es sich in den ersten beiden Lebensjahren. Da sieht man schon, wie stark das mitgebrachte Mitgefühl bei einem Menschen ausgeprägt ist.*

CK: *Bei Yondu war es vollständige Hingabe. Er hat sich bei den vielen Leuten auf dem Hof da in der Nähe von Dortmund vor deren Urin und deren Kot nicht eine einzige Sekunde geekelt. Er benutzte sie zu einer wahrhaft mitfühlenden Diagnose. Er hat damit jedem geholfen. sein Bewusstsein zu erweitern.*

O: *Meine Eltern sprachen oft von solchen Rinpoches mit einem unermesslichen Mitgefühl. Aber viele sind gefangen oder getötet worden, die meisten sind geflohen. Es gibt nur wenige, die sich trauen, hier wieder zu inkarnieren.*

CK: *Das bewundere ich an Karmapa, und jetzt auch an Jamgon.*

O: *Ob beide hier in Tibet bleiben können? Ich glaube nicht. Trotz ihres Bewusstseinsgrades würden sie hier bei uns in Tibet nicht in Freiheit bleiben.*

CK: *Das sind sie im Exil aber auch nicht. Mit einem Flüchtlingsausweis kommt man im Westen nicht weit. Und in Indien auch nicht.*

O: *Ich weiß. Aber wohin will man sonst fliehen? Uns bleibt nur Indien.*

CK: *Ich hoffe, dass das Bewusstsein auf breiter Linie überall auf der Welt steigt.*

O: *Weshalb sollte das passieren?*

CK: *Weil zugleich die Not größer wird.*

O: *Das glaube ich nicht. Die Todesangst frisst die Seele auf.*

CK: *Ich hoffe trotzdem. Ich denke, die Bewusstseinsentwicklung bekommt jetzt kosmischen Rückenwind.*

O: *Wenn das mal keine Illusion ist.*

CK: *Doch, ich spüre es, und es ist allenthalben zu beobachten: Das Bewusstsein auf der Erde steigt.*

O: *Humor ist das Wichtigste für die Bewusstseinserweiterung.*

CK: *Wenn man im Tod lachen kann und mit einem Lächeln wieder auf die Welt kommt, dann zeugt das von einem hohen Bewusstsein.*

O: *Ohne Humor kommst du nie gut durch den Bardo. Ohne Humor verlierst du, wenn's ans Sterben geht, dein Bewusstsein. Schon bei den kleinsten Unfällen verlierst du das Bewusstsein, weil dir der Humor fehlt. Richtig schön wird es, wenn du auch noch am Ende lachst, dich regelrecht totlachst.*

CK: (lacht)

O: (lacht)

CK: *Das deutsche Fernsehen hat meinen kleinen Film übers Lachen aus dem Pro-*

gramm genommen mit dem Argument, Fernsehen hätte einen Kultur- und keinen Therapieauftrag. Ich nahm das als Kompliment.

O: *Therapie durch Lachen via Fernsehen ist doch nur zu begrüßen.*

CK: *Unser Komiker Karl Valentin hatte in meinem Film einen prominenten Platz. Ihn als Bevölkerungstherapeut einzustufen, war wohl richtig. Der Film lief bis heute nicht.*

O: *Wenn du über den Tod lachen kannst, bist du nicht mehr erpressbar.*

CK: *Bei uns im Westen ist jeder erpressbar, weil alle Existenzangst haben.*

O: *Wir in Tibet müssen sogar lernen, uns nicht einmal von Folter erpressen zu lassen.*

CK: *Wie schafft man das?*

O: *Yondu hat sich in 25 Jahren Folterhaft nicht einmal darüber bei den Folterknechten beschwert.*

CK: *Das ist die Sorte Mensch, die bereits schon mal bewusst durch den Tod gegangen ist, sonst könnte man das doch nicht?!*

O: *Er hat das sicherlich schon mal gemacht.*

CK: *Er weiß also, dass er unsterblich ist? Wenn sie ihn foltern, ist er dann nicht mit seinem Körper identifiziert?*

O: *So, wie er in diesem Leben sein Schicksal getragen hat, so muss er es auch in seiner letzten Inkarnation schon getragen haben, sonst hätte er das wohl nicht gekonnt.*

CK: *War er denn in seinem Vorleben auch schon Mönch?*

O: *Nicht nur. Er hatte auch eine Familie.*

CK: *Ich habe auch schon mehrere Leben im Mönchstatus hinter mir, aber diesmal habe ich mich auf Frauen eingelassen, schließlich hat mich auch eine Frau auf die Welt gebracht.*

O: *Hattest du die Frauen als Mönch vermisst?*

CK: *Nicht sehr. Ich war ziemlich schnell daran gewöhnt, dass ich keinen Sex habe.*

O: *Gar keinen?*

CK: *Nein.*

O: *Würdest du noch mal ein Mönchsleben leben wollen?*

CK: *Nein. Ich verstehe kaum noch, weshalb ein Mensch ein spirituelles Leben in Abgrenzung zum anderen Geschlecht anstreben kann.*

O: *... ganz einfach: weil es einfacher ist.*

CK: *Zu welchem Preis!*
O: *Besser als gar kein spirituelles Leben.*
CK: *Da haben Sie recht. Aber heutzutage, im dritten Jahrtausend, am Vorabend des Sattva-Zeitalters, muss man diesen Preis nicht mehr bezahlen.*
O: *… und bist du glücklich?*
CK: *… war ich als Mönch auch nicht.*
O: *Wo warst du glücklicher?*
CK: *Schwierige Frage.*
O: *Mmmmmh???*
CK: *Wie soll ich das sagen? Glück, was ist das schon?*
O: *Glück ist viel. Eigentlich alles.*
CK: *Stimmt.*
O: *Wo hattest du mehr Krankheiten? Als Mönch? Oder mit der Familie?*
CK: *Durch Beziehungen mit Sex gibt es eindeutig mehr Beziehungsprobleme, und die machen oft krank. Als Mönch vermeidest du diese Probleme.*
O: *Ich glaube, deshalb wählt man ja das Zölibat – oder nicht?*
CK: *Ganz sicher. Damit klammert »mann« aber das halbe Leben aus.*
O: *… dafür kann er sich spirituell weiterentwickeln.*
CK: *Wenn die Bewusstseinsentwicklung nur ohne Frauen möglich ist, kann man darauf eigentlich verzichten. Die reinen Männergesellschaften leben am Leben vorbei.*
O: *Da hast du recht.*
CK: *Dann hören wir jetzt auf zu diskutieren, denn wir könnten noch Stunden weiterreden.*
O: *Tschüss.*
CK: *Tschüss.*

19

Über die grüne Grenze nach Indien

Sehr schnell geht ein Jahr seit der Entdeckung der Wiedergeburt von Jamgon Kongtrul vorbei. Phuntzog und Sonam bleiben das ganze Jahr in Lhasa bei Jamgon und seinen Eltern wohnen. Das geschieht schon im Hinblick auf die Trennung von den Eltern, die stattfindet, wenn Jamgon sein Leben dort fortsetzt, wo er es in seinem letzten Leben vorbereitet hat: in Pullahari/Nepal. Solange die chinesischen Behörden aber keine Ausreise-Genehmigung erteilen, bleibt die Freude in Pullahari über Jamgons Wiedergeburt gedämpft.

Karmapa schickt extra seinen Abt zu den Chinesen auf höherer Ebene, aber die entscheiden durch Schweigen. Die Eltern verstehen schnell, die politischen Hintergründe einzuschätzen, und bereiten alles vor, um länger fort zu sein.

Kurz bevor Jamgon zwei Jahre alt wird, entschließen sich alle Beteiligten für den Weg über die grüne Grenze. Zum Abschied von der Heimat entsteht noch das obligatorische Bild vor dem *Potala*, dem ehemaligen Regierungssitz des Dalai Lama. Dann packen die Eltern Rinpoche auf den Rücken und marschieren mit ihm über den Himalaja nach Indien. Ob er je wieder zurückkommen kann, ist mehr als fraglich.

Topga wartet auf ein Zeichen

Ich frage Topga: *Ist es nicht komisch: Du wirst jemanden treffen, der einerseits dein Bruder ist, aber andererseits nicht mit dir verwandt ist?*

T (lacht): *Genau das macht es ja so schwierig für mich, diese beiden Dinge zusammenzubekommen. Es ist schwierig, dieses Gefühl zu beschreiben, dass du einerseits ihn als deinen Bruder fühlen möchtest, aber dein Verstand dir sagt, das geht doch gar nicht, wie kannst du nur so was glauben?*

Ich hoffe ja schon die ganze Zeit, dass ich, wenn die Reinkarnation da ist, ein Zeichen bekomme und dann auch genau dasselbe Gefühl habe wie bei meinem Bruder.

Diese Hoffnung habe ich immer, und das wünsche ich mir auch. Ich wünsche mir, dass die neue Inkarnation sich wie im Vorleben verhält und zu mir ganz direkt sagt: »Schau, ich bin wieder da. Hast du damit ein Problem? Erkennst du mich nicht?« – So in der Art. Das wäre wunderbar.

CK: *Das wäre wirklich das Allerbeste. Aber wenn es so nicht passiert?*

T: *Ich denke immer, es ist eine Glaubensfrage. Aber das funktioniert bei mir auch nicht. Ich muss etwas spüren. Ich kann doch nicht einfach so tun, als ob ich es glaube, weil es sich so gehört? Das wäre doch Selbstbetrug.*

CK: *Du bist doch in dem Glauben an Reinkarnation erzogen worden.*

T: *Klar, ich war aber nicht im Kloster. Dadurch, dass Jamgon der Ältere war, der normalerweise die Verantwortung des Ernährers hätte übernehmen müssen, musste ich diese familiäre Rolle übernehmen. Das war sehr schwer für mich. Ich wusste, dass ich einen älteren Bruder habe, aber einen richtigen Kontakt hatte ich nie zu ihm. Er war in einer Welt, die war für mich mystisch. Ich bin ja nicht religiös erzogen worden, so wie er. Wir sahen uns vielleicht einmal in den Ferien für ein, zwei oder drei Tage. Aber da ich fast sieben Jahre jünger bin, gab es auch da keine Gemeinsamkeit. Deshalb hatte ich mir immer gewünscht, dass wir mal Urlaub zusammen machen. Und in dem Moment, wo er mich darum bittet und wir zusammen zu unserer geliebten Mutter gefahren wären, da sage ich Nein: Das bereue ich sicherlich noch lange.*

CK: *Aber du bekommst ihn doch jetzt ganz bald wieder.*

T: *Ich möchte ihn so wiederbekommen, wie er mein Bruder war.*

CK: *Mmmm?*

T: *Ja – ich weiß, das geht nicht. Ist ja auch nicht möglich. Wenn er jetzt plötzlich wieder da wäre, dann wäre er ja schon fünf Jahre älter und auch nicht mehr derselbe, den ich im Kopf habe. Ich könnte stundenlang heulen, wenn ich denke, was das noch für ein Geschenk gewesen wäre, wenn ich vor seinem Tod noch eine Woche oder auch nur drei Tage mit ihm in Kalimpong gehabt hätte. Einfach … furchtbar.*

CK: *… und du glaubst, dass seine Reinkarnation dich da nicht trösten kann?*

T: *Ich bin gespannt, wenn ich ihn sehe. Vorstellen kann ich es mir nicht.*

Nach der Flucht über den Himalaja besucht der kleine Jamgon als Allererstes den Dalai Lama in Dharamsala, so wie jeder tibetische Flüchtling. In Dharamsala befinden sich die großen Flüchtlingslager der Tibeter. Der Dalai Lama ist 1998 (noch) der Regierungschef aller Tibeter. Und ohne seine

Urkunde würde die Reinkarnation nicht gelten. Egal, ob man ein Zeichen bekommen hat oder nicht, oder wer auch immer denkt oder sagt oder schreibt, das ist der und der. Ohne die Urkunde der tibetischen Exil-Regierung erbst du nichts.

Das ist immer der heikelste Punkt bei einer tibetischen Reinkarnation, denn schließlich kennen die hohen Lamas, deren Vorleben identifiziert wird, sich gegenseitig noch aus dem früheren Leben. Deshalb ist es doppelt wichtig, die Identifikationsurkunde zu erhalten, um dadurch offiziell die Fortsetzung seiner Beziehungen aus dem Vorleben weiterführen zu können. Man bewegt sich so wieder in seinem alten Bekanntenkreis. Das erleichtert vieles, man kann am alten Vertrauen bruchlos anknüpfen. Das ist kein willkürlicher Akt. Das ist ein Empfinden. Wenn man dieses Empfinden nicht hat, kann man dabei nicht mitreden.

CK: *Wer redet denn bei der Ausstellung von Urkunden für eine Reinkarnation mit? Macht das nicht der Dalai Lama alleine?*

Topga: *Regierungsbeamte.*

CK: *Wie viele sind das?*

T: *Weiß ich nicht.*

CK: *100 oder 10?*

T: *Keine 100 – niemals. Die Exil-Regierung ist ein kleiner Apparat, sehr klein. Dagegen hat ein Ministerpräsident einen viel, viel größeren Apparat. Also ich kann mir vorstellen, 8 bis 12 Leute vielleicht?*

CK: *Wird für die Ausstellung der Urkunde auch auf Träume geachtet?*

T: *Sehr!*

CK: *Um die Urkunde zu bekommen, ist man auf die Träume der Beamten angewiesen?*

T: *Ja. Auf jeden Fall müssen sie sich einig sein.*

CK: *Gilt das, was der Dalai Lama sagt?*

T: *Es gilt das, was alle sagen.*

CK: *Müssen die sich also einig sein?*

T: *Auf dieser Ebene nimmt man das, was übereinstimmt.*

CK: *Glaubst du es dann auch?*

T (lacht): *Schlecht wäre es sicher nicht.*

CK: *Erkennst du so was als Zeichen oder als Hinweis an?*
T: *Wenn ich so einen Traum hätte?*
CK: *Ja?*
T: *Erzähle ich dir später.*
CK: *Hast du das Video gesehen, wie Jamgon bei Seiner Heiligkeit dem Dalai Lama ist?*
T: *Ja.*
CK: *Gab es darin ein Zeichen für dich, dass Jamgon Jamgon ist?*
T: *Ich fand es merkwürdig oder spannend, dass der 4. im Wartezimmer sitzend seine Hände genau in derselben besonderen Art hält wie auf den Fotos im Vorleben im gleichen Alter. Kennst du das Foto?*
CK: *Ja, das zeige ich auch im Film, diesen Moment, wo der 4. Jamgon darauf wartet, beim Dalai Lama vorgelassen zu werden.*
T: *Aber ein richtiges Zeichen ist das auch nicht.*

CK: *Ist es dann doch lieber die Urkunde vom Dalai Lama?*
T (lacht wieder): *Die Urkunde, entschuldige, dass ich lache.*
CK: *Versteh ich, die nimmt dir nicht deinen Schmerz.*
T: *Nein. Ich bin gespannt, wenn ich ihm begegne.*
CK: *Kann Jamgon, wenn er möchte, wieder zurück nach Tibet?*
T (schüttelt den Kopf)
CK: *Was hat denn der Dalai Lama gesagt?*
T: *Er hat über die großen Ohren von Jamgon gelacht.*
CK: *Er lacht ja dann immer so herzhaft.*
T: *Ich habe den Dalai Lama persönlich noch nie getroffen. Ich kenne ihn nur vom Fernsehen her, da lacht er aber auch oft so.*
CK: *Das ist ein einzigartiges Lachen. Das ist wie sein Markenzeichen.*
T: *Er lacht, wie nur er lachen kann.*

CK: *Wäre das nicht ein Zeichen, wenn jemand schon im Vorleben so gelacht hat?*
T: *Ja, das würde ich auch als Zeichen nehmen.*
CK: *Der Dalai Lama selbst verlässt sich nicht nur auf ein einzelnes Zeichen. Er bezieht alles ein, was er und seine Sekretäre recherchieren können und träumen.*
T: *Das ist etwas, da habe ich keinen Zugang dazu. Ich bekomme solche Informatio-*

nen nicht. Ich weiß nicht, wo man die Gewissheit hernimmt, zu sagen: Ja oder Nein. Ich hätte diese Gewissheit gerne. Ich warte noch darauf.

CK: *Ich denke, darauf kannst du nicht warten. Es ist eine Entscheidung, ob du an Reinkarnation wirklich glauben willst.*

T: *An Reinkarnation allgemein zu glauben, ist kein Problem. Aber im eigenen Personenkreis? Mir macht das große Probleme.*

CK: *… weil dein Bruder nicht in derselben Form wiederkommt, wie du ihn gekannt hast.*

T: *Das macht mich ja so traurig. Und dazu kommt, dass ich an seinem Tod schuld war. Hätte ich ihm nicht den BMW geschenkt, wäre er jetzt noch am Leben.*

CK: *Er lebt schon wieder!*

T: *Ach …*

CK: *Weil du das nicht wahrhaben willst, trauerst du und quälst dich mit Schuldgefühlen.*

T: *Ich kann nicht einfach glauben, ich brauche Beweise oder wenigstens Zeichen.*

CK: *Vielleicht bekommst du sie ja, wenn du Jamgon triffst.*

T: *Ich hoffe sehr.*

CK: *Weißt du, die Materialisten glauben, das Sein bestimme das Bewusstsein. Sie suchen Beweise, weil sie denken, die könnten ihre Gefühle ändern.*

T: *Ja, wenn die Inkarnation zu mir sagt: »Ich bin dein Bruder«, dann glaube ich es ihm.*

CK: *Und dann bist du nicht mehr traurig?*

T: *Nein, das fände ich unglaublich.*

CK: *Du würdest es dann glauben?*

T: *Ja, wenn es so deutlich käme.*

CK: *Siehst du, wovon dein Glück abhängig ist?*

T: *Von einem Beweis.*

CK: *Was ist das für ein Beweis? Es geht doch nur darum, was du glaubst. Ein anderer würde nichts darauf geben, ob ein kleines Kind sagt: »Ich bin dein Bruder.« Der könnte das als eine nette Aussage werten, die biologisch keinerlei Grundlage hat und daher als Beweis überhaupt nicht taugt.*

T: *Ja, klar.*

CK: *Es ist also doch die Frage, was du glauben willst. Und Materialisten glauben,*

dass ihr Bewusstsein von den Verhältnissen geprägt wird, in denen sie leben. Und nur, wenn diese Verhältnisse sich ändern, dann kann sich auch ihr Bewusstsein ändern – glauben sie.
T: *Das ist Marxismus.*
CK: *Das denken alle Materialisten, egal ob Arbeitnehmer oder Arbeitgeber, da gibt es keinen Klassenunterschied. Du denkst das doch auch?*
T: *Nicht ganz. Aber du hast recht. Die Biologie ist z. B. etwas, das ich als Wahrheit nehme.*
CK: *Biologisch kann Jamgon der 4. nicht Jamgon der 3. sein.*
T: *Das ist er auch nicht.*
CK: *Die Biologie ist doch nur der Träger für einen bestimmten Charakter oder eine bestimmte Persönlichkeit, und diesen Träger hat Jamgon gewechselt.*
T: *Wir drehen uns im Kreis. Ich weiß, was du sagen willst.*
CK: *Ich will sagen, dass es umgekehrt ist – das Bewusstsein bestimmt das Sein. Denn zu deinem Sein gehören auch deine Gefühle, und deine Gefühle bestimmen, ob du glücklich oder unglücklich bist.*
T: *Ja, sicher.*
CK: *Deine Gefühle werden aber nicht durch dein Sein »bestimmt«.*
T: *Von was denn sonst?*
CK: *Davon, wie du dein Sein interpretierst. Du kannst dieselbe Situation als angenehm oder unangenehm empfinden. Es kommt darauf an, wie du sie bewertest. Wenn du sie biologisch bewertest, fühlt sich dieselbe Situation völlig anders an, als wenn du sie seelisch bewertest, das heißt, annimmst und dadurch fühlst.*
T: *So, wie ich etwas sehe oder interpretiere, wird bestimmt von meinem Sein.*
CK: *Nein, das hängt davon ab, was du glaubst. Glaube ist eine Frage des Bewusstseins, und nicht des Seins.*
T: *OK. Und jetzt? Ich war immer der Meinung, das Bewusstsein oder das Denken stirbt mit dem Körper.*

CK: *Jetzt sind wir wieder beim Anfang: Warum sollte es denn sterben? Es besteht doch nicht aus physikalischen Elementen. Ich habe noch nie einen Geist sterben sehen. Wie sollte das auch gehen? Der Mensch hätte dafür schon längst ein Ritual. Es gibt aber kein Ritual, in dem der Tod der Gedanken oder des Geistes zelebriert wird.*
T: *Du sagst, was nicht sterben kann, kann auch nicht geboren sein?*

CK: *Natürlich nicht. Jamgon der 4. kommt mit dem Geist von Jamgon dem 3. auf die Welt, muss da aber erst körperlich wieder hineinwachsen. Es ist deshalb eigentlich widersinnig, von Wiedergeburt zu sprechen. Denn was soll denn, genau betrachtet, wiedergeboren sein? Der Körper doch ganz bestimmt nicht. Entweder haben ihn die Würmer, die Flammen oder die Geier gefressen, womit es diesen Körper hundertprozentig nie wieder geben kann. Und die Seele (Geist) ist auch nicht wiedergeboren, denn sie ist ja gar nicht erst gestorben. Was nicht stirbt, kann auch nicht geboren werden. Also ist der Begriff Wiedergeburt (engl.* rebirth*) genau genommen verwirrend und falsch. Reinkarnation stimmt dagegen.*
T: *Dann warte ich jetzt auf die Reinkarnation und versuche, in ihr den Geist meines Bruders wiederzuerkennen.*
CK: *Ich auch.*
T: *Dafür brauche ich ein Zeichen.*
CK: *Wer nicht?*

20
Jamgon der 4. auf dem Weg nach Pullahari

Neben der Urkunde, die der 4. Jamgon als die authentische Reinkarnation des 3. Jamgon erhält, führt der Dalai Lama noch einmal, wie schon Karmapa, die Haarschneide-Zeremonie mit ihm durch. Damit hat Jamgon auch beim Dalai Lama Zuflucht genommen und ist auch von seiner Seite in seine Gemeinde aufgenommen.

Aus aller Welt reisen nun die Schüler seines Vorlebens an. Nicht so viele wie vier Jahre zuvor auf seiner Totenfeier, weil man ja nun davon ausgehen kann, dass die Gelegenheit besteht, ihn in seinem neuen Leben zu treffen, quasi ohne zeitliches Limit. Tenzin bemüht sich zwar, Jamgons Reinkarnation nicht an die große Glocke zu hängen, denn er will die Chinesen nicht brüskieren, zumal sie die Eltern in ihrer Hand haben. Dennoch bekommt die Rückkehr von Jamgon Kongtrul in seinem neuen Körper etwas sehr Spektakuläres:

Nachdem Jamgon beim Dalai Lama auf der Westseite des indischen Himalaja war, fährt er nun ganz hinüber auf die Ostseite nach Kalimpong und besucht dort seine frühere Mutter Pema. Wie wird es sein, wenn Jamgon in seiner neuen Form an der Unfallstelle vorbeikommt?

Mehrfach passiert der Kleine auf dem Highway zwischen Siliguri und Kalimpong den Baum, an dem er sein letztes Leben beendete. Aber kein einziges Mal erwähnen seine Begleiter das oder halten gar an dieser Stelle an. Für die meisten bleibt es ein tragischer Unfall. Sie bringen ihn nicht in Zusammenhang mit der Sicherung von Karmapas Reinkarnation. Für sie ist der Tod noch immer das Schreckliche, was eigentlich hätte vermieden werden sollen.

Das ist die materialistische Interpretation des Todes und erzeugt die entsprechenden Gefühle der *Trauer*.

Interpretiere ich Jamgons Tod hingegen als Heldentat, könnte ich an diesem Baum anhalten, und statt zu trauern, an dieser Stelle der Heldentat mit Blumen und Kataks gedenken.

Unabhängig davon, wie man Jamgons Tod interpretiert, wird er überall, wo er im Vorleben gewirkt hat, mit großen Ehren empfangen. In Kalimpong sind es ein Altersheim und eine Augenklinik, die er als Jamgon der 3. initiiert und aufgebaut hatte. Das Erstaunliche, was bei jeder Willkommens-Feier passiert, ist, dass jedes Mal ein Regenbogen über dem Empfang steht, als wäre er sein Logo. An seinem 2-jährigen Geburtstag war es sogar ein riesiger Doppel-Regenbogen, der sich über ihn spannte und so aussah, als käme er aus seinem Kopf.

Rosy Findeisen erzählt: *Bei den Feierlichkeiten zu seinem Geburtstag, da stand er mit Tsültrim auf dem Hügel und ein riesiger Regenbogen umspannte die beiden, Es war einfach wunderbar. Jamgon Rinpoche war einerseits ein kleines Kind. Ich durfte ihn sogar manchmal füttern. Dabei saß er auf seinem Hochstuhl, und ich konnte ihm seine Suppe geben. Er war ganz herzlich. Er hat mich auch richtig umarmt. Auf der anderen Seite konnte er sich, wenn Leute zu ihm kamen, um seinen Segen zu erbitten, ganz aufrecht hinsetzen, sie sehr ernsthaft angucken und sie segnen. Wenn du da in sein Gesicht gesehen hast, dann schaute manchmal ein voll erwachsener Mann zurück.*

Das ist etwas, was noch so gut gewählte Worte nicht vermitteln können. Der Film zeigt, dass Jamgon ein ganz außergewöhnliches Kind ist. Er hat Manieren, die ihm die ihn erziehenden Mönche nicht beigebracht haben: Ohne Lätzchen isst er mit Messer und Gabel komplizierte Speisen, ohne zu kleckern. Er schläft wie eine Mumie auf dem Rücken fast bewegungslos durch. Er spielt wie ein ausgelassener, kleiner frecher Kerl. Er sorgt sich um das Wohl anderer wie eine barmherzige Mutter. Er leitet Zeremonien mit der Ernsthaftigkeit und Ausdauer eines alten Abtes.

Die Strecke von ganz im Nordosten Indiens bis ins Tal von Kathmandu in Nepal ist 800 km lang. Auf der ersten Hälfte gibt es mehrere Sozialprojekte, die der 3. Jamgon mit seinen Spenden finanzieren konnte und für die er offenbar die richtigen Menschen ausgesucht hat, die die Projekte betreiben. Sonst wären diese Projekte in den vier Jahren seit seinem Tod nicht am Leben geblieben und inzwischen sogar gewachsen. Jeder Einzelne, der oder die an einem solchen Projekt mitarbeitet, hatte die große Zuversicht, dem 4. Jamgon zu begegnen, auch wenn er erst 2 Jahre alt ist.

Diese durch ihn dokumentierte Kontinuität des Lebens verstärkt auch den Glauben an die Kontinuität des eigenen Lebens. Und plötzlich verlieren die Schwierigkeiten, die jedes Projekt und jedes Leben mit sich bringt, an Dominanz. Natürlich fühlten sich die jeweiligen Projektmitglieder motiviert, für die gemeinsame Aufgabe zu arbeiten, solange der 3. Jamgon hinter ihnen stand, ein Ohr für ihre Sorgen hatte und auch da, wo Not entstand, tatkräftig half. Und sicher drohten manche Projekte mit dem dramatischen, plötzlichen Tod Jamgons zu zerfallen. Aber der Glaube an seine Wiedergeburt erzeugte starke Motivation, weiterzumachen. Dafür gab es natürlich keine Garantie, und niemand hätte sagen können, wann, wo und wie – aber jetzt ist er da.

Das ist ein emotional so überflutendes Ereignis, dass, wo immer der Kleine auftaucht und von seinen mütterlichen Mönchen an den Ort des Geschehens getragen wird, sehr viele zu weinen beginnen, ohne dass es dafür einen äußerlichen Grund gäbe. Es ist einerseits die Freude über die Kontinuität des Lebens und anderseits die Befreiung von nagenden Zweifeln, die oft auch noch in dem gläubigsten Buddhisten stecken, der mit diesem Glauben aufgewachsen ist. Sozusagen als Belohnung oder Versicherung ist jedes dieser Zusammentreffen mit den Projektmitarbeitern von einem Regenbogen gekürt.

Selbstverständlich laufen bei solchen Events heutzutage Videokameras, und seit Neuestem auch Handys, die solche Ereignisse dokumentieren. In Indien steht das auch in der Zeitung. Das heißt, die Tour von Sikkim nach Kathmandu wird zu einer regelrechten Triumphfahrt, die von mehreren tausend Menschen gesäumt wird. Oft taucht der Regenbogen in dem Moment auf, in dem Tenzin und seine Begleiter am Ort der Zelebrierung ankommen und Tenzin den kleinen Jungen unter dem Jubel der Menschenmenge aus dem Wagen heraushebt. Sie jubeln natürlich umso mehr, wenn – wie bestellt – gleichzeitig der Regenbogen am Himmel erscheint. So etwas bewegt auch die skeptischen Journalisten dazu, über dieses Ereignis in ihrer Zeitung zu berichten.

Der kleine Jamgon selbst muss nichts sagen. Es ist sagenhaft genug, dass er mit 2 Jahren ohne einen Müdigkeitsanfall eine solche Tour absolviert und dabei Hunderte von Segenswünschen in Form von Kataks und unzähligen Geschenken entgegennimmt.

All diese Nachrichten verbreiten sich wie ein Lauffeuer und eilen dem 2-Jährigen voraus, sodass bei seiner nächsten Station die ihn empfangende Menschenmenge alle Geschichten schon gehört und gelesen hat. Über einige Stationen berichtet auch das Fernsehen, was Tenzin zu seinem Ärger nicht verhindern kann. Er betet nur dafür, dass daraus Jamgons leiblichen Eltern in Tibet keine Nachteile erwachsen.

Topga: *Man könnte die Regenbögen als Zeichen sehen wollen. Man kann aber auch einfach nicht hinschauen, so wie diejenigen, die die Regenbögen einfach ignorieren. In Lava gab es einen riesigen Regenbogen, wie bei noch acht anderen Stationen seines früheren Wirkens. Alle Menschen waren so beeindruckt. Alle erwarten nun am Ende seiner Reise, wenn er hier an seinem neuen Wohnsitz ankommt, auch einen Regenbogen. Wenn er ankommt und da ist kein Regenbogen, dann ist das ein Desaster – verstehst du?*

Die letzten 400 Kilometer der Strecke absolvieren Jamgon und seine Crew mit einem nepalesischen Inlandsflug. Bei seiner Landung gibt es auf dem Flughafen von Kathmandu ein großes Aufgebot. Auf der einen Seite haben sich viele hohe Lamas, Ordensbrüder und Rinpoches versammelt, die in Nepal leben oder dafür extra angereist sind. Auf der anderen Seite stehen eine Gruppe Laien und etliche Fans, die in irgendeiner Weise mit dem 3. Jamgon eng verbunden waren. Unter ihnen steht jetzt auch Topga.

Dann gibt es noch eine dritte Gruppe von Honoratioren, Politikern und Journalisten, die sich ebenfalls erkenntlich zeigen möchten. Sie wollen zum Ausdruck bringen, dass sie einen Menschen bewundern, der diese Kontinuität lebt, mit der sie sich sicherlich alle schon mal theoretisch in ihrem Leben befasst haben und in ihren religiösen Lehren auch vorgefunden hatten. Aber dass dies auch tatsächlich passiert, ist für alle höchst erstaunlich. Alle warten mit ihren weißen Seidenschals und ihren Willkommens-Geschenken andächtig auf das Flugzeug mit der heiligen »Fracht«. Für die Lamas ist es ihr Meister, der ihnen leibhaftig zeigt, wozu ein entwickeltes Bewusstsein fähig ist. In ihren Gesichtern spiegelt sich Achtung, Ehrfurcht, Freude und große Neugierde.

Für Topga ist es sein Bruder. Er steht mit seinem Katak und dunkelgelben Rosen in zweiter Reihe. Seine innere Zerrissenheit kann er kaum verbergen und trägt eine große, dicke Sonnenbrille. Er möchte ja nicht so tun, als freue er sich über etwas, woran er nicht glaubt. Diese Euphorie der um ihn herumstehenden Menschen kann er innerlich nicht teilen. Trotzdem ist er natürlich gekommen. Und er wird auch derjenige sein, der Jamgon nach Pullahari hinauffährt. Vielleicht passiert ja etwas, was ihn fühlen lässt, ob dies der Mensch ist, den er auf so grausige Art verloren hat.

Jetzt landet die Maschine. Am Ende der Rollbahn dreht sie bei und kommt langsam bis zu den Wartenden herangerollt. Mit dem Öffnen der Kabinentür entfaltet sich eine kleine Gangway. Aus dieser zweimotorigen Propellermaschine mit ca. 30 Plätzen kommt als Erstes einer der ehrwürdigen alten Lehrer des 3. Jamgons heraus. Dann Tsultrim, und nun duckt sich auch Tenzin mit Jamgon im Arm aus der Kabine heraus und bleibt dann erst einmal auf der obersten Stufe der kleinen Treppe stehen. Ein Jubelschrei geht durch die Menge, so, als wäre ein Präsident aus der Maschine erschienen. Der gesamte Pulk an Begrüßungsgästen strömt über das Rollfeld zur Gangway. Das Sicherheitspersonal hat offenbar nichts mehr zu sagen.

Dann steht Tenzin mit Jamgon auf dem Arm mitten in der Menge, und jeder Gast versucht, dem Kleinen einen Katak umzuhängen. Deshalb assistiert Tsultrim und gibt den Gratulanten den Katak um deren Hals zurück, während sie sich vor Jamgon verneigen und er ihnen einen kleinen Segensbatsch auf das Haupt gibt. Jamgon scheint diesen »Rummel« erwartet zu haben. Er bleibt völlig ruhig mit einem erwachsenen, ganz gelassenen Gesichtsausdruck. Absolut ungewöhnlich für ein gerade 2-jähriges Kind.

Mit dieser stoischen, aber durchaus anteilnehmenden Haltung hat er bereits alle bisherigen Empfänge während der letzten zehn Tage gemeistert. Manchmal mehrere am Tag. Allein diese Tatsache brachte für viele Zeugen ihr Menschenbild zum Wanken. Woher hat der Junge das? Von seinen einfachen Bauern-Eltern ganz bestimmt nicht.

Inzwischen hat auch Topga sich nach vorne gearbeitet und kann Jamgon seine Rosen in Zellophan-Papier mit dem Katak überreichen. Er begrüßt ihn nach tibetischer Sitte Stirn an Stirn und vergisst dabei, seine Sonnenbrille abzunehmen. So war dieses erste Wiedersehen alles andere als ein Aha-Erlebnis.

Unter Brüdern – wieder im Auto

Nachdem die meisten in diesem großen Tohubawohu Jamgon begrüßt haben, trägt Tsultrim ihn zu Topgas Auto, das Topga selbst steuert. Tsultrim nimmt Platz auf dem Beifahrersitz, mit Jamgon auf dem Schoß. Offenbar hat Jamgon mit dem Ende seines letzten Lebens keine Abneigung gegen Autos entwickelt. Ganz im Gegenteil: Er schaut sehr interessiert zu, wie Topga den Wagen startet und aus dem Flughafen herausfährt. Hinter ihnen bildet sich eine lange Schlange von Fahrzeugen, die hupend wie bei einer Hochzeit hinterherfährt. Jamgon sitzt fast auf dem Armaturenbrett und beobachtet die Fahrt mit höchster Aufmerksamkeit. Nichts zu sehen von einem überanstrengten Kleinkind. Alle Zeitungen in Kathmandu würdigen die Ankunft der geglückten Wiedergeburt von Jamgon Kongtrul Rinpoche mit Schlagzeilen.

Spontan schließen sich dem Konvoi bei der Fahrt durch die Außenbezirke von Kathmandu viele Motorradfahrer und andere Fahrzeuge an. Es geht hinaus Richtung Pullahari, das am Nordhang des großen Kathmandu-Tals ca. 15 km östlich der Stadt liegt.

Am Fuß des Berges von Pullahari gibt es eine Schule, die der 3. Jamgon in seinem Vorleben aus Spenden seiner Anhänger gegründet hat. An ihr kann der 4. Jamgon nicht vorbeifahren, ohne seinen Willkommens-Empfang zu würdigen. Die ganze Schule finanziert ihren laufenden Betrieb noch immer aus Spenden weltweit. Das funktioniert seit vielen Jahren. Alle Jungen und Mädchen sind in adretten, hell- und dunkelblauen Uniformen angetreten. Sie singen Loblieder auf Jamgon, und der Direktor hält eine kurze Dankesrede.

Nun müsste eigentlich an dem strahlend blauen Himmel ein Regenbogen auftauchen. Topga blickt schon immer nach oben. Und tatsächlich, da ist plötzlich ein kleines Wölkchen, das sich gerade noch pünktlich eingefunden hat und ganz leicht in Regenbogenfarben schimmert. Und schon werden allseits die Fotoapparate gezückt – klick, klick, klick. Kaum zu fassen, wie Derartiges zustande kommt, ohne dass der Kleine auch nur im Geringsten davon Notiz nimmt. Selbst seine Begleiter drehen sich schon lange nicht mehr nach diesem Phänomen um.

Doch nun geht es endgültig hinauf nach Pullahari. Nach vier Jahren trifft ein, was alle erhofft haben, aber niemand sich wirklich sicher sein konnte, ob es auch geschieht. Schon auf der 200 Meter langen Zufahrt stehen die Mönche in ihren prächtigsten rot-gelben Gewändern und mannshohen Monstranzen rechts und links des schmalen Weges, über den der Konvoi zum Kloster hinauffährt. Dabei werden am Wegesrand Kräuter in Feuerschalen verbrannt, sodass sich über das große, spektakuläre Willkommens-Ritual ein heiliger Geruch legt. – Schließlich ist die Fahrt zu Ende und Tenzin trägt Jamgon in einer mitgehenden Masse von vielen hundert Menschen die letzten Treppen zum Tempel mit dem goldenen Kudung-Stupa empor.

Als Materialist fragt man sich: Warum findet dieses Ereignis in einer solch unübersehbaren Pracht statt? Es ist doch nur ein kleiner Junge, der hier einzieht. Vor ihm sind schon 150 kleine Jungs eingezogen, um hier zu wohnen, zu lernen und sich an ein Mönchsleben von ihrem fünften Lebensjahr an zu gewöhnen, das ihnen eine weitreichende spirituelle Bewusstseinsentwicklung ermöglicht. Bei keinem der 150 Kinder gab es eine Willkommens-Zeremonie dieses Ausmaßes. Worum geht es?

Ganz einfach: *Jamgon hat den Tod überwunden.* Das Größte, was ein Mensch zustande bringen kann. Und das wird auf diese Weise gewürdigt und gefeiert. Jamgon hat sowohl den Ein- als auch den Austritt aus dem Leben durch seine selbstlosen Wünsche souverän gemeistert. Er zeigt: Mit dem Bewusstsein für die Kontinuität des Lebens sind Tod und Geburt eins. Das nimmt dem Tod Angst und Schrecken und gibt ihm Sinn. Wer sich nicht mit seinem Körper, sondern mit seinem Geist identifiziert, kann sogar über mehrere Leben hinweg seine Projekte betreiben.

Das geht mit dem singulären Leben wesentlich unbewusster, und ist daher weniger effektiv. Um es in einer Sache zur Meisterschaft zu bringen, ist ein einziges Leben viel zu kurz. Das zeigt sich unbewusst natürlich auch bei Menschen, die es tatsächlich zu einer Meisterschaft gebracht haben – so wie in der Musik bei Mozart, Bach, Beethoven, Yehudi Menuhin und vielen anderen großen Meistern. An ihren Biographien wird sehr deutlich, dass sie ihre Fähigkeiten bereits mitbrachten. Schon in frühesten Kindheitsjahren, bevor irgendjemand ihnen etwas beibrachte, zeigte sich schon, welche Begabungen sie haben.

Ganz gleich, ob es sich um ungewöhnliche Begabungen in Bereichen der Kunst, in Wissenschaft und Technik, sogar in ganz alltäglichen Lebensbereichen handelt: Woher die Gaben dieser Menschen kommen, versteht man – bei Würdigung aller familiären Einflüsse – aber erst wirklich mit dem Reinkarnationskonzept.

Für solche Meisterschaften reichen keine drei Leben, da stehen oft eine Million Jahre Entwicklung dahinter. Und selbst das war nicht ein Anfang. Es ist schwer, sich etwas ohne ihn vorzustellen. Es gibt auch kein Ende: Wir inkarnieren und inkarnieren und inkarnieren und inkarnieren … … Wie lange sollte ich wohl diesen Begriff, der für das Leben steht, wiederholen, ohne dass es auch nur eine Sekunde als Wiederholung erscheint? Alle Ideen von Stillstand sind unserer Galaxie und dem gesamten unbegrenzten Universum absolut fremd.

Auch mathematisch gesehen ist eine Wiederholung nicht möglich. Der tiefste Blick auf das Universum ist der mathematische – im Kern sind dies die Primzahlen. Alles befindet sich auf einem fortlaufenden, endlosen Strahl.[32] Eine Million Jahre sind nichts, auch nicht aus der Perspektive einer Eintagsfliege. Denn die Zeit ist relativ, ein Konstrukt – oder nennen wir es eine künstliche Struktur –, die wir auf unsere irdische Existenz legen. Doch das Leben in Gänze ist ohne Anfang und ohne Ende, etwas Unsterbliches, Geistiges in unterschiedlichen Formen.

[32] Siehe *Global Scaling* in Kap. 5 »Der Kosmos schwingt«.

Versuchen wir, auch unsere Entwicklung als unendlich ohne Anfang zu begreifen, dann nähern wir uns allmählich dem Ist-Zustand. Das ist für uns als körperliche Wesen noch schwerer zu akzeptieren als der Reinkarnationsgedanke. Unendlichkeit ist unendlich schwer zu fühlen, denn damit löst sich auch der Wahrheitsbegriff auf. Wahrheit schreit gewissermaßen nach einem Anfang und Ende und akzeptiert deshalb den Tod. Im Grunde ist es paradox: Das, was der Mensch am meisten fürchtet, erschafft er sich mit seinem künstlichen Materialismus selbst – den Tod.

Schau dir z. B. auf herkömmlichen Pflegestationen in Altenheimen an, wie sich dort manche Menschen mit ihrem Tod quälen. Die Qual entsteht aus dem Denken. Je unklarer und komplizierter es ist, desto mehr quälen sich die Betroffenen und werden deshalb medikamentös oft »ruhig« gestellt. Kannst du dieses Sterben mitansehen? Kannst du es riechen? Könntest du das besingen, oder kannst du da nur noch Ekel empfinden? Wenn der Tod so schrecklich ist, dann war es auch das Leben. – Eine Ausnahme bilden da sicher manche Palliativstationen und vor allem Hospize, die durch ihre ganzheitlich geprägte Zuwendung und Betreuung die Menschen darin unterstützen, einen friedlichen und würdigen Übergang zu finden.

Um dein Leben nicht in Qual enden zu lassen, wechsle dein Bewusstsein von Körper mit Seele auf *Seele mit Körper*. Das ist schon alles, was du brauchst, um glücklich zu sterben. Der Körper ist ein Werkzeug des Geistes. Anders herum macht das Verhältnis keinen Sinn. Es wäre fatal, diese Hierarchie des Seins mal so und mal so zu sehen. Das führt nur zu einem Kuddelmuddel im Denken. Damit stirbt es sich nicht gut. Gut stirbt es sich erst, wenn du gar nicht stirbst. Das ist die Haltung, bei der Freude aufkommt.

Machen wir uns stets bewusst: Im Tod geht es lediglich darum, seine neue Form (seine zukünftigen Lebensumstände) seinem im bisherigen Leben sich weiterentwickelten Bewusstsein anzupassen. Dass du während deiner Bardo-Zeit (der Zeit ohne Form) ein neues Bewusstsein gewinnst, ist eher unwahrscheinlich. Denn dir fehlt dann das Werkzeug, um Erfahrungen zu machen. Um Bewusstsein zu entwickeln, bedarf es jedoch dieser Erfahrungen – und die werden durch den Körper möglich. Denn erst mit ihm entsteht die Erfahrung der Dreidimensionalität, die bedeutet, dass alle Phänomene in Polarität auftreten: Liebe und Hass, heiß und kalt, sanft und hart, Ying und Yang usw. Erst durch diese Polarität werden fortwährend Entscheidungen von uns gefordert. Sie sind die Voraussetzung für ein sich entwickelndes Bewusstsein.

Bei den meisten wird es so sein, dass sich in ihrer Bardo-Zeit genau das abspielt, wovon bis zu ihrem Körperaustritt ihr Bewusstsein beherrscht war. Wenn du z. B. bis zu deinem Tod Materialist geblieben bist, spielt sich ohne Form nichts Weiterführendes ab, denn dein Bewusstsein hält die geistige, fortwirkende Existenz ohnehin für Unsinn. Was man nicht denken kann und will, gibt es auch nicht. Und so wird für den Materialisten das Bewusstsein im Tod und bei der Geburt dasselbe sein.

Schau dir an, unter welchen Umständen du diesmal ins Leben gekommen bist. Das zeigt, mit welchem Bewusstsein du das letzte Mal aus dem Leben herausgetreten bist. Möchtest du unter anderen, vielleicht besseren Bedingungen das nächste Mal ins Leben kommen, dann arbeite daran, mit welchem Bewusstsein du aus diesem Leben herauskommst. Wenn du es vor dem Tod schaffst, dein Menschenbild umzustellen auf geistig-seelisch, dann tun sich dir völlig neue Bereiche auf. Genau das kann heute schon geschehen, vielleicht sogar jetzt mit diesem Buch.[33]

Mit dieser Umstellung verschaffst du dir die Möglichkeit, dir für dein nächstes Leben nicht nur die best*möglichen,* sondern wirklich die *besten* Eltern für deinen neuen Lebensstart auszusuchen. Davon hängt, wie du in diesem Leben schon erfahren hast, eine Menge ab. Deine Eltern repräsentieren ein ganz bestimmtes soziales Umfeld, das für dein Leben prägend wirkt. Große Sprünge sind da eher selten. Solche Sprünge wie vom Nomadenjungen zum Weltlehrer sind absolute Ausnahmen, genauso wie auf der materialistischen Ebene der Sprung vom Tellerwäscher zum Millionär. Es gibt diese Entwicklungen, wie wir wissen, aber eher selten. Und wenn, sind sie da natürlich immer karmisch bedingt.

Wenn du jetzt schon mit der Projektion deines neuen Lebens beginnst, machst du nichts verkehrt, auch wenn es sich noch ein paarmal ändern wird. Und wie gesagt: Sei dir bewusst, dass die allermeisten sich zumindest

---

[33] Oder mit dem Film oder in einem Seminar oder einer telefonischen Begleitung. Es gibt viele Möglichkeiten, sein Bewusstsein zu erweitern.

einen Elternteil aussuchen, den sie schon kennen. Den anderen nehmen sie oft notgedrungen in Kauf, weil es nur den Papa ohne eine Mama für die Materialisierung nicht gibt.

Die allerwenigsten haben das Bewusstsein wie Jamgon, der sich diesmal völlig fremde Eltern ausgesucht hat, um sich seinen Lebensplan zu erfüllen. Jamgons Lebensplan ist seit mehreren Leben derselbe geblieben, nämlich: Karmapa zu dienen. Also versucht er, ihm in seiner neuen Inkarnation so nahe wie möglich zu kommen, und das war in Khyung Tsum. Nun, zwei Jahre später, hat er schon beides geschafft. Er hat den Kontakt zu Karmapa physisch wiederhergestellt und kommt in diesem Moment an den Ort zurück, auf den er sich in seinem Vorleben vorbereitet hat. Dazu gehört der symbolische Akt, dass Jamgon selbst die Fahne seines Ordens *Kagyü* entrollt. Im Film sieht man, dass er dabei von Rosenblättern gesegnet wird, die aus der gehissten Fahne herausfallen.

Spätestens jetzt sollte sich am Himmel wieder ein Regenbogen zeigen. Und tatsächlich: Alle Menschen reißen ihren Kopf herum und schauen sich an, was sie sich mit ihrer Ratio nicht erklären können. Da ist tatsächlich ein Regenbogen! Es mutet schon erstaunlich an, wie schnell der Mensch ein solches Geschenk einfordert, nur weil es ihm schon ein paarmal gemacht wurde. Und dass er enttäuscht wäre, wenn man es ihm nicht noch mal schenkte, obwohl er darauf keinerlei Anspruch erheben kann. Bei wem auch? Für das normale Menschenbewusstsein ist es schlicht ein Wunder, dem man nur in Demut begegnen kann.

Topga: *Alle schauten hoch nach dem Regenbogen. Ich auch. Es war kein richtiger Regenbogen, es war mehr wie ein Block. Nicht so ein normaler Bogen. Sehr ungewöhnlich.*

CK: *Ist das nicht ein Zeichen für dich?*

T: *Die ausländischen Studenten nennen Jamgon schon den Regenbogen-Rinpoche. Dieser Kosename wird ihm wohl bleiben. Wo immer er hingeht, da gibt es einen Regenbogen. So ist er nun der Rainbow-Rinpoche.*

CK: *… und was ist er für dich?*

T: *Ja, man könnte es als Zeichen verstehen. Wer das als Zeichen nehmen möchte, nimmt es. Mir geht es um meinen Bruder.*

21
Der Kreis des Lebens schließt sich

Dann kommt der große Moment, bei dem sich der Kreis des Lebens schließt. Tenzin geht mit dem kleinen 4. Jamgon in den Tempel an den Stupa heran, in der sein mumifizierter, vorhergehender Körper sitzt. Zur Identifizierung klebt lediglich ein winziges 6 x 4 cm kleines Passbild vom 3. Jamgon am Sockel des Stupas, auf das Jamgon nun in seiner neuen, erst 2-jährigen Form regungslos schaut. Als Begrüßungsgeste wirft er, so gut er kann, seiner ehemaligen Körperlichkeit einen weißen seidenen Katak zu. Das war's. Man kann sagen: Der Tod ist nichts. Das Leben geht weiter. Jamgon muss sofort ungeachtet seines Alters große repräsentative Aufgaben erfüllen. Offenbar hat er damit keine Probleme. Meisterschaft erlangt man eben nur, wenn man über mehrere Leben seine Aufgaben verfolgt.

Rosy Findeisen: *Er saß stundenlang in den Pujas, ohne eine Miene zu verziehen. Das war für mich völlig unverständlich. Meine dreijährige Enkelin, die Karla, die wäre da keine Viertelstunde sitzen geblieben. Ja! Unglaublich! Er konnte auch schon mit Glocke und Dorje* (energetisches Ritualobjekt mit doppeltem Zepter) *umgehen und kannte sogar die Puja-Texte. Also es war sehr eindrucksvoll.*

Man ist bei diesem Kind im wahrsten Sinne des Wortes verwundert, wie es das macht. Sein Benehmen ist vom ersten Tag an insgesamt so fein; er macht keine groben Bewegungen und Ausfälle stimmlicher Art. Auch nicht beim Schlafengehen. Dabei gibt es vorher nichts, was sich als Erregung im störenden Sinne anfühlen würde. Jamgon geht ins Bett oder Jamgon geht in den Garten. Das hat dieselbe Frequenz. Wie viele Eltern können von den Schwierigkeiten, ihre kleinen Kinder zum Schlafen zu bringen, ein Lied singen. Bei Jamgon nichts dergleichen.

Für viele ist Schlafengehen ohne eine höhere Erregung von Toben bis Schimpfen oder später von Krimi über Alkohol bis Sex nicht vorstellbar. Bei Jamgon gibt es Freude, sowohl für das *in den Garten gehen* als auch für das *Schlafengehen*. Keine Erregung heißt ja nicht, dass man etwas in die Länge zieht. Man stelle sich vor, man zöge das In-den-Garten-Gehen ebenso in die

Länge wie das Ins-Bett-Gehen. Das würde einen irritieren. Weshalb sollte das In-den-Garten-Gehen Probleme bereiten? Es ist schönes Wetter und man geht in den Garten. Das Bett ist gemacht und man geht schlafen. Oder?

Garten und Bett haben sehr unterschiedliche Emotionen. Die kann man untersuchen. Im Garten ist man wach und unbekümmert. Im Bett geht man in sein Unbewusstes. Im Bett erwarten Kinder Zuwendung, eine Gute-Nacht-Geschichte, ein Gebet, eine Umarmung, oft sogar ein miteinander Einschlafen. Wenn es an dieser liebevollen Zuwendung mangelt, dann ist das Ins-Bett-Gehen ein unangenehmer Akt, den man (das Kind) hinauszögern möchte. Stellt man also fest, das Kind geht nicht so gerne und so selbstverständlich wie in den Garten auch ins Bett, muss man sich für das Kind bewusst machen, was an der liebevollen Zuwendung nicht stimmt. Im krassen Fall kommt man dabei auf das Thema Missbrauch.

Aus dem Zwischenbericht einer unabhängigen Kommission im Juni 2017 geht hervor, dass in jeder Schulklasse vermutlich ein bis zwei Kinder betroffen sind. In Zeugenaussagen wird deutlich, dass etwa 70 Prozent der Missbrauch-Fälle direkt in der Familie oder im engeren sozialen Umfeld stattfindet. Was passiert hier mit unseren Kindern? In einem Ausmaß, welches von der Kommission als »enormes gesellschaftliches Gewaltphänomen« bezeichnet wird, weshalb in Deutschland »noch sehr viel mehr als bisher getan werden muss«, um Kinder wirkungsvoller vor sexueller Gewalt zu schützen. Es bedürfe dringend einer stärkeren Aufklärung, Prävention und Sensibilisierung, incl. der Gefahren durch digitale Medien.[34]

Kinder sind ein Spiegel unserer Gesellschaft. Insbesondere in den westlich geprägten beginnt die Gewalt und Verrohung bereits mit den ehrgeizigen, gesellschaftlichen Anforderungen, dem Tempo und dem Leistungsdruck, die wir als Erwachsene oft unbemerkt immer höher schrauben. Die Folgen

---

[34] Von der Bundesregierung Deutschland beauftragte Untersuchung ab Mai 2016 bis Juni 2017: »Unabhängiger Beauftragter für Fragen des sexuellen Kindesmissbrauchs«. Mitglied der Kommission u. a. Dr. Christine Bergmann (ehemalige Bundesfamilienministerin). www.beauftragte-missbrauch.de

für die Kinder sind vielfältige Überforderung, die sich u. a. in fehlender Konzentration, Achtsamkeit und Stille zeigt.

In tibetischen Klöstern hingegen habe ich miterlebt, dass eine Horde fröhlich kleiner Mönche zwischen sechs und zwölf Jahren in die *Gompa* (Gebetsraum) kommt. Ohne zu rennen und zu rempeln setzen sie sich im Schneidersitz auf ihr Kissen und sitzen dort völlig ruhig – oft ohne Pause. Wenn ich mir im Kontrast dazu einen westlichen Kindergarten oder eine Grundschule ansehe, ist der Unterschied enorm. Woran liegt das?

Es ist keine Frage der körperlichen Verfassung. Die tibetischen Kinder machen nicht mehr Sport als westliche Kinder, ich würde sagen, eher weniger. Weshalb können sie dann zufrieden so lange in Ruhe sitzen? Mit unserem Bewusstsein würden wir sagen: Sie sind mit stupiden Aufgaben befasst – nämlich immer wieder und wieder, fast täglich dieselben langen Texte zu rezitieren, bis sie sie über Stunden auswendig vortragen können. Unsere Pädagogen würden sagen, so bringt man kein Kind zur Ruhe. Es braucht Ausgleich und Abwechslung, damit es sich einigermaßen gesittet verhalten kann.

Das kann man sicherlich alles so oder so interpretieren, und es gibt wohl auch die einen oder anderen überzeugenden Beispiele. Aber in der großen Masse, da sieht man: Es liegt nicht an diesen körperlichen Aspekten. Der Körper ist dem Geist zu 100 Prozent nachgeordnet. Es liegt an den Inhalten, mit denen die Kinder beschäftigt werden. Und bei den Tibetern liegt der Hauptaspekt in ihren Unterrichtsinhalten auf dem Mitgefühl für alle Wesen. Aus diesem Mitgefühlsgeist, der in einem Kloster herrscht, den auch ich als Besucher bei allen, denen ich in die Augen sehe, zu spüren bekomme, kann ich mir nicht vorstellen, dass es zu sexueller Gewalt kommt – wie zwischen 2008 und 2012, als in Deutschland und in den USA bekannt wurde, dass es diese sexuelle Gewalt mit Kindern massenhaft in den christlichen Kirchen gibt.

Ich kann mich zwar über eine sehr restriktive und unkalkulierbare Administration beschweren, die mir das Filmen in den Klöstern sehr schwergemacht hat. Aber das liegt hauptsächlich an der Macht, die einem mit einer Kamera zuteil wird. Insbesondere, wenn ein Westler mit einem ganzen Team anrückt und drehen will, was bisher noch keiner drehen durfte. Die Administration misstraute meiner Motivation. Müsste ich mich nicht erst mal als linientreuer Buddhist erweisen, bevor man mir eine Erlaubnis erteilt? Ich hatte Verständnis für solche Bedenken und Unsicherheiten, und es war nicht einfach für mich, dieses Vertrauen in kürzester Zeit zu bekommen. Denn damals kostete mich jeder Tag 5 000,00 US$, ob ich nun filmte oder nicht. (Heute, mit den kleinen Handy-Kameras, ist das alles anders, aber wir drehten damals noch mit Film fürs Kino.) Dafür bekam ich in den Klöstern aber kein Verständnis. Für sie ging es um meine Demut und Unterordnung unter ihre Regularien, die kein Verständnis für die Anforderungen beim Filmen haben. Sie sahen es eher als eine Bedrohung an. Verständlich. Vor allem, wenn ich – z. B. aus filmischen Gründen – Regie und Kamera-Belange durchsetzen musste, dass dieses oder jenes Geschehen bitte noch einmal wiederholt wird. Und oft nicht nur einmal, sondern mehrmals, damit das, was ich filmte, wenigstens teilweise brauchbar war.

In der Filmakademie und beim Fernsehen lag das Drehverhältnis von brauchbarem Material zu unbrauchbarem 1:8. Unter den Umständen meiner Filme wuchs es auf 1:40 an. Ich wusste ja nie, was passierte, wenn die Kamera anfing zu laufen und pro Minute Kosten von existenzbedrohender Größe produzierte. Natürlich versuchte ich, dem Kameramann vorweg zumindest grob zu sagen, was jetzt kommen würde, aber meist kam dann etwas ganz anderes. Wir hatten es ja nicht mit Schauspielern zu tun, die exakt das tun, was schon im Drehbuch steht. Bei uns als Dokumentarfilmer ist immer alles live. Und wir haben Glück, wenn wir das einfangen, was die Geschichte befördert.

Der Dokumentarfilm ist ein unglaublich kompliziertes Geschäft, weshalb ich mit Autoritäten, die aus finanziellen Gründen über meine Arbeitsweise bestimmen wollten, oft eine schwere Zeit hatte. Aber mit denen, die ich filmte in dem, was sie tun und sind, hatte ich wenig Probleme.

Ich verstand zwar die Anforderungen, die eine Verwaltung und eine Security in Indien, Nepal und China (Tibet) zu erfüllen haben, konnte sie aber für meine Zwecke nicht akzeptieren. Am Ende setzte ich mich fast immer durch. Doch auf diesen Stress kann ich verzichten. Solche Widerstände fressen einfach zu viel Energie. Heute ist all das nicht mehr nötig, denn die spirituell geschulten und entwickelten Tibeter bringen jetzt ihr Bewusstsein selbst in den Westen. Und insofern war dies mein letzter Film mit tibetischen Mönchen. Auch hier im Westen haben sich inzwischen Inseln eines höheren Bewusstseins gebildet. Es ist gut, sich diese Inseln einmal anzusehen. Wie schon gesagt: Auf einer von ihnen lebe ich heute: www.schloss-blumenthal.de

Bewusstseins-Inseln

In jeder Gemeinschaft kann man einen Beitrag für die Evolution leisten, denn dort geht es ständig um die Problematik *Herdenbewusstsein vice versa Individualität.* Man fragt sich, führt bei diesem Entwicklungssprung die Herausforderung ins Ego oder in die Solidarität? Wir haben uns in *Schloss Blumenthal* nicht zu einer Gemeinschaft zusammengeschlossen, weil wir uns nach der Geborgenheit in der Herde sehnen, sondern weil wir uns gegenseitig in unseren individuellen Wegen zum Glück unterstützen wollen.

Das ist wesentlich einfacher gesagt als getan. Niemand in unserer Gemeinschaft will seine Individualität aufgeben. Das zeigt sich schon darin, dass es keine gemeinsamen Mahlzeiten gibt. Jeder hat seinen eigenen Geschmack und deshalb viel Geld in seine individuelle Küche investiert. Das einzige gemeinsame Essen, an dem alle teilnehmen, ist unser Weihnachtsessen. Das lassen wir uns von den Angestellten unseres Restaurants kochen.

Die Gemeinsamkeit und Solidarität liegen mehr in unseren gemeinsamen Schulden, mit denen wir uns zum einen schöne, individuelle Wohnungen ausbauen und uns zum anderen eine interessante, gemeinsame Geldquelle erschaffen haben: ein besonderes, individuelles Hotel mit 42 völlig unterschiedlich gestalteten Zimmern. Darüber hinaus betreiben wir unser Gasthaus mit großen Veranstaltungen das ganze Jahr hindurch. Das sind Seminare, Hochzeiten, große Geburtstage und andere wichtige Ereignisse unserer Kunden, die gerne kommen, weil unser Platz eine so besondere Atmosphäre bietet.

All das und noch viel mehr gehört jedem von uns. Im Moment sind wir 42 Kommanditisten mit je einer Stimme, unabhängig von der Höhe der finanziellen Einlage in die GmbH, die uns als Eigentümer zusammenschweißt. Das Interessanteste an unserer Gemeinschaft ist für mich das Entscheidungs-Prozedere, denn wir haben gemerkt: Demokratie geht nicht mehr, sie hat sich überlebt. Da gibt es immer Gewinner und Verlierer, das schafft keine gute Stimmung. Wir aber wollen es schaffen, dass jede Stimme in der Gemeinschaft gehört und gewürdigt wird, sodass wirklich ein/e jede/r das gute Gefühl hat, ernst genommen zu werden. Eines der Strukturmodelle, mit denen wir experimentieren, ist die Soziokratie.[35] Mit ihrer Hilfe kann der Evolutionssprung vom Herdenbewusstsein mit Leittier zur Individualität ohne Ego-Kämpfe gelingen. Wir sind in Blumenthal auf diesem Weg schon vorbildhaft weit gekommen, auch wenn wir selbst nie mit dem Erreichten zufrieden sind.

Gesamtgesellschaftlich kann der Bewusstseinssprung nur funktionieren, wenn die Angst vor der Zukunft minimiert wird. Denn Angst verlangt nach Kontrolle – und die erfordert Machtstrukturen, die der Individualität widersprechen. Da die Zukunft jedoch nie sicher ist und sogar dramatisch unsicher werden kann, besteht die permanente Gefahr, zurück ins Herdenbewusstsein zu fallen, dorthin, woher wir kommen. Eine solche gesellschaftliche Struktur kann auch mit dem »besten« Leittier nicht mehr funktionieren, denn dafür ist die Evolution schon zu weit fortgeschritten. Der Individualisierungswille hat so weit um sich gegriffen, dass es immer schwerer fällt, entsprechend starke Kontrollen zu installieren.

Diejenigen, die ihre Individualisierung als reine Ego-Verwirklichung verstehen, setzen alles daran, dass sie ihr egoistisches Machtstreben mithilfe des alten Herdenbewusstseins über das Leben anderer Wesen ausüben können. Sie müssen dafür nur einer Minderheit genügend Angst einjagen, dann folgt die ganze Herde automatisch – ein alter Herdenreflex aus unserer Tiersein-Zeit. Ohne dieses alte Herdenbewusstsein wäre es gar nicht

[35] www.thesociocracygroup.com oder das Buch *Soziokratie. Das Ende der Streitgesellschaft*, zu beziehen über: www.soziokratie.at

möglich, dass die Masse von so wenigen Machthabern unterjocht ist. Menschen hingegen, die ihre Individualität aufgrund von Angstfreiheit entwickelt haben, lassen sich nicht ohne Weiteres beherrschen.

Es ist klar, dass sowohl derjenige, der dem Ego frönt, als auch derjenige, der sich in das Herdenbewusstsein zurückzieht, beide aus Angst diesen Weg gehen. Dem einen verspricht die Macht die ersehnte Sicherheit, dem anderen das Wohlverhalten. Viele gehen dann allerdings damit nur die ausgetrampelten Wege und schwimmen mit der Masse. Individuelles, eigenes Denken wird vermieden, um ja nicht anzuecken. Will man seine Angst weder auf die egoistische noch auf die anpasserische, duckmäuserische Art kompensieren, dann muss man an die Quelle der Angst gelangen, um sie dort abzustellen.

Hiermit schließt sich wieder der Kreis, und wir sind beim Ursprung aller Angst angelangt: der Todesangst. Sie ist nur möglich durch die Identifizierung mit dem eigenen Körper. Begreife ich mich jedoch als Kontinuum, entziehe ich der Existenzangst den Boden. Diese Angst ist die Todesangst in der alltäglichen Ausprägung. Wenn du aber das Bewusstsein hast, dass du sowieso ewig lebst, kann dir Existenzangst nichs Großes mehr anhaben. Denn wenn du dir gemäß deines Bewusstseins jedes Mal, wenn du eine Form (dein Erfahrungswerkzeug) eingebüßt hast, dir eine neue Form (ein neues Werkzeug) erschaffst – was, bitte, kann dir dann noch Angst machen? Das geht doch nur, wenn du es selbst tust. Aber was du selbst tust, kannst du auch selbst ändern. Von daher bist du frei, sobald du das materialistisch-biochemische Bewusstsein hinter dir gelassen hast.

Die Angst darf gehen

Bis 1985 kannte ich das Wort »geistiges Kontinuum« noch nicht. Das hörte ich im September 1985 zum ersten Mal als englische Übersetzung der tibetischen Worte des Dalai Lama in Temisgam, und dann noch einmal von ihm in Choglamsar, beides Orte in Ladakh. Mit dieser Idee, ein geistiges Kontinuum zu sein, war die Weichenstellung vollzogen, die meinen Sturz vom Dach erforderlich machte, um wieder gesund zu werden. Dieser Begriff hat mir die Angst genommen. Dafür war wohl die richtige Herausforderung, monatelang das Schafott der Diagnose »Rollstuhl lebenslänglich« über mir zu spüren.

Diese Herausforderung war mit der Entlassung aus der Klinik auf zwei Beinen noch nicht verschwunden. Sie schwebte noch ein Jahr weiter über mir: Denn ich verließ die Klinik mit einem Stahlkorsett, von dem es hieß, das müsse ich auf jeden Fall den Rest meines Lebens tragen. Und damit ich das nicht vergaß, schoss immer, wenn ich einen Schritt zu schnell ging, ein heftiger Stromschlag von mindestens gefühlten 220 V durch meinen Körper. Ich war noch lange nicht reisefähig für Ladakh. Auch hatte ich das Geld dafür noch nicht. Beides zog sich von April 1982 bis Anfang September 1985 hin, als mein zweites Kind unterwegs war.

Eines Tages aber stand ich dann ohne einen Guide in Ladakh und wollte endlich mal »unzivilisierte« Menschen treffen und filmen, was meine Motivation gewesen war, um gesund zu werden. Der Erste, dem ich begegnete, war der Dalai Lama. Mitten in der Wüste von Ladakh war der Kühler seines Jeeps kaputtgegangen. Sein Fahrer und seine Bodygards schöpften gerade Wasser aus einer entfernt gelegenen Quelle. Deshalb traf ich Seine Heiligkeit allein hinten im Jeep sitzend an, der uns die Weiterfahrt versperrte. So, wie der Dalai Lama in Millionen Menschen etwas zünden konnte, zündete er auch in mir etwas.

Ich brauchte allerdings noch zwei Todeserfahrungen, um das Bewusstsein zu haben, meinen ersten spirituellen Film *Das alte Ladakh* abzuliefern, und heute, 32 Jahre später, dieses Buch. Ich danke dieser Entwicklung, sie gibt meinem Leben Sinn. Und ich freue mich ganz besonders über dieses Leben, selbst wenn die davor auch nicht schlecht waren. Aber das derzeitige Leben ist aufgrund des Wegfalls der alten, starken tibetischen Traditionen, die mich in einigen vorausgegangenen Leben geleitet haben, von besonderer Herausforderung.

Ich fühle eine Aufgabe, mich so auszudrücken, dass ich dort, wo ich inkarniert habe, verstanden werde. Natürlich ist das äußerst schwierig, weil ich mich nicht auf allen Bewusstseinsebenen gleichzeitig ausdrücken kann.

Wer dieses Buch von dem Standpunkt aus liest, das alles sei unwissenschaftlicher, ausgedachter »Schmarrn«, wie wir in Bayern sagen, der hat bestimmt schon nach wenigen Seiten aufgehört, darin weiterzulesen; oder höchstens noch mal stichpunktartig hineingespäht, um sich sein bereits gefasstes Urteil zu bestätigen; oder aber er hat vielleicht doch ganz schnell nach hinten geblättert, um zu sehen, wie die Geschichte ausgeht. Das kann ich leider nicht verhindern.

Wenn ich es jedem rechtmachen wollte, müsste ich so wenig sagen wie nur möglich, um den größtmöglichen Konsens herzustellen. Das bin ich aber nicht. Ich provoziere auch gern. Und ich freue mich über jeden, der dies als Ansporn nimmt, um seine Möglichkeiten zu erweitern. Ich wertschätze darüber hinaus all die Leser, die schon, bevor sie dieses Buch in die Hand nahmen, andere Impulse für eine Bewusstseinsebene erfahren haben, auf der ich hier rede. So, wie auch meine vorausgegangenen Bücher und Filme von jenen angenommen wurden, denen die Inhalte als Bestätigung ihres eigenen Denkens gedient haben. Damit erfülle ich meine Aufgabe und hoffe, mich so ausgedrückt zu haben, dass wir uns bis jetzt gut verstehen.

Familientreffen – Topgas Wünsche

Topga ist es ja leider noch immer nicht vergönnt, um für sich aus der Kontinuität des Geistes einen Gewinn zu ziehen. Das ist absolut verständlich, denn bisher war Reinkarnation für ihn immer eine theoretische Angelegenheit. Er kann nicht einfach etwas glauben, was er nicht fühlt. Das wäre Theorie. Davon wird er nicht froh.

Nun aber, wo Jamgon in Pullahari eingezogen ist, das nur 40 Minuten von Topgas Haus entfernt liegt, kann sich zum ersten Mal eine praktische Erfahrung ergeben. Jamgon Rinpoche besucht Topgas Familie. Er ist gerade angekommen, während wir »zufällig« ebenfalls zu Gast bei Topga sind. Da öffnet jemand von Topgas Angestellten das Einfahrtstor, und ein blauer Jeep kommt aufs Grundstück gefahren. Der inzwischen 3-jährige Jamgon beobachtet an der Hand seines »Bruders« die Szene genau. Als der Wagen geparkt ist, lässt er die Hand los, läuft mit großem Interesse hin zum Jeep und ruft Topga zu: »Open!!!, open!!!« Topga kommt nach, öffnet die Autotür von der Beifahrerseite und hilft ihm, ins Auto zu krabbeln. Jamgon setzt sich sofort hinters Steuer und spielt glückselig Autofahren.

Ein gläubiger Mensch sagt natürlich sofort: »Wenn das kein Zeichen ist …« Jeder, der Jamgon den 3. kannte, wusste, wie gerne er Auto fuhr. Das wusste Topga. Er hatte ihm ja deshalb auch den BMW geschenkt. Nun wird er gerade Zeuge, dass Rinpoche noch immer Autos liebt und durch den Unfall kein Trauma davontrug. Denn es war ja sein Wunsch und Plan, auf diese Weise für einen guten, sehr wichtigen Zweck zu sterben. Das löst bei Topga ganz viel Schuld auf. Ich frage ihn:

CK: *Wie fühlst du dich jetzt mit Rinpoche? Ist er jetzt wie ein Familienmitglied?*

Topga: *Ja, irgendwie schon. Ich finde es immer gut, wenn er da ist und mit meinen Kindern spielt – so bekommt er etwas Kindheit mit.*

CK: *Im Kloster nicht?*

T: *Doch. Die Mönche kümmern sich alle ganz rührend um ihn. Aber mit so frechen Kids wie meine spielt er da nicht.*

CK: *Es gibt doch aber einige in Pullahari, die in seinem Alter sind?*

T: *Ja, schon, aber er spielt kaum mit ihnen.*

CK: *Hier ist er aber auch immer recht kurz.*

T (lacht): *Ja, das stimmt.*

CK: *Braucht er dieses Herumtollen überhaupt?*

T: *Was kann man bei einem Rinpoche schon sagen, was der braucht?*

CK: *Braucht er noch seine Eltern?*

T: *Ich habe nicht den Eindruck, dass er sie vermisst. Er hat ja uns.*

CK: *Ich habe seine Eltern gerade erst in Tibet besucht.*

T: *Und wie geht es ihnen?*

CK: *Sie war hochschwanger.*

T: *Ja, Yangki ist schwanger von hier aus nach Tibet zurückgegangen.*

CK: *Wie lange war sie denn hier?*

T: *Sie kam mit ihm aus Tibet raus, blieb fast ein Jahr. Bis sie überzeugt war, das ist es, was Jamgon selbst will, und dass er es hier gut hat.*

CK: *Sicher spielt es doch auch eine Rolle, dass sie und ihr Mann zu Hause dann nicht ohne Kind sein werden.*

T: *Ja, und das Mo*[36] *sagt ja auch, es wird wieder ein Junge.*
CK: *Na, dann ist die Welt ja in Ordnung. Rinpoche kann hierbleiben und bei dir spielen. Ist das nicht wunderbar?*
T: *Sicher. Das war bei mir ja ähnlich. Als meine Mutter mit mir schwanger war – nein, stimmt nicht, erst drei Monate, nachdem ich auf der Welt war, mein Onkel wollte ganz sicher sein, dass ich lebe – ging Rinpoche ins Kloster.*
CK: *Ja, das ist in diesem Leben wieder sein Wunsch. Diesmal konnte er ihn schon mit zwei Jahren verwirklichen.*
T: *Ja, seine jetzige Familie ist da viel, viel entspannter als unsere gemeinsame damals.*

CK: *Siehst du, seine Entwicklung geht weiter. Spürst du, dass er es ist?*
T: *Er kommt mir überhaupt nicht fremd vor – das stimmt.*
CK: *… und du ihm doch auch nicht?!*
T (lacht): *Er ist sogar sehr vertraut mit mir.*
CK: *Reicht dir das nicht?*
T: *Wenn er nicht mein Bruder sein sollte, dann wäre es für mich viel einfacher.*
CK: *Nein, dann säßest du jetzt noch mit deiner Trauer hier und würdest dich für seinen Tod schuldig fühlen.*
T: *Wahrscheinlich.*
CK: *Eben, deshalb versuch doch mal, ihn nicht in seiner Form zu sehen, sondern als den vertrauten Menschen, dem du dich nahe fühlst.*
T: *Es wäre einfacher, wenn er nicht mein Bruder gewesen wäre und ich jemand anderes, dann könnte ich das alles viel lockerer sehen.*
CK: *Andere wünschten sich, mit Rinpoche eine solche Nähe zu haben wie du.*
T: *Wenn er mir einen Beweis geben würde und direkt zu mir sagen würde: »Ich bin wieder da.« Oder: »Ich bin dein Bruder.«*
CK: *Wie soll er das? Du beziehst dein Gefühl für seine Kontinuität auf seine alte Form, und die ist gewiss nicht mehr da, die wurde zur Mumie. Würdest du dein Gefühl auf die Kontinuität seines Geistes legen, ginge es dir ganz anders.*

---

[36] *Mo* ist eine tibetische Orakel-Methode. Eine Frage wird dadurch beantwortet, dass der Lama seine Gebetskette in die Hand nimmt. Er unterbricht an zwei Stellen mit seinen Fingern den Perlenverlauf und fängt von dort an – links Nein und rechts Ja –, die Perlen abzuzählen. Als Orakel-Aussage (*Mo*) zählt, welche Perle die letzte ist: Ja oder Nein.

T: *Ich schaue immer noch nach einem Zeichen. Nach etwas Konkretem.*
CK: *Gerade hast du erlebt, dass er dasselbe Verhältnis zu Autos hat wie im Vorleben. Das spricht doch für Kontinuität. Was brauchst du noch?*

T: *Ich muss dir etwas erzählen: Ich hatte einen Traum. In diesem Traum stand mein Bruder, so wie ich ihn kenne, vor mir. Dabei wusste ich im Traum ganz klar, dass er gestorben war, trotzdem ist er da. Ich frage ihn: »Was machst du hier?« Und er sagt: »Ich bin zurück!« Das war so sehr real, als hätte ich es erlebt. Er war persönlich anwesend, ganz klar und total real. Das hat mich am meisten an diesem Traum getroffen.*
CK: *Na, siehst du, da hast du doch dein Zeichen.*
T: *Ich hab's meiner Frau erzählt. Sie war begeistert. Ich sagte aber: »Nein, nein, das ist nur ein Traum. In Wirklichkeit ist das nicht möglich, dass er sagt, dass er zurück ist.« Meine Frau sagte nur: »Du bist mental blockiert. Du weigerst dich, Dinge zu akzeptieren, die du siehst.«* (nachdenklich:) *Vielleicht hat sie recht.*
CK: *Mmmmh …*
T: *Noch was: Als er das erste Mal hier war, wollte er sofort das Haus besichtigen und nach oben gehen. Meine Frau gab ihm ihre Hand und ging mit ihm rein. Dort ging er direkt zur Treppe und wollte hoch, nichts anderes interessierte ihn. Meine Frau ging ihm nach. Als 3-Jähriger ist das eine ziemliche Leistung, so frei, entschlossen und schnell die Treppe hochzugehen. Im ersten Stock sagte er wieder:»Up, up!«. Also ging sie auch noch die zweite Treppe hinter ihm her ins Obergeschoss. Dort gibt es drei Türen, die alle drei geschlossen waren.*

Er deutete sofort rechts auf die erste Tür und ging darauf zu. Es ist sein altes Zimmer. Wir haben es so gelassen, wie er es sich damals eingerichtet hatte. Er wollte dann, dass meine Frau ihm die Schubladen der Kommode öffnet, in denen wir seine Sachen aufbewahrt haben. Er machte das alles, ohne besondere Emotionen zu zeigen, völlig selbstverständlich. Danach kamen sie wieder runter, und sie erzählte mir das alles. Ich sagte: »Na und? Der Junge wollte nach oben und in ein Zimmer.« Sie meinte: »Da hast du wieder deine mentale Blockade. Du weigerst dich zu akzeptieren, was ist.«
CK: *Danke, darf ich sie interviewen?*
T: *Klar, frage sie.*
Ich gehe sofort zu seiner Frau und schaue mir mit ihr das Zimmer an.
CK: *Also, er ist beide Stockwerke selbst hier hochgegangen? Und wollte in dieses Zimmer?*

Sie: *Ja, er war im Garten und wollte hoch. Ich ging mit ihm rein. Als ich ihn im ersten Stock fragte, wohin er will, zeigte er nach oben und rief: »Up, up!«*
CK: *Und er wusste, in welche Tür er wollte?*
Sie: *Ja. Und dann wollte er noch, dass ich ihm seine Kommode öffne.*
CK: *Hat er sich da etwas Besonderes angeschaut?*
Sie: *Nein, er warf nur einen Blick hinein, als wolle er sich überzeugen, dass seine Sachen noch da sind.*
CK: *Das ist ja unglaublich.*

Topga, der mit hochkam: *Offenbar bin ich mental blockiert. Der Geist – mein Geist – sieht eben nur, was er sehen will. Das ist mir schon klar. Manchmal ist etwas direkt vor dir, aber du siehst es nicht, weil dein Geist es nicht sehen will. Du kannst auf Buddhas Schoß sitzen, aber wenn du nicht an ihn glaubst, merkst du es nicht.*
CK: *Theoretisch bist du ja voll fit.*
T: *Rational verstehe ich das ja auch alles, nur fühlen kann ich es nicht.*
CK: *Du könntest es schon, du willst es nur nicht.*
T: *Meinst du?*
CK: *Was befürchtest du denn, wenn du an Reinkarnation glauben würdest?*
T: *Gar nichts.*
CK: *Was ist es dann?*
T: *Ich habe noch nie darüber nachgedacht, wer ich in meinem letzten Leben war.*
CK: *Ah, da liegt der Schlüssel.*
T: *Ja, vielleicht, vor allem, wenn ich darüber nachdenken würde. Dann müsste ich ja auch darüber nachdenken, was ich von meinem nächsten Leben erwarte.*
CK: *Es geht doch nicht um deine »Erwartung«. Du willst doch nicht auf irgendetwas warten, das ist ja schrecklich ohnmächtig. Die Frage lautet doch nur: Was willst du von deinem nächsten Leben?*
T: *Oh, da habe ich zu tun. Darüber habe ich noch nie nachgedacht.*
CK: *Das verstehe ich. Das hat bei mir auch gedauert. Jahre! Aber heute sehe ich mich, meine Kinder, jeden Menschen in seinem Kontinuum. Es geht bei der Reinkarnation darum, seinen Blick zu öffnen. Und dann erscheint es dir völlig natürlich, dass alle ein geistiges Kontinuum sind, dass sich nur ihre Formen ändern, in denen sie sich entwickeln.*

T: *Eines kann ich mit Bestimmtheit sagen: Seit Rinpoche da ist, ist die Atmosphäre hier und in Pullahari so viel wärmer und so viel lebendiger. Das kann selbst der größte Skeptiker nicht übersehen oder abstreiten.*

Jamgon pflegt am liebsten den Umgang mit seinesgleichen. Das sind nicht die gleichaltrigen Kinder, sondern die hohen Lamas, die ihn sehr viel besuchen kommen. Es macht ihm richtig Spaß, mit ihnen zu scherzen, zu essen und Zeit zu verbringen. Es sind alles Kollegen und gute Freunde aus seinem Vorleben, die nun eben etwas älter sind als er, aber das tut offenbar nichts zur Sache.

Film-Szenen, passiert und mittendrin

Es ließen sich hier nun ganz viele Geschichten erzählen, wie sich bei vielen das Bewusstsein vom singulären Leben zum ewigen Leben durch Rinpoche geändert hat. Diese Erlebnisse sind so spontan, sensibel und persönlich für jeden Einzelnen, dass es sich kaum filmen lässt.

Einmal hat mich es besonders frustriert, das damals noch sehr schwerfällige Medium Film nicht spontan bedient haben zu können. Als Dokumentarfilmer bin ich, wie gesagt, von dem abhängig, was gerade passiert, und zugleich muss ich darauf achten, ob das, was passiert, meine Geschichte weiterbringt. Das lässt sich aber, bevor etwas geschieht, meist nicht gut einschätzen. Deshalb kommt es vor, dass ich etwas filme, was für meine Geschichte keine Bedeutung bekommt, oder ich verpasse genau diesen Punkt, was oft sehr frustrierend ist. Ich erlebe aber auch, dass sich viel, viel später am Schneidetisch herausstellt, dass eine Szene, von der ich dachte, dass wir sie umsonst gedreht hatten, sich für den Film als sehr wertvoll erweist.

Würde ich mich dazu entschließen, meine Message per Spielfilm mit sechs Millionen Euro umzusetzen, wäre jedes Bild konstruierbar. Und ich hätte keine Not, genau das zu zeigen, was für den Bewusstseinsprozess eines abendländischen Zuschauers erwartet wird. Verpackt in eine gefällige Geschichte, sodass er sich dabei spannend und gut unterhalten fühlt. Am Ende wäre es aber ein Spielfilm. Eine echte Geschichte wie die von Jamgon hätte ich dann nicht erlebt. Zwar würden die Schauspieler die Geschichte spielen können, doch der Unterschied wäre fast so groß wie ein Spiel- oder ein Dokumentarfilm über die kleinen grünen Marsmännchen.

Man kann mich als fanatisch einstufen, wenn es mir darum geht, für mein eigenes Gewissen das sehen zu können, was ich glauben kann und was nicht. Da bin ich nicht viel anders als Topga. Ich will's auch schwarz auf weiß bzw. in Farbe sehen, was ich glauben oder nicht glauben kann. Spannend wird es da, wo es passiert und ich mittendrin bin. Da entwickelt sich mein Bewusstsein. Beispielsweise wie bei der folgenden Begebenheit, die ich aber wegen der Schwerfälligkeit und der berüchtigten Akku-Probleme nicht auf Film habe:

Wir, mein Kameramann und ich, sitzen bei dem damals 5-jährigen Jamgon dem 4. im Wohnzimmer herum. Wir hatten vorher eine schöne Geschichte gedreht, die ich im Anschluss gleich erzählen werde. Da geht die Tür zum Flur auf und einer der Mönche streckt seinen Kopf herein:

Mönch: *Kann Rinpoche Besuch bekommen? Geht es gerade?*

Tenzin schaut mich an. Ich nicke.

Tenzin: *No problem.*

Der Mönch macht die Tür ganz auf und sagt: *Bitte.*

Es tritt eine ca. 50-jährige Frau ein, nicht schwer als Amerikanerin zu erkennen. Sie begrüßt Tenzin sehr höflich und nickt uns zu. Als sie sich an Jamgon wenden möchte, läuft dieser weg.

Tenzin interveniert: *Rinpoche, bitte sage Hallo.*

Jamgon aber läuft nach hinten aus der Tür, wo es in sein Schlafzimmer geht. Ich erhebe mich und gehe ihm nach. Mein Kameramann bleibt sitzen. Durch die offene Tür sehe ich Jamgon in seiner Spielzeugkiste herumwühlen. Er findet eine kleine Dose und kommt mit ihr zurück. Ich gehe wieder auf meinen Platz. Jamgon überreicht oder schenkt der Dame aus den USA diese kleine Dose. Völlig überwältigt nimmt sie die Dose an, betrachtet sie aufmerksam, dann wird ihr Gesicht rot und ihr kommen die Tränen. – Ich bin irritiert über eine so heftige emotionale Reaktion und flüstere meinem Kameramann zu:

Ich: *Dreh!*

Er: *Du hast sie doch gar nicht gefragt.*

Ich: *Dreh!*

Er: *Jetzt?*

Ich: *Jetzt.*

Er: *Wenn du meinst …* (als wäre er beleidigt über mein harsches »Jetzt!«)

Er (nimmt die Kamera in die Hand, schaltet sie ein): *Der Akku ist leer.*

Ich stöhne nur. Die Amerikanerin weint heftig. Jamgon hat wieder Abstand zu ihr genommen. Tenzin spricht Tibetisch mit ihm.

Ich: *Wo hast du die anderen Akkus?*

Er: *Draußen.*

Er steht auf, muss an der Amerikanerin vorbei und verlässt den Raum durch die Tür, durch die sie gekommen war. Als er so nahe an ihr vorbeigeht, sammelt sie sich wieder, wischt sich mit einem Taschentuch die Tränen aus dem Gesicht und sagt zu ihm: »Sorry!« Dennoch ist sie innerlich noch immer sehr aufgewühlt. Ich merke, dass sie eigentlich hinter meinem Kameramann ebenfalls den Raum verlassen will. Also gehe ich zu ihr hinüber: »Entschuldigung, darf ich Sie fragen, was Sie gerade so bewegt hat? – Und sie antwortet: »Diese Dose habe ich ihm in seinem letzten Leben geschenkt.«

Es dauert eine gefühlte Ewigkeit, bis mein Kameramann mit dem frischen Akku zurückkommt. Ich bin so frustriert, dass ich abwinke und nicht mehr drehen will, wie diese Frau uns ihre ganze Geschichte vielleicht jetzt noch hätte erzählen können. Dann wäre es eben eine erzählte Geschichte geworden, die man glauben kann oder auch nicht. Hätte ich jedoch die plötzlich stattgefundene emotionale Szene dokumentarisch eingefangen, würde man an der Geschichte nicht zweifeln können.

Ich bin als Dokumentarfilmer daran gewöhnt, dass ich 80 bis 85 Prozent von dem, was meinen Film bereichern könnte, verpasse. Entweder weil es passiert, wenn ich gar nicht dabei bin. Oder ich bin dabei, aber aus irgendwelchen Gründen kann ich es nicht einfangen. Oder – was leider auch sehr oft vorkommt – weil die Aufnahmen aus technischen, aber auch aus inhaltlichen Gründen nicht so geworden sind, dass ich sie verwenden könnte.

Dafür muss ja nicht immer nur der Akku Saft haben, da müssen auch das Licht, der Ton und heutzutage das Aufnahmevolumen auf dem Chip vorhanden sein. Damals waren es noch Magnetbänder, die man auch nicht bei jeder Gelegenheit in der nötigen Menge bei sich hatte. Und davor waren es Filmrollen für 9 min. á 300 D-Mark. Dennoch mache ich Dokumentarfilme von Herzen gerne. Und was ich im Film nicht erzählen kann, steht hier im Buch.

Ach ja, da gibt es auch noch die Amulett-Geschichte, die wir an jenem Tag zuvor ganz spontan hatten drehen können: Der 3. Jamgon hatte das Amulett vom 16. Karmapa im Januar 1981, zehn Monate vor dessen Tod geschenkt bekommen mit den Worten: »Trage es, solange du leben willst.« Seit Jamgon der 3. tot ist, trägt – wie wir ja inzwischen wissen – Tenzin das goldene Amulett,[37] das er direkt nach dem Autounfall während der Taxifahrt ins Krankenhaus an seinem Körper im T-Shirt gefunden hatte. Er trägt das Amulett jetzt also schon fast acht Jahre. Es war nie Thema. Aber gerade, als wir die Szene drehen wollen, in der der kleine 4. Rinpoche mit den Bildern seiner Vorleben auf dem Sofa sitzt, entdeckt er das goldene Kettchen um Tenzins Hals und zieht daran. Tenzin stoppt ihn, holt sich selbst das Amulett aus dem Hemd hervor und zieht es über seinen Kopf, damit Rinpoche es sich in seiner Hand gut anschauen kann.

Der kleine Jamgon nimmt das schwere goldene, ca. 5,5 cm im Durchmesser runde Amulett in die Hand, dreht und wendet es. Tenzin ist darauf gefasst, dass er es öffnen möchte, so wie eine Taschenuhr. Das passiert aber nicht, sondern Jamgon nimmt es ihm ganz weg und zieht sich selbst die Kette über seinen Kopf. Dann baumelt das Amulett auf seiner Brust bzw. auf seinem Bauch und er will damit von Tenzin weggehen, so als wolle er zeigen: *Das gehört mir.* Tenzin lacht und sagt auf Tibetisch: »Das gehört mir.« – Jamgon aber dreht sich weiter von ihm weg, so als denke er: »Das wollen wir erst mal sehen.« Tenzin zupft ihn am Arm, damit er nicht wegläuft. Mit etwas mehr Abstand dreht Jamgon sich zu Tenzin hin und spielt mit beiden Händen an dem goldenen, schweren Amulett herum.

---

[37] Siehe in Kap. 12 den Abschnitt »Der magische Fund«.

Tenzin streckt ihm seine offene Hand hin mit dem bittenden Blick: »Komm, sei lieb, und gib es mir wieder zurück.« Dass er nicht noch sagte: »Das ist kein Spielzeug, das ist sehr kostbar«, hat er aus Achtung vor dem kleinen, großen Jamgon unterdrückt. Jamgon ist tatsächlich so lieb, zieht sich selbst die Kette wieder über den Kopf und legt das Amulett vorsichtig, ganz behutsam in Tenzins offene Hand zurück. Der ist zufrieden und legt es sich selbst wieder an. – Ich finde, das ist eine sehr beeindruckende Szene. Andere messen ihr kein so großes Gewicht bei, wie ich weiß. Aber die spannende Frage ist doch: Wem gehört dieses Amulett jetzt eigentlich? Hat es seine Aufgabe erfüllt? Wirkt noch immer die Absicht »Trage es, solange du leben willst«, mit der es ursprünglich vom 16. Karmapa an Jamgon den 3. vergeben wurde?

Einige Tage später begegne ich Topga, der oft von seinem Haus die 40 Minuten nach Pullahari hochfährt, auch wenn er gar nichts Wichtiges zu tun hat, nur so – » … um Rinpoche zu sehen«. Aber das merkt man ihm nicht an. Er redet dann hauptsächlich mit Tenzin und anderen Leuten, die gerade da sind, und kümmert sich spontan um irgendwelche Probleme.

Nur ganz beiläufig hat er plötzlich Jamgon an der Hand, oder auch umgekehrt: Jamgon führt Topga dann irgendwohin, um ihm etwas zu zeigen. Topga geht lachend mit, so als wäre es Schicksal, dass der Kleine ihn jetzt wegführt. Hin und wieder passiert es sogar, dass Jamgon für ein paar Minuten bei ihm auf dem Schoß sitzt.

Ich schaue Topga in die Augen, und da sagt er doch tatsächlich den Satz, den wir auch von ihm auf Film haben:

»Definitiv, etwas hat das Gefühl gezündet, dass mein Bruder wirklich wieder da ist.«

Ich sehe bei Topga, und das ist auch schon seiner Frau und vielen anderen Menschen aufgefallen: Topga geht es gut. Seine Traurigkeit ist überwunden. Ansonsten hat er mit seinem Teppich-Business sehr viel zu tun, und was sonst noch so alles als Familienoberhaupt an ihm hängt. Sein Leben und sein Bewusstseinsprozess gehen selbstverständlich weiter, wie bei uns allen.

22
Das ewige Leben

Das war die Geschichte mit Topga. Die Geschichte mit Jamgon dem 4. hebt gerade erst an. Als er mit 2 Jahren aus Tibet nach Indien flieht, beginnen die politischen Schwierigkeiten. Er wird in Dharamsala von den indischen Behörden als tibetischer Flüchtling registriert. Seine Reise nach Nepal in sein neues Hauptquartier gilt, politisch gesehen, lediglich als ein touristischer Ausflug des Flüchtlings. Da Nepal das Auslieferungsabkommen mit China vereinbaren musste, kann Jamgon sich in Nepal nicht als Flüchtling registrieren lassen, denn das hätte zur Folge, dass er zurück nach Tibet geschickt wird. – Je länger er in Pullahari bleibt, desto kritischer wird es deshalb für ihn. Die nepalesischen Politiker sind gegenüber China zu schwach, um Jamgon halten zu können. Schließlich will Jamgon sich in Indien vor China in Sicherheit bringen, aber dort bekommt er Shamars Einfluss zu spüren.

Widersacher

Inzwischen ist weltweit in aller Munde, dass sich der Orden Karmapas, die Kagyü-Tradition, 1992 gespalten hat.[38] Damit kam ein Machtkampf zum Ausbruch, der seit dem Tod des 16. Karmapa unter der Oberfläche schwelte. Noch einmal zur Erinnerung: Shamar hatte sich selbst, sofort nachdem Karmapa in den USA gestorben war, zum Interimsregenten erklärt und trat davon auch nicht mehr zurück, so, wie der 16. Karmapa sich dies gewünscht hatte. Seine vier Linienhalter Shamar, Situ, Gyaltsap und Jamgon sollten sich alle drei Jahre mit der Regentschaft abwechseln, bis er selbst die Amtsgeschäfte in seiner nächsten Inkarnation wieder übernimmt.

Shamar dachte aber keineswegs daran, seine einmal übernommene Macht wieder abzugeben. Der alte Generalsekretär, den der 16. Karmapa damit beauftragt hatte, unter seinen jungen, sogenannten »Herzenssöhnen« für

---

[38] Siehe in Kap. 9 den Abschnitt »Karmapa gefunden!«.

diesen Machtwechsel zu sorgen, starb durch eine Vergiftung bei einem Abendessen mit Shamars Sekretär. Dieser Sekretär wurde von Shamar dann sofort zu seinem neuen Generalsekretär ernannt, und so blieb er ungestört an der Macht.

Als aber Situ den Prophezeiungsbrief des 16. Karmapa fand, wurde Shamar klar, dass seine Tage als Machthaber des Kagyü-Ordens gezählt sind. Sieht man, welch enormer Reichtum sich während Shamars Regentschaft bei ihm angehäuft hat, kann man nachvollziehen, weshalb er alles dafür tat, nicht abzutreten. Deshalb war es für ihn absolut wichtig, den Kagyü-Anhängern zu verkünden, der wahre Karmapa befände sich in seinem Lager. Er präsentierte deshalb einen Jungen als »seinen« Karmapa, der ihm seine Macht niemals streitig machen würde. Das bedeutete, dass es nach 900 Jahren nun bei der 17. Inkarnation Karmapas plötzlich *zwei Karmapas* gibt. Für die weltweiten Anhänger des Kagyü-Ordens war dies zunächst verwirrend, und sie mussten sich entscheiden, zu welchem Karmapa sie sich zugehörig fühlen. Das spaltet den Orden bis heute.

Dieselbe Strategie verfolgte Shamar auch im Fall Jamgons. Sobald dieser entdeckt war, präsentierte er einen Gegen-Jamgon für seinen Teil des Kagyü-Ordens. Zugleich unternahm er alles, um seinen Gegnern das Leben schwer zu machen. Durch seinen ausgeprägten Machtsinn schaffte er es, dass nicht nur Karmapa, sondern auch Jamgon, Situ, Rosy Findeisen und viele andere vom indischen Innenministerium zur »Persona non grata« erklärt wurden. Sie dürfen deshalb entweder erst gar nicht mehr in Indien einreisen oder sie würden – sollten sie einmal aus Indien ausreisen, selbst wenn es nur für einen Tag nach Nepal gewesen wäre – nicht mehr nach Indien hineineingelassen.

Für Jamgon versuchte Tenzin das Problem dadurch zu lösen, dass er eine Inderin fand, die Jamgon adoptiert. Doch diese Adoption wurde auf Shamars Betreiben hin vom indischen Staat nicht anerkannt. Dagegen führt Jamgon bzw. seine Adoptivmutter zwar ein Widerspruchsverfahren, das wurde aber bis 2018 noch nicht entschieden.

Auch ich bekam mit meinem Karmapa-Film *Living Buddha* die Macht Shamars schwer zu spüren, da ich mich nicht auf seine Seite gestellt hatte. Er schaffte es, dass *Living Buddha* von der *Academy* in Los Angeles aus dem Wettbewerb für die Oscar- Nominierung herausgenommen wurde und ebenso aus den TV-Programmen sechs weiterer Länder, für die von meinem Schweizer Weltvertrieb bereits Lizenz-Verträge unterzeichnet worden waren.

Das erreichte Shamar dadurch, dass er einen seiner superreichen Anhänger in den USA einen Prozess gegen mich vor dem *Federal Court* in Dallas wegen unterstellter Copyright-Verletzungen anstrengen ließ. Durch diesen Prozess wurde der Film wegen eines schwebenden Verfahrens drei Jahre blockiert und verhinderte somit seine weltweite Auswertung. Ich war dadurch finanziell ruiniert und konnte den »veralteten« Film, nachdem ich den Prozess durch einen erzwungenen Vergleich quasi gewonnen hatte, nicht mehr verwerten.

Damit verhinderte Shamar, dass der Film in den offiziellen TV-Programmen gezeigt werden konnte, doch die neuen Medien entwickelten eine ganz andere Dynamik: Inzwischen ist der Film *Living Buddha* von Millionen von Menschen kostenlos auf YouTube gesehen worden.

Auf dem Thron, aber Flüchtling

Natürlich hätte Jamgon auch als Nepali oder Inder in einer tibetischen Familie wiedergeboren werden können. Da Karmapa aber in Tsurphu lebte, überlegte er wohl nicht lange und kam ihm so nah wie möglich, um ganz sicherzugehen, dass er von ihm auch erkannt und identifiziert werden kann. Karmapa hätte Tenzin bei der Suche nach Jamgon im Ausland nicht in der Weise helfen können, wie es in Tibet geschah.

Da Jamgon der 3. sich für sein nächstes Leben Nepal als Ausgangsbasis für seine Lebensaufgabe ausgesucht hatte und dort sein Zentrum Pullahari entstanden ist, war es nur eine Frage der Zeit, wann er Tibet in seiner neuen Inkarnation verlassen würde. Vom heutigen Tibet aus hat er genauso wenig eine Chance, seine weltweite Arbeit auszuüben, wie in seinem letzten Leben. Das trifft gleichermaßen auch auf Karmapa zu. Als Karmapa dafür war, dass Jamgon der 4. mit 2 Jahren 1998 Tibet verlässt, trug er wohl seine eigenen Fluchtpläne schon in sich.

China hat sich nämlich zu seiner großen Schmach in dem kleinen Karmapa völlig verrechnet. Als Peking ihm angekündigt hatte, dass er mit 15 Jahren, im April 2000, vor dem chinesischen Volkskongress in einer landesweiten Fernsehübertragung den Dalai Lama zu verfluchen habe, floh Karmapa in der Jahrtausendwende zwischen dem 27. Dezember 1999 und dem 5. Januar 2000 zu Fuß, mit seinem alten Lehrer auf dem Rücken, im harten Winter nur in nächtlichen Märschen über den Himalaja nach Mustang/Nepal. Von dort gelangte er unentdeckt weiter nach Indien, wo er sich als Erstes dem Dalai Lama zu erkennen gab.

Alle tibetischen Flüchtlinge müssen, wenn sie nach dem Himalaja in Nepal ankommen und den chinesischen Häschern entgangen sind, weiter nach Indien fliehen, um nicht zurück in die Folter geschickt zu werden. Die Tibeter, die man in Nepal antrifft, stammen noch aus der Zeit, bevor 1990 das Flüchtlingsabkommen mit China vereinbart wurde.

Jamgon, dessen Einzug in Pullahari groß gefeiert wurde, wie mein Film zeigt und wie es hier im Buch nachzulesen ist, findet dort keine Bleibe. Denn China fordert Nepal auf, Jamgon auszuliefern. Nach fünf Jahren war es dann so weit, dass Nepal Jamgon nicht länger halten konnte und er sich nach Indien absetzen musste.

So sitzen nun beide, Jamgon und Karmapa, seit 2000 im indischen Exil als staatenlose Flüchtlinge ohne Reisepässe fest. – Das ändert sich, seit Shamar im Juni 2014 starb.

Überraschende Wendungen

Ohne dass die Adoption und damit die Nationalität Jamgons von den indischen Gerichten geklärt ist, wurde Jamgon 18 und damit erwachsen. Er verteidigt sich inzwischen selbst. Solange das Verfahren um seinen Status im Gange ist, kann er Indien nicht verlassen. Dort kann er zwar Karmapa treffen, muss aber auf seinen eigenen Wohnsitz Pullahari in Nepal verzichten, wo Tenzin ihn vertritt. Er kann aber auch Topga nicht mehr treffen und viele andere, für die er das Zentrum hat entstehen lassen.

Dort, wo er in Indien lebt, ganz nah an der bhutanischen Grenze, ist er so weit von nutzbaren Verkehrswegen entfernt, dass sein Leben sehr isoliert abläuft.

Als Jamgon der 4. erwachsen geworden war, gab es für ihn einen großen Event, bei dem Karmapa am höchsten buddhistischen Feiertag, im Mai 2014 in *Bodh Gaya* am Ort von Buddhas Erleuchtung, in einer Großveranstaltung seine tiefe Verbundenheit zu ihm vor mehreren tausend Mönchen aller buddhistischer Orden demonstrierte. Karmapa zeigte sich auf der großen Bühne, für die in Bodh Gaya extra ein gigantisches Zelt errichtet wurde, ausschließlich mit Jamgon einen ganzen Tag lang. Seine vorhergehenden Inkarnationen Jamgon 1 bis 3 zierten in drei riesigen Portraits übereinander das Bühnenbild, sodass jedem klar war, wer der 18-jährige junge Mann war, der dort oben neben Karmapa thronte.

Beide lehren wieder Seite an Seite wie in ihrem letzten Leben, nur diesmal nicht mit einem Altersunterschied wie Vater und Sohn, sondern eher wie Freunde mit einem Altersunterschied von zehn Jahren, ihren aus aller Welt angereisten Vertretern die Philosophie der Liebe.

Jamgon sagt dazu: *Die Beziehung zwischen mir und Karmapa ist keine normale Beziehung wie eine Freundschaft, die Leute haben. Karmapa ist mein Lehrer und ich sein Schüler.*

Und Karmapa ergänzt: *Der Geist des Schülers und des Lehrers sind untrennbar, werden am Ende eins. Wie als würde man Wasser in Wasser schütten – so eng, niemand kann uns trennen oder voneinander abgrenzen.*

Jamgon weiter: *Das Wichtigste für mich ist es, Karmapas Wünsche zu erfüllen. Ich hoffe und bete, dass ich das schaffe. Als sein Student ist es das Wichtigste, dass ich von seinen Qualitäten lerne, seinen guten Qualitäten, die ich brauche und die ich helfen kann, zu verbreiten. In allen seinen Aktivitäten möchte ich ihn unterstützen, nicht nur in diesem Leben, sondern von Leben zu Leben.*

Was veranlasst so viele Menschen aus aller Welt, diesen jungen Mann derart zu verehren? Ich habe niemanden gefragt, habe aber die Atmosphäre gespürt und in unzählige Gesichter geschaut. Was ich spürte, war weder Glorifizierung noch Guru-Anbetung, auch kein Mystizismus, sondern eher eine ganz pragmatische Wertschätzung. Sie besteht darin zu erkennen:

Jamgon bewies in seinem Vorleben, seinen Charakter über mehrere Leben hinweg so entwickelt zu haben, dass er seine Macht nicht missbraucht und allein für die Liebe da ist.

Und das Wichtigste vielleicht ist, dass er neben Karmapa das höchste Gut des Menschen repräsentiert: *Er hat den Tod integriert,* statt ihn zu dämonisieren oder zu mystifizieren. Er hat gezeigt, dass der Tod als sinnvoller Akt vollzogen werden kann, um von keiner Existenzangst eingeschränkt für die Befreiung der Menschheit von Leben zu Leben zu wirken.

Somit ist das ewige Leben erreicht, das hier zelebriert wird. Es ist nicht an eine Robe gebunden.

23
Der Hammer!

Ein Jahr später passiert etwas Wunderbares, eine Katharsis wie man sagt; ein Bewusstseinssprung durch Leid. Auf diese Weise musste auch ich mich weiterentwickeln, so wie eigentlich jeder Mensch. Für den einen geht es mal weniger heftig, für den anderen heftiger ab. Ich musste vom Dach fallen und querschnittsgelähmt sein, um mein Bewusstsein zu erweitern, Jamgon musste durch eine tiefe Krise gehen, um jetzt in seiner gegenwärtigen Inkarnation als Jamgon Kongtrul Rinpoche der 4. sich einer neuen Bewusstseinsdimension zu öffnen. Das hat für den Buddhismus weitreichende Konsequenzen:

Am 14. April 2016, mit 19 Jahren, gibt er auf Facebook bekannt, dass er seine Robe abgelegt und das Kloster *Lava* in Ost-Indien verlassen hat. Dort, in der Nähe von Kalimpong, saß er seit seinem 4. Lebensjahr fest, weil sein Flüchtlingsstatus nicht geklärt werden konnte.

Nach seinem heimlichen Weggang postete Jamgon eine bittere Anklage gegen seine Betreuer, denen er sich ausgeliefert fühlte. Ihm wurde im Internet von anderen Tulkus (das sind bewusst reinkarnierte Meister) sogleich beigepflichtet. Diese traditionelle, restriktive Erziehung der Mönche, insbesondere der Hochgeborenen, sei nicht mehr tragbar. Seit die Tibeter im Ausland leben und ihnen das Internet zur Verfügung steht, sind sie einem Einfluss ausgesetzt, der sie ihr altes, rigides Klosterleben immer öfter infrage stellen lässt. Die Verhältnisse im Exil haben sich grundlegend geändert.

Der Dalai Lama kündigte an, wie schon erwähnt, dass er im nächsten Leben als »schöne Frau« inkarnieren wird. Der andere »Karmapa« von Shamar zog im Februar 2017 ebenfalls die Robe aus und stellte auf Facebook seine Freundin vor. Inzwischen ist er mit ihr verheiratet, wofür er auch die Fotos seiner Schwiegereltern veröffentlichte. Durch all das tut sich nun eine Entwicklung auf, mit der die Spiritualität nachhaltig säkularisiert wird.

Jamgon mit seinen vielen repräsentativen Aufgaben und den entsprechend hohen Erwartungen an ihn fiel es zunehmend schwerer, sich so zu verhalten, wie die Tradition es von ihm in seinem Rang verlangt. Die Konflikte, die sich aus dem traditionellen Verhaltenskodex eines solch hohen Würdenträgers ergaben, trieben Jamgon in die Verzweiflung. Er trug sich mit Selbstmordgedanken und fügte sich selbst Schmerzen zu, bis er schließlich den Mut fand, alles hinter sich zu lassen und bei Nacht und Nebel das Kloster zu verlassen. Das zeigt die volle Dramatik einer Zeitenwende, die offenbar (leider) ohne Leid nicht möglich ist. Wir lernen aus Fehlern, nicht vom Guten.

Durch den hohen Druck, dem Jamgon ausgesetzt war, brach er mit der Tradition, ging in die Großstadt, zog Jeans an, gewann normale Freunde und ließ sich auf eine junge Frau ein. Damit revolutioniert er das Erscheinungsbild der Spiritualität, die er weltweit als Jamgon Kongtrul der 4. vertritt. Es freut mich, dass endlich ein spiritueller Führer sich auf Sexualität und auf alles das einlässt, was sie mit sich bringt.

Jamgon stellt sich damit auf die Stufe seiner Anhänger. Sein spirituelles Leben kann ihnen dadurch noch weitaus realer erscheinen als zuvor. Zehntausende von Jamgons Anhängern führen selbst kein monastisches Leben, sondern stecken in Beziehungen, in denen Sexualität oft eine große Rolle spielt. Wenn Jamgon in seiner 4. Inkarnation seit April 2015 ein Beziehungsleben führt, wird er um Dimensionen kompetenter in seinen Lehren zur Selbstrealisation sein.

Damit beginnt ein neues Zeitalter: *Der Berg bewegt sich zum Wasser.* Wir werden voller Interesse verfolgen, wie seine Teachings ausfallen, wenn er die ersten Beziehungsprobleme mit Frauen hinter sich hat. Er wird ein Mann sein, auf dessen Ratschläge wir sehr gespannt sein können, denn in der Praxis der real gelebten Liebe haben viele Menschen große Defizite. Solange wir im Retreat ohne Sexualität unser spirituelles Wachstum fördern, kann man den Lehren Buddhas gut folgen. Aber dort, wo uns der Alltag in der Familie einholt, stehen wir oft verloren da. Das, was in den Paarbeziehungen abläuft, ist eine spirituelle Übung höchsten Grades. Erleuchtung zu zweit ist etwas ganz anderes als Erleuchtung alleine.

Jamgon ist der erste hohe Rinpoche des tibetischen Buddhismus, der Erfahrungen sammelt, die für ihn eine ungewohnte neue Herausforderung darstellen. Die Zukunft wird zeigen, welche Auswirkung seine Pionierleistung auf die allgemeine spirituelle Entwicklung haben wird.

Dieses Buch wird eine Fortsetzung erfahren (müssen). Vielleicht nicht erst dann, wenn ein Vierteljahrhundert vergangen ist wie diesmal, sondern spätestens, wenn Jamgon wieder weltweit als spiritueller Lehrer unterwegs ist. Vielleicht nicht alleine, sondern zusammen mit einer Frau. Wir werden sehen …

Nachwort

Wohin Jamgon sich entwickelt, ist noch offen. Wir warten nicht auf das, was mit ihm geschieht. Wir werden für uns jetzt selbst aktiv – das ist das Wichtigste. Du brauchst keinen, der dir sagt, wo es langgeht. Wenn jemand neben dir ist, mit dem du deinen Weg reflektieren und besprechen kannst, so ist das gut. Wenn du jemanden hast, der dir vorausgeht, so ist das nicht gut, auch wenn du das gerne hättest.

Du würdest dadurch an Eigenkompetenz verlieren, die du für eine günstige Reinkarnation dringend brauchst. Denn wenn du stirbst, bist du auch auf dich, auf dein eigenes Denken angewiesen. Da geht keiner voraus. Deine Imagination, die du dir selbst machst, ist immer vor dir, deine Erfahrung immer hinter dir.

Leider beschränkt sich bei vielen die Imagination aufs Denken. Imagination bedeutet aber Projektion, und die erfordert starke, präzise Konzentration. Das ist eine höhere Form des Denkens. Sie muss zu Lebzeiten geübt werden, sonst bleibt es beim normalen Denken – dem Denken in der Normalität: *Normal* verstehen wir uns als körperliche, biochemische Wesen und glauben an die Abstammungslehre. Deshalb reinkarnieren die meisten wieder in ihrer Verwandtschaft. Lernen wir jedoch, uns auf eine eigene Projektion zu konzentrieren, so setzen wir damit eine Absicht. Ihr folgt die Energie, mit der wir das Leben erhalten, welches wir uns imaginieren. Das ist nicht unbedingt ein Leben in der alten Verwandtschaft, das richtet sich nach der Seelenverwandtschaft. Und die orientiert sich an dem Bewusstseinsgrad, mit dem man seinen Körper verlässt.

Das Bewusstsein lässt sich, wie wir es in diesem Buch tun, von der singulären zur kontinuierlichen Lebensvorstellung entwickeln. Damit erschließen sich ganz neue Ressourcen, aus denen man schöpfen kann, um seinen eigenen Weg zu gehen. Denn du kannst dich nun (wieder) mit Fähigkeiten verbinden, die du dir in einem (bzw. mehreren) vorhergehenden Leben bereits angeeignet hast. Dafür darfst du dich nicht durch Traditionen und Sektengehorsam einschränken lassen. Lerne selbstständig zu denken, und sei bereit, quer zu wandern. Das erfordert Mut, bringt aber große Freiheit.

Nimm aus diesem Buch jedes Mal, wenn du in ihm liest, etwas heraus, was du selbst ausprobieren möchtest. Du wirst nach jedem deiner Bewusstseinsschritte die Seiten wieder mit ganz anderen Augen lesen. Gerne kannst du dich auch deinem »Persönlichen Masterplan zur Reinkarnation« widmen, den du im folgenden Anhang des Buches findest. Das Leben ist ein Experiment. Etliche davon sind schon schiefgegangen, das geht wohl jedem so. Deshalb hören wir aber nicht auf zu experimentieren – im Gegenteil.

Selbstverantwortlichkeit bekommt jetzt Hochkonjunktur, denn den Gurus hinterherzulaufen, hat den Planeten nicht verbessert. Armut und Hunger waren noch nie so groß und die Umwelt noch nie so belastet wie jetzt. Eigene Kompetenz durch geschulte Intuition verspricht eine bessere Welt. Dafür muss die Ratio der Intuition dienen. Ich fürchte, die meisten Menschen wissen nicht, was Dienen heißt: achtsam sein, zuhören, sich unterordnen, helfen, ausführen, auf die Stimme der Intuition hören, ihr absolut folgen, ihr dienen und ge-horchen, (»ge« heißt *immer*). Das kann man nur, wenn man auf seine eigene Seele hört, und nicht auf jemanden von außen. Dieser Absicht dient dieses Buch.

Ich wünsche jeder Leserin und jedem Leser eine bewusste Kontinuität ihres und seines ewigen Lebens.

Clemens Kuby, im Frühjahr 2018

Anhang

Persönlicher Masterplan zur Reinkarnation

Liebe Leserin, lieber Leser! In diesem Buch kannst du dich auf vielfache Weise davon überzeugen und staunen, wie weit das Bewusstsein von Seiner Heiligkeit Gyalwa Karmapa dem 16. und dem 17. und von Seiner Eminenz Jamgon Kongtrul dem 3. und dem 4. gediehen ist. Auch dein eigenes Bewusstsein weitet sich angesichts solcher Einsichten und Erkenntnisse und – das ist das Gesetz – dieser Prozess hört nie auf.

Wie stehst du persönlich jetzt zu dem Gedanken, mehr über dein Vorleben erfahren zu wollen? Welche Fragen kommen dir? Wer könntest du im Vorleben gewesen sein? Was hat dich angetrieben, so zu inkarnieren, wie du inkarniert hast? Und: Wie kannst du deine nächste Inkarnation bewusster angehen als deine letzte? Selbst dann, wenn du mit deiner jetzigen Inkarnationswahl sehr zufrieden bist, reizt es dich vielleicht, zu wissen, was du tun kannst, um wieder so oder unter noch besseren Bedingungen zu inkarnieren. Im Folgenden möchte ich dir dazu erste praktische Anleitungen geben.

Ich wünsche mir, dass alle, die ein Reinkarnations-Seminar bei mir besuchen, mit dieser Anleitung vertraut sind und am besten damit bereits experimentiert haben. Je tiefer du in diese Bewusstseinsschichten vor *einem Seminar eingedrungen bist, desto wertvoller wird ein Reinkarnations-Seminar für dich.*

Sollte dir die folgende Anleitung an irgendeiner Stelle schwierig vorkommen, dann lese zunächst im Buch weiter oder lies manche Kapitel einfach noch einmal. Oder führe dir auch andere Bücher über Reinkarnation zu Gemüte.[39] Mit dem *Seelenschreiben*® erhöhst du dein Bewusstsein allerdings am nachhaltigsten. Die Herausforderung, uns als geistig-seelisches Kontinuum zu begreifen und entsprechend zu handeln, endet nie.

Da es bisher für die Reinkarnations-Wissenschaft noch keine vereinheitlichte Terminologie gibt, kannst du durch andere Literatur zu diesem

[39] DVD von Ingrid Vallieres und Erika Schäfer (siehe »So geht's weiter«/Medienshop)

Thema unter Umständen jedoch mehr verwirrt werden, als dass du die ersehnte Klarheit erhältst. Damit musst du leider leben. Dagegen helfen nur die eigenen Erfahrungen, mit deinem Bewusstsein über die körperlichen Grenzen deines Lebens hinauszugehen. Vielleicht gehörst du zu den Menschen, die sich daran erinnern, dass sie bei einer großen Verletzung oder einem Schock blitzartig aus ihrem Körper herausgetreten sind und sich die Szene von außen ansehen konnten. Vielleicht gehörst du auch zu den Menschen, die ganz klar gespürt haben, wenn jemand aus ihrem Personenkreis in Not war oder wenn jemand starb, bevor es dazu eine reale Information gab. Vielleicht gehörst du zu den Menschen, die intensiv an jemanden dachten, und schon meldete diese Person sich oder tauchte sogar auf.

Auch rational eingestellte Menschen machen Erfahrungen, die die materielle Grenze überschreiten. Meistens wird diese Erfahrung dann verdrängt, weil sie ins gesellschaftlich anerkannte Denken nicht eingeordnet werden kann. Wenn du jetzt aber dein Bewusstsein erweitern möchtest, um mehr Möglichkeiten im Leben zur Verfügung zu haben, indem du deines eigenen Glückes Schmied wirst, dann beginne damit, eine Liste mit deinen sogenannten *übersinnlichen* Erfahrungen anzulegen.

Aber was heißt denn eigentlich »übersinnlich«? Der Mensch besitzt seine fünf bekannten Sinne: Sehen, Hören, Riechen, Schmecken und Fühlen – alles sehr dehnbare Fähigkeiten. Ein Blinder hört 100 Mal mehr als ein Sehender, ein Tauber riecht 10 Mal mehr als einer, der mit allen seinen fünf Sinnen ausgestattet ist. Die größte Bandbreite bietet das Fühlen. Mit dem Gefühl erweitern sich unsere Sinne ins Unermessliche. Allein, was man alles in einem Traum fühlen kann, ließe sich getrost als »übersinnlich« bezeichnen, und doch macht dieser Begriff keinen Sinn, sondern sorgt eher für Verwirrung. »Übersinnlich« könnte man nur Bereiche bezeichnen, die man nicht erfahren kann – oder noch nicht erfährt. Selbstverständlich gibt es welche, in denen man nicht zu Hause ist, für die einem das Bewusstsein fehlt, dann erfährt man sie aber auch nicht. Doch alles, was ich erfahren kann, ist sinnlich und macht Sinn, der mir durchaus nicht klar sein kann. Aber ohne Sinn gibt es keine sinnliche Erfahrung. Übersinnliches macht gar keinen Sinn.

Andere Begriffe, die verwirren können, sind z. B.: *Zwillingsseele, alte Seele, Seelenanteile, Seelenverwandte, kranke Seele.* Ich benutze sie alle nicht. In meiner Terminologie ist die Seele allwissend – ohne Anfang und ohne Ende, daher auch ohne Alter. Die Seele kann genauso wenig krank sein wie Gott. Man kann sie auch nicht teilen, weder in kleine noch in zwei Teile. Und wenn ich mit einer Seele biologisch oder per Wahl verwandt bin, dann bedarf es dafür immer eines Wesens mit einem Körper. Selbstverständlich kann eine solche Beziehung sich über mehrere Körperformen hinwegziehen, aber immer muss es einen Körper geben, damit man so oder so verwandt sein kann.

Je länger man sich mit der Kontinuität des Lebens befasst, desto mehr Begriffe tauchen auf. Sie machen deutlich, dass wir seit den Römern über Materie nachdenken, und nicht hauptsächlich über den Geist. Für die Differenzierung der Materie besitzen wir ein sehr präzises Vokabular, das Vokabular für den Geist müssen wir uns erst in der Praxis erarbeiten. Diese Begriffe lassen sich theoretisch nicht erfinden. Es würde ein heilloses Durcheinander abenteuerlicher Spekulationen hervorrufen, die zu nichts führen, außer zu Streit. Wir brauchen Erfahrungen.

Und daran kannst du jetzt aktiv arbeiten, und zwar mit folgenden Themen:

- Wer war ich in einem früheren Leben?
- Wie erkenne ich bei jemandem, wer er in seinem früheren Leben war?
- Wie lade ich jemanden ein, bei mir zu reinkarnieren?
- Wie projektiere ich meine nächste Reinkarnation?

Welche dieser Fragen auch immer du für dich beantworten möchtest: Sie bedürfen einer bestimmten Arbeitsweise, um zum Erfolg zu führen. Das Wichtigste sind dabei die Regeln des *Seelenschreibens*®. Und das wiederum erfolgt zum größten Teil im *Drehbuch-Stil.* Beide Vorgehensweisen findest du in diesem Anhang präzise erklärt. Wenn du also deine Reinkarnationsfragen bearbeitest, versuche es nicht, ohne diese Methode dabei zu beachten. Glaube mir, du hast mehr Erfolg, wenn du dir das *Seelenschreiben* und den *Drehbuch-Stil* angewöhnst.

Wer war ich in einem früheren Leben?

Da wir schon Schwierigkeiten haben, uns an unsere Kindheit zu erinnern, hilft uns ein Diagramm, um in diesem gegenwärtigen Leben so weit wie möglich an den Anfang zu gelangen. Dafür nimm dir bitte ein Blatt Papier, male in die Mitte einen etwa 1 Euro großen Kreis und schreibe ICH hinein. Dann rechne auf einem Nebenzettel deinen Zeugungstag aus: Geburtsdatum, plus 3 Monate, minus 7 Tage, minus 12 Monate. Das ist dein theoretischer Zeugungstag. Um Früh- oder Spätgeburten kümmern wir uns jetzt nicht, weil deine Zeugung trotz des errechneten Geburtstermins stattgefunden haben kann. Doch du hattest deine Gründe, früher oder später das Licht der Welt (wieder) zu erblicken.

Du schreibst also deinen Zeugungstag unter deinen ICH-Kreis. Gib deinen leiblichen Eltern jeweils auch einen Kreis rechts und links von dir mit ihrem jeweiligen Alter an diesem deinem Zeugungstag. Falls vor dir in dem Haushalt, indem du aufwächst, bereits Geschwister (oder Halbgeschwister) leiblich vorhanden sind, gib ihnen mit ihrem Namen und Alter ebenfalls Kreise zwischen den Eltern oberhalb von dir.

Dann überlege, wer zum Zeitpunkt deiner Zeugung noch zu eurem Haushalt oder zum engen Personenkreis gehört hat. Schreib jeweils dazu, ob diese Personen (z. B. Großeltern) zur Papa- oder Mama-Seite gehören, ebenso wie eventuelle Tanten, Onkel, Cousinen und Cousins.

Wenn du alle zum Zeitpunkt deiner Zeugung lebenden Personen deines Umfelds auf dem Blatt Papier platziert hast, überlege (recherchiere), wo sich das Ganze zu dieser Zeit abgespielt hat. Schreib den Ort hin, mach dir die Verhältnisse klar, die damals geherrscht haben. Stell dir vor, wie dein Vater und deine Mutter zu dieser Zeit wohl ausgesehen haben mögen. Wie war ihr Verhältnis, als sie Sex miteinander hatten? Genau bei diesem Sex, bei diesem Liebesakt an diesem Tag hast du die größte Entscheidung deines jetzigen Lebens getroffen: nämlich in dieses Leben unter diesen Bedingungen einzusteigen.

Es gehört eine enorme Energie dazu, diesen Akt zu schaffen und dann durchzuhalten, bis du lebensfähig auf der Welt bist. Die Biologie sagt: Das Verhältnis von Inkarnationsversuchen und einer geglückten Inkarnation ist 1 : 1 000 000 000 000 (eins zu einer Milliarde). Stell dir das vor. Das hast du geschafft! So etwas passiert weder zufällig noch ohne Absicht. Du wolltest leben, du wolltest mit deiner Seele zurück ins Fleisch kommen. Mach dir diese Energie in dir einmal klar: Du hast nicht als Hund, Katze, Kuh oder Pferd etc. inkarniert, sondern als Mensch, die speziellste und die am höchsten entwickelte Form, die wir kennen.

Das verpflichtet, das muss man nutzen, das kann man nicht vertrödeln oder miesmachen. Das muss in höchsten Ehren gehalten werden, das darf man nicht geringschätzen, denn dann hätte man ja gleich in einer sehr viel geringer entwickelten Form wiederkommen können. (*Gar nicht* inkarnieren geht nicht!)

Du hast es aber geschafft, als Frau oder als Mann zu kommen, und bist noch nicht wieder aus dieser Form ausgestiegen. Dann sorge nun dafür, dass du dir bis zu deinem nächsten Ausstieg ein Bewusstsein angeeignet hast, mit dem du die nächste Inkarnation präzise planst. Ein Bewusstsein, mit dem du dir das Umfeld aussuchst, das dir die besten Voraussetzungen für ein glückliches, gesundes, sinnerfülltes Leben bietet. Mehr dazu auch in dem Abschnitt »Wie projektiere ich meine nächste Reinkarnation?«.

Jetzt aber fragst du dich erst einmal: Was hat mich in dieses Personengeflecht gebracht, in das ich diesmal hineingegangen bin? Male dafür auf dein bereits skizziertes Blatt Papier die wichtigsten Verbindungslinien zu den Personen/zu der Person, die dich deinem Gefühl nach am stärksten angezogen hat/haben. Wer war das an erster Stelle? Es muss nicht immer Papa oder Mama gewesen sein. Es kann auch eine andere Person aus deinem Personenkreis gewesen sein, die aber zu diesem Zeitpunkt keine Kinder bekommen konnte oder wollte.

Wenn du diese Person nun auf deinem Blatt bestimmt hast, dann spüre hinein, wie stark diese Anziehungskraft ist. Diese Kraft kann doch nicht in der Sekunde entstanden sein, in der du in das Ei bei deiner Mutter bei diesem Akt geschlüpft bist!?! Diese Anziehungskraft brauchtest du, um zu inkarnieren, das heißt, du musst zu dieser Person bereits vor dem Zeugungsakt eine Verbindung gehabt haben, sonst hätte es diese Anziehungskraft nicht gegeben. Fühle mal hinein, wie sich diese Beziehung zu diesem Menschen anfühlt? In welcher Ordnung warst du zu ihr gestanden? Warst du schon mal ihr Kind, Sohn oder Tochter? Warst du ein Elternteil von ihr? Wart ihr Geschwister? Wart ihr anderweitig sehr eng miteinander verbunden? Ein Paar? Es muss eine Beziehung zu dieser Person gegeben haben, sonst hättest du nicht dort zu diesem Zeitpunkt inkarniert. Das Universum kennt keinen Zufall.

Fällt dir jetzt gerade etwas auf … …? Erinnere dich daran, wie unüberwindlich dir bisher die Grenze zu deinem früheren Leben erschienen ist. Mit diesem Gefühl für diese Person hast du soeben diese Grenze überschritten. Mit allen Gedanken, die du im Moment anstellst, befindest du dich jenseits dieses Lebens, ohne dass es dafür eines großen Trara bedurft hätte.

Sobald du die Ordnung bewusst fühlst, in der du zu deinem Favoriten für die Inkarnation in dieses Leben gestanden hast, weißt du, ob du in deinem Vorleben Mann oder Frau warst, weißt du bereits, zu welchem Kulturkreis du gehört hast und vieles, vieles mehr. Bring dies alles mit der *Seelenschreib*®-Methode (siehe gesonderter Abschnitt hier im Anhang) zu Papier, dann kannst du es (jederzeit und mehrfach) reflektieren. Dieses Reflektieren führt zu deiner Bewusstseinserweiterung.

Im Seminar machen wir nichts anderes – und zwar so lange, bis dir völlig klar ist, wer du im Vorleben warst. Du lernst dabei deine intuitiven Bilder, Gefühle, Gerüche und Töne ernst zu nehmen. Du lernst, auf deine Träume zu achten und alles, was da kommt, zu hinterfragen, das heißt tiefer zu assoziieren.

Wie erkenne ich bei jemandem, wer er in seinem früheren Leben war?

Wenn du an der Suche nach einer Reinkarnation beteiligt sein möchtest, dann mache dir bewusst: Wie groß ist grundsätzlich dein Vertrauen zu dem verstorbenen Menschen, dem du wieder begegnen möchtest? Wie eng warst du mit dieser Person verbunden? Kanntest du sie gut? Habt ihr euch geliebt, auf die eine oder andere Art? In welcher Phase ihres Lebens warst du ihr nah? Wie gut kennst du ihren Charakter, mit dem sie ihren Körper verlassen hat?

Wenn du einen solchen Menschen in seiner ganzen Persönlichkeit erfasst, dann spürst du, wohin es ihn zieht. Du schaust dir an, wie dieser Mensch gelebt hat, was seine liebsten Tätigkeiten waren, seine liebsten Menschen und auch seine liebsten Pflanzen und Tiere. Diese Eigenschaften treten teilweise auch wieder in seinem nächsten, neuen Leben auf. Genauso setzen seine Schattenseiten sich als Kontinuum fort. Es wäre unverständlich, wenn sich Licht- und Schattenseiten unterschiedlich fortsetzen würden, da fielen ja die zwei Seiten der Medaille – *Ying und Yang* – auseinander. Mach dir die folgenden Parameter zu dieser Person, von der du wissen möchtest, wohin sie möglicherweise inkarniert (hat), schriftlich klar, indem du dich fragst: Welche Eigenschaften sind so stark, dass sie sich unabhängig von den Eltern, die sie gewählt hat, fortsetzen:

- Liebevolles? Was?
- Stresserfülltes? Was?
- Personenbezüge? Welche?
- Angsterfahrung? Welche?
- Liebhabereien? Welche?
- Weibliches Rollenverhalten? Welches?
- Männliches Rollenverhalten? Welches?
- Gewaltbereitschaft? Wenn ja, in welcher Stärke?
- Herrschsucht? Wenn ja, in welcher Stärke?
- Hinnahme, Apathie? Wobei?
- Traurigkeit? Weshalb?
- Unterwürfigkeit? Wem gegenüber?
- Triebhafte, starke Sexualität? Gab es die?
- Die Haltung »Man(n) nimmt, was man(n) kriegt«? Gab es die?
- Identifikationen mit einer Nation, Rasse, Ethnogruppe sowohl individuell als auch kollektiv? Worin bestand sie bei der Person, die du suchst?
- Die Identifikation als Flüchtling? War er/sie eine/r?
- Das Heimatgefühl dieser Person? Auf welche Gegend bezog es sich?
- Unerfüllte Träume dieser Person in ihrem Leben? Welche konnte sie nicht realisieren?
- Erfüllte Träume dieser Person in ihrem Leben? Welche konnte sie realisieren?

Hier lassen sich sicherlich noch weitere Charakterzüge und Sehnsüchte auflisten. Mach sie dir bewusst, um mit der Suche beginnen zu können. – Bedenke auch, dass heute immer schneller reinkarniert wird als noch vor 10 000 Jahren. (Darauf gehe ich in Kap. 4 dieses Buches näher ein.) Damals konnte man gut und gerne 250 Jahre im Bardo (der Phase ohne leibliche Form/Körper) sein, ohne etwas im Leben versäumt zu haben. Wenn du jetzt 250 Jahre wegbleiben würdest, könntest du dich im Leben nicht mehr zurechtfinden oder würdest dir als ein absonderlicher Mensch vorkommen. Gehe also davon aus, dass heutzutage binnen Wochen, Monaten, wenigen Jahren inkarniert wird. (Es sind ja auch immer mehr Menschen gleichzeitig da.) Der Abstand zwischen dem Tod der Person, die du suchst, und ihrer Reinkarnation kann also gut noch in deiner eigenen, derzeitigen Lebensspanne liegen! Ich kenne bereits einen Fall von nur zwei Monaten zwischen Tod und Zeugung.

Verbinde dich mit der Seele des Verstorbenen und führe mit ihr einen Dialog[40] darüber, wohin es sie zieht. Dabei darf die Ratio der Intuition dienen, nicht umgekehrt! Das heißt, du kannst alle Hebel in Bewegung setzen, wenn dir intuitiv zu dem Fall ein Bild/eine Erkenntnis gekommen ist, um zu überprüfen, ob diese sich in der realen Welt verifizieren lässt.

Achte auch auf deine Träume, sobald du dich für diese Angelegenheit wirklich interessierst. Schreibe sie sofort auf. Warte nicht, bis es hell wird. Nach dem Aufschreiben kannst du in demselben Traum fortfahren und im Halbschlaf dein Interesse steuern. Die aktive Fortsetzung deines intuitiven Films schreibst du wiederum auf. Solche halbwachen Zustände sind die besten, um möglichst tief in deine Intuition zu kommen. Eure Seelen sind sowieso miteinander verbunden, insbesondere wenn du die oben gestellten Fragen bzgl. dieser Person einfühlsam beantworten konntest. Das heißt, der Kanal zu ihr ist offen, da kann also noch mehr fließen. Schau in deinem Umfeld nach: Vielleicht ist die Person schon da. Ganz gut kannst du es an den Augen erkennen und an kleinen Charakteräußerungen, wie z. B. »Ganz wie der Opa.« Nein, es *ist* der Opa.

Die Reinkarnation einer bestimmten Person lässt sich viel leichter er-

[40] Dazu mehr hier im Anhang im Abschnitt »Seelenschreiben – im Drehbuch-Stil«.

kennen, als man das mit seinem alten Bewusstsein glaubte. Tiere beispielsweise haben da überhaupt kein Problem. Selbst wenn sie daran gewöhnt waren, ihr Herrchen in seinem vergangenen Leben mit einem Stock gehen zu sehen: Sie erkennen es in der neuen Babyform sofort wieder und schlecken es zur Begrüßung womöglich gleich mal ab oder tanzen um es herum. Klar, es kann durchaus dauern, bis du absolute Gewissheit hast, dass du in der neuen Person z. B. deine alte Liebe wiedererkannt hast. Diese Entdeckung jedoch vertreibt jeglichen Rest an Trauer vollständig. Und du lernst diesen neuen, oft noch jungen Menschen so zu achten, wie du ihn im alten Körper geachtet hast. Das verändert den Blick und die Beziehung von Grund auf. Reinkarnationsbewusstsein befördert eine große Menschlichkeit.

Wie lade ich jemanden ein, bei mir zu reinkarnieren?

Wenn ihr euch als Paar ein Kind wünscht, solltet ihr schon vor eurem ersten Zeugungsversuch, neues Leben in die Welt zu bringen, miteinander besprechen, welche Verantwortung ihr euch damit auftun wollt; und nur dann, wenn ihr euch einig seid, diese Verantwortung auch wirklich anzunehmen, die Verhütung aussetzen. Bei diesem Gespräch ist entscheidend, dass beide sich darüber im Klaren werden, dass – falls die Befruchtung funktioniert – vermutlich jemand inkarnieren wird, der oder die bereits eine Beziehung zu einem von euch beiden hat. Meist ist es aber so, dass der eine Elternteil den einzuladenden Menschen nie kennengelernt hat, und muss deshalb seinem Partner voll vertrauen, dass sich ein liebevolles Verhältnis zu dem »Unbekannten« einstellt, ohne Konkurrenz und Eifersucht.

Sobald du ein Wesen einlädst, bei euch zu inkarnieren, dann werde dir bewusst, was du und der/die dazugehörige Partner/in ihm bieten: ob das einerseits so aussieht, dass ihr beide mit gutem Gewissen sagen könnt, dass dies für das einzuladende Wesen eine liebevolle Kindheit wird; und ob ihr euch andererseits fragt (unabhängig voneinander), was dieses einzuladende Wesen sich wünscht. (Solche Befragungen einer Seele machst du selbstverständlich am leichtesten wiederum mit meiner *Seelenschreib*®-Methode.)

Wenn ihr beide den Wünschen dieses Wesens entsprechen könnt, ist jede Phase einer gespannten Erwartung, im hartnäckigen Fall auch der sogenannten »Unfruchtbarkeit«, beendet. Oft sogar im Widerspruch zur Schulmedizin, die bei dir oder bei deiner/deinem Partner/in durch sogenannte Furchtbarkeits-Diagnosen möglicherweise irgendwelche Schuldkomplexe produziert hatte, die in Wahrheit aber nur Vermutungen sind. Vermutungen, die sich lediglich auf die biochemische Ebene beziehen, nicht ahnend, wozu der Mensch auf der geistig-seelischen Ebene fähig ist und was da abläuft. Dafür ist die Schulmedizin (und sind viele alternativen Herangehensweisen) nicht zuständig. Ihre Glaubenskonzepte beziehen sich auf die biochemische oder die energetische Ebene.

Wenn man aber die Kinderfrage aus der Perspektive der Kontinuität der Seele angeht, muss frau/man sich mit diesem auf die Welt zu bringenden Wesen direkt auseinandersetzen. Man wird sich dann bewusst, dass es nicht (nur) darum geht, ob wir ein Kind wollen, sondern auch darum, ob dem Kind das Umfeld passt, in dem es bei uns aufwächst. Wo und wie soll das Nest beschieden sein, in dem die Person zumindest die ersten Jahre aufwächst, in denen es seine Umgebung erkunden wird?

Passt ihm der Papa, oder ist das nur ein Samenspender? Passt ihm die Mama, oder dient sie nur als Gebärmaschine? Zu wem würde sich denn das Wesen, das man sich wünscht, am stärksten hingezogen fühlen, und zu wem oder was am wenigsten? Oder wollt ihr das Kind für jemanden Dritten bekommen, der oder die dazu nicht (mehr) in der Lage ist? Dann wäre es erforderlich, diese dritte Person (oder diese Personen) in die Kindesplanung mit einzubeziehen. Das ist auch dann schon der Fall, wenn beide Eltern stark an ihrer Arbeit hängen und damit rechnen, dass ihr Kind größtenteils von Oma alleine oder Oma und Opa aufgezogen wird.

Neun Monate für den Nestbau ist nicht viel. Besonders dann nicht, wenn das *Seelenschreiben* Erwartungen ins Bewusstsein bringt, die vielleicht sogar noch einen Ortswechsel erforderlich machen, damit auch das praktikable Beziehungsgeflecht stimmt, in dem das Kind aufwächst und versorgt wird. Falls man als Eltern diese wichtigen Parameter erst realisiert, wenn das Kind schon da ist, wird das Dienen mühselig und kompliziert. Vorher lässt sich vieles viel leichter regeln.

Man kann den Wunsch nach einem Kind auch offenhalten und sich bereiterklären, den »Service« für ein Wesen zu leisten, das die Kindheit mit den betreffenden Implikationen (Bezugspersonen, sozialer Status, Vorbilder etc.) lediglich dazu nutzen möchte, seine im Vorleben praktizierte Mission fortzusetzen. Das bedeutet vielleicht auch zu akzeptieren, dass dieses Kind wenig Familiensinn mitbringt und die Familie nur als Sprungbrett zur Vervollkommnung seiner Lebensaufgabe verwendet. Wenn man als Eltern so selbstlos ist, dann kann es passieren, dass eine sehr hoch entwickelte Person bei einem inkarniert, die sich nicht festhalten lässt. Dieser kann man nur alles rechtmachen, aber man bekommt nicht die Zuwendung zurück, die man sich üblicherweise als Mensch (Eltern) wünscht. Da heißt es, Liebgewonnenes gehen zu lassen, loszulassen, selber glücklich zu werden ohne eine solche Tankstelle, wie viele Kinder es für ihre Eltern sind.

Wenn man das Leben als ein geistig-seelisches Kontinuum betrachtet, ist es deshalb ideal, die Kinderplanung unter Einbeziehung von *Seelenschreiben* durchzuführen, um sich die Einstellung der zu erwartenden Inkarnation bewusst zu machen. Das ist keine Hexerei, sondern eine Fleißaufgabe, die alle (zukünftigen) Eltern aus Liebe für ihr gewolltes Kind ohne Stöhnen gerne ausführen. Statt sich blindlings nach Kindern zu sehnen, sollten also die Implikationen und möglichen Konsequenzen vorher gründlich und schriftlich bedacht worden sein. (Diese Aufzeichnungen sind später auch für das Kind und die Erforschung seines Vorlebens sehr interessant – also gut aufbewahren.)

Wer mit diesem Bewusstsein seinen Kinderwunsch angeht, wird übrigens auch als Mann die Schwangerschaft völlig anders erleben als mit dem materialistisch-biochemischen Menschenbild eines singulären Lebens. Die Beziehung »Vater-Kind« entsteht nicht erst dann, wenn das Kind gemaßregelt werden kann, sodass der Mann seine Rolle als Familienautorität praktiziert, sondern schon im Zeugungsakt als eine dienende Rolle. Nicht nur die Mutter, auch der Vater kann sich schon während der Schwangerschaft ständig fragen: Was wünscht sich die kommende Inkarnation? Wenn man durch das *Seelenschreiben* eine Ahnung entwickelt, wer da auf dem Weg ist, kann man sich die Erwartung ausrechnen, mit der diese Person ihre Entwicklung aus ihrem Vorleben unter diesen neuen Bedingungen fortsetzen möchte. Dafür muss man nicht viel wissen, dafür muss man nur lernen, seiner Intuition zu folgen.

Die Bauchdecke der werdenden Mutter ist so dünn, da dringt jedes Geräusch, jede Emotion und jede Berührung hindurch. Das heißt, der Mann hat vielfältige, große Möglichkeiten, mit seinem neuen Kind vom ersten Tag nach der Lebensentscheidung zu kommunizieren und darüber hinaus zu spüren, was der Persönlichkeit, die da im Kommen ist, am besten dient.

Da jedes Kind nicht monogam ausgerichtet ist, sondern immer seine beiden Eltern zugleich liebt, wenn auch auf selbstverständliche Weise jeden Elternteil anders, aber eben beide, muss auch dafür gesorgt sein, dass es von Anfang an beide Eltern erleben kann.

Natürlich kann es vom Vater nicht mit der Brust gestillt werden. Dennoch kann er es sinngemäß stillen, das heißt, ihm im Körperkontakt Ruhe und Geborgenheit verschaffen, wenn es nicht gerade Hunger hat. Aber selbst dann ist durch abgepumpte Muttermilch, weil die Mutter vielleicht einen wichtigen Termin hat, für den Vater auch das Stillen möglich. Voraussetzung ist, dass er genauso lange mit dem Kind zusammen sein kann wie die Mutter und fürs Geldverdienen die Arbeit entsprechend eingerichtet ist. Das muss schon vor der Zeugung verlässlich geklärt sein, sonst verfällt man aus gesellschaftlichen und sonstigen Gründen zurück in das klassische Rollenverhalten: Mann bei der Arbeit, Frau mit Kind zu Hause. Auch heutzutage leider noch an der Tagesordnung. Schädlich für alle!

Stillen ist – sofern man das Kind nicht primär als ein körperliches-biochemisches Wesen betrachtet, sondern als ein geistig-seelisches – keine biochemische Zuwendung, sondern in erster Linie eine seelische. Wenn die seelische Zuwendung nicht die Nummer 1 ist, funktioniert die biochemische meistens auch nicht.

Wenn ihr euch als Eltern mit dem Kinderwunsch einig seid, dann sprecht sehr genau mit der einzuladenden Seele. Wendet euch direkt an die konkrete Person, die ihr euch wünscht, und formuliert eine von Herzen kommende Einladung (schriftlich natürlich). Dies ist dann ein eindeutiges Signal für diese Seele/Person. Wird euer Wunsch noch dazu aktiv mit schönen Ritualen und Gebeten begleitet, erfüllt er sich meist sehr schnell. (Auch dann, wenn man vorher vielleicht jahrelang auf der biochemischen Ebene mit Unfruchtbarkeit herumgedoktert hat.)

Gescheiterte Inkarnationsversuche

Hat man einmal überwunden, das Leben als eine singuläre Erscheinung zu betrachten, kann man kaum mehr denken: *Ich wünsche mir ein Kind* oder: *Warum bekomme ich kein Kind?* Mit dem Reinkarnationsbewusstsein muss man sich fragen: Wen will ich und wer könnte mich wollen? Weshalb inkarniert niemand bei mir? Wer könnte da vor der Tür stehen? Wer hat es unter Umständen schon mal probiert, ist dann aber wieder umgekehrt?

Wenn du wissen möchtest, warum das Wesen umgekehrt ist, dann mache *Seelenschreiben*® mit ihm und kläre schriftlich miteinander, was sein/ihr Grund dafür war. Und dann akzeptiere es einfach, aus welchen Gründen auch immer das Wesen sich wieder verabschiedet hat. Diese Entscheidung eines Wesens, seinen Inkarnationsversuch abzubrechen, liegt nicht in deiner Verantwortung. Denn das Wesen hat im Normalfall dich gewählt, und nicht umgekehrt. Im *Seelenschreiben* fragst du die Seele des Wesens selbst, warum es sich das offenbar noch einmal anders überlegt hat.

Sprich aber auch mit dem biologischen Vater des angefangenen Kindes, oder mach dir zumindest seine Situation und sein Verhältnis zu der Vaterschaft klar. Denn die Gründe, warum dieses Wesen, das wieder gegangen ist, dies getan hat, brauchen ganz und gar nicht bei dir zu liegen. Es zählt die Gesamtsituation, in die dieses Wesen hineininkarniert hätte, und in der es offenbar Ursachen entdeckt hat, die ihm als zurzeit nicht passend oder vorteilhaft erschienen sind.

Wenn du das Blatt mit deinem eigenen Personengeflecht noch mal anschaust, in das du zu deinem Lebensstart inkarniert hast, dann mach dir bewusst, in welches Personengeflecht das Wesen reinkarniert wäre, wenn es nicht abgebrochen hätte. Dabei bist sicherlich nicht nur du ein Faktor, warum sich dieses Wesen so entschieden hat. Es kann auch eigene Gründe an sich selbst entdeckt haben, die unvorteilhaft für eine gesunde Inkarnation sind, und ist deshalb gegangen. Du bist für die Lebensfähigkeit deines Kindes nicht verantwortlich gewesen, auch wenn du das als Mutter und Vater vielleicht denkst. Ein Abgang ist ein Abgang.

Abtreibung

Wenn du abgetrieben hast, dann mache ebenfalls *Seelenschreiben®* mit diesem Wesen und erkläre ihm sämtliche Gründe, die dich dazu getrieben haben. Eine Seele, die erst ein paar Wochen dabei war, sich ein neues Zuhause zu erschaffen, ist mit diesem Zuhause noch lange nicht so identifiziert wie ein älterer Mensch. Jedes Leben ist ein Experiment, und nicht jedes Experiment gelingt.

Entschuldige dich ehrlich bei dieser Seele, dass du ihr neues Zuhause gerade bei den ersten Bausteinen zerstört hast, aus welchen Gründen auch immer. Dann kommt dieses Wesen in deinem Seelenschreiben eventuell zu der Erkenntnis, dass es vielleicht tatsächlich nicht so vorteilhaft gewesen wäre, sein neues Zuhause genau da (bei dir in deinem Personengeflecht) zu diesem Zeitpunkt zu errichten. Und so kann sich dann auch eher der gegenseitige Konflikt lösen, keine Möglichkeit zum Bleiben bekommen oder erkannt zu haben. Die Energie, mit der dieses abgetriebene Wesen seinen Reinkarnationsversuch unternommen hatte, ist ja nicht weg, verschwunden. Mit dieser Energie wird dieses Wesen entweder bei dir oder bei jemand anderem einen neuen Reinkarnationsversuch starten.

Ihr könnt euch jetzt im Präsens und wörtlicher Rede (siehe unter *Seelenschreiben)* (noch einmal) voneinander verabschieden oder auch Freunde bleiben. Sicherlich lebt dieses Wesen jetzt irgendwo, vielleicht hat es sogar bei dir zu einem späteren Zeitpunkt erfolgreich inkarniert. Die Antworten auf solche Fragen schreibst du ganz intuitiv beim Seelenschreiben auf. Du wirst ein Gefühl bekommen, das deine Schuldgefühle auflöst. Das ist wichtig für dich *und* für die abgetriebene (vertriebene) Seele.

Selbstverständlich ist eine Abtreibung nicht leicht. Und Frau/Mann sollte alles dafür tun, dass sie nicht notwendig ist. Dennoch kann es nachvollziehbare, persönliche Gründe geben, die keinen anderen Ausweg ermöglichten. Im ehrlichen Zwiegespräch mit dieser Seele ist ganz sicher ein Freiwerden von Schuldgefühlen möglich. Und darauf kommt es an, um das weitere eigene Leben und vor allem auch das der nachkommenden Personen schuldfrei in Freude leben zu können. Nichts ist für die nachkommenden Kinder belastender als eine schuldbeladene Mutter (oder auch ein Vater).

Wie projektiere ich meine nächste Reinkarnation?

Damit kommen wir zur spannendsten der vier Fragen. Sie betrifft dein zukünftiges Leben in höchstem Maße, und du wirst feststellen: Sobald es dir klar vor Augen steht, hat es große Auswirkungen auf dein heutiges Leben. Denn um ein anständiges nächstes Leben zu erfahren, musst du das derzeitige auf anständige Weise beenden. Wie stirbt man am besten? In diesem Buch steht dazu sehr viel. Lies es noch einmal nach. Es geht nicht darum, so lange wie möglich zu leben, sondern darum, sinnvoll zu sterben. Welcher Moment ist das? Sicherlich nicht einer, in dem man leidet und pflegebedürftig ist. Ein sinnvoller Moment, um zu sterben, sollte einer sein, in dem es einem gutgeht.

Im Volksmund heißt es »Zum Sterben schön«. Oder wenn etwas besonders glücklich verlaufen ist, sagt man oft: »Jetzt könnte ich sterben.« Das heißt, die Volksseele weiß, was es heißt, im richtigen Moment angstfrei zu gehen. Solche Momente gibt es viele im Leben. Natürlich wäre es schade, wenn man einen Moment zu früh nimmt, und man sich vielleicht sagt, dass irgendeine medizinische Maßnahme einem das Leben doch noch mal hätte lebenswert machen können. Doch woher will ich wissen, was wirklich der beste Moment zum Sterben ist? Und welcher ist der letzte Moment, an dem es noch Spaß macht zu leben?

Anders gefragt: Wäre es tatsächlich eine Katastrophe, wenn es für mich noch eine schöne Zeit gegeben hätte und man mich bei meinem letzten Fast-Tod hätte sterben lassen? Das ist doch nur dann eine Katastrophe, wenn man der Meinung ist, nach dem Tod käme nichts mehr. Bei dieser Auffassung liegt es natürlich nahe, von diesem singulären, einmaligen Leben so viel wie möglich haben zu wollen. Wenn ich aber das geistig-seelische

Menschenbild zu meiner Philosophie erklärt habe, dann kommt es doch gar nicht darauf an, ob ich meinen Teller vollkommen leer gegessen habe, ich bekomme ja sowieso bald wieder einen neuen vollen Teller. Ja – könnte man auch einwenden –, aber es ist doch eine Verschwendung von Lebensfreude, wenn ich mich nicht reanimieren lasse und so mit dem gegenwärtigen Körper noch einmal Lebensfreude erfahren kann. Die Natur ist immer verschwenderisch, nur der Mensch entwickelt ein Mangel-Bewusstsein.

Worauf es ankommt, ist doch nur: Glaube ich an ein singuläres oder an ein unendliches Leben? Im Glauben an die Unendlichkeit verlasse ich meinen Körper, sobald es darin unangenehm wird, und freue mich auf meinen nächsten frischen Körper, völlig frei von der Sorge, ob nach dem Tief vielleicht doch noch ein Hoch kommen könnte. Mit dieser Sorge macht die Medizin ein Riesengeschäft.

Es ist also entscheidend, dann seinen Körper zu verlassen, wenn man noch vollständig über sein Leben verfügen kann. Manch einer wird nun einwenden: Aber woran stirbt man dann? Mit einem biochemischen Menschenbild denken nämlich viele, man müsse krank werden, um sterben zu können. Hat man jedoch durch seine Selbstheilungsarbeit erfahren, dass der Körper dem Geist nachgeordnet ist, dann ist auch Sterben keine körperliche, sondern eine seelisch-geistige Angelegenheit.

Die Frage, die man sich bei diesem Menschenbild zu stellen hat, ist: Kann und darf ich jetzt sterben? Gibt es liebgewonnene Menschen, die ich mit meinem Tod nicht enttäuschen möchte? Gibt es noch Angelegenheiten, die ich vor meinem Ableben gerne noch geregelt haben möchte? Gibt es Konflikte mit lebenden oder gestorbenen Personen, die noch nicht harmonisiert sind? Das sind die wichtigen Fragen, die geklärt sein müssen, um frei für den Abgang zu sein.

Natürlich wird der Arzt, wenn er keine körperliche Ursache findet, auf den Totenschein schreiben: »Herzversagen«, weil »Herzstillstand« zu positiv wäre. Schwierig wird es, wenn er schreibt: »Todesursache unbekannt«. Dann kommt die Kripo, beschlagnahmt den Leichnam und ordnet ggf. eine Obduktion an. Für den Geist des Verstorbenen ist das alles andere als angenehm. Am besten ist es für den Toten, wenn er sich in aller Ruhe aus seinem Körper in gewohnter Umgebung herausziehen kann. Die Angehörigen können ihm dabei noch viel Liebevolles mit auf den Weg geben und auch sich selbst von seiner Körperlichkeit verabschieden und klarmachen, dass man mit dem Verstorbenen weiterhin auf Seelenebene in Kommunikation bleibt (am besten schriftlich).

Setze eine klare Absicht

Wenn du selbst auf friedliche Weise sterben möchtest, ist es sinnvoll, dir vorher eine klare Absicht für deine Reinkarnation zu setzen. Wie gehst du dabei vor? Zunächst schaust du dir deine bisherige Entwicklung in diesem Leben an. An ihr kannst du ablesen, was du brauchst. damit sie weiter optimal verläuft. Frage dich: Was kann ich in diesem Körper noch ausrichten? Wie und wo kann ich noch sinnvolle Aufgaben erfüllen? Will ich einen neuen Körper oder einen Rollator?

Das, was du entscheidest, das passiert, und nicht das, was dein Körper entscheidet. Er entscheidet nämlich gar nichts, denn er ist deinem Geist zu 100 Prozent nachgeordnet, sofern du das geistig-seelische Menschenbild verinnerlicht hast. »Okay«, sagen dann die meisten Menschen, »wenn mein Geist über meinen Körper bestimmt, dann entscheide ich mich fürs Weiterleben und greife zum Rollator, denn den neuen Körper bekomme ich ja sowieso irgendwann.« Macht der Rollator Sinn? Wir wollen doch sinnvoll sterben … Befördert er meine weitere unendliche Entwicklung?

Weshalb könnte ich nicht sterben wollen? Da sind wir wieder bei den oben gestellten Fragen. Die meisten antworten: »Ich möchte noch Zeit haben für meine Kinder oder meine Enkel und Urenkel. Doch fühle einmal in dich hinein: Welchen Vorteil hast du bzw. haben deine Nachkommen, wenn du möglicherweise bettlägerig bist und das Leben nicht mehr genießen kannst? Überlege dir, wie du zum Wohle aller die beste Entwicklung für dich nimmst. Der Tod selbst ist nichts. Ihn vermeiden wollen, heißt Stillstand. Das verträgt sich mit dem Universum nicht. Die einzige Konstante ist das Inkonstante. Mit dem Tod geht es weiter.

»Der Tod ist nichts« kann man auch so verstehen, als führe er ins Nichts, ins schwarze Loch. Es kommt auf die Philosophie an, innerhalb der man das sagt. Mit der materialistischen Philosophie führt der Tod tatsächlich ins Nichts, denn durch den Tod löst sich alles auf, was das materialistische Leben ausmacht. Wer bis zum Ende daran geglaubt hat, der sitzt dann mit seinem Geist in dem erwarteten schwarzen Loch. Das, was du glaubst, ist deine Projektion.

Überprüfe, wie stark dein Glaube ist. Welche anderen psychischen Triebkräfte, Emotionen gibt es in dir beim Ableben noch? Sie sind entscheidend für deine weitere Zukunft. Mit der Philosophie, ein geistig-seelisches Wesen zu sein, heißt »der Tod ist nichts«, dass er keine Bedeutung für den Geist einnimmt, denn dieser ist vom Tod nicht betroffen. Derselbe Gedanke hat also auf zwei unterschiedlichen Bewusstseinsebenen diametral entgegengesetzte Bedeutungen. Um sich verständlich zu machen, muss man vorerst also klären, von welchem Menschenbild man ausgeht. Ansonsten redet man völlig aneinander vorbei, und die Missverständnisse sind vorprogrammiert. Ein solches Missverständnis kann existenzielle Auswirkungen haben. Die eine Bedeutung heißt »fit in die Kiste«, die andere »Siechtum«.

Mit dem geistig-seelischen Bewusstsein von »Der Tod ist nichts« bist du automatisch bei deiner nicht endenden Kontinuität und kannst projektieren, das nächste Mal in günstigeren Verhältnissen zu leben. Wobei dir bewusst sein muss, dass auch ein solcher Wunsch nicht ohne Ursache erfüllt wird. Das heißt: Stell dir vor, du machst im nächsten Leben genau da weiter, wo du bei deinem letzten Atemzug geistig gestanden bist. Wo genau stehst du da, wenn du jetzt sterben würdest? Ist alles getan, was du in dieser Form, die du derzeit hast, noch erreichen kannst? Was tut sich alles in deinem Kopf?

Gibt es – wie schon erwähnt – noch ungelöste Konflikte mit lebenden Personen oder mit solchen, die ihren Körper schon verlassen haben? Denke daran: Auch die Personen, die gestorben sind und mit denen du einen Konflikt hattest, sind unsterbliche Seelenwesen und können dir in neuer Form wieder begegnen. Es ist sogar sehr wahrscheinlich, dass ihr euch wieder begegnet, denn sowohl deine wie auch die Seele des anderen wünschen sich Harmonie. Daher werdet ihr beide die Chance erhalten, daran zu arbeiten.

Du kommst also um den Frieden nicht herum. Und nur, weil diese Person ihren Körper verlassen (oder bereits gewechselt) hat, ist der Frieden noch nicht hergestellt. Wie wäre es, wenn du deinerseits mit dem *Seelenschreiben* den Konflikt in dieser Zeit, also jetzt noch löst – auf jeden Fall, bevor du deinen eigenen Körper verlässt? Je unbelasteter du gehst, desto günstiger ist dies für deine begünstigte Wiedergeburt.

Was immer du noch in diesem Leben zu tun hast, das Wichtigste ist, *Gedankenkontrolle* zu erlernen. Wenn du dich oft als Opfer deiner Gedanken fühlst (insbesondere bei negativen, ärgerlichen Gedanken, aber auch bei unerfülltem sehnsüchtigem, liebevollem Verlangen oder aber bei Hass, der als Gedanke irgendwo in dir noch nistet), dann wärst du diesen Gedanken ohne Körper in besonders starker Weise ausgeliefert: Und damit ist deine besonnene Wahlmöglichkeit, wo du am liebsten reinkarnieren würdest, erheblich eingeschränkt. Denn du wirst dich deiner Gedanken, die dich in dein Schmerzszenario hineinziehen, nicht erwehren können. Diese Gedanken kommen einfach (so wie jetzt auch) und machen etwas mit dir, was du nicht im Griff hast.

Die unreflektierten, starken Emotionen mit ihren negativen Auswirkungen sind ausschlaggebend für deine nächste Inkarnation. Um solche Gedanken steuern bzw. auflösen zu können, trainierst du am besten ab sofort *Gedankenkontrolle.* (Im übernächsten Abschnitt über das *Seelenschreiben* findest du darüber hinaus unter »Eigene Reinkarnation vorbereiten« weitere konkrete Hinweise.)

Gedankenkontrolle üben

Was war dein erster Gedanke heute Morgen? War der Gedanke nützlich oder blöd, hilfreich oder unnötig? Leg am besten eine zweispaltige Liste an: Die hilfreichen kommen in die Plusspalte, die blöden und unnötigen in die Minusspalte. Sind es gewohnte Gedanken oder bisher noch nicht gedachte? Überprüfe, wie du damit umgehst. Lies auch noch einmal in Kapitel 4 des Buches den Abschnitt »Gedankenkontrolle« durch. Du wirst vermutlich feststellen, dass die Negativspalte viel länger wird als die Positivspalte, und das ist das Problem. Deshalb bedarf es einer Gedankenkontrolle. Mit dieser schriftlichen Reflektion deines Denkens wird dir erst bewusst, welcher Schrott sich in deinem Denken oftmals breitmacht. Dieser Schrott ist ja mit dem Tod nicht beendet. Du musst ihn zu Lebzeiten hinauswerfen, und der Anfang dazu ist diese Liste.

Der wichtige Nebeneffekt bei der Reflektion deiner Gedanken ist, dass du beginnst, langsamer zu denken. Viele reden so, wie sie denken: schnell, schnell und keinen Satz zu Ende. In den Köpfen herrscht ein Wirrwarr, und deshalb auch in ihren Gefühlen. Doch verlangsamt man sein Denken, kommen weniger Fehler vor, und auch die Fehlhandlungen nehmen ab.

Wie oft machst du unnötige Handbewegungen, Schritte und Drehungen, weil du nicht ruhig und konzentriert sein kannst. Würdest du nur an das denken, was du gerade tatsächlich tust, gäbe es keine Fehlhandlungen. Stattdessen legst du immer wieder Dinge aus der Hand, die du gleich daraufhin wieder suchst. Wenn dein Denken voller Unordnung ist, kannst du nicht wirklich an das denken, was im Moment anliegt – es ist zu viel los in dir. Ein gutes Beispiel für fehlende Gedankenkontrolle illustriert die folgende Geschichte:

Ich will mal eben mein Auto waschen

»Ich gehe also zur Garage, sehe aber unterwegs, dass Post im Briefkasten liegt.

Also erst mal die Post ansehen, es könnte etwas Wichtiges dabei sein. Um die Post anzuschauen gehe ich zurück ins Haus.

Ich lege die Autoschlüssel auf den Küchentisch, nehme eine Rechnung aus dem Kuvert und werfe die Reklame in den Mülleimer, entdecke aber, dass er randvoll ist.

Ich lege die Rechnungen zurück auf den Tisch, um zunächst, bevor ich es vergesse, den Mülleimer an die Tür zu stellen, um ihn mitzunehmen, wenn ich zum Autowaschen gehe.

Ich denke, die Rechnung ist jetzt erst mal wichtig, denn es handelt sich schon um eine Mahnung.

Ich suche meinen Ordner mit den Überweisungen und stelle fest, dass keine Überweisungsformulare mehr da sind. (Dieser Mensch weiß noch nichts von Online-Banking.)

Ich suche im Büro nach weiteren Überweisungsformularen. Dort sehe ich neben der Tastatur meines Computers eine halbvolle Dose Saft.

Ich lasse die Überweisungen liegen, denn erst muss ich den Saft austrinken, bevor er per Unglück vielleicht auch noch über die Tastatur kippt.

Aber der Saft ist abgestanden und schmeckt nicht mehr. Ich gehe mit der Dose in die Küche, um den Saft wegzuschütten.

Auf dem Weg zur Küche sehe ich, dass die Blumen in der Vase dringend Wasser nötig haben.

Ich setze die Dose auf der Fensterbank ab, wo ich per Zufall meine Lesebrille finde (die ich seit gestern vermisse).

Bevor ich meine Brille in Sicherheit bringe, gebe ich aber erst einmal den Blumen Wasser, – die Armen.

Ich lege die Brille auf die Anrichte und fülle daneben in der Spüle eine Kanne mit Wasser. Da fällt mir die Fernbedienung des Fernsehers auf. Jemand hat sie dort liegen lassen.

Ich denke: Wenn wir am Abend TV sehen wollen, werden wir die Fernbedienung wieder überall suchen und niemand weiß noch, dass sie hier in der Küche liegt.

Also bringe ich die Fernbedienung zum Couchtisch. Mit dem vollen Wasserkrug und der Fernbedienung in der anderen Hand gehe ich ins Wohnzimmer. Dabei stoße ich aus Versehen an die Tür und verschütte Wasser auf den Boden.

Ich lege die Fernbedienung weg, setze den Krug ab, hole einen Aufnehmer und wische die Pfütze auf, ehe ich darauf noch ausrutschen könnte.

Dann gehe ich noch mal zum Hauseingang und versuche vergeblich, mich zu erinnern, womit ich mich nun eigentlich beschäftigen wollte.

Am Abend:

- Das Auto ist nicht gewaschen.
- Die Rechnung ist nicht bezahlt
- Der alte Saft steht auf der Fensterbank.

- Die Blumen haben kein Wasser bekommen.
- Der volle Mülleimer steht an der Haustür.
- Wo ist mein Ordner mit den Überweisungen geblieben?
- Ich finde die Fernbedienung nicht mehr.
- Ich weiß nicht, wo meine Lesebrille hingekommen ist.
- Und ich kann nirgends meine Autoschlüssel finden.

Während ich feststellen muss, dass ich heute nichts getan bekommen habe, kann ich es dennoch nicht begreifen, denn ich war den lieben langen Tag stark beschäftigt und bin nun hundemüde. Ich habe ein seriöses Problem, und muss irgendwo Hilfe suchen. Zunächst aber muss ich noch meine Mails checken.«[41]

Egal, welcher Schrott oder welcher Kummer, Wust oder welche Sehnsucht dir gerade durch den Kopf kommt: Du versuchst, dem nicht hinterherzudenken, sondern dir sofort das nächste Bild anzuschauen, das nach diesem Gedanken in dir auftaucht. Du bleibst dabei entspannt wie in einem weichen, bequemen Kinosessel und schaust, was sich da von irgendwoher in deinem Kopf auf deiner inneren Leinwand zeigt. In dem Moment, in dem du diesen Gedanken ziehen lässt, weil er für dein Empfinden kontraproduktiv ist, wie z. B. »Ich kann das nicht«, bist du schon neugierig auf den nächsten Gedanken, dann wieder auf den nächsten und wieder auf den nächsten … Mit dieser Neugierde verschaffst du dir einen Abstand zu deinen eigenen Gedanken. So stellt sich ein innerer Bilderfluss her.

Um dafür einen Anfang herzustellen, denkst du an deinen Atem, denn der steht dir in jeder Sekunde zur Verfügung. Wenn man mit seinem Atem mitdenkt, also ganz bewusst ein- und ausatmet, denkt man zumindest nichts Verkehrtes. Leider wirst du ziemlich bald feststellen, dass dein Gehirn in der Lage ist, neben den Gedanken an den Atem parallel doch noch an etwas anderes zu denken. Natürlich kannst du nun bewusst stärker ein- und ausatmen, sodass du deine Gedanken zum Atem zurückholst, doch das wird vermutlich nicht von langer Dauer sein. Das Gute aber ist: Jedes Mal, wenn du an dein Atmen denkst, machst du einen Neustart für das Üben der Gedankenkontrolle. Du wirst dir bewusst, was der nächste aktu-

[41] Im Internet ohne Autorenangabe und ohne Copyright gefunden.

elle Gedanke bei dir ist (der ganz automatisch kommt), um ihn sogleich wieder loszulassen. Auf diese Weise machst du dem nächstfolgenden Gedanken Platz, den du noch nicht kennst.

Wie du feststellst, verselbständigen sich deine Gedanken und blasen sich auf zu einem Szenario. Deshalb ist es wichtig, dass du dich bei dieser Übung nicht verführen lässt, den verselbständigenden, ungefragt auftauchenden Gedanken nachzuhängen – dich also in dem aktuellen Szenario zu verlieren, denn dann bist du für die nächste auftauchende Szene (den nächsten auftauchenden Gedanken) nicht frei. Das wäre schade. Denn die nächste Szene hat wieder einen eigenen Wert, der für sich steht.

Niemand zwingt dich, einen Gedanken, eine Szene zu interpretieren. Du interpretierst sie zwar sowieso, sonst könnte sie keine Existenz für dich erlangen, aber du versuchst deiner Interpretation keine weitere Bedeutung zu geben. Du denkst z. B.: »Er hat mich geärgert.« Das ist bereits eine Interpretation, denn die Person selbst, die das getan haben soll, hat wiederum ihre eigene Interpretation davon. Weil man jedes Ereignis so oder so interpretieren kann, bemühst du dich deshalb, diesem Ereignis (Gedanken) keine weitere Beachtung zu schenken, indem du dich aufregst und/oder deine Interpretation für wahr hältst. In einem solchen Moment haftest du nämlich diesem Gedanken an, und es besteht die Gefahr, dass du anfängst, deine Wahrheitsinterpretation zu rechtfertigen. Dies wiederum braucht so viel Aufmerksamkeit, dass sie deinem nächstfolgenden Gedanken fehlt. Dadurch bringst du dich um die Frische deines Gedankenflusses.

Interpretationen brauchen viel Energie und Zuwendung. Wenn du dir bestätigen möchtest, dass deine Interpretation (schön, gut, schlecht, blöd, liebevoll, toll, cool, unangenehm, angenehm etc.) richtig ist, dann geht damit jedoch deine Wahrnehmung des nächstfolgenden Gedanken verloren. Das führt so weit, dass du aus dem Hier und Jetzt herausfällst und nur noch mit deinen Interpretationen gedanklich beschäftigt bist. Das heißt, du nimmst immer weniger von dem wahr, was tatsächlich ist.

Mach dir also noch mals klar: Niemand zwingt dich, deine Gedanken zu interpretieren. Lass sie ziehen, relaxe und entspanne dich. Das ist die beste Methode, um im Hier und Jetzt zu sein, um geistige Ruhe in dir selbst zu finden.

In dieser Ruhe checke bitte in deiner Gedankenwelt: Was ist dein Wunschfilm für das Jetzt, für das Heute und das Morgen? Das Beste soll dir gerade gut genug sein. Setz dich hin und formuliere deine Vision schriftlich. Alles, was im Leben wichtig ist, macht man schriftlich. Ein Film besteht aber nicht aus Worten (das wäre ein Aufsatz), ein Film besteht aus Bildern und Szenen. Schau dir deine Zukunftsvision als Szene an.

In einer Szene gibt es nichts Abstraktes. Es wäre ein schlechter Film, wenn uns der Darsteller erklären müsste, was er gerade in der Szene zu tun hat, wir es aber nicht zu sehen bekommen – das nervt. Wir wollen es ja sehen, erleben, unmittelbar wahrnehmen, und somit nehmen wir es auch für wahr. Die Szene wird durch das Aufschreiben im Drehbuch-Stil unsere subjektive Wahrheit. Du nimmst sie für wahr (auch wenn sie komplett ausgedacht ist) als deine Wahrheit. Es ist sowieso alles relativ, subjektiv, es ist dein einzigartiger Film, einmalig im ganzen Universum.

Der Unterschied zwischen deinem selbst imaginierten oder deinem von außen übernommenen Film könnte nicht größer sein. Der übernommene Film richtet sich danach, was man macht und was man nicht macht: was die Nachbarn denken, was sich gehört und was nicht, ob ich gut aussehe oder nicht, ob die Haare sitzen oder nicht, ob sie oder er mit meinem Aussehen einverstanden ist oder nicht – all das sind Filme, bei denen von außen Regie geführt wird.

Mein Seelenfilm aber folgt anderen Kriterien. Bei ihm frage ich mich: Wie vermeide ich Stress? Was brauche ich, was wäre das Schönste für mich, womit werde ich richtig glücklich, womit bleibe oder werde ich gesund, was tut mir gut zum Wohle aller? Dieser Film, den ich mit meinen eigenen Gedanken projiziere und dabei aufschreibe, den nehme ich für wahr, das ist meine Wahrheit. Dieser Film wird/ist meine eigene, ganz persönliche subjektive, geliebte Wahrheit.

Seelenschreiben – im Drehbuch-Stil

Das *Seelenschreiben*® beginnst du damit, dass du haarklein eine Situation protokollierst, in der sich ein Konflikt/ein Problem manifestierte. Gewöhne dir an, einen zu klärenden Konflikt als *Projekt* zu bezeichnen (statt als Problem). Dann handelt es sich um eine Herausforderung, die gemeistert werden möchte. Niemand von uns liebt Krankheiten und Probleme. Aber Projekte – ja, bei denen gibt es immer etwas zu lernen, und das wollen wir.

Sobald du die (typische) Situation auf dem Papier hast (bzw. in der Datei, falls du den Computer nutzt), bearbeitest du den Text noch einige Male, bis er immer echter mit immer genaueren Details versehen ist. (Wenn du mit der Hand schreibst, denk bitte daran, rechts auf dem Papier einen breiten Rand für Verbesserungen zu lassen.)

Wichtig ist: Du schreibst nur im Präsens! Sonst spürst du das zu protokollierende Ereignis nicht unmittelbar. Entscheidend ist, dass dein Gefühl authentisch ist, dass du vollkommen in die Situation eintauchst und somit dein Gefühl zu diesem Ereignis dir wieder voll präsent ist. Somit bist du im Jetzt. Deshalb bringst du alles, was geschehen ist, was dabei gesprochen wurde – von dir selbst und den anderen – und nun protokolliert wird, in der ersten Person zu Papier, also in *wörtlicher Rede*.

Du beginnst jeden Protagonisten in einer neuen Zeile mit dem Kürzel für seinen Namen. Bei *Mama* und *Papa* sind es nicht deren Vornamen, sondern M und P, und bei dir selbst ein »I« für *Ich*: Dem folgt wörtlich, was du sagst, z. B.: *Ich will* … Den gesamten Dialog schreibst du exakt wie ein Drehbuch. Das ist die beste und wirksamste Protokoll-Form. Du gehst so vor, als wäre die Situation gefilmt oder auf der Bühne gespielt worden, und du protokollierst, was der Dokumentarfilm zeigt oder die Zuschauer sehen und du an wörtlicher Rede wortwörtlich vernimmst. Du enthältst dich jeglicher Kommentare oder Erklärungen.

Zwischen der wörtlichen Rede, die du Zeile für Zeile protokollierst, beschreibst du die Handlungen der beteiligten Personen und setzt sie in Klammern, z. B.: schreit, (ihr kommen die Tränen) etc. Eine Aussage wie z. B.: *Meine Eltern streiten* funktioniert nicht. Das wäre ein Meta-Text, der inneren Abstand dazu erzeugt. Ins Gefühl tauchst du erst ein, wenn du schreibst:

P (schreit): Immer gibst du zu viel Geld aus!
M (kommen die Tränen): Ich spare doch sowieso schon an allen Ecken und Enden.
P: Du kriegst ab sofort weniger Haushaltsgeld.
M (verzweifelt): Rolf, das kannst du nicht machen, die Kinder müssen essen.
P (geht aus der Küche): Ach was ... usw.

Spürst du den Unterschied zwischen »Eltern streiten« und dem konkreten Ablauf im Drehbuch-Stil? Auf diese Weise holst du das belastende Schmerzbild, das zum bestehenden Konflikt gehört, wieder ins Bewusstsein, ins Jetzt. Nur so kann das (oftmals als traumatisch) empfundene Geschehen (an)erkannt und dann durch eine Umschreibung – eine neue Projektion – in positive Gefühle gewandelt, also transformiert werden. Durch das Umschreiben kommst du zu einem *Heilbild,* mit dem du die neue, heilende Wirklichkeit nachhaltig in dein Leben integrierst und etablierst.

Wenn du diese Wirkung für deine Projektionen und Umschreibungen erzielen willst, muss es ein konkreter Dialog im Drehbuch-Stil sein, mit der Schilderung des Ambientes, in dem die Szene stattfindet. Dabei kann man nie sagen »so oder so« und die Entscheidung offenlassen. Für den Film (das Schmerzbild oder die Umschreibung) gibt es immer nur eine Variante, nämlich die, die der Film zeigt. Es muss genau das auf dem Papier stehen, was du siehst und hörst. Geh rein in die schmerzende Szene – dann spürst du, was an dieser Situation für dich so unerträglich ist. Es kommt nicht darauf an, ob gemäß den Zweifeln der Ratio die Situation exakt so ablief, aber subjektiv ist sie für dein Gefühl stimmig, weil typisch.

Vielleicht schaffst du diese Aufzeichnung nicht an einem Tag oder in einer Nacht. Das macht nichts. Es sind dann eben mehrere Tage. Hauptsache, du findest dafür eine Zeit, in der dich absolut niemand stört. Und selbstverständlich lässt du diesen Text nicht irgendwo herumliegen bzw. machst ihn auf dem PC frei zugänglich. Diese Texte gehen niemanden etwas an, du erschaffst sie ausschließlich für dich selber. Du musst und sollst sie niemandem erklären oder dich für sie rechtfertigen müssen. Du schreibst sie für deine eigene Seelenarbeit.

Der nächste Schritt besteht darin, dass du genau diese Szene, die jetzt wie ein Film vor dir auf dem Papier steht, *um*schreibst. Das heißt, du verwandelst sie exakt an der Stelle, an der du z. B. stumm wurdest oder zu lügen anfangen musstest oder vor Kummer endlich eingeschlafen bist. – Du versuchst, auf dem Papier den letzten möglichen Moment zu markieren, von dem an du das Ruder herumwirfst und jetzt genau das tust, was du dich damals »in echt« nie getraut hättest: Du wagst, in der Umschreibung so aufzutreten, wie das eigentlich schon immer dein tiefster innerer Wunsch war.

Dazu gehört nicht nur Mut, sondern bisweilen auch Wut (die auch laut raus soll, wenn du alleine bist). Alles andere machst du »nur« auf dem Papier, also kann dir auch nichts Schlimmes passieren, vorausgesetzt du hältst die Aufzeichnungen unter Verschluss. Denn du befindest dich in einem schöpferischen Prozess, der in Wandlung begriffen ist. Würde nun beispielsweise genau die Person, die in den Konflikt involviert ist, über deine Texte stolpern, würde dies nur zu weiteren Problemen und Missverständnissen führen.

Jetzt, auf dem Papier, bist du ganz bei dir, suchst und findest den Weg, auf dem du zu Verhältnissen kommst, die dich glücklich und natürlich auch gesund machen – zum Wohle aller. Dafür brauchst du am Ende deiner Umschreibung eine Harmonisierung mit deinem Peiniger. Oft geht dies nicht direkt, weil dir das keine Genugtuung verschafft. Also nochmals: Du darfst auf dem Papier (das niemanden etwas angeht) deiner Wut vollen Lauf lassen, bis sie vollkommen aus dir heraus ist und dein Peiniger endlich begriffen hat, was er/sie dir angetan hat und sich dafür bei dir überzeugend entschuldigt. Diese Wut gehört bereits zu deiner neuen Wirklichkeit, in der am Ende dein Peiniger ein besserer Mensch geworden ist. Du schreibst dieses *Heilbild* ebenfalls im Drehbuch-Stil, d. h. im Präsens und in wörtlicher Rede, so, wie du auch das Schmerzbild geschrieben hast.

Bitte achte darauf: Um diese neue Wirklichkeit tatsächlich emotional zu erfahren, ist es wichtig, dass du die Drehbuch-Regeln exakt einhältst und nicht in Meta-Texte abrutschst. Zur Orientierung noch einmal die wichtigsten Punkte in der folgenden Übersicht:

SO SCHREIBST DU IM DREHBUCH-STIL

- Bezeichne ein Problem/einen Konflikt stets als »Projekt«.
- Das Schreiben erfolgt in einer absolut zensurfreien, ungestörten Atmosphäre (am besten nachts im sog. Alphazustand).
- Sorge für ein einwandfrei funktionierendes Schreibgerät (Block, Bleistift, Kugelschreiben, PC).
- Jeder Protagonist beginnt mit einer neuen Zeile.
- Das Geschehen wird wie für Schauspieler in ihren Rollen ausschließlich im Präsens und in wörtlicher Rede aufgeschrieben.
- Die Namen der Protagonisten bekommen ein Kürzel, z. B.: K = für Klaus oder I = für Ich.
- Es werden keine Kommentare notiert, lediglich (in Klammern) Hinweise für die Handlung gegeben, z. B. (Wie viele Zentimeter steht er vor dir?), und für die Befindlichkeit der Protagonisten (schreit, weint etc.).
- Bei einem handgeschriebenen Drehbuch lässt du auf dem Papier rechts einen breiten Rand für spätere Vertiefungen, Ergänzungen, Korrekturen, Streichungen, Verbesserungen jeglicher Art, bis der Text völlig authentisch ist.
- Bei einem elektronisch geschriebenen Drehbuch fertigst du vorher eine Kopie für die Verbesserungen an, sodass du völlig frei bist, deine Gefühle so lange zu modifizieren, bis die Emotionen passen.
- Achte darauf, dass diese persönlichen Aufzeichnungen nur dir selbst zugänglich sind.

Probiere es aus, es kann dir daraus kein Schaden erwachsen. Übung macht den Meister. Wenn du Hilfe brauchst – am Ende dieses Abschnitts »Seelenschreiben« findest du sie.

Deine Ratio wird natürlich gegen die Umschreibung protestieren, denn sie weiß ja, dass es so nicht war, dass du es zumindest nie so liebevoll und harmonisch hattest, wie sich das jetzt liest, oder dass du nie so viel Mut bzw. Selbstbewusstsein an den Tag gelegt hast. Du weißt aber bereits aus der Lektüre dieses Buches, dass die Ratio der Intuition zu dienen hat und ihr keine Vorschriften machen darf. Mit der Umschreibung erschaffen wir eine neue Schwingung in der zu heilenden Beziehung deines *Projekts*. Diese neue, von dir kreierte Schwingung ist echt. Du fühlst sie. Manche sagen sogar, sie sehen es dir an. Dein Gesicht strahlt mehr Licht aus. Und du kannst feststellen, dass das dazugehörige Symptom oft schon nach der ersten Umschreibung im Schwinden ist.

Lass dich in dieser Phase auf keinen Fall von der Ratio verunsichern, denn dann fällst du wieder zurück in das alte Hass- und Streit-Muster, mit dem du Probleme bekamst bzw. an dem du erkrankt warst.

Die neue mentale Wirklichkeit wirkt. Das ist eine unglaubliche Erfahrung! Du wirst vom Opfer zum Schöpfer, bist deines eigenen Glückes Schmied. Wissenschaftlich ausgedrückt, hast du mit der Umschreibung ein neues morphogenetisches Feld erschaffen, das sich im selben Moment auf die beteiligten Personen auswirkt. Du machst sie damit zu besseren, liebevolleren Menschen, von denen weniger und weniger bis nichts Negatives mehr ausgeht. Das lässt dich aufatmen, und alle deine Zellen erhalten diese neue Information. Der Friede ist hergestellt.

Da die Zellen auf nichts anderes reagieren als auf die Botenstoffe, die aus dem Gehirn kommen, nehmen sie diese neue Information für ihre Wahrheit und verhalten sich entsprechend. Das Gehirn hat diese Botenstoffe ebenfalls in dem Glauben versendet, dass die neue Geschichte stimmt, denn es kann zwischen Fakt und Fiktion nicht unterscheiden. Dafür ist es nicht gebaut. Die Synapsen entstehen sowohl aufgrund einer echten als auch auf einer imaginierten emotionalen Erfahrung. Da wir diese Erfahrung im Jetzt geschrieben haben, treten die neuen Verhältnisse deshalb genau jetzt ein. Das ist die Kunst des *Seelenschreibens*®.

Das Schreiben mit der *KUBYmethode*® ist keine Schikane oder ein vernachlässigungswürdiger Zusatz, sondern ein essenzieller Bestandteil, sonst wirkt die Methode nicht. Mit dem Schreiben passiert zweierlei:

Erstens: Alles, was sich im Universum manifestieren soll, bedarf eines geistigen Impulses. Mit der Umschreibung manifestiert sich der geistige Impuls zunächst auf dem Papier. Vergleichbar zu dem Bauplan, ohne den man kein Haus bauen kann.

Zweitens: Du erschaffst dir mit dem Schreiben einen Spiegel für deinen Zustand. Ohne Spiegel kannst du diesen Zustand nicht reflektieren; also mehrmals lesen und auf dich wirken lassen. Du kannst den Text auch immer wieder korrigieren, erweitern und verdichten, bis er die Intensität des Erlebens erlangt hat und auf diese Weise Synapsen bildet. Wenn du die Angelegenheit nur durchdenken würdest, fände keine Reflektion statt und damit keine Bewusstseinsentwicklung. Bewusstsein entsteht nun mal nur durch Reflektion, und das ist zur Heilung bzw. zur Lösung deines Projekts unbedingt unentbehrlich.

Mit deinem bisherigen Bewusstsein warst du nicht in der Lage, an deinem Schmerz oder an deiner Lebenseinschränkung nachhaltig etwas zu verbessern. Das ist ein Grund, weshalb du jetzt mit der *KUBYmethode* arbeiten möchtest. Die Personen, mit denen du Stress hattest, ändern sich ja nicht von alleine. Da aber du dich ent-wickeln willst – im wahrsten Sinne des Wortes –, das heißt, dich aus deinen Verstrickungen herauslösen möchtest, musst du etwas tun. Es macht keinen Sinn, noch länger darauf zu warten, dass der/die andere sich ändert. Du nimmst die Veränderung selbst in die Hand.

Eigene Reinkarnation vorbereiten

Die subjektive Wahrheit beim *Seelenschreiben* in Kombination mit dem langsamen, nüchternen Denken ist auch eine wichtige Sterbevorbereitung bzw. für die Zeit danach im Bardo (ohne leibliche Form). Denn mit dem *Seelenschreiben®* gehst du gezielt daran, dir dein neues, nächstes Leben zu projektieren. Du kannst davon ausgehen, dass dein zukünftiger Charakter, mit dem du bei der Zeugung wieder eine Form annimmst, genau derselbe ist wie der, mit dem du deinen jetzigen Körper verlässt.

Im Bardo entwickelt man sich nur weiter, wenn man zu Lebzeiten – also jetzt – gelernt hat, seine Gedanken zu kontrollieren. Sonst rumpelst du dort mit deinen Gedanken überall an. Das verwirrt und stresst dich. Aus Verwirrungen entstehen Fehler, z. B. die, dass es dich genau dahin treibt, wo du noch am stärksten negativ gebunden bist. Das sind, wie erwähnt, beispielsweise nicht nur unerfüllte Liebesgefühle, sondern auch Hass und unreflektierte Sehnsüchte.

Es kommt also darauf an, sich dieser Triebkräfte bewusst zu werden und sie aufzulösen, sodass du frei bist, dorthin zu gehen, wo du in deinem nächsten Leben auch tatsächlich frei bist. Wenn du z. B. gewalttätig warst, dann musst du aufpassen, zu wem dich diese Eigenschaft zieht. Mit diesem Charakteraspekt wieder auf die Welt zu kommen, bereitet einem kein schönes Schicksal. Es wäre dann z. B. nicht verwunderlich, wenn Gewalt zu den Erziehungsmitteln gehören würde, die dir in deinem neuen Leben zugefügt werden. Insbesondere als Mann – selbst wenn du diese karmische Konsequenz verstehst –, kannst du dieser Bedingtheit nicht entgehen.

Es gibt viele Männer, die mehrere Leben mit Gewaltausübung verbracht haben. Kampf war in jedem dieser Leben ihr Lebenszweck. Soldaten, Gewalttäter gibt es in jeder Generation. Wenn du zu diesem Heer von Männern gehört hast, irritiert es dich vielleicht, dass du regelmäßig ausrastest, wenn es für dich psychisch eng wird – und möglicherweise schlägst du dann auch, obwohl du das eigentlich gar nicht willst. So etwas tust du natürlich nur, wenn auch du geschlagen wurdest oder geschlagen hast.

Um an die Quelle dieser Programmierung zu gelangen, benutzt du wieder das *Seelenschreiben*. Dir wird dadurch das Frequenzgefühl des Schlagens bewusst, und es tauchen dazu Szenen in dir auf, die viel älter als dieses Leben sind. Diese Szenen nimmst du ernst, tauchst in sie hinein – auch wenn es grausig ist, was du da erneut durchmachen musst –, aber du wirst daran jetzt nicht (noch einmal) sterben. Du bekommst damit die Chance, diese Prägung umzuschreiben, sie zu transformieren, sie neu zu programmieren, sodass diese (unbewusste) Frequenz nicht weiter deine Leben bestimmen muss. Das Muss bleibt nur so lange ein Muss, wie du dir kein Bewusstsein zu seiner Ursache verschaffst. Durch *Seelenschreiben* aber gelingt es dir.

Viele schaffen es nicht, sich in einem einzigen Leben von diesem Gewaltmuster komplett zu lösen, weil sie sich über die Quelle nicht bewusst werden, denn sie besitzen kein Werkzeug dafür. Wenn mit der über viele Leben gewohnten Gewaltbereitschaft nun Schluss sein soll, dann erfordert das gründliche Bewusstseinsarbeit. Damit kannst du sofort beginnen.[42]

---

[42] In meinem Buch *Heilung – das Wunder in uns* findest du praktische Übungen zu diesem Prozess, die du schriftlich angehen kannst. (siehe Anhang//Medienshop).

Du weißt, du stirbst sowieso. Spätestens dann wird dir bewusst, was du getan hast. Oder du entziehst dich dem und wirst rechtzeitig dement und kannst damit das Erkennen deiner Taten oder deines schlimmen Opferdaseins auf krankhafte Weise verdrängen, allerdings nicht auf ewig. Deine Seele möchte diese Disharmonie irgendwann loswerden, sie kostet auf Dauer zu viel Kraft. Du merkst es, dass du dich nicht im Griff hast. Irgendwas triggert dich und du vergisst dich, schlägst um dich und/oder wirst depressiv. Oft wird dann versucht, diese Gefühle mit Alkohol zu ertränken. Das aber ist nur eine kurze Flucht, die Suchtcharakter annimmt. In Deutschland sterben weit über 100 000 Menschen jedes Jahr an Alkohol. Sie üben meist furchtbaren Terror in ihren Familien aus, der durch diese legale Droge gefördert wird.

Um dieses Leiden und jede andere Form des Leidens zu überwinden, arbeite mit der *KUBYmethode®* – je früher, desto besser. Am besten, bevor man bei der nachfolgenden Generation Schäden hinterlässt, und auch, bevor man das Problem mit in sein nächstes Leben nimmt.

Ich will überhaupt nicht mehr inkarnieren

Vielleicht bist du jemand, die/der zuallererst diesen Abschnitt hier liest, weil du eigentlich von diesem jetzt von dir gewählten Leben enttäuscht bist und am liebsten nur noch deine Ruhe haben möchtest. Dem ganzen Stress, den ein Leben mit sich bringen kann, zu entfliehen, weckt natürlich den Wunsch, möglichst überhaupt nicht mehr als Mensch zu inkarnieren. Als was dann? Als ein Nichts? Ohne in eine Form zu gehen? Du weißt hoffentlich, dass mit dem Tod nur die Form von dir abfällt. Dein Geist, der bleibt, der ist unsterblich.

Überprüfe dich einmal: Worin besteht der Stress, der dir das Leben verleidet? Primär körperlich oder seelisch-geistig in deiner Gedankenwelt? Du wirst vermutlich sagen: *beides*. Das bedeutet, du bist (noch immer) der Auffassung, dein Körper besitzt ein Eigenleben unabhängig von deinem Bewusstsein; dein Körper tanzt dir quasi auf der Nase herum und macht, was er will. Was meinst du, wer der Chef deines Körpers ist? Wer oder was veranlasst deine Zellen, sich nicht ordentlich zu verhalten?

Den Wunsch, nicht wieder zu reinkarnieren, kann ich sehr gut verstehen, aber im Grunde ist es nur ein Fluchtgedanke. Das ersehnte Nirwana oder ewige Paradies ist eine Illusion, eine verständliche Illusion, die dem Universum widerspricht. Denn das würde heißen, es gibt so etwas wie einen Stillstand. Sorry: Nein! Stillstand ist in diesem Universum nicht möglich, und ein anderes haben wir nicht. Die Entwicklung geht immer weiter, ohne Anfang und ohne Ende. Schwer vorstellbar, aber mathematisch im Kosmos nachvollziehbar (siehe z. B. die Forschungen, Thesen von Stephen Hawking und anderen).

Wenn also auch deine Entwicklung weitergeht, dann ist das immer zunächst eine Bewusstseinsentwicklung, bevor sich etwas in der Realität vollzieht. Diese Geisteskraft bleibt dir erhalten, auch wenn du stirbst. Glaubst du nicht, dass es deshalb ratsam wäre, deinen Geist so zu harmonisieren, dass der Stress aus deinem Leben verschwindet und du dich an dir selbst erfreuen kannst? Selbstliebe bildet die Basis für alles, denn das Universum ist ein harmonisches Fraktal, und noch dazu auf energetisch niedrigstem Niveau. Harmonie braucht bekanntlich am wenigsten Energie. Und Harmonie ist gleichzusetzen mit Liebe. Wenn du deine Entwicklung in diesem Sinne – also immer mit der Frage: *Was würde die Liebe tun?* – fortsetzt, dann stirbst du mit einem Geist, oder nennen wir es Seele, der/die sich riesig darauf freut, sich wieder zu verwirklichen.

Denk doch nur an deine guten Ideen, die du schon mal gehabt hast. Eine Idee, die sich nicht verwirklichen lässt, frustriert. Ein Maler möchte doch seine Bilder nicht nur denken. Er möchte sie sehnlichst auf der Leinwand sehen. Dann erst ist er befriedigt, und es geht ihm gut. Unkörperliche Liebe wäre ebenso nicht die ganze Erfüllung. Also wird sich auch dein Geist wieder manifestieren wollen. Insofern wirst du auch wiedergeboren, ganz gleich, ob du jetzt den Wunsch hast oder nicht.

Vermeide deshalb deinen Frust am Leben als eine dich prägende Energie. Mit dieser Energie wieder auf die Welt zu kommen, macht keine Freude. Du kommst früher oder später sowieso. Wenn du zu lange wegbleibst, blickst du bei dieser zunehmenden Ereignisdichte nicht mehr durch. Das frustriert und stresst dich ebenfalls (in Kap. 4 gehe ich näher darauf ein). Du kommst, um Erfahrungen zu machen, denn nur dadurch hast du die Chance, dich weiterzuentwickeln zu einem harmonischen, liebevollen Wesen. Du hast noch genügend Zeit, dich mit deinem jetzigen Leben zu versöhnen und in die Selbstliebe zu kommen.

Fang einfach an, dann siehst du freudig gespannt in die Zukunft. Das macht für dich niemand anderes als du selbst. Am besten lernst du dafür die Methode *Seelenschreiben*®. Ich helfe dir gerne dabei.

Wenn du Hilfe brauchst

Meinen ausgebildeten KUBY-Trainern und ggf. auch mir kannst du deine Seelentexte senden. Wir untersuchen sie auf ihre Wirksamkeit, kommentieren sie und senden sie an dich zurück.[43] Vielen hilft das sehr, wenn sie merken, dass sie stecken bleiben und sich wundern, weshalb sich trotz Umschreibung an ihrer Lebenssituation noch nichts Wesentliches verändert hat.

Meine Trainer und ich fühlen/erkennen an deinem Text (ohne das ganze Drumherum bei dir wissen zu müssen), wo und wodurch deine neue Wirklichkeit noch nicht (ganz) zur Wirkung kommt. Dieses Gespür kannst du ebenfalls lernen. Da ich seit meiner Schulzeit Filme mache, Film studiert und gelehrt habe, beschäftige ich mich ständig mit der Wirksamkeit von Bildern (Szenen). Als Kinogänger kennst du dieses Gespür auch. Du merkst sofort, welche Szenen bei dir wirken und welche nicht. Musst (oder müsstest) du weinen, dann registriere bitte, dass du ein geistiges Wesen bist, das hervorragend auf Placebos = Illusionen anspringt.

Wenn ich dein *Seelenschreiben* vor mir habe, sehe ich den Film, an den du dich erinnerst (das sogenannte Schmerzbild): Und wenn du darin exakt den Moment markierst, an dem deine Umschreibung, also der neue Film beginnt, dann kommt es mir überhaupt nicht schwierig vor, zu spüren: Ändert diese Emotionalität das Verhalten deiner Zellen, die durch das Schmerzbild in Unordnung geraten waren, oder fehlt es noch erheblich an der Harmonie, die sich jede Zelle wünscht? Und genau das bekommst du von mir, von uns kommentiert zurück.

---

[43] Bitte immer als word.doc(x) für windows.

Lies auch noch einmal hier im Anhang vorn in den Abschnitt *Seelenschreiben – im Drehbuch-Stil* hinein. Diese Vorgehensweise ist der Kern der *KUBYmethode*®, mit der du deine aktuellen Probleme harmonisieren kannst. Möchtest du bestimmte Themen intensiver angehen, findest du unter »So geht's weiter« einige Möglichkeiten, wie du begleitet werden kannst.

KUBY – die Zeit nach mir

In der Zeit nach meinem Tod wird die *KUBYmethode*® einfach nur noch KUBY heißen. Schon nach einer Generation wird es der Name für ein Werkzeug und nicht mehr für eine Person sein. Diese vier Buchstaben sind ein besonderes Werkzeug für Bewusstseinsentwicklung geworden. Es zeichnet sich dadurch aus, dass es keine Ideologie beansprucht. Es funktioniert mit jedem Glaubenssystem und jeder Philosophie und auch für jedes Geschlecht. Zwar ist KUBY zunächst männlich geprägt, aber als ein Werkzeug wird der Begriff K.U.B.Y. neutral, als Abkürzung für ***K**reativ.* ***U**nd.* ***B**ewusst.* ***Y**etzt.*

Heute ist es so, dass hinter dem Werkzeug KUBY noch meine Person steht, die die Erfahrung des Dokumentarfilm-Machens darin integriert hat. Daraus sind Regeln entstanden. Beachtet man sie im *Seelenschreiben* nicht, kann K.U.B.Y. nicht funktionieren. Das Werkzeug ist nur so gut, wie es fachgerecht bedient wird. Das ist logischerweise bei jedem Werkzeug so.

Das fachgerechte an K.U.B.Y. ist z. B. die schon erwähnte neurologische Feststellung, dass unser Gehirn Fakt und Fiktion nicht auseinanderhalten kann, was sich inzwischen auch in der gesamtgesellschaftlichen Entwicklung ablesen lässt. Bei der rasanten elektronischen Entwicklung wird es immer schwieriger, Schein und Realität auseinanderzuhalten. In den TV-Medien geht das ohnehin nicht mehr. Dort kann man jedem ein X für ein U vormachen. Bei den Social-Media wird es ebenfalls schwerer, den rationalen Orientierungs-Leitplanken ist immer weniger zu trauen (Stichwort: *fake news*). Das heißt, der Übergang von der Ratio in die Intuition wird fließender.

Auch wenn es viele Menschen erschreckt: Ich halte diese Entwicklung für gut und notwendig. Denn damit wird die Ratio mehr und mehr entmachtet. Momentan spielt sie sich noch als die Herrscherin auf. Für Bewusstseinsentwicklung kann sie aber nicht sorgen. Denn diese entspringt, wie begründet, der Intuition. Wenn die Ratio nun immer mehr verwässert wird, dann wird es für die Menschen immer notwendiger, sich auf ihre Intuition verlassen zu können. Mit K.U.B.Y. lernen wir, uns unsere Orientierung mithilfe der Intuition selbst zu imaginieren. Das verändert das Daseinsgefühl grundlegend.

Wenn ich ein *Schmerzbild* in ein *Heilbild* umschreibe, erklären wir die Imagination zur Wahrheit. Das verunsichert die Ratio gewaltig und mindert ihre Macht. Auf diese Weise erreichen wir, dass die Ratio sich der Intuition unterordnet und damit die Hierarchie des *Seins* hergestellt wird, in der die Intuition die höchste Position einnimmt. Es spielt keine Rolle, welchen Begriff du dieser Position gibst: Gott, Allah, Buddha, Kosmos, innere Weisheit, universale Intelligenz oder Dalai Lama. Jeder, der mit K.U.B.Y arbeitet, benutzt diese Figuren/Begriffe lediglich für seinen Wahrheitsbegriff, mit dem er sich seine neue, gesund und glücklich machende Wirklichkeit selbst erschafft und damit zur Wirkung bringt.

Diese Fähigkeit, die unser Gehirn besitzt, nutze ich als Filmemacher und verschaffe meinen Zuschauern ein echtes Erlebnis. Und genau dasselbe machen wir mit K.U.B.Y. für eine gesund und glücklich machende Wirklichkeit. Wie du weißt, führen wirksame Bilder sogar dazu, dass dein Puls hochgeht und dein Herz schneller schlägt, obwohl es dafür keinen echten Grund gibt. Alles, was du im Kino siehst, ist ausgedacht, erfunden. Wenn man so will, eine komplette Illusion. James Bond ist nicht James Bond, sondern ein Schauspieler, dennoch nimmst du ihn als den Helden Bond wahr. Die Fiktion muss so gut inszeniert sein, dass sie für dich glaubhaft ist, dann wirkt sie wie eine echte Erfahrung.

Genau das tust du mit der Szene, in der du vorher gelitten hast, dich aber jetzt mit dem neuen Film zum Wohle aller davon befreit hast. Wenn du das auf dem Papier hinbekommst, dann passiert es auch in der Realität.

Wir bieten ein intensives Studium für den Umgang mit dem Werkzeug K.U.B.Y. an, um es zu verbreiten. Die *KUBYmethode®* hat nichts mit Wissen zu tun, wie du inzwischen erkannt hast. Wissen ist an die Ratio gebunden, und damit an Raum und Zeit. Das, was ich weiß, gehört ja bereits zu meinem Bewusstsein. Reicht dieses Bewusstsein aber nicht aus, um in diesem und im nächsten Leben gesund und glücklich zu sein, dann muss ich es erweitern. Und genau dazu dient das Werkzeug K.U.B.Y. Dafür müssen wir die Ratio in ihre Schranken verweisen.

Jeder Mensch besitzt die Intuition, um neues Bewusstsein zu schöpfen. Das geschieht nicht abstrakt, genauso wenig wie Musik abstrakt entsteht. Intuitive Erkenntnisse sieht man, Musik hört man. Die daraus entspringenden Worte schreibt und hört man. Das ist alles real. K.U.B.Y. kommt ohne jegliche Mystik aus. In der Mystik steckt immer sehr viel Ideologie. Und ideologische Standpunkte besitzen immer eine abstrakte Basis, so wie alle Religionen. K.U.B.Y. funktioniert nur konkret, konkret, konkret.

In der Intuition bist du kein Denkmensch, sondern ein fühlender Mensch. Wir sprechen hier vom *limbischen Gehirn*. Von dem noch nicht Bewussten. Von dem, was wir mit K.U.B.Y. aus der Verdrängung holen, ohne jegliche Unfreude. Wir bemühen uns, Schmerz, Trauer, Tod & Teufel als die Darsteller/Protagonisten unseres Schmerzfilms zu sehen. Wir brauchen darüber nichts zu wissen, wir schauen, was uns die Bilder zeigen.

Am Ende des Prozesses, wenn die gesamte Szene aus dem Unterbewusstsein in das Wachbewusstsein geholt wurde, fangen wir an, solche Filme zu lieben. Ich z. B. liebe meine Querschnittslähmung, sogar dann, wenn plötzlich heute noch Schmerzen im Rücken oder in den Beinen auftauchen. Diese Schmerzen sind mir ein Warnschuss meiner Seele, die mir sagen will, mit dem, was ich gerade tue, nicht fortzufahren. Mit diesem Schmerz ist sie in der Lage, mein Ego zu übertönen. Wenn Gewissensbisse oder ein ungutes Gefühl mich zuvor nicht stoppen ließen, dann eben so, gibt mir die Seele zu verstehen. Ich habe mir angewöhnt, mich in solchen Momenten innerlich zurückzusetzen und meine Handlungen Revue passieren zu lassen. So etwas muss ich selbstverständlich schriftlich machen, um das Geschehen, das ich verstehen soll, klar vor Augen zu bekommen. Wo, wann tauchte der Schmerz auf? Jeder Schmerz birgt eine Botschaft, die ich wissen will – die ich mir bewusst mache. Dafür wende ich K.U.B.Y. an (auch wenn ich anders heißen würde).

Ich kann den Schmerz aushalten, ich dämpfe ihn nicht mit Tabletten, um mir den Seismographen (den Spürhund) für die Tür in mein Unterbewusstes nicht abzuschalten.

Es kam auch bei mir schon vor, dass ich irgendetwas Schmerzstillendes eingenommen oder unternommen habe, um mir eine Verschnaufpause zu verschaffen. Wohlwissend, dass ich mir damit den Seismographen abschalte oder zumindest zeitweise desensibilisiere. Deshalb habe ich Verständnis dafür, dass andere das auch manchmal machen müssen. Man darf die Schmerz-Linderung dann nur nicht für Heilung halten.

Intuition ist unsere Weisheit. Die Weisheit des Universums, mit dem unsere Seele verbunden ist. Unsere Seele ist nichts anderes als die personalisierte Intuition, also das, wofür das limbische Gehirn der Receiver ist. Möchte ich die Botschaft meines Schmerzes entschlüsseln, komme ich nicht umhin, den Schmerz zu dokumentieren. Die Menschheit, jeder einzelne Mensch ist voll von Schmerz, und jeder von uns hat schon ausgeteilt und eingesteckt. Das heißt, jeder war in seinen verschiedenen Leben schon Täter und Opfer, jeder hatte schon mal ein Leben als Mann und Frau.

Doch all das lässt sich wandeln. Es macht nämlich Spaß, sein Bewusstsein genau dann, wenn man es braucht, selbst zu erweitern, auch ohne Schmerz oder irgendeinem Leiden, allein aus kreativen Gründen. Heilung ist sozusagen ein Nebeneffekt der Bewusstseinserweiterung. Eine Umschreibung, die keinen Spaß macht, ist noch nicht so, wie deine Seele sich fühlen und im realen Leben verwirklichen möchte. Gesundheit ist noch immer das höchste Gut, höher als Liebe, Geld und Gott.

Denk stets daran: Setze eine Absicht zum Wohle aller. Absicht bedeutet Fleiß, Tun. *Der Absicht folgt die Energie.* Das ist ein kosmisches Gesetz wie das Gesetz von *Ursache und Wirkung.*

Sondierung für das nächste Leben
(Klientenbeispiel)

Die 85-jährige Seminarteilnehmerin Marta S. aus Berlin zieht im Selbstheilungs-Navigator[44] intuitiv die Karte 64: »Gesund werde ich meinen Körper verlassen«, auf der es u. a. heißt: *Wenn ich meiner Entwicklung in diesem Körper nicht weiter dienlich sein kann, verlasse ich ihn.* Daraufhin schrieb sie:

Ich bin jetzt davon überzeugt, dass ich in meinem Leben noch eine Aufgabe zu erfüllen habe. Die Sinnsucherei hört jetzt auf, ich weiß endlich, warum ich mit 85 noch da bin. Ich lerne, mir mit meinem Geist einen neuen Körper zu erschaffen. Das ist ein absolut neuer Gedanke für mich. Damit will ich mich ab sofort intensiv befassen.

Durch mein *Seelenschreiben* habe ich herausgefunden, dass ich in einem Vorleben in Indien lebte, und dahin will ich in meinem nächsten Leben wieder zurück. Ich frage mich allerdings, warum ich diesmal in diesem von mir verhassten schwäbischen Kaff inkarniert habe, mit so vielen Geschwistern und Eltern, die nichts kannten außer Streiten und Beten. Ihre Ehe war eine Katastrophe. Mädchen waren nichts wert, es ging immer nur ums »Büble«. Warum landete ich in dieser Enge, mit dieser katholischen Scheinfrömmigkeit? Ich wollte Abitur machen und studieren. Das gelang mir erst mit 78.

Mir ist jetzt sonnenklar geworden, dass mir mein Mann und mein Kind meinen Weg weisen: Mit 38 heirate ich einen Inder. Mit 47 adoptieren wir ein indisches Baby. Mit 81 bekomme ich einen wonnigen, halbindischen Enkel. Erst kürzlich habe ich mir die Göttin Tara als eine wunderschöne, 60 cm große Messingstatue gekauft.

Nun muss ich doch noch mal nach Indien. Ich hatte mit Reisen schon Schluss gemacht. Ich fliege nach Bangalore. Ich möchte dort reinkarnieren und in der IT-Branche etwas werden, denn jetzt kann ich nicht mal eine

[44] Clemens Kuby: *Selbstheilungs-Navigator.* Karten-Set mit 64 Karten und Erklärungsbüchlein. Kösel Verlag. (siehe »So geht's weiter«//Medienshop)

SMS schreiben. Einen Computerkurs werde ich in diesem Leben auch noch belegen. In Bangalore schaue ich nach jungen Leuten und den Umständen, in denen ich im nächsten Leben sein möchte. Das mache ich noch, bevor ich 86 werde.

Ich liebe Indien. Ich komme dort aber als Junge auf die Welt, am liebsten in einer Musikerfamilie. Musik ist mein Hobby. Männer müssen in Indien nicht wie Mädchen um ihre Anerkennung kämpfen. Männer sind in Indien freier als Mädchen, die können nachts auf die Straße gehen, sich ihre Frau aussuchen und vor der Ehe Sex haben. Außerdem möchte ich es meinen indischen Eltern ersparen, sich für die Hochzeit einer Tochter für ihr ganzes Leben zu verschulden.

Ich ziehe jetzt noch mal aus dem *Selbstheilungs-Navigator* intuitiv eine Karte. Es ist die Nr. 45: »Alles ist gut, denn wir lieben uns.« Sie besagt weiter: *Wann immer ich Zuversicht, Gesundheit und Frohsinn brauche, schaue ich auf mein von mir selbst erschaffenes Heilbild, um mich daran zu erinnern.* – Ich schaue auf mein neues Vorhaben.

Trotzdem habe ich noch eine Heidenangst vorm Sterben. Das fromme Korsett meiner Eltern habe ich noch nicht ganz abgestreift. Mein Kirchenaustritt hat das noch nicht ganz bewirkt. Aber jetzt, seit dem Seminar bei Clemens, nehme ich mein Leben und gleich auch mein zukünftiges Leben in die eigene Hand. Der Gedanke, ich könnte in Zukunft in Indien leben, macht mich ganz glücklich und gesund. Ich laufe schon viel besser als vor dem Seminar.

Grüße!
Marta, Berlin

Dank

Wem verdanke ich meine Bewusstseinsentwicklung, die sich in diesem Buch niedergeschlagen hat? Ich müsste ein präzises Tagebuch geführt haben, um mir bewusst zu machen, was mich bewusst machte. Es waren oft unauffällige Momente, natürlich aber auch die großen dramatischen Konflikte. Dabei ging es immer um Liebe, von wem, wann, wie viel, nehmend, gebend, bekennend, verlässlich, von Dauer, vernachlässigt, missverständlich, authentisch, offen und so weiter. Meine Liebe will sich ständig verwirklichen, dafür muss mein Bewusstsein wachsen. Jede Krankheit, jeder Unfall, jedes Missgeschick – alles sind immer »nur« Beziehungsprobleme. Der Mensch kennt gar keine anderen Probleme. Das ist im Buch ausführlich erläutert. Sie liefern den dramatischen Stoff, durch den das Bewusstsein wachsen muss.

Ich bedanke mich als Erstes bei meinen Eltern für meine Bewusstseinsentwicklung. Außerdem habe ich die Feststellung gemacht, dass eine Begegnung, eine Liebe, ein Konflikt manchmal eine Wucht besitzen, die sich unmöglich aus der Erfahrung dieses Lebens speisen kann. Da gibt es unverständliche Bindungskräfte, bei denen ich rätsle, woher sie wohl stammen mögen. Ich finde dafür in diesem Leben keine Ursache. Mit diesem Buch denke ich über die Grenzen des leiblichen Lebens hinaus, und plötzlich taucht die Person, mit der ich verstrickt bin/war, in einem anderen Gewand und in einem anderen Ambiente auf, als ich sie heute kenne. Auch ich fühle mich darin ganz anders als in diesem Leben.

Diese Bilder darf ich zulassen, um meine Seele zu verstehen. Das Verstehen ist schon die halbe Lösung, denn Verstehen heißt Bewusstseinserweiterung. Aus solchen Erkenntnissen heraus habe ich dieses Buch geschrieben. Ich bedanke mich deshalb bei allen Personen aus vielen Leben und dem jetzigen, die zu meiner Bewusstwerdung beigetragen haben und es immer noch tun. Es ist mir nicht möglich, deren Namen alle aufzuzählen. Ich könnte beim Dalai Lama anfangen, der ab 1987, nachdem ich ihn bei seiner

Autopanne in Ladakh das erste Mal traf, mein Bewusstsein nachhaltig erweitert hat.

Ich benutzte das Filmemachen, um in Bewusstseinsbereiche vorzustoßen, die mir als Normalbürger nicht zugänglich gewesen wären. Die ganze Reinkarnationsgeschichte von Jamgon Kongtrul Rinpoche hätte ich ohne meinen Kameramann Valerio Albisetti nicht erfahren können. Um sie zu verstehen, half mir insbesondere auch mein Cutter Stefan Weiß.

Ich möchte mich außerdem bei allen meinen Seminarteilnehmern bedanken, die durch ihre Bewusstwerdungsprozesse mein Bewusstsein entscheidend miterweitert haben. Natürlich können diese Seminare nicht stattfinden ohne die wunderbare Arbeit meines Teams, Petra Schmid und Heidi Herschmann. Sie organisieren zugleich auch meine fast täglichen Begleitungsgespräche, die sehr oft in frühere Leben hineinrutschen, meistens durch einen unaufgelösten Schmerz. Man sollte deshalb seine Schmerzen nicht verteufeln, sondern als Türöffner benutzen. Die meisten Schmerzen haben eine Vorgeschichte in einem Vorleben und erzielen dadurch schon eine Bewusstseinserweiterung.

Für die ganz konkrete, immense Arbeitsleistung für dieses Buch, mit ständigen wertvollen Inspirationen für die Verbesserung des Textes, bedanke ich mich bei Ulrike Reverey, meiner Lektorin, die sie schon für alle anderen meiner Kösel-Bücher und Karten gewesen ist. Ohne sie brächte ich kein Buch zustande. Ich danke dem Kösel-Verlag, dass er sie mir auch nach ihrer Zeit im Verlag zur Seite gestellt hat. Ich hätte nicht gewusst, wer mich sonst in solcher Gründlichkeit und mit tiefem Verständnis für alles, was ich schreibe, hätte unterstützen können. Vielen Dank Ulrike!

Und Dank auch der Programmleiterin Usha Swamy sowie dem Verlagsleiter Dr. Tobias Winstel und seinem ganzen Team, dass dieses Buch den Weg zu Ihnen, liebe Leser, gefunden hat. Danke!

Clemens Kuby

Wer ist wer in diesem Buch?

Wie es im Christentum Katholiken, Protestanten und Orthodoxe gibt, so gibt es auch im tibetischen Buddhismus verschiedene Traditionen: *Kagyü, Gelug, Nyingma und Sakya*. Jede dieser Schulen/Kirchen hat ein Oberhaupt.

Karmapa ist seit dem Jahre 1110 das Oberhaupt der *Kagyü*, der **Dalai Lama** seit 1578 das Oberhaupt der *Gelug*. Der Dalai Lama ist zugleich auch das politische Oberhaupt aller Tibeter; das macht ihn heute so viel bekannter als den Karmapa. Wenn der jetzige 14. Dalai Lama stirbt, wird der noch junge Karmapa dessen Rolle als weltbekannter, spiritueller Lehrer übernehmen, und die Unterschiede zwischen den einzelnen buddhistischen Schulen/Kirchen verschwinden mehr und mehr.

Der Karmapa hat zwischen 1110 bis heute 17 Mal als Karmapa geplant und bewusst inkarniert. Für die Interimszeiten – die Zeiten zwischen Tod und nächster Reinkarnation – wurden von ihm bis zur Wiederaufnahme seiner Amtsgeschäfte jeweils verlässliche Stellvertreter, sogenannte »Seatholders«, bestimmt. Der 16. Karmapa lernte dafür über die Jahrhunderte vier Schüler an, parallel zu ihm ebenfalls bewusst zu inkarnieren. Es handelt sich um:

Shamar, der von 1283 bis 2014 insgesamt 13 Mal inkarnierte. Vom Dalai Lama war 1792 für die 11. und 12. Inkarnation des Shamar wegen Machtmissbrauchs ein Anerkennungsverbot erteilt worden. Dieses wurde vom heute amtierenden Dalai Lama erst nach der Flucht 1959 ins Exil auf dreimaliges Bitten des 16. Karmapa für den damals 12-jährigen Shamar in seiner 13. Inkarnation aufgehoben. Nach dem Tod des 16. Karmapa ernannte dieser 13. Shamar sowohl für den 17. Karmapa Ogyen Trinley Dorje als auch für den 4. Jamgon Lodro Chokyi Nyima, die uns in diesem Buch begegnen, andere Jungen für deren Position. Das führte dazu, dass im Internet nun jeweils zwei 17. Karmapa und auch zwei 4. Jamgon zu finden sind. Wobei Shamars Karmapa (Thaye Dorje) und »unser« Jamgon inzwischen den Mönchsstatus aufgekündigt haben und heute ein ziviles Leben führen.

Situ wurde ab 1377 bis heute mit 12 Inkarnationen ein weiterer Stellvertreter für Karmapa.

Gyaltsap wurde ab 1427 bis heute mit ebenfalls 12 Inkarnationen ein weiterer Stellvertreter für Karmapa.

Jamgon kam ab 1813 als vierter Stellvertreter mit bis heute 4 Inkarnationen hinzu. Der Übergang vom 3. auf den 4. Jamgon spielt in diesem Buch die Hauptrolle.

Weitere Personen

Tenzin, Jamgons Assistent, der mit 22 Jahren den tödlichen Autounfall seines Meisters überlebte, bis heute sein Vermächtnis leitet und vorrangig auch an der Suche nach der Inkarnation des 4. Jamgon beteiligt war.

Topga, der weltliche, jüngere Bruder des 3. Jamgon, der in Nepal als Geschäftsmann lebt.

Pema, die Mutter vom 3. Jamgon und von Topga, die in Kalimpong, West-Bengalen/Ost-Indien lebte. Sie starb 2012.

Yangki, die junge Mutter, und **Gampo**, der junge Vater des 4. Jamgon (die Reinkarnation des 3. Jamgon) in Tibet.

Drupon Dechen, der Abt des Klosters Tsurphu, 80 km nördlich von Lhasa. Tsurphu war und ist der Hauptsitz der Karmapas seit dem Jahre 1110. Drupon Dechen sorgte seit 1985 für den Wiederaufbau des von den Chinesen zerstörten Klosters in der Hoffnung, dass dort auch die 17. Inkarnation von Karmapa einziehen werde, was mit dem gerade 7 Jahre alten 17. Karmapa 1992 auch geschah. (Sehenswert dazu der Film *Widerstand des Geistes* von Clemens Kuby.)

Werke von Clemens Kuby

Bücher, Hörbücher, Karten, Filme und Audio-CDs

- Der Bestseller *Unterwegs in die nächste Dimension* als Taschenbuch. Clemens Kubys Reise zu Heilern und Schamanen. Ein überwältigendes Buch.
- Dieses Buch *Unterwegs in die nächste Dimension* gibt es auch als Hörbuch (im Auszug auf 2 CDs).
- DVD*: Der Kultfilm *Unterwegs in die nächste Dimension. DER* Film über geistiges Heilen. Hier ist zu sehen, was man immer schon ahnte, aber nie zu glauben wagte.
- Der Bestseller *Heilung – das Wunder in uns* als Hardcover. 320 Seiten, mit vielen praktischen Übungen für den eigenen Selbstheilungsprozess. Ein in jeder Hinsicht erfolgreiches Buch.
- Dieses Buch *Heilung – das Wunder in uns* gibt es auch als Hörbuch (im Auszug auf 2 CDs), von Clemens Kuby selbst gesprochen.
- DVD: Der Kinofilm *Heilung – das Wunder in uns.* In diesem Film zeigt Clemens Kuby seine eigene Heilungsgeschichte und einige andere Fälle von Selbstheilung. Ein Film, der unter die Haut geht.
- CD: Die Filmmusik *Heilung – das Wunder in uns.* Diese Musik wirkt heilend.
- Das Buch *Mental Healing. Das Geheimnis der Selbstheilung* fasst die bewusstseinserweiternde Heilmethode von Clemens Kuby mit vielen Beispielen zusammen. Ein Lehrbuch für jeden, der die KUBYmethode für sich und für seine Heilarbeit mit anderen lernen möchte.
- DVD: *Lebe Deinen Film.* Fünf Seelengespräche mit Clemens Kuby, inklusive der im Buch *Mental Healing* in tabellarischer Form abgedruckten Fälle.

- DVD: *Der Mensch – ein geistiges Wesen.* Bebilderte Ausführungen grundsätzlicher Art zum Thema *Geistiges Heilen;* sehr unterhaltsam und für jeden verständlich.
- DVD: *Seelenschreiben.* Eine Dokumentation über die Arbeit in den Seminaren von Clemens Kuby mit den daraus entstehenden Folgen und Erfolgen.
- Der *Selbstheilungs-Navigator.* Mit 64 Karten; kostbar illustriert von Brigitte Smith. Mit einer Gebrauchsanweisung sowie einer für jede Karte weiterführenden Erklärung. Die Karten haben über die Jahre eine verblüffend magische Treffsicherheit bewiesen.
- DVD: *Alles ist möglich – Spektrum der Selbstheilung.* In 2,5 Std. 26 verschiedene Wege für den Zugang zur Selbstheilung. Eine gute Einstiegs-DVD. Da ist für jeden etwas dabei.
- Das kleine Buch *Gesund ohne Medizin. Die KUBYmethode* fasst in aller Kürze zusammen, wie diese geniale Methode funktioniert. Eine praktische Anleitung zum Andersdenken im Alltag, differenziert nach Themen für Frauen und Männer und den Zugängen zu ihrer Intuition.
- Das Hörbuch *Selbstheilung – gesund aus eigener Kraft* gibt den Text des Buches *Gesund ohne Medizin* zu rund 40% in fast 3 Stunden wieder.
- DVD: *Global Scaling – Die Melodie des Universums.* Die Wissenschaftliche Grundlage für die intuitiven Prozesse geistiger Heilarbeit, gemäß den Erkenntnissen von Dr. Hartmut Müller.
- DVD: *Selbstheilung in sechs Schritten – Joao de Deus.* Wenn, wie hier, Tausende Heilung erfahren, lässt sich erkennen, wie Heilung zustande kommt. Sehr spannend.
- DVD*: *Todas – am Rande des Paradieses.* Ein Ur-Stamm in Süd-Indien, den Clemens Kuby vier Jahre immer wieder besuchte. Die Todas arbeiten nicht und leben ohne Angst.

- CD: Die Filmmusik *Toda – On the edge of paradise* lässt einen mit einem Volk ohne Angst und ohne Arbeit mitfühlen, das den ganzen Tag singt und kommuniziert.
- DVD*: *Das Alte Ladakh. Buddhismus-Trilogie* Teil I. Die tibetische Kultur, wie sie einst bestanden hat. Ein Kult-Film, mit dem Deutschen Filmpreis ausgezeichnet.
- DVD*: *Tibet – Widerstand des Geistes.* Buddhismus-Trilogie Teil II. Wie die Tibeter trotz chinesischer Besetzungsbrutalität ihren friedvollen Charakter wahren können.
- DVD*: *Living Buddha.* Buddhismus-Trilogie Teil III. Ein einzigartiges, monumentales Epos über eine Person in zwei Leben, vom 16. und 17. Gyalwa Karmapa.
- CD: *Living Buddha.* Ein musikalisches Meisterwerk. Als Symbiose tibetischer und westlicher Kultur für ein ausgereiftes spirituelles Erlebnis ganz besonderer Art.
- DVD*: *Der Dreh zu Living Buddha* plus Bonusmaterial. Gleich einem Krimi, wie Kuby mit den größten Widerständen fertig wurde und in sieben Jahren *Living Buddha* drehte.
- DVD: *Not und Frieden in Tibet.* Ein Film mit dem Dalai Lama über die große Not, speziell der Tibeterinnen, die von China zwangsweise sterilisiert werden.

Einige dieser Filme werden auch zum »Streamen« auf der Website www.clemenskuby.de angeboten. Weitere Informationen im Shop oder unter Tel: +49 (0) 89 32 67 98 11

* Auf diesen DVDs befindet sich der Film sowohl auf Deutsch als auch auf Englisch.
These films are in English available.
Gestreamt zum sofortigen Ansehen sind Deutsch und Englisch zwei getrennte Filme.

Förderung

Wer helfen will, dass die KUBYmethode noch stärker eine kostenlose Verbreitung findet, spendet bitte für die staatlich anerkannte, gemeinnützige **Europäische Stiftung für Selbstheilung.** Damit werden gefördert:

- das Wissen über Selbstheilung für Interessierte kostenlos zur Verfügung zu stellen;
- in Not geratene Menschen zu unterstützen, ihre Selbstheilung zu erlernen;
- Aufklärungs-Veranstaltungen zur Selbstheilung vor Ort zu unterstützen;
- wissenschaftliche Studien über Selbstheilung (mit)zu finanzieren.

Für Spenden ab € 100.– gibt es eine offizielle Spenden-Quittung der SHP-Stiftung, Tel: +49 (0) 83 41 9 08 22 01 oder über: kontakt@shp-stiftung.eu; www.shp-stiftung.eu.) 86251 Schloss Blumenthal. Spendenkonto: SHP-Stiftung, Kto: 8 390 056; BLZ: 700 520 60; Sparkasse Landsberg.

So geht's weiter

DER FILM

»Reincarnation – Looking for a Sign« ist kein Spielfilm. 28 Jahre hat Clemens Kuby die Reinkarnations-Geschichte von Jamgon Kongtrul Rinpoche hautnah verfolgt. Im Buch ist die Spannung über diese ungewöhnliche Story deutlich spürbar. Im Film wird dies noch getoppt, denn der Zuschauer erlebt etwas *in echt,* was er noch nie gesehen hat: eine Person in zwei Leben. So etwas in einem Roman darzustellen, ist kein Problem. Aber live dabei zu sein, wenn ein Mensch stirbt, und ihm dann als Baby wieder zu begegnen, das hat die Welt noch nicht gesehen – jedenfalls nicht in einem Dokumentarfilm.

Weil die Skepsis im Westen gegenüber dem Reinkarnationsgedanken so groß ist, verfolgte Kuby Jamgons Wiedergeburt mit der Kamera bis zu seinem 20. Lebensjahr, bevor er den Film veröffentlicht hat. Dafür mussten viele hundert Stunden Film-Material auf 108 Minuten reduziert werden. Diese Szenen sind aber auch die Highlights dieser unglaublichen Geschichte.

Wer Buch und Film kombiniert, gewinnt das tiefste Verständnis für Reinkarnation. Der Film trägt einen in eine andere Dimension. Das Buch will aktiv gelesen werden. Der Film überwältigt. Man wird ihn unbedingt ein paarmal anschauen wollen, um diese neue Erfahrung der Kontinuität des Lebens in sich zu verarbeiten. Danach ist man ein neuer Mensch.

Der Film ist zu bestellen unter www.clemenskuby.de/Filme. Er kann zweisprachig (EN & DE) gestreamt sofort angesehen werden oder man lässt ihn sich als DVD schicken.

Wer einen Blick hinter die Kulissen werfen möchte, findet auf www.clemens.kuby.de/Reinkarnation einiges zum **Making-of** des Films.

Lust auf noch mehr?

DAS WEBINAR

»Reinkarnation – Blödsinn oder Wahrheit?«: Dieses **kostenlose Webinar** kann man getrost jedem Skeptiker empfehlen, der (bisher) mit Reinkarnation nichts anfangen kann. Kuby holt ihn da ab, wo die meisten in unserer Kultur stehen. Selbstverständlich lässt sich die Vorstellung vom singulären Leben nicht in einer Stunde ändern. Deshalb erklärt er in diesem Gratis-Webinar, was es alles in seinem großen, 4-tägigen/4-teiligen Seminar ***Gelebte Reinkarnation*** zu entdecken gibt. **Anmeldung zum kostenlosen 1-stündigen Webinar** jederzeit unter: www.clemenskuby.de/Veranstaltungen/Online-Angebote.

DAS SEMINAR

»Gelebte Reinkarnation«: Der größte Gewinn aus Buch *und* Film ist es, das Reinkarnations-Konzept auf sich selbst anzuwenden. Dazu lernt jeder Seminarteilnehmer, folgende Fragen für sich zu beantworten:

- Woher weiß ich, wer ich im letzten Leben war?
- Woher weiß ich, ob ich mir die Antwort nur einbilde oder ob sie wahr ist?
- Wie erkenne ich, wer wer im letzten Leben war?
- Wie plane ich meine nächste Reinkarnation?
- Welche Konsequenzen hat das für mein heutiges Leben?

Wer die Angst vorm Tod vollständig überwinden möchte, besucht dieses **4-tägige/4-teilige Seminar** entweder vor Ort oder Online.

In ***Gelebte Reinkarnation*** gibt Clemens Kuby den Raum und die Zeit, sich Schritt für Schritt mit dem Bewusstsein vom eigenen, ewigen Leben vertraut zu machen und dabei eine klare Absicht für seine Entwicklung bis ins nächste und übernächste Leben zu setzen. Man vollzieht eine tiefgreifende, praktische Lebensveränderung, die sich nicht nur auf das derzeitige Leben auswirkt. **Anmeldung zum 4-teiligen/4-tägigen Seminar** jederzeit unter: www.clemenskuby.de/Reinkarnation.

DIE MUSIK

Wer sich musikalische Unterstützung für sein Gefühl wünscht, über die Grenzen seines körperlichen Daseins hinauszugehen, hört dabei die Musik **»Ich gehe in mich«** von Wolfgang M. Neumann. Diese Musik hat Magie. Sie eröffnet einen unmittelbaren, fließenden Zugang in die Intuition und ist zudem ein wunderbares Klangerlebnis. (Teilweise im Film zu hören.) **Bestellung** als CD oder Download auf www.clemenskuby.de/Shop (Gratis-Hörprobe).

MEDIENSHOP

Wer an weiteren Büchern und Filmen von Clemens Kuby interessiert ist, findet eine große Auswahl im Shop: www.clemenskuby.de/Shop).

KONTAKT

Clemens Kuby hält Vorträge, gibt Workshops und Seminare vor allem im deutschsprachigen Europa. Siehe: www.clemenskuby.de/Veranstaltungen.

Im Internet ist er mit kostenlosen Webinaren und mehrteiligen Seminaren vertreten. Dazu bietet er ein 18-monatiges Studium zum KUBY-Bewusstseinstrainer an, das man jederzeit online beginnen kann.

Infos dazu unter www.clemenskuby.de/Veranstaltungen/Online-Angebote. Kontakt unter: support@kubymethode.com

Wer telefonisch ein **Begleitungsgespräch** mit Clemens Kuby persönlich möchte, vereinbart bitte über Tel. +49 (0)8341 908 2201 einen Termin, ggf. mit Wartezeiten.